CHRISTOPH KEESE, Jahrgang 1964, studierte Wirtschaftswissenschaften und absolvierte die Henri-Nannen-Journalistenschule. Für Axel Springer war er 2013 ein halbes Jahr in Palo Alto. Heute unterstützt er Firmen verschiedener Branchen professionell bei der digitalen Transformation. Er ist einer der maßgeblichen Experten für Internetwirtschaft und ein gefragter Vortragsredner. Sein Buch »Silicon Valley: Was aus dem mächtigsten Tal der Welt auf uns zukommt« stand auf der SPIEGEL-Bestsellerliste.

Silicon Germany in der Presse:

»Die Mischung aus Reportage und Analyse macht das Buch leicht lesbar und trotzdem profund.«
Handelsblatt

»Es ist eine abwechslungsreiche Reise durch die deutsche Wirtschaft an der Schwelle einer technologischen Revolution.«
Frankfurter Allgemeine Zeitung

»Den originellen Einblicken folgt ein solides Kompendium des Change-Managements.«
Die Zeit

Außerdem von Christoph Keese lieferbar:

Silicon Valley: Was aus dem mächtigsten Tal der Welt auf uns zukommt

Besuchen Sie uns auf www.penguin-verlag.de und Facebook.

Christoph Keese

Silicon Germany

Wie wir die digitale
Transformation schaffen

Sollte diese Publikation Links auf Webseiten Dritter enthalten, so übernehmen wir für deren Inhalte keine Haftung, da wir uns diese nicht zu eigen machen, sondern lediglich auf deren Stand zum Zeitpunkt der Erstveröffentlichung verweisen.

Verlagsgruppe Random House FSC® N001967

PENGUIN und das Penguin Logo sind Markenzeichen von Penguin Books Limited und werden hier unter Lizenz benutzt.

1. Auflage 2017
Copyright © der deutschsprachigen Ausgabe 2016 by
Albrecht Knaus Verlag, München,
in der Verlagsgruppe Random House GmbH,
Neumarkter Straße 28, 81673 München
Umschlag: Favoritbuero, München
Umschlagmotiv: © silver tiger/shutterstock.com
Redaktion: Jonas Wegerer
Satz: Buch-Werkstatt GmbH, Bad Aibling
Druck und Bindung: GGP Media GmbH, Pößneck
Printed in Germany
ISBN 978-3-328-10192-5

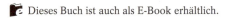 Dieses Buch ist auch als E-Book erhältlich.

Für Caspar, Nathan und Camilla
In Erinnerung an meinen Vater

Inhaltsverzeichnis

Vorwort	9
DIE LAGE	13
Im Land des digitalen Defizits	15
DIE GRÜNDE	33
Vernetzung: Wir verbinden Systeme nicht	35
Produktion: Wir verlassen uns zu sehr auf alte Stärken	45
Spezialisierung: Wir denken in Fachgebieten und meiden Risiken	53
Management: Wir belohnen Perfektion und bestrafen Fehler	62
DIE HERAUSFORDERUNGEN	71
Technologie: Durchbrüche revolutionieren die Wirtschaft	73
Plattformen: Produzenten werden an den Rand gedrängt	88
Disruption: Alte Märkte kollabieren, neue springen hervor	102
Geschäftsmodelle: Das Wie entscheidet über den Erfolg	110
DIE SZENARIEN	123
Automobil	126
Banken	133
Versicherungen	136
Telekommunikation	138
Energie	139
Wohnen	141
Handel	142
Logistik	145
Gesundheit	146

WAS UNTERNEHMEN TUN SOLLTEN	149
Strategie: In die eigenen Kannibalen investieren	151
Führung: Vom Anspruch auf Allwissen verabschieden	167
Innovation: Großes denken, Neues wagen	179
Standort: Dorthin gehen, wo die Talente sind	199
Transformation: Kritische Masse durch Lernen schaffen	213
Integration: Freiheit lassen und nicht erdrosseln	225
Organisation: Netze flechten und Pyramiden verkleinern	237
WAS POLITIK UND GESELLSCHAFT TUN SOLLTEN	**249**
Regierung: Ein Digitalministerium gründen und Kommunikationsnetze ausbauen	251
Regulierung: Freiräume für Innovationen schaffen	264
Finanzierung: 30 Milliarden pro Jahr für Start-ups organisieren	275
Justiz: Schnell eintragen, kompetent Recht sprechen	291
Bildung: Wissenschaft stärken, Universitäten reformieren	302
Werte: Eine Charta der digitalen Rechte und Chancen schreiben	314
DIE ZUKUNFT	**329**
Technikmuseum oder Silicon Germany?	331
ANHANG	**345**
Dank und Kontakt	347
Literatur und Quellen	348
Index	352

Vorwort

»Die Zukunft ist schon da, sie ist nur ungleich verteilt.«

*William Ford Gibson,
Science-Fiction-Autor,
Erfinder des Worts* Cyberspace

Dieses Buch geht zwei Fragen nach, die mich beschäftigen, seitdem ich im Sommer 2013 von einem halbjährigen Arbeitsaufenthalt im Silicon Valley nach Berlin zurückgekehrt bin: Wie konnte es passieren, dass Deutschland den Anschluss an die Digitalisierung so gründlich verpasst hat? Und was können wir tun, um den Rückstand so schnell wie möglich aufzuholen? Mir sind diese beiden Fragen als Bürger wichtig, aber auch aus persönlichen Gründen. Die Rückkehr aus Palo Alto ist mir schwergefallen. Schon einmal, im Sommer 1981, hatte ich das Silicon Valley nach einem Jahr als Austauschschüler verlassen und dadurch das Goldene Zeitalter des Computers verpasst, das ich in seinem Zentrum hätte miterleben können. Jetzt, im Jahr 2013, fürchtete ich, wieder aus der Mitte der Welt abzureisen, diesmal im Goldenen Zeitalter des Netzes. Meine Familie war mit mir nach Palo Alto gezogen. Unsere Kinder Caspar, Nathan und Camilla liebten die Stadt, mochten die Schule und hatten Freunde gefunden. Schon auf dem Rückflug bereute ich die Heimkehr. Warum führte ich die Kinder fort aus dem Land der Inspiration, des Erfindungsgeists, des andauernden Aufbruchs, der glänzenden Bildung und der sicheren Arbeitsplätze? Ich redete mir ein: weil Deutschland aufholen sollte und ich dazu beitragen kann. Mit diesem Gedanken rechtfertigte ich unsere Rückkehr vor mir selbst. Und mit diesem Gedanken endete auch das Buch, das ich über unsere Zeit in Palo Alto geschrieben habe: *Silicon Valley – Was aus dem mächtigsten Tal der Welt auf uns zukommt* (Knaus, 2014).

Mein neues Buch beschreibt nun, was nach der Rückkehr geschah. Kaum in Deutschland angekommen, begann ich mit der Suche nach Antworten auf die beiden Fragen. In meinem Beruf habe ich es tagein, tagaus mit digitaler Transformation zu tun, innerhalb unseres Unternehmens und darüber hinaus. So konnte ich berufsbedingt mit Hunderten von Menschen über das Thema sprechen, unter vier Augen, auf Kongressen, bei Vorträgen, in Firmen und Ministerien, in Berlin und fast allen Regionen Deutschlands, in Brüssel und in anderen europäischen Hauptstädten. Dabei entstand ein Bild mit vielen Details. Meine ursprüngliche Ungeduld mit Deutschlands Rückständigkeit wich einem tieferen Verständnis für seine Psychologie. Für seine Ängste, seine Sorgen, seinen Stolz und seine Hoffnungen. Es wäre leicht, unserem Land vorzuwerfen, dass es das Internet nicht versteht, satt und zufrieden am Erreichten festhält, in starren Strukturen festsitzt und seinen Höhepunkt überschritten hat. Ganz so leicht möchte ich es mir aber nicht machen. Denn wenn alles schlecht wäre, woher kämen dann die großen Erfolge unserer Industrie?

Im Laufe meiner Recherche verstand ich, dass Stärken und Schwächen eng miteinander zusammenhängen. Man kann nicht so einfach stark in der Produktion und gleichzeitig stark in der Digitalisierung sein. Beide Fähigkeiten sind schwer miteinander zu vereinbaren. Also sollten wir verständnisvoll mit uns selbst umgehen. Wir haben nichts falsch gemacht. Wir haben uns lediglich auf andere Aufgaben konzentriert als das Silicon Valley. Deswegen sind wir weder besser noch schlechter als die Kalifornier. Nun aber ist die Zeit gekommen, das Digitalzeitalter auch in Deutschland einzuläuten. Wir kommen nicht darum herum, denn die Digitalisierung dringt tief in unsere Schwerpunktbranchen vor. Ja, wir kommen spät, aber nicht zu spät. Noch können wir die digitale Transformation schaffen. Im Angesicht der Niederlage wachsen wir über uns hinaus. Ermutigende Anzeichen gibt es zuhauf. Ich habe Beispiele gesammelt und rege dazu an, sie nachzuahmen. Es könnte sich lohnen. Wir haben die Chance, Arbeit und Wohlstand zu schaffen, die Umwelt zu schützen, Gerechtigkeit herzustellen und sogar unsere Angst vor Daten zu überwinden. Von beidem handelt dieses Buch: von den Gründen des Abstiegs und den Chancen des Aufstiegs.

Im ersten Teil des Buchs beschreibe ich die gegenwärtige Lage, suche dann nach den Gründen für das bisherige Scheitern an der Digitalisierung, schildere die wichtigsten Herausforderungen, beschreibe deren Wirkungen auf einige wichtige Branchen und zeige schließlich, was Unternehmen, Politik und Gesellschaft tun können, um den Wandel zu meistern. Wie schon im letzten Buch berichte ich in einer Mischform aus Reportage, Analyse und politischer Streitschrift. Fast alles, was ich beschreibe, habe ich selbst erlebt. Literatur spielte bei meiner Recherche keine große Rolle. Ich wollte mit eigenen Augen sehen, was um uns herum geschieht. Außerdem gibt es über die meisten Aspekte noch keine Bücher. Dafür ist die Entwicklung zu neu.

Anders als im vorherigen Buch berichte ich dieses Mal auch aus meinem eigenen Unternehmen. Manche Leser werden mir das vielleicht als Befangenheit oder Werbeversuch auslegen. So ist es aber nicht gemeint. Ich halte es lediglich für ratsam, neben vielen anderen Erfahrungen auch jene bei Axel Springer zu schildern. Das Unternehmen ist so stark digitalisiert wie kaum ein anderes in Deutschland: Zwei Drittel des Umsatzes und drei Viertel des operativen Gewinns kommen aus dem Netz. Ein Buch über digitale Transformation wäre unvollständig ohne den Fall Axel Springer. Deswegen hat auch er hier seinen Platz.

Ein Schlüsselerlebnis gab den letzten Ausschlag zum Schreiben. Anfang 2015 erlebte ich einen Schlagabtausch zwischen Winfried Kretschmann, dem Ministerpräsidenten von Baden-Württemberg, und einem Unternehmer mit. Es ging um Digitalisierung. Kretschmann schlug einen zuversichtlichen Ton an: »Ich habe den Eindruck, dass die deutsche Industrie die Herausforderung gut und erfolgreich annimmt«, sagte er. »Bei vielen Besuchen in großen und kleinen Unternehmen sehe ich, wie entschlossen digitalisiert wird. Selbst kleine mittelständische Betriebe im Schwarzwald tun das. Ich kann den verbreiteten Pessimismus nicht teilen, dass Deutschland den Anschluss an die Digitalwirtschaft verpasst hat. Natürlich können alle noch viel besser werden. Doch den Abstand zum Silicon Valley holen wir auf.« Auch die deutschen Autofirmen seien gut gerüstet für die Zukunft, meinte Kretschmann: »Sie werden die Wertschöpfungsprozesse rund um das Automobil weiter dominieren. Deutschland ist gut vorbereitet auf die digitale Zukunft.« Kaum hatte Kretschmann geendet, meldet sich der Unternehmer zu Wort. Er widersprach ihm in aller Deutlichkeit: »Deutschland läuft Gefahr, nicht ein neues Silicon Valley, sondern ein deutsches Shenzhen zu werden. Eine verlängerte Werkbank, die von Kalifornien ferngesteuert wird und an der Wohlstandsmehrung der nächsten Jahrzehnte nicht mehr teilnimmt.« Dieser Wortwechsel brachte meine beiden Fragen auf den Punkt: Werden wir ein zweites Silicon Valley oder ein zweites Shenzhen? Und haben wir überhaupt eine Chance, ein zweites Shenzhen zu werden? Schließlich ist diese Sonderwirtschaftszone vor den Toren Hongkongs ein außergewöhnlich großer Erfolg. Erst 1980 auf dem Reißbrett entworfen, leben dort inzwischen mehr als 13 Millionen Menschen. Shenzhen ist eine der dynamischsten Städte Asiens. Foxconn sitzt da, Hauptproduzent des iPhones, Arbeitgeber von 300 000 Menschen. Müssen wir uns vielleicht sogar glücklich schätzen, wenn wir künftig in der Liga von Shenzhen mitspielen dürfen – als eine der vielen Werkbänke Kaliforniens? Oder gelingt uns noch nicht einmal das, weil das Silicon Valley und Shenzhen einen Pakt bilden, der alles ignoriert, was geografisch zwischen ihnen liegt? Sind wir bald nur noch die Konsumenten dessen, was die USA und Asien entwerfen und bauen? Und wenn ja: Müssen wir uns diesem Schicksal beugen, oder können wir etwas dagegen tun? Ich denke: Nein, wir sollten uns diesem Schicksal nicht beugen, und ja, wir können etwas dagegen tun. Wenn wir jetzt entschlossen handeln, dann schaffen wir das.

Christoph Keese
Berlin, im Sommer 2016

DIE LAGE

Im Land des digitalen Defizits

Deutschland hat die Digitalisierung verpasst. Unsere Firmen produzieren vor allem mechanisch erstklassige Maschinen, die elektronisch aber den Anschluss an die Weltspitze verloren haben. Dominiert werden die Industrien des 21. Jahrhunderts von Asien, Israel und den USA.

Während in den USA vollautomatische Google-Autos unfallfrei Millionen von Kilometern über Landstraßen und durch dichten Stadtverkehr rollen, rutsche ich tagelang auf Knien durch den Garten und verlege Begrenzungsdrähte für meinen vollautomatischen Rasenmäher von Bosch. Ich habe mir den neuesten Schrei des schwäbischen Weltkonzerns zugelegt, ein Gerät, von dem Bosch behauptet, es könne ohne menschliches Zutun mähen und per App von unterwegs gesteuert werden. Leider stimmt das nicht. Der *Indego Connect,* erstanden für 1200 Euro, liefert ein anschauliches Muster für das Unvermögen der deutschen Industrie, den kalifornischen Unternehmen kinderleicht bedienbare Produkte entgegenzusetzen, die sich störungsfrei mit ihrer Umwelt vernetzen. Willkommen im Land des digitalen Defizits. Der Mähroboter ist alles andere als autonom. Zuerst soll ich einen Graben entlang der Rasenkante ziehen und einen Draht darin versenken. So merkt der Roboter, wann Schluss ist. Eine Geduldsprobe. Mal liegt der Draht zu dicht an der Kante, und der Roboter rauscht in die Hecke. Oder zu weit weg – dann bleiben beim Mähen Grasbüschel stehen. Fünfmal ziehe in den Draht wieder heraus, verschließe die Rinne und grabe eine neue. Als der Draht endlich richtig verlegt ist, stürzt sich der Roboter die Kellertreppe hinunter. Nach langwieriger Fehlersuche kommt heraus: Auf die Polung des Kabels kommt es an. Die ganze Anlage steht spiegelverkehrt; ein erneuter Umbau ist nötig. Beim nächsten Versuch bleibt der Roboter an der Ladestation hängen – zu wenig Manövrierraum, obwohl ich die Route vorschriftsgemäß abgezirkelt hatte. Das heißt, wieder abbauen und neu verlegen. Dann geben die Lüsterklemmen an den Kabelenden nach. Ich muss wasserdichte Kupplungen aus Klebeband basteln. Auch das dauert eine Weile.

Nun endlich legt der Roboter los. Zuerst irrt er mehrere Stunden lang ohne Mähen durch den Garten und speichert eine Karte des Geländes in der Cloud. Dann schaltet er seinen Rotor an und mäht tatsächlich Gras. Doch die Verbindung mit dem Smartphone klappt nicht. Beim Starten der App erscheint minutenlang das Wartezeichen. Als schließlich eine Karte des Gartens angezeigt wird, markiert ein Punkt den Standort des Roboters falsch. Er steht nie dort, wo die App behauptet. Auch in seinem Hauptjob macht der Indego keine gute Figur. Auf gerader Strecke verpasst er die Spur, am Hang hackt er Löcher in das Gras, auf weichem Grund pflügt er den Boden um. Das kleine Schwarz-Weiß-Flüssigkristall-Display spricht in rätselhaften Fehlercodes und schickt mich zum Handbuch. Das Buch, geschrieben in einem Dutzend Sprachen und gespickt mit Piktogrammen, warnt seitenlang vor Selbstverständlichkeiten: nicht ins laufende Messer greifen, nicht mit dem Trafo baden gehen, nicht über Kleinkinder fahren. Nirgendwo aber steht, wie man dem Roboter fehlerfreies Mähen beibringen und die App sinnvoll nutzen kann. Nach einigen Wochen des Experimentierens gebe ich enttäuscht auf. Heute steht der Indego unbenutzt im Keller, und ich mähe wieder von Hand. Es bleibt die Frage: Warum kann Bosch nicht, was Google kann? Warum liefern Samsung, Apple und Huawei intuitiv bedienbare, rundum charmante Produkte, nicht aber die deutschen Maschinenbauer?

Boschs Rasenmäher ist nur ein kleines Beispiel für die Unfähigkeit vieler deutscher Firmen, so elegante Systeme zu bauen wie das Silicon Valley oder seine asiatischen Wettbewerber. Nach wie vor laden sie lästige Aufgaben beim Kunden ab. Aufgaben, die anderswo längst von Algorithmen erledigt werden. Noch immer schaffen sie kryptische Oberflächen, die eine intuitive Bedienung unmöglich machen. 30 Jahre nach der Erfindung des Apple Macintosh bringen hiesige Unternehmen Geräte heraus, die nichts von dessen grafischer Steuerung gelernt haben, 25 Jahre nach Erfindung des World Wide Web kommen Produkte auf den Markt, die im Netz nur stottern. Versäumnisse, die zum Verlust von erheblichen Marktanteilen geführt haben. Wir haben die Chancen nicht ergriffen, die vor uns lagen. Statistiken verkünden Unheil, und die Politik ist besorgt. Fünf der zehn wertvollsten Firmen der Welt kommen inzwischen aus der Digitalwirtschaft. Alle stammen aus den USA, keine aus Deutschland, keine aus Europa. Die zehn wertvollsten Aktiengesellschaften der Welt sind amerikanisch.

Wir Deutschen spielen nicht mehr in der Spitzenliga. Mit jedem Jahr, das ungenutzt vergeht, fallen wir weiter zurück. Der digitale Wandel vollzieht sich mit rasender Geschwindigkeit, auch innerhalb der USA. »Die Überschneidung zwischen den *Fortune 500*-Firmen heute und von vor 50 Jahren beträgt nur zehn Prozent«, sagt Wettbewerbsforscher Justus Haucap von der Universität Düsseldorf. In nur einem halben Jahrhundert hat es 90 Prozent der damaligen Stars dahingerafft. So unerbittlich wird die Auswahl weitergehen. Die Anzeichen sind nicht zu übersehen. Deutschlands teuerste Firma (Bayer) ist abgerutscht auf Platz 66 der Weltrangliste, Siemens auf Platz 88. »Tech Giants, Manufacturing Midgets« sagt ein inzwischen geflügeltes Wort: Technologie-Giganten und Produktions-Zwerge. PayPals Marktkapitalisierung übersteigt den Wert der fünf größten börsennotierten deutschen Banken. Tesla verkauft vom Model S in Kalifornien und der Schweiz mehr als BMW von seiner 7er-Reihe und Mercedes von seiner S-Klasse. Apple erlöst mit seiner Kombination aus Soft- und Hardware mehr als das Fünffache von dem, was Nokia vor zehn Jahren erwirtschaftete, als die Finnen noch Marktführer auf dem Handymarkt waren. Vernetzte Systeme, eng verbunden mit ihrer Umgebung, haben Einzellösungen vom Markt gefegt. 9500 FinTech-Start-ups erfinden die Finanzbranche gerade neu; die wenigsten davon in Deutschland. Über 1000 neu gegründete Firmen befassen sich mit der Erforschung und Anwendung Künstlicher Intelligenz und arbeiten an der nächsten industriellen Revolution. Davon sitzen 500 in den USA, 60 in Großbritannien und nur eine Handvoll in Deutschland. Vor 75 Jahren stellte Konrad Zuse den ersten funktionsfähigen Computer in Berlin vor: den Z3. Aus dem Pionierland von einst ist heute ein Nachläufer geworden. Wir leiden unter Neophobie – der Angst vor dem Neuen.

EU-Digitalkommissar Günther Oettinger hat recht, wenn er warnt: »Wir haben den Anschluss verloren.« Er führt ein anschauliches Beispiel an: »Auf der Hannover Messe stellen die deutschen Industrielegenden aus. Festo, Trumpf, Siemens. Sie digitalisieren eifrig. Doch es bleiben digitalisierte Maschinen.« In den USA sei das anders, dort habe man die Zeichen der Zeit erkannt: »Als Präsident Obama nach Hannover kam, hatte er 500 Leute im Gefolge: Apple, Google, Facebook. Die bauen keine Maschinen, sondern nur Plattformen und Software. Die machen heute das Rennen.« Leider sieht es nicht so aus, als könnten wir ihnen viel entgegensetzen. Dafür fehlen uns die Qualifikationen – eine Folge jahrzehntelanger Vernachlässigung. Nach einer Studie der EU-Kommission verfügen 41 Prozent der europäischen Arbeitnehmer über keine oder geringe digitale Fähigkeiten. Für das Jahr 2020 rechnet die Kommission mit 756 000 unbesetzten Stellen in Europas Digitalindustrie. Diese Stellen können von Einheimischen mangels Qualifikation nicht gefüllt werden. »Zwar benutzen viele junge Leute täglich das Internet, doch ihnen fehlen die Qualifikationen, dieses Hobby in einen Beruf zu verwandeln«, sagt Oettinger. Surfen allein reicht eben nicht. Wer in der Digitalisierung mitspielen möchte, braucht eine handfeste Ausbildung.

Woher sollen die Impulse kommen? Eigentlich von den jungen Unternehmen. Doch Gründer sind in Deutschland immer noch eine rare Spezies. Die Zahl der Unternehmensgründungen in Deutschland ist seit dem Jahr 2000 um rund ein Drittel gefallen. Bei Gründungen in der Spitzentechnologie lag die Verlustrate bei 40 Prozent, bei Informations- und Kommunikationsdienstleistungen hat sich die Zahl sogar halbiert. Spin-offs von Universitäten und anderen Forschungseinrichtungen, im Jahr 2000 mit rund 3000 pro Jahr beziffert, haben um ein Drittel auf etwa 1900 abgenommen. Auf der Rangliste des schweizerischen IMD World

Competitiveness Centers ist Deutschland aus den Top 10 abgestiegen und auf Platz 12 gerutscht. An der Spitze der Liste stehen Hongkong, Schweiz, USA und Singapur. Uns sollten solche Zahlen nicht gleichgültig sein. Sie zeichnen vor, was künftig in diesem Land geschieht. Mich wundert, warum so wenige Menschen in Alarmstimmung geraten, wenn sie die schlechten Zeugnisse in Sachen Digitalisierung lesen. Was wir brauchen, ist ein neuer Sputnik-Schock. Für ihn gibt es triftige Gründe. Eine Studie von Roland Berger im Auftrag des Bundesverbands der deutschen Industrie (BDI) beziffert das Verlustpotenzial durch Digitalisierung bis zum Jahr 2025 in acht Kernbranchen auf 220 Milliarden Euro für Deutschland und 605 Milliarden Euro für Europa. Getrieben fast allein durch den steigenden Anteil des Digitalen an der Wertschöpfung. Auto und Logistik sind die nächsten Branchen, die es laut BDI trifft. Medizintechnik, Elektrotechnik, Maschinenbau und Energietechnik werden folgen, dann Chemie, Luft- und Raumfahrt. Schlimmer noch: Nur rund ein Drittel der deutschen Manager schätzt die eigene digitale Reife als hoch oder sehr hoch ein, sagt eine Studie des Berliner Unternehmens Etventure. Der Rest sieht klare Defizite, tut aber zu wenig dagegen. Nur in sechs Prozent der Großunternehmen ist Digitalisierung das wichtigste Thema. In weniger als der Hälfte der Firmen haben Vorstand oder Geschäftsführung die Transformation zur Chefsache gemacht. Manchmal, weil sie die Bedrohung nicht erkennen, manchmal, weil sie nicht wissen, was sie tun sollen.

Diese Saumseligkeit bedroht den Standort. »Wir haben die Möglichkeiten für ein digitales Wirtschaftswunder«, sagt Bundeskanzlerin Angela Merkel und schiebt gleich hinterher: »Die Frage ist nur, ob es in Deutschland stattfindet.« Sie beobachtet: »Viele denken: Das selbstfahrende Auto mag ja kommen, aber das ist nichts mehr für mich und mein Berufsleben.« SPD-Chef und Wirtschaftsminister Sigmar Gabriel fürchtet, dass wir den wichtigsten Metatrend der nächsten Jahre verpassen: »2015 waren etwa 20 Milliarden Geräte und Maschinen über das Internet verbunden, bis

2030 wird sich die Zahl schätzungsweise auf eine halbe Billion erhöhen.« Und er gibt offen zu: »Am meisten Sorgen macht mir die Selbstgewissheit unseres Landes.« Damit kommt er der Wahrheit ziemlich nahe. Einsicht in den Ernst der Lage ist dünn gesät. Nach einer Umfrage des Instituts für Demoskopie in Allensbach rechnet nur jeder fünfte angelernte Arbeiter damit, dass die Anforderungen an den eigenen Job in den nächsten fünf bis zehn Jahren steigen werden. »Dabei wird gerade die Arbeiterebene die gravierendsten Änderungen erleben«, sagt Renate Köcher, Geschäftsführerin des Instituts. Eine Kluft der Erkenntnis tut sich auf: Arbeiter fühlen sich mehrheitlich sicher, während immerhin 56 Prozent der Angestellten einen Wandel auf sich zukommen sehen. Je höher das Amt, desto größer die Sorge. »Unter den Aufsichtsräten und Vorständen herrscht das Gefühl, an der Schwelle einer völlig neuen Zeit zu stehen«, so Köcher. Doch das reicht noch nicht, um einen Wandel herbeizuführen. EU-Digital-Kommissar Günther Oettinger diagnostiziert großen Rückstand und kleinmütiges Denken: »Wir brauchen keine Megabit-, sondern eine Gigabit-Gesellschaft.« Ana Patricia Botín, Aufsichtsratsvorsitzende der spanischen Banco Santander und Europas erfolgreichste Bankerin, stellt fest: »Disruption erfasst jeden einzelnen Sektor der Wirtschaft. Nicht ein einziger Spieler der Cloudindustrie kommt aus Europa. Das sollte uns ernsthaft zu denken geben.« Mit Disruption meint sie die Zerstörung ganzer Branchen durch grundlegende Innovationen. Unbekümmert schaut Deutschland der Erosion seiner wirtschaftlichen Basis zu. Ganze Industrien verschwinden, und niemand weint ihnen nach. Computerindustrie? Fort. Telefone? Verschwunden. Fernseher? Vergangenheit. Batterie? Kurz vor der Bedeutungslosigkeit. Der Aufschrei der Empörung bleibt aus.

Deutschlands Firmen nehmen Technik nicht ernst genug. Nach einem Bericht der Weltbank investieren die Briten gemessen am Anteil des Bruttoinlandsprodukts doppelt so viel in Digitalisierung wie die Deutschen, die USA anderthalb mal so viel. Dabei gäbe es allen Grund, die Digitalisierung ernst zu nehmen, denn das Internet wächst stürmisch weiter. Vor 20 Jahren waren weltweit 35 Millionen Menschen im Netz, heute sind es 3,4 Milliarden. 1995 gab es 80 Millionen Nutzer von Mobiltelefonen, heute sind es 5,3 Milliarden. In einer gemeinsamen Anzeige mit Gewerkschaften und Verbänden, die mir in einer Zeitung ins Auge stach, frohlockte das Bundeswirtschaftsministerium: »Unsere Zukunft ist digital – entdecke das DE in Industrie«, um dann zu verkünden: »40 Milliarden Euro investiert die Industrie pro Jahr bis 2020 in die Digitalisierung ihrer Prozesse.« Unversehens gibt das Ministerium damit zu Protokoll, was die meisten Unternehmen unter Digitalisierung verstehen – die Umstellung ihrer analogen Verfahren auf digital. Mehr nicht. Doch dieses Verständnis von Digitalisierung greift zu kurz. Bestellungen von Fax auf E-Mail zu ändern, wie ein Mittelständler mir kürzlich stolz berichtete, hat wenig mit der Revolution zu tun, die um uns herum geschieht. Alles ändert sich: Technologien, Geschäftsmodelle, Preisraster, Entwicklungsverfahren, Abläufe, Wertschöpfungsketten, Hierarchiestrukturen, Stellenbeschreibungen, Qualifikationsprofile, Karrierewege und Berichtslinien. Mit erheblichen Auswirkungen für die betroffenen Menschen. Laut Weltbank nimmt die Einkommensspreizung in allen entwickelten Ländern zu, und der Anteil der Lohnarbeit am Bruttosozialprodukt sinkt – Maschinen erledigen immer größere Teile der Arbeit, und die Menschen profitieren unterschiedlich stark vom Mehrwert der Maschinen. Viele werden gar nichts davon haben und als Verlierer enden.

Die technische Revolution zieht eine soziale Revolution nach sich. Je langsamer ein Land seine Wirtschaft digitalisiert, desto größer die Gefahr, in diesen Umbrüchen unterzugehen. Nicht nur die deutsche Wirtschaft nimmt die Digitalisierung auf die leichte Schulter, auch die Bürger tun es. Dabei hätten auch sie allen Grund zur Sorge. Zwar ist unter Ökonomen umstritten, wie viele Arbeitsplätze durch die Digitalisierung in den kommenden Jahrzehnten verloren gehen. Doch dass es zu Umwälzungen kommt, gilt als ausgemachte Tatsache. Viel Zustimmung haben Carl Benedikt Frey und Michael A. Osborne von der Universität Oxford für ihre im September 2013 erschienene Studie erhalten. Sie untersuchten 702 Berufsgruppen und attestierten den USA, dass 47 Prozent aller Arbeitsplätze in diesen Gruppen durch Digitalisierung bedroht sind. Für andere Industrieländer gelten vergleichbare Werte. Im Sommer 2016 treffe ich Carl Benedikt Frey bei einer Konferenz in Berlin. Seine Thesen klingen durch die jüngsten Entwicklungen auf den Märkten noch überzeugender als vor drei Jahren: »Kassierer in Supermärkten, Bankangestellte hinter den Schaltern, Versicherungsmakler, Taxifahrer, Lastwagenfahrer, Kurierboten sind allesamt akut von Digitalisierung betroffen«, sagt er. »Und das sind nur einige Beispiele. Sicherlich kann man mit Fortbildung und Umschulung gegen einen Teil der Arbeitslosigkeit angehen. Aber fraglich ist, ob wir uns so schnell neue Jobs ausdenken können, wie alte verschwinden.« Ich finde das beunruhigend. Jeder Arbeitnehmer hätte guten Grund, sich brennend für Digitalisierung zu interessieren und beizeiten fortzubilden, um vor der großen Welle fit für Veränderung zu sein. Doch davon ist weit und breit nichts zu sehen. Die meisten Deutschen tun so, als werde es nie wieder regnen, bloß weil jetzt die Sonne scheint. Vom Netz verstehen sie wenig, und es ist ihnen herzlich egal. Ein Irrtum: Internet-Philosoph Evgeny Morozov hat recht, wenn er sagt: »Die digitalen Technologien sind unsere beste Hoffnung, aber auch unser schlimmster Feind.« Auch US-Politikwissenschaftler Ian Bremmer macht einen wichtigen Punkt mit seiner Wortschöpfung von der *Zero Gravity World:* Alles fliegt durcheinander, und jeder muss sich seinen Platz neu suchen. »Alle, die nicht schnell genug denken und adaptieren, werden Verlierer sein«, ergänzt Klaus Kleinfeld, Chef des Aluminium-Konzerns Alcoa, im Interview mit dem *Handelsblatt.* »Schon vor zwei Jahren hat McKinsey 12 disruptive Technologien identifiziert. Im Laufe der Zeit erkannte ich, dass selbst für Alcoa nicht nur ein paar davon, sondern alle relevant sind.« Über die Studie von McKinsey werden wir später noch zu sprechen haben. Theodor Weiner, Chef der Münchner HypoVereinsbank, warnt in der *FAZ:* »Die digitale Revolution ist kein Trend mehr, sondern eine fundamentale Umwälzung. Wie wir im 19. Jahrhundert eine Veränderung durch die industrielle Revolution hatten, haben wir jetzt eine Veränderung durch die Digitalisierung.« All diese Äußerungen setzen in Deutschland bisher wenig in Gang. Sie werden nicht ernst genommen. Wir Deutschen lieben Crash-Propheten, wenn es um Waldsterben, Kurseinbrüche, Datenschutz und Hühnergrippe geht. Die Ruhe selbst aber sind wir beim Thema Digitalisierung, obwohl die Gefahren dort wesentlich realer sind.

Die schleppende Debatte wird zusätzlich erschwert durch unklare Bestimmungen des Begriffs *Digitalisierung*. Nach meinem Eindruck sind fünf unterschiedliche Gebiete gemeint, wenn wir von Digtalisierung sprechen:

1. Der Grad, zu dem ein Produkt auf analoge oder digitale Methoden zugreift. Ein Beispiel: Der schwarze Stromzähler mit dem drehenden Messrad arbeitet analog, Yellos Sparzähler dagegen digital. Er zeigt die Ergebnisse auf einem Display an und kann sie per Internet übertragen.
2. Der Grad der Vernetzung eines Produkts mit seiner Umwelt. Navigationssysteme in Autos rechnen digital, doch mit ihrer Außenwelt stehen sie kaum in Kontakt.
3. Die Art und Weise, wie Produkte mit ihren Bedienern kommunizieren.
4. Der Grad, zu dem Prozesse an die digitalen Möglichkeiten angepasst worden ist. Webseiten und Apps von Banken funktionieren zwar digital, doch die langen Banklaufzeiten stammen aus Zeiten, als Überweisungsaufträge in Filialen eingesammelt und in der Zentrale verarbeitet werden mussten. Diese Prozesse wurden digitalisiert, ohne von den heutigen Möglichkeiten einer sofortigen Gutschrift Gebrauch zu machen.
5. Der Grad, zu dem neue Geschäftsmodelle aufgegriffen werden, die nur mit digitalen Mitteln umsetzbar sind und früher schlicht unmöglich waren. Banken bieten zwar Kredite online an, ermöglichen aber nicht die Geldleihe zwischen Privatleuten, so wie LendingClub oder AuxMoney das tun.

Alle fünf genannten Bedeutungen der Digitalisierung sind von Belang, denn bei allen fünf hinkt Deutschland hinterher. Beispiele begegnen uns auf Schritt und Tritt. Banken schreiben Überweisungen, wie gesagt, erst am nächsten Arbeitstag gut, obwohl das technisch schon in der nächsten Sekunde machbar wäre. Geld, das man am Donnerstagabend nach 17 Uhr losschickt, kommt wegen des Wochenendes erst am Montag an. Komplizierte 22-stellige IBAN-Nummern sind Pflicht bei jeder Überweisung. E-Mail-Adressen für den Adressaten erkennen Banken nicht an, obwohl PayPal das schon lange tut. Geld in eine fremde Währung zu überweisen, ist bei Geschäftsbanken langwierig und teuer. 1000 Euro in Dollar nach New York zu schicken, kosten 30 Euro beim Sender und 20 Dollar beim Empfänger. Das Start-up TransferWise erledigt denselben Auftrag schneller und für nur 4,98 Euro – ein Zehntel des bisherigen Preises. Apple Pay erlaubt das Zahlen per Auflegen des Fingers auf das iPhone. Es ist keine Geheimzahl mehr nötig. Deutsche Antworten auf technische Lösungen wie diese gibt es entweder gar nicht oder nur zaghaft.

Finanzämter nehmen Steuererklärungen zwar elektronisch entgegen, doch Belege müssen per Post hinterhergeschickt werden. Im elektronischen Elster-Portal der Finanzverwaltung gibt es keine Statusmeldungen. Man muss beim Amt anrufen, um zu erfahren, wie weit die Bearbeitung gediehen ist. Einwohnermeldeamt, Ausweis-Stelle und Autozulassung fordern uns zu persönlichem Erscheinen auf, obwohl andere Länder wie Estland ihre Bürgerämter schon vor zehn Jahren ins Netz verlegt haben. Esten können jeden Rechtsakt per verbindlicher elektronischer Unterschrift und digitalem Personalausweis vom Küchentisch aus erledigen; Deutsche ziehen dafür Wartemarken und bringen ganze Vormittage auf den Fluren von Ämtern zu. Hotels zwingen ihre Kundschaft, nach langen Arbeitstagen an der Rezeption Schlange zu stehen, obgleich sie ihnen den Zugangscode zum Zimmer per App schicken könnten. Handelsketten bieten funktionsarme Online-Shops an, obwohl ihnen Start-ups seit Jahren vormachen, wie man bequeme und praktische E-Commerce-Portale baut. Die

Deutsche Bahn investiert eine Milliarde in neue Anzeigetafeln auf den Bahnsteigen, kann aber nach wie vor nicht verlässlich voraussagen, wann ein Zug am Bahnsteig eintrifft. Die App von Germanwings ist nicht in der Lage, sich die Namen seiner Kunden zu merken und ihre Buchung zu finden, ohne dass sie den komplizierten Buchungscode suchen und eintippen müssen. Strom-, Gas- und Wasserversorger kündigen wie vor 100 Jahren per Wurfzettel das Erscheinen des Ablesers für »Montag zwischen 8 und 14 Uhr« an, statt elektronische Zähler einzubauen, die sich selbst ablesen können. Apps zum Echtzeit-Auswerten des Energieverbrauchs sind Mangelware, und wenn es sie gibt, dann funktionieren sie meist nicht richtig. Ärzte und Friseure sind online kaum zu buchen. Selbst an den größten deutschen Bahnhöfen und Flughäfen nehmen Taxifahrer keine Kreditkarten an; nur eine Minderheit lässt Zahlungen per MyTaxi oder PayPal zu. Taxi-Innungen setzen gerichtliche Verbote von Transport-Plattformen wie Uber durch, Hausbesitzer und Hoteliers torpedieren Airbnb. Statt an einer Reform überholter Regulierungen mitzuarbeiten und Innovationen zu ermöglichen, zementieren sie alte Vorschriften, um ihre Marktanteile abzusichern. Apotheken beharren auf Berufsprivilegien, Notare und Bürokratie verhindern moderne Firmenregister.

Vier Bundesministerien sind für Digitalisierung zuständig und verlieren sich im Kompetenzwirrwarr; ein zentrales Bundesdigitalministerium gibt es nicht. Der Breitbandausbau kommt schleppend voran. Deutschland surft halb so schnell wie Korea. Eine innovative Regulierung für selbstfahrende Autos und Drohnen ist in Verzug. Datenmonopole werden lax bis gar nicht beaufsichtigt; ihre marktbeherrschenden Stellungen können sie ungehindert ausnutzen. Digitalkompetenz wird an Schulen und Universitäten kaum gelehrt. Start-ups leiden an finanzieller Auszehrung, weil zu wenig Wagniskapital fließt. Börsengänge für Hightechfirmen finden nur vereinzelt statt. Einzig beim Datenschutz nehmen Deutschland und Europa führende Stellungen in der Welt ein, behindern damit aber vor allem das Entstehen von Zukunftsindustrien. Über die Chancen der Digitalisierung wird kaum gesprochen. Fragen anzumelden und seine Stirn in Falten zu legen, hat größere Konjunktur, als die Gelegenheit beim Schopf zu packen und einfach Fakten zu schaffen.

Derweil dringen Unternehmen aus dem Silicon Valley weiter nach Europa vor. Boten sie anfangs nur digitale Produkte an, attackieren sie jetzt klassische Branchen. Ein Beispiel: Googles Mutter Alphabet hält eine Beteiligung an der Firma Nest in Palo Alto. Sie stellt Thermostate und Heizungssteuerungen her, die den Energieverbrauch senken und Daten an Energieversorger liefern. Wo ein Sensor hängt, weiß Nest genau, wann die Bewohner für wie lange im Haus sind, welche Energiezufuhr sie benötigen und wie viel Strom die Kraftwerke erzeugen sollten. Die Prognosen sind bares Geld wert, helfen sie doch, Turbinen besser auszulasten und teure Spitzenkapazitäten abzubauen. Nest-Thermostate drängen sich zwischen die Hersteller von Klimageräten und deren Kunden. Sie reduzieren Thermen auf anspruchslose Brenner, die ihre Befehle von Nest erhalten. Der Nutzen liegt auf der Hand. Im Keller meines Hauses läuft eine Gastherme von Viessmann. Pro Monat verfeuert sie 350 Euro, weil sie über eine Zeitschaltung gesteuert wird. Je ein Thermostat innen und außen misst die Temperaturen. Messungen in jedem Raum und an allen Ecken des Hauses, um dem Sonnenverlauf zu folgen, sind nicht vorgesehen. Wenn niemand zu Hause ist, heizt die Maschine trotzdem durch. Umprogrammieren lässt sich der Timer nur mühsam. Wenn zu ungewöhnlichen Zeiten alle zu Hause sind, bleibt es kalt. Eine kleine LCD-Anzeige und ein paar Tasten mit winzigen, kaum leserlichen Beschriftungen bilden die Schnittstelle zum Nutzer. Intuitive Bedienerführung? Unbekannt. Kommuniziert wird mit dem Gerät über numerische Codes. Die Bedienungsanleitung zählt über viele Seiten auf, was diese bedeuten. Eine abstrakte, unverständliche Sprache, der ich nicht folgen kann. Dagegen war Microsofts Disk Operating System (DOS) von Anfang der 1980er-Jahre geradezu bedienerfreundlich.

In der Viessmann-Gebrauchsanweisung lese ich zum Beispiel: Liegt die »Codierung 2« des »Mischerkreises« an, dann bedeutet der Code *A6:36:* »Erweiterte Sparschaltung nicht aktiv (nur bei Regelung für witterungsgeführten Betrieb).« Was soll das denn heißen? Ich rätsele über die Worte, während ich im kühlen Keller ungemütlich über der geheimnisvollen Anleitung knie. Beim Lesen erfahre ich: Man kann den Code auf Werte zwischen A6:5 bis A6:35 umstellen, was heißt: »Erweiterte Sparschaltung aktiv, d.h., bei einem variabel einstellbaren Wert von 5 bis 35 °C zuzüglich 1 °C werden Brenner und Heizkreispumpe ausgeschaltet, und der Mischer wird geschlossen.« Grundlage dieser Berechnung, teilt mir das Handbuch mit, ist »die gedämpfte Außentemperatur, die sich zusammensetzt aus tatsächlicher Außentemperatur und einer Zeitkonstanten, die das Auskühlen eines durchschnittlichen Gebäudes berücksichtigt«. Nun verstehe ich gar nichts mehr. Mit diesem Kauderwelsch tritt einer der größten Heizungshersteller Europas gegen das kinderleicht bedienbare Nest aus Kalifornien an. Ein aussichtsloses Unterfangen.

Eine App gibt es auch von Viessmann. Doch sie bedarf eines zusätzlichen Steuergeräts am Boiler. Leider lässt sich nicht herausfinden, welches Steuergerät das richtige ist – es gibt gleich mehrere davon. Der von mir hinzugerufene Fachmann, ein von Viessmann zertifizierter Installateur aus Potsdam, winkt ab: »Ihr Heizkessel ist mit der App nicht kompatibel.« Ich muss ihm glauben. Eine andere Informationsquelle steht mir nicht zur Verfügung. Also beginne ich die Suche nach einer Alternative. In Europa gibt es zwei Wettbewerber zu Nest: Netatmo aus Paris und Tado aus München. Ich entscheide mich für Tado. Für 330 Euro bekomme ich per Post ein elektronisches Thermostat, eine Steuerbox und ein Funkmodul. Eine leicht verständliche Anleitung zeigt, in welche Klemmen der Viessmann-Therme ich die beiden Ausgangskabel der Box stecken muss. Die Sache ist in fünf Minuten erledigt. Das Gerät nimmt automatisch Kontakt zum Internet auf und liefert Daten an mein Handy. Tado erkennt, wann der letzte Bewohner das Haus verlassen hat, und senkt dann die Temperatur ab. Fährt man später am Tag auf das Haus zu, springt die Heizung rechtzeitig an. Es ist warm, wenn man die Tür aufschließt.

Schon im ersten Monat sinken die Gaskosten um ein Drittel. Später kommt das Haus sogar mit der Hälfte des Gases aus. Der Kauf des Tado-Geräts hat sich nach zwei Monaten amortisiert. Die App verrät, wann der Heizkessel angelaufen ist, wie hoch die Heizkosten heute sein werden und wie viel die Sonne zur Erwärmung beigetragen hat. Zur Viessmann-Therme habe ich keinen direkten Kontakt mehr. Tado ist jetzt zuständig für ein warmes Haus – den nächsten Boiler werde ich danach aussuchen, ob er zu Tado passt, nicht umgekehrt. Genauer ausgedrückt: Das hätte ich getan, wenn ich nicht Eigentümer Martin Viessmann und seinen Sohn Maximilian kennengelernt hätte. Sie haben die disruptive Gefahr inzwischen erkannt und verordnen ihrem Familienunternehmen derzeit ein eindrucksvolles Transformationsprogramm, von dem auch andere Firmen lernen können. Davon berichte ich später mehr im Kapitel »Management«.

Heizthermen sind sicher nicht der Kern der deutschen Wirtschaft. Doch auch im Kern gibt es Anlass zur Sorge, besonders in der Autoindustrie. Von ihr hängt jeder fünfte deutsche Arbeitsplatz ab. Nehmen wir zum Beispiel den Elektropionier Tesla. Noch baut Tesla nur kleine Stückzahlen. Vom Model S gingen im Jahr 2015 rund 50 000 Stück in den Markt. Zum Vergleich: BMW setzte im selben Jahr 2,25 Millionen Autos ab, Mercedes 2 Millionen, Audi 1,8 Millionen und Porsche 0,25 Millionen. Im Vergleich zu den deutschen Premium-Herstellern ist Tesla ein Zwerg. Aber ein Zwerg, der schnell wächst. Schon 2018 sollen 500 000 Autos pro Jahr produziert werden statt wie ursprünglich geplant erst 2020. Außerdem setzen Teslas Elektroautos Maßstäbe: bei Drehmoment, Beschleunigung und Reichweite, aber auch in puncto Bedienbarkeit. In der Mittelkonsole des Tesla prangt ein hochauflösender Retina-Bildschirm, dreimal so groß wie ein iPad. Darauf läuft das Navigationssystem von Google. Es ist immer aktuell, leicht zu durchsuchen und enthält Millionen von Informationen, die man in deutschen Autos nur mit seinem Smartphone abfragen kann. Im Vergleich zum Tesla-Schirm wirken die Displays der meisten deutschen Autos klein, verwaschen und unscharf. Navigationssysteme samt Musik, Radio und Fernsehen schlagen bei BMW, Mercedes, Audi und Porsche leicht mit rund 4300 Euro zu Buche. Tablets von Apple oder Samsung kosten ein Zehntel dieses Preises und können deutlich mehr. Anders als die Geräte der deutschen Autos holen sie ihre Daten nicht von CD-ROMs, die schnell veralten, sondern aus dem Netz. Aktualisiert werden die Daten über ein breites Netzwerk von Daten-Zulieferern. Manche bekommen Geld für die Informationen, andere nicht. Deutsche Navigationssysteme verlieren von Tag zu Tag an Aktualität. Jede neue Baustelle, jeder Engpass, jede Sperrung wirft sie weiter zurück. Zwar kann man für einen Aufpreis Connect-Funktionen dazubuchen. Sie versprechen ständige Aktualisierung. Doch so aktuell wie Apple und Google sind sie nie, weil ihnen die breiten Datenströme fehlen, die nur in offenen Systemen fließen. Ein Beispiel: Apple und Google zeigen den Verkehrsfluss auf den Straßen mit roten, gelben und grünen Markierungen an – so überraschend präzise, dass man sich fast blind auf sie verlassen kann. Selbst die besten Live-Updates deutscher Hersteller kommen an diese Datenqualität nicht heran. Kein Wunder, denn geschlossene Systeme können niemals so viel wissen wie offene.

    Auch bei der Bedienbarkeit liegen die Navigationssysteme der deutschen Autobauer zurück. Dem iPhone rufe ich am Sonntag einfach »Frühstück« zu. Siri, der Sprachassistent, erkennt aus dem Kontext von Uhrzeit und Wochentag, dass ich ein Frühstückslokal meinen muss. Es zeigt mir Restaurants mit Bildern, Bewertungen und Öffnungszeiten an, sortiert nach Entfernung. Was geschlossen hat oder zu weit entfernt liegt, wird gar nicht erst aufgelistet. Ein Druck auf das ausgewählte Restaurant startet die Navigation. Die Adresse muss ich mir nicht merken. Bei Navigationssystemen in deutschen Autos ist eine solche Suche nicht möglich. Auf »Frühstück« reagiert mein Wagen nicht. Ich muss schon wissen, wohin ich fahren möchte. Auch die Eingabe des Ziels, wenn ich es denn kenne, ist kompliziert. Anders als bei Apple dauert das nicht Sekunden, sondern Minuten. Ich habe nacheinander alle deutschen Premium-Hersteller per Mietwagen getestet und die einzelnen

Schritte notiert. Ein typischer Ablauf sieht so aus: Erster Tastendruck: Navigation anschalten. Zweiter Tastendruck: »Zieleingabe« auswählen. Dritter Tastendruck: »Ziel eingeben.« Dann die Stadt auswählen – immer wieder von Neuem. Obwohl die Autos in Berlin standen und vorwiegend in Berlin gefahren wurden, wollten die Geräte ständig wissen, in welcher Stadt sie eine Straße suchen sollten. Stadtteile werden oft mit Städten verwechselt. Lag das letzte Ziel in Kreuzberg und sollte es nach Charlottenburg gehen, ist wieder das Buchstabieren von »B-e-r-l-i-n« erforderlich. Besonders irritierend ist die Zweideutigkeit des eigentlich so eindeutigen Orts »Berlin«. Irgendwo in Deutschland muss es ein zweites Berlin geben. Immer wieder fragen mich die deutschen Autos danach, ob ich Deutschlands Hauptstadt meine oder den abgelegenen Marktflecken, der sich irgendwo im Nichts versteckt. Google und Apple halten ihr Publikum mit solchen Fragen gar nicht erst auf. Sie rechnen stattdessen mit Wahrscheinlichkeiten.

Freies Verstehen von Worten ist bei Smartphones Standard, doch in der deutschen Auto-Premiumklasse weitgehend unbekannt. Auf »Kurfürstendamm 193« reagieren die meisten Limousinen nicht. Man muss mühsam buchstabieren: »K-u-r-f-ü-r-s-t-e-n-d-a-m-m 1-9-3«. Natürlich möchten Fahrer wie ich gar nicht so sehr ins Detail gehen. Ich möchte Fragen stellen wie »Wo gibt es guten Fisch?« oder »In welchem Kino läuft James Bond um 22:30 Uhr?«. Die kalifornischen Geräte können diese Fragen beantworten, die deutschen nicht. Läuft der Tank leer, bieten deutsche Autos die Führung zur nächsten Tankstelle an. Doch aktuelle Benzinpreise kennen nur die wenigsten von ihnen. Wenn Wartungen anstehen, leuchten wochenlang Erinnerungen im Display auf. Doch einen Werkstatttermin vereinbaren die Autos nicht von allein. Sie kennen den Inhalt meines elektronischen Kalenders nicht und wissen nicht, wann ich Zeit habe. Schon gar nicht schreiben sie den Auftrag unter Werkstätten der Region aus, um das beste Preis-Leistungs-Verhältnis zu erkunden. Auch mit dem Wechsel und der Lagerung der Reifen bleiben die Fahrer allein.

Die digitale Schwäche der Autoindustrie wird besonders augenfällig, als ich am Lenkrad die Taste für Sprachsteuerung drücke und »Brandenburger Tor« sage. Aufgrund der bisher gesammelten Erfahrungen rechne ich mit einer Fehlermeldung. Stattdessen meldet sich eine freundliche Frauenstimme: »Habe ich dich richtig verstanden? Du möchtest zum Brandenburger Tor? Dann bringe ich dich jetzt dahin.« Zunächst bin ich überrascht, doch dann stellt sich heraus, dass nicht das Auto spricht, sondern Apple. Das iPhone hat sich beim Einsteigen per Bluetooth mit dem Wagen verbunden. Deutsche Premium-Autos schleifen die Anfrage einfach zum Smartphone durch. Sie reduzieren sich auf Mikrofon und Lautsprecher, während sie die intelligenten Leistungen den Kaliforniern überlassen. Erfahrungen wie solche verleiten Autobesitzer dazu, ihre Handys an den Windschutzscheiben zu befestigen. Jeder Saugnapf steht für eine Produktenttäuschung. Wie seltsam, dass wir uns so lange nicht daran gestört haben. Die deutsche Industrie schien bislang nicht bereit und in der Lage, die Fluchtbewegung ihrer Kunden zu den Smartphones aufzuhalten. Im Gegenteil: Sie betätigte sich als aktive Fluchthelferin. Google Car und Apple CarPlay bringen die Handy-Inhalte direkt auf den Schirm vieler Autos. Wenn man im Auto Musik hören möchte, das iPhone aber nicht angeschlossen ist, erscheint eine Meldung:

Es ist kein Gerät mit dem System verbunden.

Ich finde, in dieser Nachricht kommt ein Missverständnis zum Ausdruck, dem viele traditionelle Unternehmen aufsitzen. Sie halten ihre geschlossenen Systeme für ausgefeilter als die offenen Smartphones. Dabei verhält es sich genau umgekehrt. Geräte sind simple Maschinen wie Toaster, Bügeleisen, Kaffeemaschinen oder Luftbefeuchter, Systeme hingegen sind sich wechselseitig beeinflussende Gebilde wie das Sonnensystem, das Periodensystem oder das System der freien Marktwirtschaft. Im Zusammenspiel zwischen Autos und Smartphones sind Mobilgeräte die *Systeme* und Autos die *Geräte*. Eigenartig, dass wir Koch und Kellner über so lange Zeit miteinander verwechselt haben.

Von Klaus Hommels möchte ich wissen, warum wir in Sachen

Digitalisierung so unbedarft zu Werke gehen. Hommels ist einer der führenden deutschen Privatinvestoren in Start-ups. Skype, Facebook, Xing und Spotify gehörten zu seinen Entdeckungen. Früh erwarb er Anteile an diesen sensationellen Erfolgen und profitierte von den hohen Wertsteigerungen. Er ist einer der besten deutschen Kenner der Digitalisierung. Seine Firma Lakestar sitzt in der Nähe des Berliner Alexanderplatzes. Wir nehmen in einem der beiden Konferenzräume Platz. Wände aus Glas umgeben uns. Teppichboden aus Naturfaser, roh belassene Ziegelwände und Sesselgruppen verleihen seinem Büro das typische Berliner Start-up-Flair: »Deutschland ist eine Unternehmer- und Ingenieurskultur, aber auch eine Kultur von vorsichtigen Kaufleuten, die das neue Modell noch lernen müssen«, sagt Hommels. Diese Kaufleute reagierten falsch auf lebensbedrohliche Herausforderungen: »Wir denken wie die Grafen im alten Japan. Wir sehen eine Gefahr am Horizont und trainieren unsere Samurai härter und härter. Wir geben ihnen bessere Schwerter und versorgen sie mit besserer Nahrung. Dann aber stehen unsere Samurai im Kampf jemandem gegenüber, der die Feuerwaffe erfunden hat, und der schlägt sie alle aus dem Feld.« Hommels folgert daraus: »Wir können trainieren, so viel wir wollen – es spielt keine Rolle. Wir müssen lernen, die richtige Ebene des Kampfes zu finden. Bisher haben wir sie nicht gefunden. Nicht bei Verlagen, Fernsehen, Musik. Nicht in der Industrie. Wir haben noch nicht verstanden, wie das Spiel läuft.«

Hat Klaus Hommels recht mit seiner Interpretation? Dieser Frage wollen wir in den nächsten Kapiteln nachgehen. Wir begeben uns auf die Suche nach den Gründen für die schleppende Digitalisierung. Dabei wollen wir zunächst die mangelnde Vernetzung untersuchen. Warum tun wir uns so schwer mit dem Zusammenschalten zu größeren Systemen? Beginnen wir also mit der Bestandsaufnahme.

DIE GRÜNDE

Vernetzung: Wir verbinden Systeme nicht

Mit der Digitalisierung haben deutsche Unternehmen früh begonnen. Doch sie versäumen es, ihre Produkte nach außen zu öffnen. Hardware wird so gebaut, dass Vernetzung nicht entstehen kann, selbst wenn sie gewünscht wird.

Warum genau halten viele deutsche Produkte in puncto Digitalisierung und Bedienbarkeit im internationalen Vergleich nicht mit? Das können am besten die Leute beantworten, die sie entwickelt haben und bauen. Menschen, die man selten kennenlernt, weil sie kaum öffentlich in Erscheinung treten. Ich beschließe, zuerst die Geschichte des Bosch-Rasenmähers zu erkunden. Sein Beispiel scheint mir besonders gut geeignet. Ein Massenprodukt für den Konsumentenmarkt, irgendwo angesiedelt zwischen Mechanik und digital. Dort also, wo die deutsche Industrie gerade steht: auf halbem Weg vom Maschinenbau zur App-Ökonomie und zum Internet der Dinge. Wer steckt dahinter, und was ging in den Leuten vor, die den Indego Connect verantworten? Ich recherchiere und finde heraus, dass Bosch-Rasenmäher aus England stammen. Aus einer Fabrik, die der Konzern vor Jahrzehnten gekauft und eingegliedert hatte. Der Chef heißt Alex Ronafoldi. Sein Titel lautet »Head of Product Area Robotics. Bosch Powertools, Home and Garden«. Er stammt aus Ungarn und wurde kürzlich zu den Rasenmähern versetzt, um dort die offenkundigen Qualitätsprobleme zu beheben, die auch der Stuttgarter Zentrale aufgefallen waren. Ich rufe ihn an. Ronafoldi spricht perfekt Englisch, wenn auch mit starkem Akzent. Meine Kritik, die ich ihm am Telefon vortrage, wehrt er nicht ab. Im Gegenteil: Er wirkt interessiert und sagt, alle von mir aufgezählten Probleme beschäftigten ihn auch. Ich lerne ihn als integre Führungspersönlichkeit kennen. Ronafoldi will seinem Arbeitgeber dienen und die bestmöglichen Produkte bauen. Wenn ich das nächste Mal in London sei, sagt er, solle ich bitte auf einen Sprung in Stowmarket vorbeikommen. Genau das tue ich einige Monate später.

Das Städtchen Stowmarket, Heimat von 15 000 Seelen anderthalb Stunden nordöstlich von London, versteckt sich zwischen den flachen Wiesen und Weiden der Grafschaft Suffolk. Von Londons Liverpool Street Station ruckelt ein Vorortzug der Great Eastern Main Line nach Norden, doch von *Great* und *Main* ist den betagten Loks und Waggons nichts anzumerken. Dieseldämpfe beißen in der Nase; nicht alle Gleise sind elektrifiziert. Der Zug läuft im kleinen Bahnhof von Stowmarket ein, einem schmucken Backsteinbau mit angerostetem Eisendach. Ein Taxi bringt mich zu den Suffolk Works, einem betagten Flachbau an der Ausfallstraße. Weithin sichtbar leuchtet das Bosch-Logo an der Stirnseite. Im schlichten Empfangsraum mit niedrigen Decken und kaltem Neonlicht nickt mir die Rezeptionistin zu: »Alex erwartet Sie schon.« Ronafoldi, Jahrgang 1979, begrüßt mich mit ausgestreckter Hand. Er trägt ein schwarz-weiß gestreiftes Hemd und eine bordeauxfarbene Strickjacke. »Kommen Sie, wir setzen uns«, sagt er, führt mich in einen Konferenzraum, schaltet den Beamer an und erklärt mir den Markt für Roboter-Rasenmäher. Die Verkaufszahlen haben sich in den vergangenen fünf Jahren verzehnfacht; der Umsatz hat eine Viertelmilliarde Euro erreicht. Seine Indegos rollen überall dort, wo es grün ist und Menschen Rasen lieben. Er zeigt mir Karten von echten Gärten, die seine Roboter hochgeladen haben: »Wir dachten immer, die meisten Gärten sind viereckig. Aber schauen Sie hier: Sie haben die abwegigsten Formen. Viel komplizierter als vermutet. Wir dachten auch, dass die Gärten größer sind. In Wirklichkeit kaufen sich Leute mit eher kleinen Gärten einen Mähroboter. Eigentlich sind unsere Roboter zu groß und zu teuer dafür. Wir müssen sie kleiner und billiger machen.« Seine Präsentation erinnert mich an das Silicon Valley. Sie zeugt von systematischem Denken: Daten erheben, Daten auswerten, dann das Produkt so schnell wie möglich an die Erkenntnisse anpassen – so arbeitet man auch in Palo Alto. Vermutlich ist Ronafoldi damit auf dem richtigen Weg. »Aber warum kann der Indego so viele Dinge nicht, die er können müsste?«, frage ich nach. Das leuchtet mir nicht ein. Ronafoldi nickt: »Ich muss Ihnen zeigen, in welchem Kontext der Indego steht.«

Er bittet mich in den Nebenraum, einen gläsernen Showroom voller Produkte in Bosch-Grün. »In unserer Sparte bauen wir Powertools für den Garten«, erklärt er. »Heckenscheren, Häcksler, Rasenmäher, Rasenlüfter, Grasscheren, Laubbläser, Kettensägen.« Ronafoldi drückt mir eine Heckenschere mit mattschwarz glänzendem Schwert in die Hand. Das Gerät ist erstaunlich leicht, trotz des langen Schneidwerks. Ronafoldi sagt: »Genau. Optimales Verhältnis von Batteriegewicht und Leistungskraft. Digital kontrolliert. Es ist so effizient, dass man es den Kunden live vorführen muss, sonst glauben sie seine Kraft nicht.« Dann sieht er mich an: »Sie denken vielleicht, dass deutsche Unternehmen nicht früh genug digitalisiert haben. Aber das stimmt nicht. Die Deutschen waren Pioniere bei der Digitalisierung. Wo sie Schwächen haben, ist bei der horizontalen Vernetzung. Aber nicht bei der Digitalisierung.« Ich bin verdutzt. Das ist nicht die Aussage, die ich erwartet hatte. Wir sind doch eher Spätstarter in Sachen Digitalisierung, sage ich. Doch Ronafoldi schüttelt den Kopf. »Alle modernen Powertools laufen mit Lithium-Ionen-Batterien«, erläutert er und wiegt die Heckenschere in der Hand. »Lithium-Ionen-Batterien funktionieren nur mit digitaler Ladekontrolle. Ohne Digitalsteuerung kann man sie gar nicht betreiben. Seit vielen Jahren geht bei Powertools gar nichts ohne Chips. Deutsche Firmen sind Profis bei der digitalen Steuerung. Besonders Bosch.« Etwa bis 2004 wurden Elektrowerkzeuge von analoger Elektronik kontrolliert, erfahre ich. Dann lief die Analogtechnik in eine Sackgasse. Nennenswerte Leistungssteigerungen versprach nur noch digitale Elektronik, kombiniert mit einer neuen Generation von Batterien. Plötzlich zogen Chips in Bohrmaschinen, Laubbläser und Heckenscheren ein. Ronafoldi: »Zwischen 2004 und 2008 kam eine neue Generation von Ingenieuren ans Ruder. Digital denkende Leute, die in Windeseile Chips in alles einbauten, was sie in die Hände bekamen. Die Produkte wurden dadurch viel besser.« Mit den Chip-Experten hielten auch Programmierer Einzug in die Domäne von Werkzeugbauern. Simple Heckenscheren bekamen 1000 Zeilen Programmcode verpasst. Mikrochips für 20 Cent pro Stück katapultieren Maschinen, die im Laden 79 Euro kosteten, in neue Leistungsklassen, die für diesen Preis vorher undenkbar waren. Akkuschrauber wurden so klein, dass sie in die Hosentasche passten. Ihre Popularität wuchs rasant an. Einzelne Modelle schossen über eine Million verkaufte Exemplare hinaus. »Digitalisierung ist nicht das Problem der deutschen Industrie«, beteuert Ronafoldi. »Glauben Sie mir, wohin Sie auch schauen: Alle Maschinen laufen seit vielen Jahren digital.«

Aus dem, was Ronafoldi mir erzählt, lerne ich eine erste Lektion: Von »Digitalisierungsdefizit« sollte man eigentlich nicht sprechen. Das wäre ungerecht. Es würde die Pionierleistungen leugnen, die Deutschlands Industrie vollbracht hat. Was man mit »Digitalisierungsdefizit« meint, ist eigentlich etwas ganz anderes, und das muss ich noch herausfinden. Jetzt will ich aber erst einmal wissen: »Wenn Sie so viel von Digitaltechnik verstehen, warum leistet Ihr Mähroboter nicht mehr?« Ronafoldi weist zur Tür. »Ich zeige Ihnen die Entwicklungsabteilung«, sagt er. Wir gehen nach nebenan in ein Großraumbüro. Ein Dutzend Ingenieure schaut kurz von den Schirmen auf. Hier sieht nicht viel anders aus als bei einem Start-up im Silicon Valley. Tische und Stühle eng gereiht, Berge von Papier, fast nur Männer. Nur dem biederen Mobiliar sieht man die industrielle Vergangenheit der *Suffolk Works* an. Im Mittelgang steht ein der Länge nach aufgesägtes Exemplar meines Mähers. Daneben lehnen Probedrucke der Verpackung. Sie interessieren mich besonders. »Wer entwirft die Verpackung und wer formuliert die Werbeversprechen?«, frage ich Ronafoldi. »Eine Abteilung anderswo im Konzern«, antwortet er. »Denen schicken wir unsere Vorschläge.« – »Kennt die Werbeabteilung das Produkt aus eigener Anschauung?« – »Nein, das ginge gar nicht, so viele Verpackungen, wie die im Laufe eines Jahres gestalten müssen.« Mir wird klar: Die Werbeabteilung war es, die das unhaltbare Versprechen auf die Verpackung gedruckt hatte. Leute, die weit weg saßen von der Entwicklung. Sie hatten den entscheidenden Satz auf die Verpackung und die Werbetafeln gedruckt: Echtzeit-Steuerung über eine App mit Live-Karte. Hier spüre ich nun einen deutlichen Unterschied zum Silicon Valley. Dort liegt die Verantwortung für ein Produkt samt Werbung und Verpackung immer im Team. Verpackungsdesigner sitzen in Rufweite der Ingenieure, ebenso die Autoren der Bedienungsanleitung. Niemals würde man im Silicon Valley einen so krassen Unterschied zwischen Produkt und Produktversprechen zulassen.

Das ist Lektion Nummer 2: Arbeitsteilung in Konzernen führt schnell zu gefährlichen Unterschieden zwischen den Leistungen der Produkte und den Versprechen in der Werbung. Ein weiterer Punkt interessiert mich: »Von wem stammen die Chips im Mäher?«, frage ich Ronafoldi. »Von Bosch«, antwortet er. »Und die Akkus? Auch von Bosch?« Er nickt. »Haben Sie das frei entschieden, oder müssen Sie alle Komponenten im Konzern kaufen?« Ronafoldi antwortet diplomatisch: »Bosch stellt ausgezeichnete Komponenten her. Die sind gut für das Produkt.« Eine ausweichende Antwort. Ich frage nach: »Würden Sie sich für einen anderen Chip entscheiden, wenn das hier Ihre eigene Firma und Ihr eigenes Geld wären?« Er bleibt vorsichtig: »Mag sein«, sagt er. »Wir würden uns auf dem Markt umschauen und wohl meistens bei Bosch kaufen. Die Komponenten sind ja sehr gut. Aber vielleicht nicht alles und immer.« Hier bietet sich Lektion Nummer 3 an: Einkaufspflicht innerhalb von Unternehmen kann sich negativ auf Produkte auswirken. Das kann sich schnell zu einem Nachteil gegenüber jungen Unternehmen auswachsen. Start-ups unterliegen keiner Kontrahierungspflicht. Sie suchen sich die besten Komponenten aus, von wem auch immer sie stammen mögen.

Zurück zu Alex Ronafoldi. »Hier ist es, was ich Ihnen zeigen wollte«, sagt er und deutet auf die Platine im oberen Teil des aufgeschnittenen Rasenmähers. »Wenn Sie bemängeln, dass unser Rasenmäher nicht so selbstständig wie ein Google-Auto durch den Garten fährt, einen Begrenzungsdraht braucht und die Karte auf Ihrem Handy nicht in Echtzeit auf dem neuesten Stand hält – hier liegt die Antwort. In den Chips auf der Platine. Sie müssen verstehen: Wir können hier nicht die bestmögliche Maschine bauen, sondern müssen eine technische Lösung finden, die genau in eine Marktlücke passt. Wir suchen ein Optimum, nicht ein Maximum.« Was meint er damit? »Nehmen wir zum Beispiel die Datenübertragung auf das Handy«, sagt er. Ich lerne, dass der Roboter ohne SIM-Karte auskommen sollte. Deswegen übernimmt Bosch die Kosten für einen Übermittlungs-Dienstleister, der auf alle Funknetze zugreift. Um die Kosten überschaubar zu halten, wurde von den Betriebswirten im Konzern ein begrenztes Datenvolumen vorgegeben. »Aufgabe der Ingenieure war es, die Datenpakete so klein wie möglich zu halten«, sagt Ronafoldi. Deswegen sendet der Mäher die Daten nicht kontinuierlich, wie die Werbung behauptet, sondern erst, wenn er ein Segment des Gartens abgemäht hat. Dann muss er stehen bleiben. Die Chips auf der Platine sind so ausgelegt, dass der Roboter nicht gleichzeitig fahren, Daten berechnen und senden kann. Dafür sind seine Chips zu schwach. Sie müssen alles nacheinander erledigen, weil sie es nicht gleichzeitig schaffen. Statt den Indego für den Parallelbetrieb aller Funktionen stark genug auszurüsten, fand ein technisch-wirtschaftlicher Kompromiss statt: Mähen und Datenverarbeiten funktionieren nicht gleichzeitig. Erledigt werden muss immer eins nach dem anderen. Schlimmer noch: Hat sich der Roboter einmal mit dem Netz verbunden, hängen die Daten eine Weile beim Funkdienstleister fest, weil dessen Netze, Router und Server ständig hinterherhinken. Auch sie sind unterdimensioniert, vor allem aus Kostengründen. Wenn sich die Daten irgendwann durch die dünnen Leitungen gekämpft haben, landen sie schließlich auf einem Server von Bosch. Dann erst kann die App des Kunden auf sie zugreifen.

Fünf bis zehn Minuten dauert der ganze Prozess. So lange läuft die Mobilfunksteuerung der Wirklichkeit hinterher. Als ich die Gründe erfahre, klingen sie halbwegs logisch, doch als Kunde würde ich sie trotzdem niemals akzeptieren. Sie sind Ergebnis einer langen Reihe kleiner Entscheidungen, bei der niemand die volle Verantwortung für die Zufriedenheit der Kunden übernahm. Schritt für Schritt verlor das Produkt an Qualität. Jeder in der Kette glaubte, seine Pflicht zu tun, doch alle gemeinsam fabrizierten eine Enttäuschung. Jeder verfolgte andere Ziele, alle hatten unterschiedliche Chefs, für jeden war der Indego nur ein Job unter vielen, für niemanden ein echtes Anliegen. Der Erste, der einen ganzheitlichen Eindruck vom Produkt gewinnt, ist der Kunde. Im Silicon Valley würde so etwas niemals passieren.

Lektion Nummer 4: Dezentrale Arbeitsteilung führt zu mittelmäßigen Produkten. Start-ups im Silicon Valley, die so arbeiten würden, kämen über die Beta-Testphase nicht hinaus. Kunden würden die Prototypen kritisieren und Investoren den Geldzufluss stoppen. Das Start-up wäre pleite. In traditionellen Unternehmen läuft das anders. Die Kundenkritiken des Indego im Web sind größtenteils verheerend, trotzdem preist Bosch seinen Mäher in der Werbung ungerührt weiter als mustergültigen Roboter an, der bestens mit dem Web verbunden ist.

»Warum baut Bosch gute Heckenscheren, Akkuschrauber, Laubbläser und Häcksler, bekommt einen Rasenmäher mit Cloud-Anbindung und Smartphone-Fernsteuerung aber nicht hin?«, frage ich Ronafoldi. Seine Antwort ist interessant: »Das hat viel mit Erwartungen zu tun. Zwei Welten stoßen aufeinander. Einerseits die Welt der Smartphones, von denen 2015 rund eine Milliarde Stück verkauft wurden. Ein riesiges Ökosystem mit Heerscharen von Programmierern, die ausgeklügelte Apps herstellen. Auf der anderen Seite die Welt der traditionellen Produkte, in der wir mit viel kleineren Stückzahlen hantieren, viel weniger Umsatz machen und nicht von den besten App-Herstellern mit Software überflutet werden.« Solange Bosch netzferne Powertools herstellte, argumentiert Ronafoldi, stand das Unternehmen sicher auf eigenem Terrain. »Sobald wir uns aber in die App-Welt hineinbegeben, erwarten die Leute einen Leistungsstandard, wie sie ihn von Samsung oder Apple gewohnt sind.« Echtzeit-Daten, Fernkontrolle ohne Latenzzeit, Live-Update, HD-Bilder, keine Wartezeiten, intuitive Bedienbarkeit, keine Abstürze, stabile Verfügbarkeit der Cloud – alles, was diesen auf dem Smartphone gelernten Ansprüchen nicht genügt, sieht sofort aus wie ein technischer Flop. »Selbst wenn wir es wollten, könnten wir diesen Standard nicht liefern. Die kleinen Stückzahlen geben das nicht her«, meint Ronafoldi. Lektion Nummer 5 folgt aus dem Gesagten: Das Zusammenwachsen der Branchen im Zuge der Digitalisierung setzt traditionelle Unternehmen hohen Erwartungen aus, die sie mit ihren bestehenden Kompetenzen nicht erfüllen können.

Aber warum setzt Ronafoldi seine Entwickler nicht darauf an, den *einen* perfekten Netzrasenmäher zu bauen? Weshalb investiert er nicht alle Kraft in ein einziges mitreißendes Produkt? So würde das Silicon Valley es machen. Doch Ronafoldi winkt ab: »Das ginge gar nicht. Wir müssen uns um zu viele Dinge gleichzeitig kümmern.« Der Hauptgrund: Baumärkte sind für den Absatz enorm wichtig. An Powertools verdienen die Märkte nicht viel Geld, aber die Geräte locken männliche Kundschaft an und erfüllen damit eine Marketing-Funktion. Deswegen stehen großflächige Elektrowerkzeug-Ausstellungen in den Baumärkten dort, wo in Supermärkten Obst und Gemüse warten: gleich am Eingang, als Anschmecker, Lustmacher und Kompetenzbeweis. Diese Erlebniszonen müssen von den Herstellern mit immer neuen Produkten bestückt werden. Eine einzelne Heckenschere von Bosch reicht da nicht aus, und sei sie noch so gut. Es muss ein halbes Dutzend her. In verschiedenen Größen und Leistungsklassen, obwohl es technisch gesehen eigentlich nur eine perfekte Heckenschere geben kann. Gleiches gilt für Bohrer, Rasenmäher, Häcksler oder Laubbläser. Statt die eine perfekte Maschine zu bauen, wie es das Silicon Valley tun würde, werden Ingenieure vom Handel gezwungen, sich in Dutzenden von Spielarten zu verzetteln. Hinzu kommt: Baumärkte wollen mit Versionen aufwarten, die es nur bei ihnen gibt. Dann können sie Bestpreisgarantien auf riesigen Werbetafeln in ihren Hallen aufhängen: »Wenn Sie dieses Produkt anderswo billiger sehen, bekommen Sie Ihr Geld zurück.« Der Kunde denkt, er macht ein gutes Geschäft. Tatsächlich aber gibt es diese spezielle Bohrmaschine bei der Konkurrenz gar nicht. Ein paar technische Details und die Typennummer unterscheiden sich von den Wettbewerbern. So wird die Geld-zurück-Garantie praktisch niemals fällig. Weil der deutsche Handel wenig vom Netz versteht und den Anschluss an E-Commerce seinerseits verpasst hat, muss er seine Flächen mit Angeboten nach altem Muster befeuern, weil sonst der Umsatz einbricht.

Wir können daraus Lektion Nummer 6 ableiten: Der unterdigitalisierte Handel zwingt den Herstellern seine Strategie auf und lenkt sie von konzentrierter Modernisierung ab. Hersteller und Handel setzen sich gegenseitig unter Druck, immer neue Iterationen bewährter Produkte auszustoßen. Ingenieure werden vom Handel überfordert. Statt Perfektion produzieren sie Vielfalt.

Ortswechsel. Stuttgart, Ingolstadt und München. Mich interessiert, ob das, was ich bei den Mährobotern gesehen habe, auch für Autos gilt. Sind auch Autos so wenig vernetzt, weil ihre Hersteller Geld bei den Komponenten sparen? Ich besuche Automanager und Ingenieure. Nach Gesprächen mit ihnen glaube ich, die Antwort lautet Ja. Nur verläuft der Wirkungszusammenhang andersherum. Hersteller sahen bisher keinen Sinn in der Vernetzung der Fahrzeuge und wählten deswegen Komponenten aus, die Verbindung gar nicht erst zulassen: entweder keine oder nur eine langsame Internetverbindung, unterdimensionierte Rechner, viel zu kleine Speicher. »Bis vor Kurzem herrschte bei uns die Philosophie von Maschinenbauern«, berichtet ein Ingenieur. »Wir glaubten, die Maschine ist perfekt, so, wie wir sie bauen. Niemand sah den Bedarf, nachträglich Software oder Daten ins Auto zu holen. App-Stores – klar, für Smartphones schien das sinnvoll, aber nicht für Autos. Alle möglichen Gründe kamen in internen Debatten gegen ein App-Ökosystem auf den Tisch. Sicherheit, Kosten, Verlässlichkeit, Zahlung, Abrechnung.« Daher sahen Controller und Baureihenmanager keine Notwendigkeit, Autos mit ungenutztem Speicher und freier Rechenkapazität auszustatten. »So absurd es klingt«, sagt der Ingenieur, »Handys für 400 Euro kommen fast leer auf den Markt und bieten massenhaft Platz für weitere Anwendungen, Autos für 70 000 Euro sind datenmäßig schon voll, wenn sie vom Band rollen.« Handys belegen bei der Auslieferung rund 5 Prozent ihres Speicherplatzes mit Daten, Autos fast 90 Prozent. Die Fahrzeuge sind randvoll mit Programmen, die sie für den Betrieb benötigen. Für Apps könnte man sie nachträglich gar nicht öffnen, selbst wenn man es wollte. Es fehlt schlichtweg der Speicherplatz. Um Autos mit Gewinn zu produzieren, wird kleinteilig gespart. Terabyte-Speicher, die im Elektronikmarkt 50 Euro kosten, werden selbst in Premium-Wagen nicht einmal auf Verdacht eingebaut. Ein Volkswagenvorstand rühmte sich damit, einen Chip für 2,50 Euro gestrichen zu haben. Bei zehn Millionen Autos pro Jahr brachte die Aktion einen zusätzlichen Gewinn von 25 Millionen Euro. Mit solchen Maßnahmen blieb die Digitalisierung auf der Strecke. Erst jetzt ändert sich dieses Denken langsam. Ein Vorstand berichtet: »Die Produktzyklen von Autos sind viel länger als die von Unterhaltungselektronik. Wir müssen erreichen, dass Updates innerhalb eines Zyklus stattfinden können. Künftig bieten wir Updates zum Herunterladen an.« Doch die großen Speicher, die man braucht, um diese Updates aufzunehmen, kommen erst in den nächsten Jahren auf den Markt. Bis dahin sind die Straßen voller Autos, die mit ihrer Umwelt nicht kommunizieren und aktuelle Software gar nicht aufnehmen können.

Ein Stuttgarter Automanager glaubt zu wissen, warum den Deutschen die Vernetzung so schwerfällt: »Wir sind eine Nation von Maschinenbauern«, sagt er. »Selbst Autos verstehen wir als Maschinen. Jede Maschine ist in unseren Augen eine autarke Einheit. Gewissermaßen sind wir Weltmeister bei der Herstellung autarker Systeme.« Das ist sicher eine treffende Diagnose. Autarkie, früher ein Vorteil, entwickelt sich mehr und mehr zum Nachteil. Sie ist nicht vereinbar mit dem Trend zur Vernetzung von allem mit allem und widerspricht dem Internet der Dinge.

Woher rührt dieser Mangel an Vernetzung? Und wie hängt er mit Deutschlands Stärke für hochwertige Produktion zusammen? Darum geht es im folgenden Kapitel.

Produktion: Wir verlassen uns zu sehr auf alte Stärken

Der Erfolg als Industriestandort beruht auf vertikaler Vernetzung von Zulieferern und Herstellern. Sie arbeiten in enger Abhängigkeit voneinander. Diese herkömmliche Stärke steht Deutschland beim Übergang zur Netzwirtschaft im Weg. Horizontale Netze funktionieren anders als vertikale.

Deutschland gilt als Meister der hochwertigen Produktion. Während die Vereinigten Staaten und Großbritannien ihre Länder absichtlich de-industrialisiert haben, hielt Deutschland an seinem produzierenden Gewerbe fest. Heute können wir uns über diese Entscheidung freuen. Sie sicherte Wohlstand und Arbeitsplätze. Unser Modell ist zum Vorbild für andere geworden, zum Beispiel für die USA, die sich nach einer Re-Industrialisierung sehnen und sie zur offiziellen Regierungspolitik erhoben haben. In dieser Hinsicht haben wir den Amerikanern etwas voraus. Gleichzeitig aber müssen wir uns in Deutschland die umgekehrten Fragen stellen: Bringt die Stärke bei der Produktion auch Schwächen anderswo mit sich? Verhindert sie das Denken in Netzwerken? Ich suche nach Antworten zunächst bei Porsche. Zwei Gründe machen dieses Unternehmen besonders interessant. Erstens war Porsche Pionier bei der Wiedergeburt der deutschen Autoindustrie in den 1990er-Jahren. Die schlanke, flexible und hochwertige Serienproduktion, die wir heute in vielen Fabriken praktizieren, wurde damals unter dem Vorstandschef Wendelin Wiedeking eingeführt. Porsche konnte dadurch eine Existenzkrise überwinden. Zweitens arbeitet Porsche im Luxussegment. Technische Innovationen beginnen meistens dort. Wenn also irgendwo über Vernetzung nachgedacht wird, dann wahrscheinlich bei Porsche. Im Stammwerk Stuttgart-Zuffenhausen besuche ich Wolfgang Stumpp. Der pensionierte Manager hat fast 40 Jahre Industriegeschichte bei Porsche miterlebt. Ich kann einen kundigen Zeitzeugen gut gebrauchen, um die langen Linien der Entwicklung besser zu verstehen. Stumpp führt mich durch das traditionsreiche Werk. Von außen sieht es unauffällig aus: eine nüchterne Fabrikhalle. Von innen aber hält es technische Meisterwerke bereit. Stumpp – sportlich-elegant in Hornbrille und Trenchcoat – zieht die Tür auf. Die beiden Etagen des Fabrikationsbandes reichen so weit, wie das Auge schaut. Oben fließt es in die eine, unten in die andere Richtung. Die Arbeiter tragen Einheitsshirts und -hosen. Keine Gürtel, keine Uhren, keine Kettchen sind erlaubt, nichts, was den Lack zerkratzen könnte. Es herrscht konzentrierte Ruhe und ist auffällig warm. Keine Hektik nirgendwo, obwohl die Wagen schnell vorüberziehen. Früher ging es hier zu wie in einer Mechaniker-Werkstatt, weiß Stumpp. Die Leute liefen umher und suchten das passende Lenkrad, die richtige Schraube, den korrekten Schaltknauf. Wenn irgendwas nicht dort lag, wo der Mechaniker es vermutete, blieb das Band stehen. Die Produktion hakte und klemmte.

Waren Gummimuffen oder Auspuffrohre aufgebraucht, mussten alle auf die neue Lieferung warten. Damit das nicht vorkam, barsten die Lager über. Es herrschte Vorratswirtschaft. In den Lagern steckte ein Vermögen. Geld, das schwer auf Porsches Bilanz lastete. »Ich kann mir heute gar nicht mehr richtig vorstellen, wie wir damals Autos produziert haben«, sagt Wolfgang Stumpp. »Alle sieben Arten der Verschwendung waren gang und gäbe.« Er zählt die sieben Schlagworte aus der japanischen *Lean Production*-Lehre auf: »Transport, Bestände, Warten, Bewegung, Überproduktion, falsche Technologie und Prozesse, Ausschuss und Nacharbeit. Überall ging Geld verloren. Toyota hatte uns damals ungeheuer viel voraus. Die wussten, wie man gut und kostengünstig produziert.« 1992 übernahm Wendelin Wiedeking den Chefposten. Im Jahr zuvor hatte Porsche 65 Millionen Mark Verlust geschrieben. Wiedeking schickte seine Leute zum Lernen nach Japan und holte Japaner nach Stuttgart. »Die ganze Firma wurde auf den Kopf gestellt«, berichtet Stumpp. »Wir schauten uns jeden Prozess einzeln an, jeden Handgriff. Alles wurde neu gedacht und optimiert.«

Stumpp zeigt auf einen Arbeiter am Band, der einen Scheinwerfer von hinten durch das Loch in der Karosserie einsetzt. »Sehen Sie sich seine Bewegungen genau an. Ruhig, fließend, wie aus einem Guss. Kein Nachschieben, kein Zurechtwackeln, kein Festzurren. Ergonomisch perfekt, biomechanisch angenehm. Das haben wir damals eingeführt und von da an immer weiter verbessert.« Der Arbeiter ist dem Takt des Bands immer einen Tick voraus. »Reinschieben und klick – fertig. Es sitzt bombenfest. Ingenieure suchen jahrelang nach solchen Lösungen. Kaizen wird hier von jedem gelebt«, sagt Stumpp. *Kaizen* heißt im Japanischen »Veränderung zum Besseren«. Eine Lehre, die Wiedeking damals importiert hatte und die heute fest zur Kultur von Porsche gehört. Stumpp spricht den Begriff Kaizen so geläufig aus, als käme er aus dem Schwäbischen.

»Und jetzt zeige ich Ihnen, woran Sie eine vernetzte Fabrik erkennen.« Er zieht mich näher an das Band: »Schauen Sie bitte rechts entlang am Band hinunter. Kneifen Sie ein Auge zu. Was sehen Sie?« – »Material zum Einbauen.« Kleine Körbe gleiten neben dem Band her. Er nickt: »Wie viel Material liegt da drin?« – »Wenig.« – »Richtig. Sehr wenig. Genau so viel, wie man an dieser Station für den nächsten Wagen benötigt, der jetzt vorbeikommt.« Er greift nach meinem Arm und lenkt meine Aufmerksamkeit auf die Flächen hinter dem Band. »Sehen Sie irgendwo Reservematerial?« – »Nein.« – »Richtig. Alles, was gebraucht wird, kommt kurz zuvor in der Fabrik an. Just in time. Und zwar genau in der richtigen Reihenfolge.« Ich werfe einen Blick in die Materialkörbe: Blinker, Lenkrad, Luftauslässe, Bildschirm und Schalter liegen darin. »Kein Bausatz gleicht dem anderen«, sagt Stumpp. »Alles wird individuell zusammengestellt nach den Bestellungen der Kunden.« Das wäre nicht möglich ohne Vernetzung mit den Lieferanten. Die Computersysteme sind miteinander verbunden. Die Bauteile werden beim Zulieferer erst abgerufen, wenn Porsche mit der Montage eines Wagens beginnt. Wenige Stunden dauert die Durchlaufzeit eines Autos; die Lieferzeit ist extrem knapp. Um pünktlich liefern zu können, erfahren die Zulieferer schon bei der Bestellung, was der Kunde in Auftrag gibt. Das Auto existiert elektronisch, lange bevor der Bau tatsächlich beginnt. Lieferanten bauen so präzise wie möglich auf das konkrete Auto zu. Stumpp zeigt auf einen Drahtkäfig mit bizarr verrenkten Druckschläuchen. Sie sind millimetergenau an jeden Winkel im Motorraum angepasst. »Früher mussten Arbeiter solche Schläuche am laufenden Band in die richtige Form biegen. Die Zulieferer brachten sie ungebogen. Das Material ist widerspenstig. Es wehrt sich. Arbeiter hämmerten unter der Motorhaube dagegen an.« Heute kommen die Schläuche perfekt vorgebogen ins Werk. Genau so, wie der Entwickler sie in seinem 3D-Modell am Computer vorgezeichnet hat. Auch das ist nur möglich durch Vernetzung.

Wolfgang Stumpp weist auf die Lenkräder in den Materialkörben: Braunes Leder, schwarzes Leder, Lenkrad links, Lenkrad rechts, Sportlenkrad – alles individuell. Ein Fehler, und die ganze Reihenfolge würde durcheinandergeraten: »Fehlt nur ein Lenkrad in der Reihe, haben plötzlich alle Autos danach das falsche Lenkrad. Das darf nicht passieren und passiert auch nicht. Deswegen muss die ganze Wertschöpfungskette voll vernetzt sein.« *Industrie* ist mehr als nur eine Fabrik, wird mir klar. *Industrie* ist eine Kette von Firmen, deren Leistungen aufeinander aufbauen. »Aus wie vielen Teilen besteht ein Porsche?«, frage ich. Diese Frage kann man nur schwer beantworten, lerne ich. Etwa 30 000, wenn man alle vormontierten Komponenten zusammenzählt. Jedoch weit mehr, wenn man jede Schraube in den Komponenten berücksichtigt. Autos sind Produkte einer komplexen, tief verschachtelten Wertschöpfungskette.

Ist der Unterschied zum Silicon Valley wirklich so groß, wie ich gedacht hatte? Bildet nicht auch das Silicon Valley eine Kette aus vielen unterschiedlichen Betrieben, nur eben für andere Branchen wie zum Beispiel für Internet oder Biotechnologie? Ein Besuch im Porsche-Entwicklungszentrum im baden-württembergischen Weissach wenige Wochen später soll mir helfen, diese Frage zu beantworten. Ich möchte genauer verstehen, wie Zulieferer und Kunden miteinander verzahnt sind. Als ich mich am Empfang melde, klebt der Werksschutz als Erstes meine Handykamera mit einem Sticker ab, sogar die Linse auf der Vorderseite. Am liebsten würde er das Gerät ganz wegschließen. Spionagegefahr. Im Hauptgebäude gruppieren sich die verschiedenen Entwicklungsabteilungen auf mehreren Etagen um einen Lichthof. »Das Haus ist nach dem V-Konzept aufgebaut«, erzählt ein Abteilungsleiter aus der Elektronik-Entwicklung. »In den obersten Etagen werden die Komponenten einzeln geprüft, dann im Verbund ihrer Schaltgruppe, schließlich im Netz des gesamten Autos. Je tiefer man im Gebäude kommt, desto komplexer die Zusammenhänge, in denen sie sich bewähren müssen.« Die meisten Komponenten stammen von Zulieferern. Manchmal sind es Standardbauteile, meistens aber Teile, die nach Vorgaben von Porsche entwickelt und hergestellt werden. »Würden wir alle angelieferten Teile sofort im Gesamtverbund testen, würden wir Fehler niemals finden. Die Zahl der möglichen Fehlerquellen ist zu groß«, erläutert der Abteilungsleiter. »Fehler können durch ein einzelnes Bit in einem einzelnen Steuergerät entstehen. Das findet man im Verbund später nie.« Deswegen herrscht eine strenge Prüfungshierarchie. Nur Geräte, die ihre Porsche-Prüfung bestanden haben, kommen in den Gesamttest. Der findet auf großen Metallgestellen statt. Sie sehen aus wie überdimensionale Spielzeuge aus Fischertechnik. Nackte Aluminiumprofile, die Form und Größe des Autos andeuten. Darauf montiert sind Blinker, Scheibenwischer, Scheinwerfer, Tasten, Fensterheber und die vielen Steuergeräte, die in einem modernen Auto stecken – alles, was elektrisch funktioniert.

»Auch die Kabellängen geben das wieder, was später im Auto verbaut wird«, erklärt ein Testingenieur. »Alles ist möglichst nah an der Wirklichkeit.« Sobald die Testanordnung aufgebaut ist, spielen Computer jede erdenkliche Kombination durch. Dabei tauchen immer wieder Fehler auf. »Verbundfehler sind das. Fehler, die durch das Zusammenspiel von Komponenten entstehen, die für sich allein genommen fehlerfrei funktionieren«, sagt der Ingenieur. Erst wenn die letzten Verbundfehler beseitigt wurden, wird die Konstellation in ein echtes Fahrzeug eingebaut. Dort beginnen die Tests von Neuem, diesmal unter realen Bedingungen. Bis ein kompletter Satz von Elektrik und Elektronik in Serie geht, können Jahre vergehen. Im gesamten Entwicklungsprozess fließen Informationen zwischen Autoherstellern und Zulieferern hin und her. Von den Zulieferern geht es weiter zu deren Zulieferern – mehrere Stufen abwärts und dann wieder zurück nach oben. Eine komplizierte, schwer zu durchschauende Kaskade.

Am Teststand erfahre ich sinnlich, was vertikale Vernetzung bedeutet. Zulieferer arbeiten wie Abteilungen des Konzerns. Sie sind fest und dauerhaft in Kommunikationslinien eingebunden. »Zulieferer zu werden, dauert Jahre«, erklärt der Ingenieur. »Das wird man nicht einfach mal eben so. Man muss viele Stufen der Zertifizierung durchlaufen. Wenn man es einmal geworden ist, bleibt man es meist auf lange Zeit.« Zulieferer sind wirtschaftlich vom Hersteller abhängig. Deren Sublieferanten hängen wiederum stark vom Hauptlieferanten ab. Eine Befehlskette, die so straff organisiert ist wie beim Militär. Daten unterliegen strengem Schutz. »Zulieferer tauschen keine Daten untereinander aus, außer wir bitten sie darum«, weiß der Ingenieur. »Und wir teilen keine Daten mit anderen Autounternehmen oder anderen Branchen. Daten sind Geschäftsgeheimnisse. Wir hüten sie.«

In Weissach begreife ich einen wichtigen Unterschied zum Silicon Valley. *Vertikale Vernetzung* und *horizontale Vernetzung* klingen ähnlich, haben aber nichts miteinander zu tun. Sie sind fast wie Gegensätze. Ich rufe einen befreundeten Unternehmer in Palo Alto an, erzähle ihm von meinem Besuch bei Porsche und bitte ihn um einen Vergleich mit der Kultur im Silicon Valley. Er überlegt kurz und sagt dann: »Vertikale und horizontale Vernetzung sind nicht zwei Spielarten ein und derselben Sache. Es sind Gegensatzpaare.« Dann fährt er fort: »Vertikal heißt: Befehlskette, Abhängigkeitsverhältnisse, Geschäftsgeheimnis und Vollintegration. Dass die Zulieferer eigene Firmen sind und nicht gleich ganz zu Porsche gehören, hat vor allem wirtschaftliche Gründe. Es ist so vermutlich billiger.« Horizontale Vernetzung hingegen bedeute: »Meinungsaustausch, Unabhängigkeit, öffentlich zugängliche Information, Unverbindlichkeit, Freiheit und kulturelle Vielfalt. In vertikalen Netzen passen sich alle dem Mächtigsten an. Sie müssen ihm gefallen. In horizontalen Netzen kann jeder so sein, wie es ihm am liebsten ist.« Vertikale Netze erkennt man daran, dass man alle Teilnehmer morgen zu einer großen Firma verschmelzen könnte. Kulturell gäbe es nur geringe Schwierigkeiten, organisatorisch verläuft die Zusammenarbeit sowieso bereits eng. Horizontale Netze hingegen lassen sich nicht so leicht verschmelzen. Sie basieren auf Vielfalt, Unverbindlichkeit und Unabhängigkeit. Versucht man dennoch eine Fusion, gehen diese Eigenschaften verloren. »Horizontale Netze funktionieren nur, wenn man sie organisatorisch genau so lässt, wie sie sind«, glaubt er.

Diese Einschätzung bestätigt meinen Eindruck aus den beiden Besuchen bei Porsche. Deutschlands Stärke bei der Produktion bringt es mit sich, dass die Industrie das Land von oben bis unten mit vertikalen Netzen durchzogen hat. Mit diesem Konzept ist sie erfolgreich; diese Methode hat sie trainiert. Horizontale Netze, wie das Silicon Valley sie baut, sind für uns ungewohnt. Es fällt uns nicht leicht, sie zu verstehen. Weder beim Organisieren von Firmen noch beim Entwerfen von Produkten. Porsche sammelt keine Daten von Fahrern aus dem Auto, speichert sie in der Cloud, öffnet sie für Kartenanbieter oder Werbeaktionen und saugt umgekehrt Daten aus dem Netz, die für Porsche-Fahrer interessant sein könnten – zumindest nicht bisher. Solcher Umgang mit Daten würde gegen lang gehegte Traditionen verstoßen. Gepflogenheiten wie diese ändert man nicht über Nacht. Aus guten Gründen, denn wir alle schätzen unsere Privatsphäre. Trotzdem lohnt es sich zu überlegen, ob man die Stärken beider Kulturen nicht miteinander verbinden kann. Also wie man aus Daten Vorteile für Kunden schafft, ohne ihre Privatsphäre zu verletzen. »Vieles, was wir heute hier im Unternehmen diskutieren, hätte vor einigen Jahren noch als undenkbar gegolten«, sagt ein Entwickler bei Porsche. Er nennt ein Beispiel: »Sensoren in den Radkästen messen die Menge des Spritzwassers. Bringt man alle Daten zusammen, entsteht daraus eine Echtzeit-Karte der Aquaplaning-Gefahren. Andere Autos werden gewarnt, bevor sie selber ins Rutschen geraten.« In einer Broschüre des BDI finde ich später eine Grafik, die den Wandel illustriert, von dem der Porsche-Entwickler spricht: In der Mitte der Grafik ist der Hersteller eingezeichnet. Um ihn herum gruppieren sich viele andere Unternehmen. Pfeile laufen auf den Hersteller zu und von ihm weg. Die anderen Firmen kommunizieren direkt untereinander. Plattformen vermitteln Angebot und Nachfrage. Nicht mehr alles läuft über den Hersteller. Er ist in diesem Netzwerk nur noch einer von vielen. So sieht die Zukunft aus, meint der BDI. Keine einfache Zukunft, denke ich mir, denn sich dort hinzuentwickeln, bedeutet auch, die erfolgreichen Rezepte der Vergangenheit zu überwinden. Das dürfte alles andere als leichtfallen. Schließlich prägt Erfolg unsere Denkmuster. Sie abzulegen, ist oft ein Ding der Unmöglichkeit.

Horizontale Vernetzung, wie der BDI sie vorschlägt, fällt umso leichter, je mehr Austausch zwischen den Berufen und Fachrichtungen stattfindet. Wie steht es damit? Im nächsten Kapitel wollen wir das näher untersuchen. Wir kommen damit zur hohen Spezialisierung und Abschottung der Berufe – eine deutsche Eigenart, die in der Digitalisierung besonders schwer zu überwinden ist.

Spezialisierung: Wir denken in Fachgebieten und meiden Risiken

Industrie kann ohne Spezialwissen nicht funktionieren. Je tiefer das Wissen, desto erfolgreicher die Produkte. Für die Digitalisierung jedoch ist Spezialistentum eine Gefahr, weil es isoliert. Horizontale Netzwerke können so nicht entstehen.

»Jeder hält die Grenzen des eigenen Gesichtsfelds für die Grenzen der Welt.«
Arthur Schopenhauer, Philosoph

Wieder absolviere ich einen Besuch bei Bosch, diesmal bei Bosch Sensortec Reutlingen. Ich möchte besser verstehen, wie Spezialisierung das Arbeitsleben in technischen Berufen prägt. Stefan Finkbeiner ist der CEO. Seine Firma stellt Sensoren her. Ihre Chips, die vom Luftdruck über die Temperatur bis hin zur Beschleunigung alles Mögliche messen, sind unfassbar klein geworden. Im Raten von Mengen in Schachteln bin ich schlecht. Für mich sieht es aus, als ob die kleine Box, die Finkbeiner mir zeigt, einige Tausend Chips enthält. Höchstens 100 000. Es sind aber fünf Millionen, wie ich lerne. Das ist einer der Gründe, warum Chips überall auf der Welt in großen Massen verfügbar sind. Sie lassen sich leicht und preiswert mit dem Flugzeug transportieren. Solche Chips zu bauen, verlangt eine Menge Spezialwissen. Wie durchlässig sind die Berufe? Wie gut kann man im Laufe seines Lebens die Fachrichtung wechseln? Diese Fragen sind wichtig, denn horizontale Vernetzung entsteht umso leichter, je intensiver Menschen unterschiedlicher Neigungen zusammenkommen und je durchlässiger die Grenzen zwischen ihren Berufen sind. Wer einmal fünf Jahre hier und fünf Jahre da arbeiten kann, gewinnt eher den Blick für das Ganze als jemand, der zeitlebens einer einzigen Aufgabe nachgeht. Das Silicon Valley ist Weltmeister in Cross-over-Qualifikationen. Berufliche Durchlässigkeit gilt dort als wichtiger Teil der Kultur. Eine Aufgabe gut zu erledigen bedeutet in Kalifornien nicht, ein Leben lang auf sie festgelegt zu sein. Interdisziplinarität wird hochgehalten. Viele der Erfolge des Silicon Valley beruhen auf dem Verzahnen von Fachrichtungen. Sonst hätten die Computer-Ingenieure bei Apple wahrscheinlich niemals damit begonnen, einen modernen Walkman oder ein mobiles Telefon zu bauen.

In der deutschen Industrie hingegen, das lerne ich am Beispiel von Bosch Sensortec, herrscht ein extrem hohes Maß an Spezialisierung. Dies ist eine wichtige Zutat für den Erfolg. Dennoch lohnt es sich, diesen Mechanismus zu ergründen und infrage zu stellen. Ohne die hohe Spezialisierung wären die Produkte der deutschen Industrie nicht so gut. Stefan Finkbeiner liefert mir einen anschaulichen Beleg. In seinem Gewerbe gibt es zwei Berufsgruppen, die eng verwandt klingen, aber wenig miteinander zu tun haben: Signaltechniker und Bit-Techniker. »Die einen erzeugen ein Signal, die anderen werten es aus«, erklärt Finkbeiner. Eine typische Herausforderung für Signaltechniker besteht darin, Chips immer energieeffizienter zu bauen. Warum? Weil Messgeräte immer kleiner werden, also auch die Batterien schrumpfen müssen, damit sie ins Gehäuse passen. Je kleiner die Batterien werden, desto weniger Energie steht für die Chips zur Verfügung. Ein Rauchmelder, der in einem Hotelzimmer einmal unter die Decke gehängt wurde, soll nach Möglichkeit sein Leben lang funktionieren, ohne dass ein Techniker auf die Leiter steigen und die Batterie austauschen muss. »Minimale Spannungen, höchste Zuverlässigkeit – das ist anspruchsvoll«, sagt Finkbeiner. Signaltechniker gehen voll in ihrer Aufgabe auf, Chips so zu designen, dass sie minimalen Strom ziehen und über lange Zeit hinweg autark funktionieren. Diese Aufgabe bildet einen Kosmos für sich. Man kann sein ganzes Berufsleben mit derartigen Herausforderungen verbringen. Deutschlands Stärke als Autozulieferer beruht unter anderem darauf, dass seine Signaltechniker so hoch spezialisiert sind.

Der andere Berufszweig, die Bit-Techniker, schreibt Software für die Chips, die Signaltechniker gebaut haben. In ihren Augen gibt es nichts Wichtigeres als Algorithmen: Formeln, die Messdaten erfassen und für die weitere Verwendung nutzbar machen. Elektronische Signale, Arbeitsergebnisse der ersten Gruppe, sind für die zweite Gruppe nur die Zutaten. Beide Gruppen hegen Stolz und Leidenschaft für ihre jeweilige Spezialisierung. Wie bei anderen Berufen ebenfalls üblich, grenzen sie sich gern voneinander ab. Vor meinem Besuch bei Finkbeiner wusste ich noch gar nichts von diesen beiden Fachrichtungen. Jetzt steht mir der Unterschied schon so klar vor Augen, dass ich zu zweifeln beginne, ob diese Leute jemals eng miteinander arbeiten, geschweige denn geschmeidig zwischen den beiden Spezialisierungen hin und her wechseln können. Finkbeiner erklärt mir, was er unternimmt, um den Austausch zu erleichtern und die Barrieren zwischen den Berufen abzusenken. Auch er weiß, wie wichtig Interdisziplinarität ist. Aber im Tagesgeschäft erlebt er, wie anspruchsvoll es sein kann, sie zu organisieren. Ich kann das gut verstehen. Im Journalismus, dem Beruf, den ich erlernt habe, gibt es Redakteure, die gute Kommentare schreiben, solche, die spannende Reportagen verfassen, und solche, die eingängige Überschriften formulieren. Laien sind beim Besuch von Redaktionen regelmäßig verblüfft, dass es diese Spezialisierungen überhaupt gibt. Von außen schauend dachten sie, jeder mache alles. In den Wirtschaftswissenschaften – dem Fach, das ich studiert habe – sieht es ähnlich aus. Geldtheoretiker und Marketingexperten gehen so grundverschiedenen Aufgaben nach, dass an einen Jobtausch zwischen ihnen eigentlich gar nicht zu denken ist.

Fallbeispiele wie diese gibt es zu Tausenden. Experten sind es, die Innovationen vorantreiben. Sie kennen ihr Fach so gut, dass sie wissen, wo die nächste Produktgeneration ansetzen muss. Ein Personalmanager von Volkswagen bestätigt das. »Zu einer Karriere gehört, in seinem Fachzirkel Anerkennung zu genießen«, sagt er. »Für diese Anerkennung muss man jahre- und jahrzehntelang arbeiten. Wenn man seinen Ruf begründet hat, wechselt man nicht mehr so schnell das Fach, sondern bleibt bei seinen Leisten. Unternehmer werben einander die besten Spezialisten ab. Ohne ihre Expertise läuft gar nichts.« Die Besten jedes Fachs zirkulieren durch ihre Branche. Wenn sie etwas gut machen, machen sie das ihr Leben lang. Als Elon Musk, der CEO von Tesla, einen Chefdesigner für sein Unternehmen suchte, warb er Franz von Holzhausen, Jahrgang 1968, von Mazda ab, einen deutschstämmigen US-Amerikaner. Zuvor hatte von Holzhausen für General Motors und Volkswagen gearbeitet; mal drei, mal fünf, mal acht Jahre. Aus seiner Feder stammt der Entwurf für Teslas Modell S. Vermutlich wird Tesla nicht die letzte Station seiner Karriere sein. Holzhausens Berufsweg ist ein gutes Beispiel für die Vorzüge von Spezialisierung. Man beherrscht einfach besser, was man tut, wenn man seiner erlernten Stärke über viele Jahrzehnte treu bleibt.

Auch weniger auffällige Karrieren drehen sich um die immer gleichen Themen. Spezialisierung ist eine der wichtigsten Erfolgsvoraussetzungen der Industrie. Je mehr das Wissen des Einzelnen zunimmt, desto raffinierter fällt die Komponente aus, die er betreut. »Industrieprodukte werden in dem Maße besser, wie die Zahl der Experten und deren Wissen ansteigen«, sagt ein Produktionsvorstand aus der Chemieindustrie, der mich besucht, bevor er zu einer Studienreise in das Silicon Valley aufbricht. Arbeitsteilung ist die automatische Folge. »Man nimmt zwangsläufig nur noch die Leute richtig ernst, die zur eigenen Fachrichtung gehören«, sagt er. »Auf ihr Urteil legt man den größten Wert. Gegen alle anderen grenzt man sich ab.« Deswegen verspüren viele Menschen gar keinen Antrieb, aus ihrer Fachrichtung auszubrechen. Sie empfinden sie als Heimat. »Die Arbeitgeber nehmen daran meist keinen Anstoß. Je tiefer Mitarbeiter in ihren Fachthemen versinken, desto sicherer wird der Qualitätsvorsprung des Unternehmens vor der Konkurrenz.« Spezialisierungen stellen Markteintrittshürden für Angreifer dar, die nur schwer zu überwinden sind. Wer keine Experten abwirbt, kann bestehenden Marktführern nicht zu Leibe rücken. China zum Beispiel braucht Experten von Boeing und Airbus für sein Passagierflugzeugprogramm, Apple muss Fachleute von BMW, Audi oder Mercedes für sein Autoprojekt abwerben.

Fachrichtungen werden oft auch *Silos* genannt. Dieser leicht polemische Ausdruck soll verdeutlichen, dass man seiner Spezialisierung schwer entkommen kann, wenn man sie einmal ausgebildet hat. Man beginnt seine Laufbahn in einem Autounternehmen etwa beim Antriebsstrang (Motor, Getriebe, Welle) und geht dort auch in Rente. Man fängt bei der Elektrik an und hört dort auf. Oder eben bei der Karosserie, dem Fahrwerk, beim Vertrieb, beim Personalwesen oder in der Öffentlichkeitsarbeit.

Eigentlich könnte es immer so weitergehen, wenn nicht ausgerechnet die Digitalisierung des Weges käme und der klassischen Industrie das Licht ausblasen wollte. Mich interessiert, was ein ausgewiesener Experte für Digitalisierung von der traditionellen Spezialisierung in den verschiedenen Berufen denkt. Dafür besuche ich Florian Heinemann. Er ist Mitgründer und einer der Chefs des Wagniskapitalfonds Project A in Berlin. Zeitlebens hat er Start-ups gegründet und in sie investiert. Seine Hauptkritik an Silos begründet Heinemann damit, dass Spezialwissen durch die technische Entwicklung immer schneller überholt ist. »Wissen, das zu erfolgreichen Innovationen führt, veraltet extrem schnell, heute noch schneller als früher«, sagt er. »Wenn es an Universitäten gelehrt wird, ist es schon nicht mehr aktuell.« Das habe erhebliche Folgen für jede Organisation. Sogar für einen Wagniskapitalfonds. Die Leute, die Heinemann benötigt, findet er meist gar nicht. Deswegen sieht er seine Firma als eine Art Ausbildungsbetrieb an. »Leute mit den Erfahrungen, die wir suchen, gibt es am Markt gar nicht«, erklärt er. »Wir müssen sie aufbauen.« Was Heinemann braucht, bildet keine Universität aus. »Ein 45-jähriger Chief Technology Officer reicht nicht. Er ist schon nicht mehr auf dem neuesten Stand der Dinge.« Heinemann führt ein Beispiel von seinem früheren Arbeitgeber Rocket Internet an: »Zalando programmiert seinen Shop gerade komplett neu. Die alte Technologie ist erst fünf Jahre alt und wird weggeworfen.« Für die heutigen Aufgaben tauge sie nicht mehr. »Vergleichen Sie das jetzt mal mit der Software, die in traditionellen Handelsunternehmen läuft«, sagt Heinemann. »Die hat oft Jahrzehnte auf dem Buckel. Allein die Auswahl und Implementierung von Ergänzungen kann fünf Jahre dauern. Die Einführung neuer Software nimmt zuweilen zehn Jahre in Anspruch. Zalando hingegen durchläuft eine ganze Software-Generation in nur fünf Jahren.« Ähnlich hoch werde die Betriebsgeschwindigkeit traditioneller Firmen bald drehen müssen.

Diese Entwicklung zeitigt wichtige Folgen für die Personalarbeit. Man müsse »Leute aufgrund ihres Potenzials einstellen, nicht wegen ihrer Erfahrungen«, findet Heinemann. Die meisten Unternehmen seien darauf aber nicht eingestellt, sagt er. »Sie klopfen den Lebenslauf auf Erfahrungen ab. Für die Lösung von Aufgaben suchen sie Leute aus, die genau diese Aufgaben anderswo möglichst lange erledigt haben. Das ist oft falsch.« Als ich später mit Janina Kugel, Personalvorstand bei Siemens, über dieses Thema spreche, bestätigt sie diese Einschätzung: »Spezialisierung ist in vielen Fällen unerlässlich«, sagt sie. »Viele Aufgaben müssen von Fachleuten mit besonderen Qualifikationen ausgeübt werden. Bei der Power Generation, unserer Kraftwerkssparte, gibt es noch weitgehend stabile Anforderungsprofile. Aber in anderen Geschäftsfeldern ändern sich die Anforderungen schnell, weil die Märkte und Technologien sich rasch verändern. Unter solchen Umständen sollte man über Silos neu nachdenken.«

Eine dritte Einschätzung erbitte ich von Olaf Demuth. Er sitzt im Vorstand des Baukonzerns Züblin und ist zuständig für das Ressort Spezialtiefbau. Aus seiner Sicht birgt die eigentlich sinnvolle Spezialisierung erhebliche Risiken. »Ein Konzern wie unserer ist natürlich nach Sparten und Zuständigkeiten organisiert«, sagt er. »Er besteht aus Einheiten, die wenig miteinander kommunizieren. Die gar keinen Anreiz haben, sich untereinander abzustimmen. Meist sitzen sie sogar an verschiedenen Orten.« Was Demuth Sorgen macht, ist der Abstand zum Endkundenmarkt. »Trends bekommen wir einfach nicht rechtzeitig mit. Schon gar nicht Trends aus der Digitalisierung.« Aus seiner Sicht ist dieses Manko fest in der arbeitsteiligen, vertikalen Wertschöpfungskette angelegt: »Schauen Sie sich unseren Arbeitsprozess an: Entwickler von Gebäuden planen die Gebäude nicht – sie entwickeln sie nur. Planer planen nur, bauen die Gebäude aber nicht. Die Leute, die bauen, betreiben die Häuser nicht. Und was machen die Betreiber? Sie vermieten die Gebäude nur, benutzen sie aber nicht selbst.« Woher soll in dieser Kette irgendjemand wissen, was der Markt braucht? Warum soll jemand die Gesamtverantwortung übernehmen, wenn es weder zu seinen Aufgaben gehört noch irgendwelche Belohnungen dafür gibt? »Ich fürchte, wir als Branche werden dadurch anfällig für Angriffe von neuen Firmen, die ganz anders an die Aufgabe herangehen.« Ich frage Demuth nach einem Beispiel. Er sagt: »Nehmen Sie beispielsweise Büroimmobilien. Wenn Deutschland auch nur halbwegs den Anschluss an den Start-up-Boom findet und bei der Digitalisierung aufholt, wird es Tausende von Firmen geben, die nicht mehr in den Büros der Vergangenheit arbeiten möchten.« Co-Working-Spaces, Bootcamps, Hubs – alles sei ihnen lieber als klassische Büros mit fixer Miete, in denen man sich von der Sekretärin bis zum Kopierer alles selbst besorgen muss. Vielleicht wollen die Mieter der Zukunft gar keine Flächen mehr mieten, sondern unter verschiedenen Komfortniveaus auswählen, mutmaßt Demuth. Flatrates für Büros sozusagen, komplett mit Heizung, Strom, Kopierer und Espresso-Kapseln. »Als Betreiber von Immobilien kennt man solche Trends, als Planer oder Erbauer aber eben nicht.« Demuth ist überzeugt: »Am Markt werden künftig jene Unternehmen am erfolgreichsten sein, die Projekte von vorne bis hinten durchdenken können. Mit unserer heutigen Organisation können wir darauf nicht schnell genug reagieren. Wir bauen vielleicht am Markt vorbei.«

Demuths Beispiel lässt sich problemlos auf andere Branchen übertragen. Wer bei der Lufthansa den Sitzabstand verkürzt und die Economy-Mahlzeit verschlechtert, gehört nicht zwangsläufig zu den Leuten, die mitbekommen, dass EasyJet und American

Airlines auf Kurzstrecken inzwischen besseren Service anbieten als die Lufthansa. Wer als Autovorstand auf dem Rücksitz von Limousinen sitzt, muss nie das umständliche Navigationsgerät bedienen, das unter seiner Ägide entstanden ist. Wer bei Viessmann die Mini-Displays mit unverständlichen Codes programmiert, hört nie von der Zerknirschung der Kunden. Wer neue Logistiklager an den Autobahnen plant, erfährt wenig aus den Innenstädten, wo Sofort-Lieferungen aus kleinen City-Lagern, vermittelt von Diensten aus dem Internet, immer populärer werden. Unübersichtlich wird die Lage meistens dann, wenn digitale Start-ups angreifen. Was haben Produktverantwortliche beim Paketdienst DHL mit Roboterentwicklern in Peking oder Programmierern für automatische Verkehrsschildererkennung in Palo Alto zu tun? Wenig bis gar nichts. Doch das Schicksal kann sie schneller auf Kollisionskurs bringen, als es den Paketexperten lieb ist. »Mehr Wechsel zwischen den verschiedenen Silos wäre ohne Frage sinnvoll«, glaubt Demuth, »aber er ist schwer zu organisieren. Man braucht die Fachleute ja und kann nicht so leicht auf sie verzichten.«

»Wechsel zwischen Silos ist sicher möglich«, findet auch Thomas Sattelberger, der ehemalige Personalchef der Deutschen Telekom. »Aber es gibt Grenzen. Völlig durchlässig kann keine traditionelle Organisation werden.« Damit ist das Scheitern bereits angelegt. Horizontale Netze sind, wie wir gesehen haben, unerlässlich für einen Erfolg in der boomenden Netzwirtschaft. Wer diese Netze nicht besitzt, muss sie so schnell wie möglich ausbilden. Doch geknüpft werden müssen sie von Menschen. »Voraussetzung ist ein Mindestmaß an Bereitschaft, sein Silo zu verlassen und horizontale Kontakte in andersartige Gebiete zu knüpfen«, sagt der Produktionsvorstand des Chemieunternehmens vor seiner Abreise ins Silicon Valley. Dies bedeutet einen Verlust an Sicherheit. Horizontal auszugreifen meint nämlich auch, ins Ungewisse aufzubrechen. Man kennt niemanden in dem fremden Feld, weiß nicht, wie die Regeln lauten, und ist sich seiner Stärken nicht bewusst. Wer sich nur in seiner eigenen Fachgruppe wohlfühlt, wird sich nicht als Brückenbauer betätigen wollen. Vertikale Vernetzung bedeutet Sicherheit, horizontale Vernetzung Unsicherheit. »Wenn nur eine kleine Minderheit im Unternehmen willens und in der Lage ist, diese Unsicherheiten einzugehen, dann entstehen keine horizontalen Verbindungen«, hat der Produktionsvorstand beobachtet. Fachdenken nagelt das Unternehmen auf seine bisherigen Geschäftsmodelle fest. Was bisher gut war, erweist sich in der digitalen Gegenwart und Zukunft als Problem. Silos ermöglichen den heutigen Erfolg und stellen zugleich das größte Hindernis für die weitere Entwicklung dar. Ein Dilemma, dessen Ausgang über Wohl und Wehe des Unternehmens entscheidet.

Wie kann man vertikalen Abhängigkeiten entkommen? Nur durch eine Führungskultur, die Wagnisse fordert und Experimente ermöglicht. Doch das ist schwer mit der herrschenden Führungskultur vereinbar. Fehler zu machen, ist in der deutschen Industriekultur verpönt. So ehrenwert das auch sein mag: Null-Fehler-Kultur entpuppt sich in der digitalen Gegenwart als Nachteil. Warum? Die Gründe untersuchen wir im nächsten Kapitel.

Management: Wir belohnen Perfektion und bestrafen Fehler

Die deutsche Tradition des Maschinenbaus begünstigt eine Kultur der Fehlervermeidung. Produkte sollen von Anfang an perfekt sein und störungsfrei laufen. Das Silicon Valley setzt eine Kultur des Ausprobierens dagegen. In Zeiten stürmischen Wandels ist das die bessere Strategie.

Fehler sollten vermieden werden. Wer in Deutschland aufwächst, hört diesen Lehrsatz überall. In Elternhäusern, Schulen, Universitäten und Firmen gelten null Fehler als Ideal. Warum ist das so, und was bedeutet dies für die Digitalisierung? Als Fallbeispiel suche ich mir die Viessmann-Therme in meinem Keller aus, von der ich bereits berichtet habe. Sie ist zwar schwer zu bedienen, gleichzeitig aber ein Vorbild an Verlässlichkeit. Noch nie ist sie ausgefallen. Noch nie ist das Haus ihretwegen kalt geblieben. Vielleicht nehme ich das als zu selbstverständlich hin. Vielleicht besteht der größte Vorteil der Therme in ihrer sagenhaften mechanischen Perfektion. Um mehr über das Denken traditioneller Produzenten zu erfahren, statte ich Martin Viessmann einen Besuch ab, dem Eigentümer des Unternehmens. Er hat viel über die hellen und dunklen Seiten der deutschen Null-Fehler-Kultur nachgedacht. Als er die Firma von seinem Vater übernahm, war mangelnde Qualität das größte Problem des Familienbetriebs. Martin Viessmann trimmte das Unternehmen fortan auf Perfektion. Nun aber erkennt er die Bedrohung durch digitale Angreifer und versteht, dass ausgerechnet Fehlermachen dabei hilft, im rapiden technologischen Wandel weiter zu bestehen. Das macht ihn zu einem interessanten Gesprächspartner.

Martin Viessmann ist ein zupackender Mann mit hartem Händedruck und freundlichen Augen. Vertraute zieht er gern mit einem Griff auf die Schulter näher an sich heran. Jeden, mit dem er spricht, schaut er interessiert an. Mit einem geschätzten Vermögen von zwei Milliarden Euro gehört er zu den 50 reichsten Deutschen. Er ist Oberhaupt eines Familienkonzerns in dritter Generation, Chef von 11 000 Leuten, wichtigster Arbeitgeber einer Region im strukturschwachen Nordhessen, Träger des Bundesverdienstkreuzes, Doktor der Wirtschaftswissenschaften und Präsident der IHK. Seine Firma sitzt in Allendorf, einer Kleinstadt mit 5000 Einwohnern auf dem flachen Land in der Nähe von Marburg. Viessmann erzählt mir seine Geschichte. »Null Toleranz für Fehler – das ist seit Langem eines der Grundprinzipien in unserem Unternehmen gewesen«, sagt er. Mit immer neuen Ideen und Initiativen trieb er der Produktion Fehler um Fehler aus. »Wenn Sie so wollen, ist das meine Lebensleistung«, sagt er nachdenklich. »Und wissen Sie was? Wir haben es tatsächlich geschafft. Null Fehler in der Produktion. Darauf bin ich wirklich stolz.« Doch heute gelte es, sich neu zu orientieren: »Ausgerechnet jetzt verändert sich die Welt. Keine Fehler zu machen, wird plötzlich zum Hindernis.«

Künftig setzt Viessmann alles daran, auch diese Herausforderung zu meistern. Eine wichtige Rolle dabei spielt sein Sohn Maximilian, der mit Digitalisierung aufgewachsen ist und enge Verbindungen zur Start-up-Szene pflegt. Mit ihren Mitarbeitern analysieren Vater und Sohn, was gerade geschieht. Start-ups aus dem Silicon Valley und anderswo greifen an. Firmen wie Nest, Netatmo und Tado wissen alles über ihre Kunden: wie sie leben, wann sie heizen, wann sie zu Hause sind, wie viel Energie sie benötigen. »Und was wissen wir über die Bedürfnisse der Endkunden?«, fragt Martin Viessmann. »Relativ wenig. Denn eigentlich sind es gar nicht unsere Kunden, sondern die Kunden der Installateure, die unsere Geräte verkaufen. Wir sind von den Endkunden weitgehend abgekoppelt, und das wird in der Digitalisierung zunehmend zum Problem. Wir entwickeln deshalb gemeinsam mit den Handwerkern, also unseren Marktpartnern, neue Wege in der Kundenansprache.« Auch die Bedienerführung seiner Thermen lässt Viessmann verbessern. Kurz vor Redaktionsschluss dieses Buchs schickte mir Max

Viessmann eine Pressemitteilung zu: Eine neue Schnittstelle und App ermöglichen leichtere Bedienung. Frustration vor der Maschine soll damit der Vergangenheit angehören.

Zwischen seiner Null-Fehler-Kultur und dem Aufstieg der digitalen Angreifer sieht Martin Viessmann einen direkten Zusammenhang: »Firmen wie Nest sind entstanden, weil sie sich trauen, Fehler zu machen.« Das Silicon Valley fabriziert Flops in endloser Reihe. Doch nicht alle Start-ups gehen in die Knie. Einige Firmen bleiben bei diesem Auswahlprozess übrig. Vor allem solche, die aus ihren Fehlern die richtigen Schlussfolgerungen ziehen. »Diese Leute erheben den Fehler zum Prinzip. Ganz anders als wir«, beobachtet Viessmann. »Und sie machen den Kunden in der Entwicklung zum Komplizen. Das trägt dazu bei, gute Produkte hervorzubringen.« Dann korrigiert er sich: »Ich muss mich genauer ausdrücken: Die Produkte sind gut, *obwohl* sie Fehler enthalten.« Diesen Satz lässt er sich auf der Zunge zergehen, als wolle er ihn nicht glauben: »Gut *trotz* Fehlern! Das galt für uns bisher als undenkbar. Man konnte nicht gut sein und trotzdem Fehler machen. Man konnte nur gut sein ohne Fehler.« Eine wichtige Stärke von digitalen Unternehmen sieht Viessmann in der Fähigkeit, in Updates zu denken. »Das erste iPhone kam auf den Markt und war insbesondere bei der Software bei Weitem noch nicht ausgereift«, sagt er. »Stellen Sie sich einmal vor, das würde in unserer Branche passieren. Bislang unvorstellbar. Im Silicon Valley ist das anders. Oft dauert es keine Woche, bis das Produkt zum ersten Mal überarbeitet wird.« Updates über Updates werden dem Kunden hinterhergeschoben. Manchmal beheben sie leichte Fehler, oft genug auch schwere. Manchmal verursachen Updates sogar neue Fehler, die dann mit der nächsten Aktualisierung behoben werden müssen. »Wir in Deutschland denken da anders«, weiß Viessmann. »Jeder Ingenieur setzt seinen Stolz daran, Geräte möglichst perfekt auszuliefern. Wenn sie einmal beim Kunden sind, kann er sie nicht mehr zurückholen. Deswegen müssen sie von Anfang an tadellos funktionieren. Jede erdenkliche Fehlerquelle wird durch endlose Testreihen gestoppt. Das kostet Zeit. Das drosselt die Geschwindigkeit.« Damit ist die Arbeitsweise der deutschen Industrie treffend beschrieben: Perfektion, Perfektion, Perfektion. Mitreißend oder leicht bedienbar müssen die Produkte nicht unbedingt sein. Aber wehe, sie enthalten Fehler. Kalifornien praktiziert das Gegenteil: Produkte kommen schnell auf den Markt, enthalten viele Fehler und werden danach kontinuierlich verbessert. Die Kundschaft sieht den kalifornischen Herstellern ihre massenhaften Versäumnisse nach, weil andere Stärken der Produkte im Vordergrund stehen: einfache Bedienbarkeit, intuitive Benutzerführung und die Lösung handfester Probleme zum Beispiel. Je länger ich mit Martin Viessmann spreche, desto klarer wird mir: Die Ingenieure auf beiden Seiten des Atlantiks sind gleich gut. Sie setzen nur höchst unterschiedliche Prioritäten.

Kaliforniens »Fix it«-Methode ist in der dortigen Kultur genauso tief verankert wie hierzulande das Null-Fehler-Modell. Beide Regionen haben ihre Stärken fest in ihre Geschäftsmodelle einprogrammiert. In Kalifornien schafft die Möglichkeit zur Fehlerbehebung per Aktualisierung von außen auch die Chance zur Verbesserung. Updates beseitigen nicht nur Bugs. Sie führen auch neue Leistungsmerkmale ein. Durch die vielen Updates und Versionen werden kalifornische Produkte nicht nur fehlerfreier, sondern ständig auch leistungsstärker. Deutschen Firmen bleibt dieser Weg verwehrt. Gut oder schlecht – das entscheidet sich bereits am Tag der Auslieferung. Chancen auf Nachbesserung gibt es nicht. Martin Viessmann kann meine heutige Heiztherme beim besten Willen nicht von außen renovieren. Apple aber bringt meinem iPhone ständig neue Dinge bei.

Richtig modern wird ein deutsches Produkt immer erst in der nächsten Generation. Ganz gleich, wie viel Geld man für einen Volkswagen oder Mercedes ausgibt – bis zur Verschrottung bleibt er der gleiche. Erst in den kommenden Jahren sollen deutsche Autos update-tauglich werden. Smartphones hingegen werden seit einem Jahrzehnt ständig an den neuesten Stand der Technik angepasst, zumindest soweit die Software das leisten kann. »Neulich habe ich ein altes iPhone 3 in meiner Schublade gefunden und zum Spaß aufgeladen«, erzählt mir ein Freund. »Es sprang sofort an und schrieb: ›Sie haben das Betriebssystem seit sechs Jahren nicht aktualisiert‹. Kaum hatte ich iOS 9 heruntergeladen, funktionierte es wie ein modernes Handy.« Ein alter Golf hingegen bleibt immer der alte Golf, der er ist. Wer einen Wagen mit neuen Funktionen besitzen möchte, muss einen neuen kaufen.

Zurück zu Viessman nach Allendorf. Sohn Maximilian führt mich durch die Fabrikhalle. Sie ist unüberschaubar groß, vollgepackt mit Arbeitsstationen, Bändern und Maschinen. Wir passieren eine Werkbank, an der jemand an einem Metallstück feilt. »Mitarbeiter dürfen sich aus der Tagesarbeit ausklinken, um Verbesserungen auszutüfteln«, erklärt Viessmann junior. »Springer übernehmen so lange ihren Job.« Überall sieht man die Null-Fehler-Leidenschaft des Seniors: kontinuierliche Verbesserungsprozesse, null Toleranz für Abweichungen von der Norm, höchste Präzision, sorgfältige Dokumentation jedes Handgriffs und penible Schulung. Max Viessmann bleibt vor einer bizarr ausgebeulten Metallkugel stehen und schmunzelt: »Das ist ein Heizkessel. Die Qualitätsingenieure haben ihn mit Druckluft aufgepumpt, um zu schauen, wann die Nähte platzen. Weit über den erlaubten Druck hinaus, viel weiter. Doch es platzte keine Naht. Der Kessel beulte einfach nur aus.« Die Ingenieure stellten den demolierten Boiler als stummen Zeugen aus: Hier gibt es keine Fehler.

Das Gegenteil von Null-Fehler-Kultur ist nicht Sorglosigkeit. Auch digitale Herausforderer bemühen sich, Fehler zu vermeiden. Sie verstehen Fehlervermeidung jedoch nicht als absoluten Wert, sondern setzen ihn in Bezug zu anderen Zielen: Schnelligkeit, leichte Bedienbarkeit oder Beliebtheit beim Kunden zum Beispiel. Durch die Relativierung des Fehlerbegriffs können sie visionärer voranschreiten, als sie es könnten, wenn sie Fehler um jeden Preis vermeiden müssten. Innovationsschritte werden größer, wenn man bereit ist, ein gewisses Maß an Ausfällen hinzunehmen. Diese Methode erlaubt eher, unbekanntes Territorium zu erschließen. Alles, was schiefgeht, wird im Nachgang behoben. Mir wird klar, dass dies ein wesentlicher Grund dafür sein dürfte, warum Deutschland beim Besetzen wichtiger Zukunftsthemen noch zögert, während Silicon Valley und Tel Aviv Felder wie Künstliche Intelligenz oder Big Data mit Elan für sich reklamieren. Pioniertaten verlangen ein höheres Maß an Fehlertoleranz, als wir Deutschen derzeit zu gewähren bereit sind.

Die Bereitschaft zu kalkuliertem Risiko findet im Silicon Valley auch Ausdruck bei der persönlichen Karriereplanung. Start-ups sind überhaupt nur möglich, weil Menschen bereit sind, gewisse Risiken in ihrer Karriere einzugehen. Sie geben ein Stück Sicherheit auf, um Selbstverwirklichung, Freiheit, Spaß und Einkommenschancen dagegen einzutauschen. Die Bereitschaft, notfalls zu scheitern, kommt aus der Toleranz gegenüber Fehlern. Damit steigt auch die Akzeptanz des Scheiterns. Wer scheitert, hat in Kalifornien nicht versagt, sondern eine wichtige Lernerfahrung gemacht. Scheitern wird gesellschaftlich nicht geächtet. Es gilt nicht als schwarzer Fleck im Lebenslauf. Eine solche Kultur verleitet Menschen eher dazu, sich auf das unbekannte Neue einzulassen. Umgekehrt macht die deutsche Kultur es Menschen schwerer, ihre Komfortzone zu verlassen. Die Anstrengung, die mit Risiko verbunden ist, wird in Deutschland nicht hoch genug geschätzt. Als besonders fleißig gilt, wer Fehler vermeidet. Aus meiner eigenen Berufs- und Führungserfahrung weiß ich, wie leicht es ist, diesem Trugschluss zu verfallen. Dabei verhält es sich oft genau umgekehrt. Oft hat sich gerade derjenige am meisten angestrengt, dem hin und wieder einige Fehler unterlaufen.

Wieder möchte ich die Meinung eines ausgewiesenen Experten für Digitalisierung einholen. Dafür besuche ich Marc Strigel, den Chief Operating Officer der erfolgreichen Musikplattform SoundCloud in Berlin. Strigel arbeitete vorher im Medienkonzern Bertelsmann. Er kennt die Mentalität bei Start-ups und bei traditionellen Unternehmen. Deswegen vertraue ich auf sein vergleichendes Urteil. »Es braucht Leute, die das kalkulierte Risiko suchen, um ein Start-up zu gründen und zum Erfolg zu führen«, sagt Strigel. »Die Schönheit der Welt rechtfertigt in den Augen von Gründern die Gefahr. Sie leben intensiver. Sie setzen sich Extremumständen aus. Es sind existenzielle Fragen, die sie sich stellen: Wie verändere ich die Welt? Was ist mein Beitrag? Es sind keine Hasardeure. Sie gehen kalkulierte Risiken ein. Wenn sie Fehler machen, bessern sie so schnell wie möglich nach.« Damit ist der Unterschied zur herkömmlichen Kultur gut beschrieben: Risikomanagement statt Fehlervermeidung, Entdeckung statt Bewahrung, kontinuierliche Verbesserung statt Perfektion am Tag der Auslieferung. Strigel zeigt bei Vorträgen ein Foto des Freeclimbers Alex Honnold in der glatten Steilwand des El Capitan im Yosemite National Park. Honnold steht auf einem Felsvorsprung, gerade so breit wie ein Fuß. Unter ihm geht es senkrecht abwärts. Honnold trägt weder Sicherung noch Ausrüstung. Eine falsche Bewegung wäre sein Tod. »Das sieht vielleicht lebensmüde aus«, sagt Strigel, »doch das ist es nicht. Es ist Risikomanagement. Honnold sucht die Gefahr, aber er beherrscht sie.« Unternehmen brauchen Menschen, die solche Risiken einzugehen bereit sind. Doch traditionelle Firmen bieten ihnen dafür zu wenige Anreize. Risiko-Sucher werden schnell abgeschreckt und aussortiert. Die klassische deutsche Angestelltenkultur beschleunigt diese Neigung. Risikovermeidung ist fest mit in das System eingebaut: Der überwiegende Teil des Einkommens kommt über das Fixgehalt, nur ein kleiner Teil aus Tantiemen und Sonderzahlungen. Wenn man als Angestellter Risiken eingeht, gibt es viel zu verlieren und wenig zu gewinnen.

Ich hole eine zweite Expertenmeinung zu diesem Thema bei Christian Schäfer ein. Er ist Berater bei Accenture und arbeitete bei der digitalen Werbeplattform Zanox. Auch er ist jemand, der digitale Unternehmen und klassische Firmen von innen kennt und vergleichen kann. »Im mittleren Management klassischer Unternehmen bildet sich meist eine Permafrostschicht heraus«, sagt er. »Eine nicht durchlässige Kruste, die Informationen über Fehler und Versagen abblockt und die Unternehmensspitze vom Marktgeschehen isoliert.« Routine gibt Sicherheit, und Sicherheit schafft Ruhe, hat Schäfer beobachtet. »Offener Umgang mit

Fehlern reißt Menschen aus dieser Ruhe heraus. Arbeit außerhalb der Komfortzone wird als Belastung empfunden«, glaubt er. Er wählt einen bildhaften Vergleich: Landschaftsarchitekten, die einen Park planen, bauen Fußwege meist an der falschen Stelle. »Klüger wäre es, sie würden erst die Wiese anlegen und dann zuschauen, wo die Leute langgehen. Der Schlaue baut die Trampelpfade nach«, sagt Schäfer. Regeln bremsen neue Wege aus, will er damit sagen. Die Angst vor Fehlern resultiert im Ignorieren der wahren Bedürfnisse des Markts. Wege werden dort gebaut, wo die Menschen gar nicht entlanggehen. Das fällt so lange nicht auf, bis jemand kommt, der Risiken eingeht, mit Regeln bricht und die wahren Bedürfnisse erfüllt. Dann läuft die Kundschaft mit fliegenden Fahnen zum neuen Anbieter über.

Die Null-Fehler-Kultur zahlt sich auf stabilen Märkten am meisten aus. Sobald neue Trends die Märkte verändern, führt fehlender Wagemut aber zum Verpassen von Chancen. In der Digitalisierung wird dieser Chancenverlust zum Normalfall. Den meisten Branchen steht ein rasanter Wandel bevor, weil vier wichtige Entwicklungen parallel verlaufen und sich gegenseitig verstärken: Neue Technologien wachsen exponentiell, Plattformen drängen sich zwischen Hersteller und Kunden, disruptive Angreifer zerstören Märkte innerhalb weniger Jahre, und innovative Geschäftsmodelle verdrängen alte Wertschöpfungsmethoden in Windeseile. Von diesen vier Herausforderungen handelt der folgende Abschnitt.

DIE HERAUSFORDERUNGEN

Technologie: Durchbrüche revolutionieren die Wirtschaft

Eine Reihe wichtiger Erfindungen und Entwicklungen treibt die Entstehung neuer Megabranchen. Welche das sind, ist heute schon absehbar. Deutschland führt bisher auf keinem dieser zukunftsträchtigen Gebiete. Das hat wirtschaftliche Folgen in astronomischen Größenordnungen.

»Vorhersagen über die Zukunft haben, von wenigen Ausnahmen abgesehen, die Geschwindigkeit des technischen Fortschritts immer unterschätzt.«

Michio Kaku,
Quantenphysiker und Autor des
Buchs Die Physik der Zukunft

Eine technische Revolution, wie sie in den nächsten Jahren bevorsteht, hat es noch nie gegeben. Dynamik und Reichweite erlangen ungekannte Dimensionen. Angetrieben durch wissenschaftliche Durchbrüche auf gleich mehreren Feldern, erfasst der Wandel nahezu alle Branchen und Berufe. Wir werden Zeugen einer atemberaubenden Entwicklung. Entlang welcher Linien diese Revolution verlaufen wird, ist bereits absehbar. Zwölf Technologien der Zukunft samt ihrer wirtschaftlichen Folgen hat die Unternehmensberatung McKinsey im Jahr 2013 identifiziert. Technologien, die bestehende Branchen umwerfen und neue gebären werden. Deutschland spielt in keiner davon eine führende Rolle. Auf Platz 1 der McKinsey-Liste steht das mobile Internet. Die Studie schätzt die Auswirkungen allein dieser Technologie in Form von Umsätzen neuer Branchen und Verlusten alter Zweige weltweit auf einen Wert zwischen 3,7 bis 10,8 Billionen Dollar im Jahr 2025. Zum Vergleich: Das Bruttoinlandsprodukt der Bundesrepublik beträgt umgerechnet rund 3,4 Billionen Dollar. Allein das mobile Internet also verschiebt und erzeugt Werte von der Größe ganzer Volkswirtschaften. Mitgezogen werden Zulieferbranchen wie Handys, Batterien, Funktechnik, hochauflösende Displays und Softwareentwicklung. Auf Platz 2 folgt die Künstliche Intelligenz mit rund 6 Billionen Dollar. Zusätzlich sagt McKinsey den Abbau von 140 Millionen Vollzeit-Arbeitsplätzen durch intelligente Rechner voraus – mit allen sozialen Folgen, die das zeitigen wird. Auf Platz 3 folgt das Internet der Dinge (2,7 bis 6,3 Billionen). Auch hier ein enormes Wachstum: 2015 waren etwa 20 Milliarden Geräte und Maschinen über das Internet verbunden, bis 2030 sollen es eine halbe Billion werden. Auf Platz 4 steht die Cloud mit ähnlichem Finanzvolumen (1,7 bis 6,2 Billionen), auf Platz 5 Robotertechnik (1,7 bis 4,5 Billionen), auf Platz 6 selbstfahrende Autos (bis zu 2 Billionen Dollar, segensreicher Nebeneffekt: Vermeidung von 30 000 bis 150 000 Unfalltoten), auf Platz 7 Genetik (rund 1,7 Billionen), auf Platz 8 Energiespeicher (maximal 0,6 Billionen), auf Platz 9 3D-Drucker (rund eine halbe Billion) und auf Platz 10 Moderne Materialien (ebenfalls rund eine halbe Billion). So oder ähnlich sieht das Raster aus, in das sich die deutsche Wirtschaft einzuordnen hat. Ihren Platz hat sie noch nicht gefunden. Eine zweite Phase von Rückschlägen droht. Schon beim Aufbau des Internets landete sie auf den hinteren Rängen. Gleiches blüht ihr nun bei den neuen Megamärkten.

Was diese technischen Entwicklungen für traditionelle Firmen bedeuten, möchte ich von Stefan Liske erfahren, dem Chef der Innovationsberatung PCH Innovations in Berlin. Liske hat lange für die Autoindustrie gearbeitet und verfolgt Innovationen auf vielen Feldern. »Viele klassische Unternehmen erkennen nicht, was gerade passiert«, stellt Liske fest. »Das gibt den Angreifern einen wertvollen Vorsprung. Die Innovationskurven verlaufen exponentiell. Das macht sie unberechenbar.« Auf seinem Computer zeigt mir Liske einige Beispiele dieser atemberaubenden Entwicklungen. Eine Firma namens Plume Labs klebt Sensoren auf die Rücken von 4000 Tauben, um die Luftqualität in Großstädten wie London live zu messen und die Daten zu verkaufen. Die Sportartikelindustrie hält das heute vielleicht noch für eine abgelegene Spielerei, doch schon bald könnten ihre Kunden erwarten, Apps mit solchen Daten als Dreingabe zu ihren Laufschuhen zu bekommen, damit sie laufen gehen können, wenn der Smog verflogen ist und eine frische Brise weht. Die Firma Planetary Resources des US-Investors Peter Diamandis schickt Roboter zur Ausbeutung von Bodenschätzen auf erdnahe Asteroiden. Für irdische Bergbaufirmen klingt das wie Science-Fiction, doch schon bald könnte es billiger werden, Gold, Platin und seltene Erden von Asteroiden zu holen, als sie in klassischen Gruben zu schürfen.

»Airbus setzt Spanten und Träger ein, in deren Material Nanosensoren für Temperatur und Druck gleich mit eingegossen sind«, erzählt Liske. »Noch fühlt die traditionelle Sensoren-Industrie sich dadurch nicht bedroht, doch in Zukunft könnte sie damit aus dem Geschäft gedrängt werden.« Autohersteller experimentieren mit Material, das sich im laufenden Betrieb verformen lässt. »Dadurch werden verstellbare Bleche und Innenräume möglich«, meint Liske. »Das ermöglicht optimale aerodynamische Formen abhängig von der Fahrtgeschwindigkeit. Auch individualisierte Inneneinrichtungen, die sich ihren jeweiligen Benutzern anpassen, werden auf einmal denkbar.« Für Stahlfabriken und Zulieferer von Kabineneinrichtungen ist das eine Gefahr, auf die sie sich rechtzeitig einstellen sollten. Die größte Herausforderung kommt allerdings vom Trend zu Open Source. Gemeint sind damit offen und kostenlos geteilte Technologien. »Alles, was man für ein Auto braucht, ist bald Open Source«, glaubt Liske. »Jeder kann ein Auto designen und bauen.« Der chinesische Netzriese Alibaba stellt schon heute Anleitungen zum Eigenbau von Autos zur Verfügung und liefert die Komponenten. Anwendungen für andere Industrien werden folgen. Fabriken, die heute glauben, nur sie könnten gewisse Güter herstellen, werden schon bald eines Besseren belehrt. Ihre Kernkompetenz steht im Handumdrehen jedem zur Verfügung. Auch der Umweltschutz darf auf Technologie hoffen. Autos müssen die Luft nicht verschmutzen. Sie könnten sie vielleicht sogar reinigen. Stefan Knirsch, der Entwicklungsvorstand von Audi, meint: »Wir sollten jetzt darüber nachdenken, ob Autos nicht einen aktiven Beitrag zur Verbesserung des Klimas leisten können. Sub Zero Emission wäre der nächste logische Schritt.« Gemeint sind Autos, die nicht nur keine Schadstoffe ausstoßen, sondern beim Fahren die Luftqualität sogar verbessern. Die Automobilindustrie, eben noch Verursacher des Diesel-Skandals, könnte vom Nachläufer zum Vorreiter des Umweltschutzes werden, wenn moderne Technologien kreativ eingesetzt werden.

Eine der wichtigsten Technologie-Messen der Welt ist die Consumer Electronic Show in Las Vegas. Im Januar 2016 nehme ich daran teil und lerne einige weitere Beispiele für den rasanten Fortschritt der Technologie kennen. Als ich ankomme, ist es mitten in der Wüste kalt. Gestern hat es geregnet, heute kommt die frostige Wintersonne durch. Ich besuche die Präsentation des Intel-Chefs Brian Krzanich. Er steht auf der Bühne des großen Ballsaals im Venetian Hotel, einer pompösen Nachahmung der Lagunenstadt. Rund 2000 Leute folgen seiner Vorstellung. Front- und Seitenwände des Saals sind mit Leinwänden voller Animationen und Videos bestückt; eine überwältigende Show. Zwei Mountainbiker erscheinen auf der Bühne, rasen auf Rampen zu, fliegen über Krzanich hinweg, drehen sich in der Luft und landen auf baugleichen Rampen gegenüber. In den Lenkern und Sätteln der Fahrräder sind neue Intel-Chips namens Curie eingebaut. Während des Flugs errechnen sie Position, Höhe, Geschwindigkeit, Beschleunigung, Drehmoment und Drehwinkel. Live erscheinen die Daten auf den Leinwänden. Kurven und Zahlen malen den Bühnen-Stunt in Grafiken nach. Das Publikum kommt sich vor wie im Kontrollzentrum eines Raketenstarts auf Cape Canaveral. Schon bei der Landung steht fest: Der erste Biker hat mehr Schrauben geschafft als der zweite, der zweite hob aber schneller ab und spürte mehr G-Kräfte am Körper. Brian Krzanich steht die Freude ins Gesicht geschrieben: »Curie wird Sportarten revolutionieren. Skateboarder, Skispringer, Eisläufer – sie alle werden messen, wer mehr Drehungsgrade geschafft hat, wer zackiger in die Pirouette ging, wer höher sprang, wer weiter flog.« Kleine Unterschiede, die das Auge nicht wahrnimmt, dem Sportler aber eine Menge abverlangen, können jetzt sichtbar gemacht werden. »Mit einem einfachen Chip, der so klein und leicht ist, dass man ihn in die Kleidung einnähen und in das Sportgerät einlassen kann.« Krzanich zeigt Videos von Extremsportlern, allesamt Testnutzer des Curie-Chips. Einige holt er auf die Bühne. Sie malen sich aus, wie sie den Spin um die eigene Achse noch weiter perfektionieren können.

Die Regie gibt ein Zeichen; der nächste Stunt beginnt. Bühnenhelfer ziehen einen 100 Meter langen Vorhang zur Seite. Ein künstlicher Wald kommt zum Vorschein. Wieder erscheint ein Mountainbiker, diesmal verfolgt von einer Drohne. Er flitzt zwischen Bäumen und unter Ästen hindurch. Die Drohne, halbhoch hinter seinem Rad, filmt den Ritt und weicht dabei automatisch Zweigen, Ästen und Stämmen aus. Ein menschlicher Pilot würde den Helikopter schnell ins Verderben steuern, der Intel-Chip leitet ihn heil durch das Dickicht. Krzanich kommentiert: »Biker wollen sich beim Fahren filmen. Das gibt den richtigen Kick. GoPro filmt aus der Perspektive des Helms, die Drohne aus der Vogelperspektive. Ein viel besseres Bild.« Der Saal applaudiert.

Die Intel-Präsentation ist bemerkenswert, weil sie zeigt, wie Chips ins tägliche Leben einsickern und nahtlos mit ihrer Umgebung verschmelzen. Sie lösen sich aus den Computern und brauchen die Rechner nicht mehr, um ihre Aufgaben zu bewältigen. Dadurch werden sie allgegenwärtig. Ihre Rechenkraft und Kommunikationsfähigkeit laden Alltagsgegenstände auf. Die Auswirkungen, die das haben wird, erscheinen mir unvorstellbar. Ich möchte sie besser verstehen und besuche wenig später einen Kongress von Computerwissenschaftlern in Berlin. Dort finde ich die Einschätzungen aus Las Vegas bestätigt. »Die Preise werden erheblich fallen«, sagt ein Wissenschaftler. »Chips werden billiger als Trinkwasser. Sie überfluten die Welt.« Um seine These zu illustrieren, wählt der Wissenschaftler einen Vergleich: Als der Elektromotor erfunden wurde, legten Menschen sich *einen* Haushaltsmotor zu. Aus *einem* Elektromotor wurden im Laufe der Entwicklung die Tausende, die uns heute umgeben. »So geht es auch mit dem Chip«, sagt er. »Jede Milchflasche, jeder Schuh, jeder Pullover, jede Scheibe, jeder Mauerstein wird einen Chip enthalten, vielleicht sogar mehrere.« Chips sinken so tief in das Gewebe der Welt ein, dass sie aus dem Blick verschwinden und so allgegenwärtig werden wie die Luft.

Mobiles Internet und Internet der Dinge – Platz 1 und 3 der McKinsey-Liste – sind durch Anwendungen, wie Intel sie zeigt, dinglich fassbar und anschaulich. Schwerer einzuordnen ist Künstliche Intelligenz (KI), Platz 2 der Liste. Innerhalb weniger Jahre steigt sie derzeit von der brotlosen Nebenwissenschaft früherer Zeiten zur milliardenschweren Schlüsselbranche auf. Was sie leisten kann, übersteigt vielfach unsere Vorstellungskraft. Das zeigt schon die rapide Entwicklung bis heute. 1994 besiegte ein Computer erstmals den besten menschlichen Backgammon-Spieler, 1997 den besten Schachspieler und 2016 den besten Go-Spieler. Go gilt als das komplexeste Brettspiel der Welt. Als Backgammon vor zwei Jahrzehnten vom Computer gewonnen wurde, schien ein Sieg bei Go außer Reichweite. Zustandsraum- und Spielbaumkomplexität, zwei Maßstäbe für die Schwierigkeit von Spielen, liegen bei Go um 189 beziehungsweise 73 Zehnerpotenzen höher als beim Schach. Google hat 600 Millionen Dollar für die Firma DeepMind bezahlt, den Hersteller der Go-Software. Deep Mind schaffte es, dem Menschen seine Vorherrschaft bei Brettspielen endgültig zu entreißen. Dieser Erfolg markiert jedoch nur den Beginn einer stürmischen Entwicklung.

In zehn Jahren wird mit tragbaren Computern gerechnet, die Leistungen in der Größenordnung eines menschlichen Gehirns erbringen. Noch immer wird das menschliche Gehirn dem Computer hinsichtlich der Energieeffizienz überlegen sein: Es verbraucht nur 20 Watt, jeder Computer gleicher Leistungskraft um Zehnerpotenzen mehr. Doch in Sachen Rechenleistung gewinnen immer die Computer. Namhafte Experten meinen, dass Computer bald die Kapazität von Millionen oder Milliarden menschlicher

Gehirne erreichen werden. Wenn auf solchen Geräten Künstliche Intelligenz läuft, die noch komplexer ist als Deep Minds Go-Maschine, dann führt das zu schwer abschätzbaren Einflüssen auf das Wirtschaftsleben. Da diese Maschinen vernetzt sind, könnten die meisten Leser dieses Buchs das Überflügeln der Menschheitsintelligenz durch Maschinen noch miterleben. Es wird wahrscheinlich nicht die gleiche Intelligenz sein, die wir besitzen. Die meisten Experten gehen davon aus, dass Computer auf absehbare Zeit nicht mehr können werden, als Muster zu erkennen und konkrete Aufgaben zu bewältigen. Kreativität, Selbstbewusstsein und Emotionen liegen nach herrschender Meinung noch für lange Zeit außerhalb der Reichweite von Maschinen. Sie können zum Beispiel das beste und billigste Gemüse im Handel suchen. Fragen aber wie »Gibt es Gott?« oder »Liebst du mich?« werden sie auf absehbare Zeit nicht sinnvoll beantworten. Doch es gibt auch wagemutigere Stimmen. Nick Bostrom beispielsweise, Philosophie-Professor an der Universität Oxford, hat den Begriff *Superintelligenz* geprägt. Damit beschreibt er »einen Intellekt, der in praktisch allen Feldern viel klüger ist als der klügste menschliche Kopf, eingeschlossen wissenschaftlicher Kreativität, Lebensweisheit und sozialer Fähigkeiten«. Die Takt-Rate einer solchen Superintelligenz läge weit über der Rate menschlicher Gehirne – Transistoren schalten schneller als Neuronen. Daher könnte Maschinenintelligenz, in Netzen organisiert, einen Entwicklungsgrad erreichen, den Menschen nicht mehr verstehen, glaubt Bostrom. Ich weiß nicht, ob das stimmt. Es wäre aber wohl leichtfertig, es von Anfang an auszuschließen. Oft genug in der Geschichte der Technik sind abenteuerliche Prognosen wahr geworden.

Um dem Thema Künstliche Intelligenz näherzukommen, treffe ich Hans-Christian Boos, den Gründer und Chef von Arago in Frankfurt. Er ist einer der wenigen kommerziellen Pioniere auf dem Gebiet der Künstlichen Intelligenz in Deutschland. 1995, mit damals Anfang 20, gründete Boos das Unternehmen gemeinsam mit seinem Onkel Bernhard Walther. 2014 investierte die amerikanische Beteiligungsgesellschaft Kohlberg Kravis Roberts (KKR) in zweistelliger Millionenhöhe in das Unternehmen. Seitdem setzen die Zeichen auf internationale Expansion. »Künstliche Intelligenz wird eigentlich nur an Universitäten erforscht«, erklärt mir Boos. »Alles andere haben Google und Facebook vom Markt gekauft.« In wenigen Sätzen kann Boos erklären, was es mit Künstlicher Intelligenz auf sich hat und wo sie heute steht. »Drei Teile gehören zu dem, was wir intelligent nennen«, sagt er und malt Kreise auf ein Flipchart. »Erstens die Wahrnehmung. Davon sprechen wir, wenn wir versuchen, Muster in einem Strom unstrukturierter Daten zu erkennen und so unsere Umwelt zu verstehen.« Auf die Mustererkennung folgt eine Reaktion: »Man sieht den Tiger und rennt. Das ist pures ›Pattern-Matching‹. Reine Statistik. Versuch und Irrtum. Erfolgreiches Verhalten bildet Muster in neuronalen Netzen aus. So wird die Reaktion später schnell abrufbar. Die Mathematik dafür wurde in den 1970er-Jahren schon abgeschlossen.«

Die meisten Anwendungen Künstlicher Intelligenz beruhen heute auf Mustererkennung: Navigationsgeräte reagieren auf Zuruf, Telefoncomputer verstehen Befehle, Kameras lesen Straßenschilder aus und Mikrofone erkennen am Geräuschwirrwarr von Fabriken, wo etwas schiefläuft, Vibrationssensoren sagen den Wartungsbedarf von Triebwerken voraus – hier ist Künstliche Intelligenz schon weit in die Praxis eingedrungen. »Das zweite Gebiet betrifft das Problemlösen«, fährt Christian Boos fort. »Zum Beispiel: ›Ich habe Hunger und möchte etwas essen.‹ Hierbei wird erworbenes Wissen angewendet. Alles, was mehr als eine einzelne Aktion erfordert, fällt in diese Kategorie.« Das dritte Gebiet schließlich sei emotionale Intelligenz: »Das ist die Fähigkeit, etwas an seine eigene Spezies zurückzuverkaufen; für seine eigene Einsicht zu werben. Die Zukunft ist komplett vorhersagbar, wenn man alle Faktoren kennt. Doch die Wahrscheinlichkeit, alle Faktoren zu kennen, ist gleich null. Daher ist emotionale Intelligenz das Vermögen, anderen Menschen Entscheidungen plausibel zu machen, auch wenn die Informationen nicht vollständig sind.«

In der Öffentlichkeit wird Künstliche Intelligenz meistens als die Verbindung aller drei Gebiete missverstanden, erläutert Boos: »1, 2 und 3 kombiniert man, wenn man eine Maschine bauen möchte, die uns wie ein Mensch vorkommt.« Dies sei aber noch nicht möglich. Computer spielen zwar Schach und Go besser als Menschen, reichen über ihr enges Fachgebiet aber nicht hinaus. Man kann sie nicht mit Menschen verwechseln. »Doch wenn man nur die beiden Felder 1 und 2 verbindet, entstehen Maschinen, die Sachen für uns erledigen. Dies ist der entscheidende Unterschied zu einer wirklich intelligenten Maschine.« Jetzt beginne ich zu verstehen, wo die Revolution der Künstlichen Intelligenz in der Wirtschaft ansetzen wird: in der Verbindung von Wahrnehmung und Problemlösung. Das eröffnet Anwendungsgebiete mit gewaltigen Folgen. In diesem Licht erscheint plausibler, was Studien als Wachstum für den neuen Wirtschaftszweig der Künstlichen Intelligenz vorhersagen: eine Verzehnfachung in den kommenden fünf Jahren. Wenn die Technik wirklich einlöst, was Boos für möglich hält, dann liegt solches Hyperwachstum tatsächlich im Bereich des Möglichen.

»Jeder Geschäftsprozess ist ein schlecht geschriebenes Programm«, fährt Boos fort. »Alles, was darin nicht kreativ ist, kann Künstliche Intelligenz oft besser und schneller erledigen als wir selbst.« Google, Facebook und Uber als die weltgrößten Investoren in Künstliche Intelligenz könnten sich aussuchen, welche Industrie sie angreifen, glaubt er. Bei ihnen arbeiten die größten Gruppen von KI-Forschern. Google betrachtet die Welt durch Dinge, Facebook durch Menschen. Diese beiden Sichtweisen, mithilfe Künstlicher Intelligenz ausgewertet, ermöglicht das Zeichnen einer umfassenden Karte der Wirklichkeit. »Darum geht es. Das ist der große Preis«, sagt Boos. »Eine virtuelle Liste aller Dinge zu besitzen und die Verbindungen zwischen ihnen abzubilden.« Mit dieser Karte könnte man fast willkürlich Geld verdienen. »Google beispielsweise versucht, einen Lebensassistenten zu bauen, der bei allen erdenklichen Sachen hilft.« Der kommerzielle Wert einer solchen Erfindung wäre beträchtlich. Ein Problem allerdings bleibt es, diese Karte zu erzeugen. »Der Mensch wird mit vorverkabeltem Gehirn geboren, der Computer kommt komplett leer aus der Fabrik.« Um diesen Startnachteil der Maschinen zumindest teilweise auszugleichen, wird Deep Learning voraussichtlich zur Kernwissenschaft und Großindustrie werden.

Weil man dem Computer nicht Regel für Regel einzeln beibringen kann, muss man ihn in die Lage versetzen, selbsttätig zu lernen. Daten sind dafür der wichtigste Rohstoff. »Aus der Neurowissenschaft wissen wir, wie Kinder lernen«, sagt Boos. »Wenn sie mit allen Sinnesorganen einen Gegenstand wahrnehmen können, zum Beispiel ein Spielzeugauto, dann werden sie von verschiedenen Eindrücken des Gegenstandes geprägt. Das Erstaunliche ist, dass sie dann auf der Straße alle Autos, sogar große Autos wie Lastwagen, erkennen.« Für Maschinen ist das schwerer, denn sie besitzen deutlich weniger Abstraktionsvermögen, und man muss ihnen sehr viel mehr Eindrücke von einem Auto geben, bis sie auch nur dieses *eine* Auto erkennen. Aus diesem Grund füttern Google und Facebook ihre KI-Systeme mit Massen von Daten. Sie zeigen ihnen immer wieder die gleichen Dinge, bis sie Hunde, Katzen, Äpfel, Fahrräder und Fußgänger selbstständig erkennen. Selbstfahrende Autos sind mobile Lernsonden. Sie leiten Myriaden neuer Eindrücke in die Kartenerstellung.

Nicht nur geografische Impressionen werden für Anwendungen der künstlichen Intelligenz erhoben. Auch Informationen für anderes Expertenwissen erweisen sich als lohnend, Computer können Krebs auf Röntgenbildern treffsicherer erkennen, als wenn Menschen die Bilder bewerten. Mit überraschenden Folgen für die betroffenen Berufe: »Ärzte werden von der Digitalisierung stärker betroffen sein als Krankenschwestern«, prognostiziert Boos. »Maschinen können zwar besser diagnostizieren und therapieren. Krankenschwestern hingegen wenden sich dem Menschen zu und spenden Mitgefühl. Maschinen haben keine Empathiefähigkeit und können genau das nicht.« Also könnten Krankenschwestern künftig durchaus mehr verdienen als Ärzte.

Zu ähnlichen Einschätzungen kommt Jürgen Schmidhuber vom Schweizer Artificial Intelligence Lab IDSIA. Ich treffe ihn auf einer Tagung am Bodensee und wenige Woche später auf einer Konferenz in Berlin. »IBMs KI-Programm Watson kann heute schon den Inhalt von Bildern automatisch mit kurzen Sätzen beschreiben«, sagt er. Das gelingt mal gut, mal weniger gut, doch das System lernt schnell dazu. Schmidhuber zeigt eine Folie mit Beispielbildern samt der von Watson erstellten Beschreibungen: Ein Motorrad fährt einen Feldweg entlang – korrekt. Drei Mädchen umarmen einander – nicht ganz korrekt, es sind zwei. Ein Kühlschrank voller Lebensmittel – falsch, es ist ein Verkehrsschild mit Aufklebern. Jeder Fehler, der korrigiert wird, schließt ähnliche Fehler in Zukunft aus. Eine praktische Anwendung dieser Technologie ist beispielsweise die Erkennung von Verkehrsschildern, unverzichtbar für selbstfahrende Autos. Es gibt sogar Weltmeisterschaften zur Verkehrsschilderkennung. Programmierteams treten gegeneinander an; Qualität und Geschwindigkeiten steigen ständig an. In den ersten Jahren solcher Wettbewerbe spöttelte die Öffentlichkeit noch, weil die Maschinen tumb und tapsig wirkten. Doch schon bald sanken die Fehlerraten auf einen beeindruckend niedrigen Wert. 2011 lag die durchschnittliche Fehlerrate bei der automatischen Erkennung von Bildinhalten noch bei 25 Prozent, 2015 war sie schon auf 5 Prozent gesunken. Damit unterschritt sie erstmals die durchschnittliche Fehlerquote von Bildererkennung durch Menschen.

Wofür kann man diese Technologie konkret nutzen? Ein Beispiel liefert mir Paul Indinger, der Gründer des Start-ups Building Radar. Seine Firma betreibt eine Datenbank von Bauprojekten. Dutzende von Datenquellen fließen in sein automatisches Kataster ein. »Ein Problem war immer, die Zahl der Etagen eines neuen Gebäudes korrekt zu schätzen, ohne selber dorthin fahren zu müssen«, erzählt Indinger. »Zwar laden Architekten Zeichnungen und Computeranimationen des geplanten Gebäudes ins Web. Doch alle sind unterschiedlich gezeichnet, haben verschiedene Auflösungen und schauen aus allen möglichen Ansichtswinkeln auf das Objekt.

Für bisherige Computer war es unmöglich, diese Bilder auszulesen und die Zahl der Etagen zu ermitteln.« Nun setzt Indingers Firma auf Deep Learning. Er schwärmt von den Ergebnissen: »Zuerst laden wir die Bilder hoch. Dann beginnt die Lernphase. Der Computer zeigt uns Bilder, und wir sagen ihm, ob es drei, zehn, vier oder zwanzig Etagen sind. Dann macht der Computer erste eigene Vorschläge. Viele sind falsch, und wir korrigieren sie. Dann kommen bessere Vorschläge, wir korrigieren die Fehler. So geht es immer weiter. Erstaunlich schnell sinkt die Fehlerrate auf ein Minimum, und wir können uns auf die Endkontrolle beschränken.« Hat Deep Learning einmal begriffen, um was es geht, schlägt der Computer die Geschwindigkeit menschlicher Fotoauswerter um Längen. Ähnliche Erfahrungen machen Tüftler, die Robotern Fußball beibringen. Sobald die Rechner den Dreh heraushaben, sind Menschen aus dem Spiel. »In Roboter-Matches können menschliche Spieler am Joystick nicht mehr mithalten, weil Künstliche Intelligenz schneller ist«, sagt ein Entwickler bei einem Wettbewerb.

Die wirtschaftlichen Folgen solcher Technologien können Schwindel hervorrufen. »Zehn Prozent des Bruttosozialprodukts der Welt fließen ins Gesundheitswesen«, sagt KI-Forscher Schmidhuber. »Zehn Prozent von diesen zehn Prozent werden für Diagnosen ausgegeben. Ein gewaltiger Betrag. Automatische Bildererkennung kann enorme Einsparungen bewirken.« Selbstlernende Bildererkennung identifiziert bösartige Leberflecken oder wuchernde Zellen in Präparaten besser und schneller als ein Arzt. Schmidhuber zeigt mir Folien mit Beispielen: Es sind Gewebeproben, die von Maschinen einwandfrei klassifiziert wurden. Die Maschinen müssen vorher nur mit korrekt beschriebenen Aufnahmen aus der medizinischen Praxis versorgt werden. Das Lernergebnis ist nur so gut wie die gelieferten Daten. »Diagnosebilder werden wahrscheinlich wertvoller werden als Algorithmen«, glaubt Schmidhuber. »Die Krankenhäuser und Arztpraxen wissen gar nicht, auf welchen Schätzen sie sitzen. Ihre alten Aufnahmen sind Gold wert. Algorithmen sind trivial im Vergleich zu korrekt beschrifteten Bildern. Maschinelle Superärzte werden den Hausarzt voraussichtlich nicht abschaffen, aber sinnvoll ergänzen«, sagt Schmidhuber. Dort, wo es zu wenige Ärzte gibt, bekommen Kranke endlich besseren Zugang zu Expertenwissen. »Sie fotografieren einfach ihre Warze oder ihr Gerstenkorn, laden es hoch und bekommen die korrekte Diagnose«, weiß er. Danach lässt sich eine Therapie viel leichter organisieren.

Jen-Hsun Huang, Chef von Nvidia, einem führenden Hersteller von Grafikprozessoren, ansässig im kalifornischen Santa Clara, ist ebenso beeindruckt von der Geschwindigkeit des Fortschritts. Im Interview mit *Fortune* sagt er: »2015 war ein unglaubliches Jahr. Erstmals gelang es der Künstlichen Intelligenz, einige Aufgaben besser zu erledigen als Menschen.« Nach fünf Jahrzehnten Forschung ohne rechte Ergebnisse geht alles jetzt sehr schnell. Besonders bei der Entwicklung von Deep Learning. »Wenn Sie wie Facebook eine Milliarde Kunden mit individualisierten Nachrichten versorgen möchten, geht das nur mit Künstlicher Intelligenz«, meint Huang. »In der Bilderkennung bieten Maschinen jetzt übermenschliche Kräfte der Wahrnehmung.« Noch ist zwar die Tiefenflexibilität des menschlichen Auges unerreicht. »Doch wenn wir Lidar, Radar und Kameras mit hochdynamischen Tiefenschärfen kombinieren, übertreffen wir das Auge«, glaubt Huang. Noch vor einem Jahr belieferte Nvidia nur 100 Unternehmen, im Jahr 2015 sind es schon 3500. Medizingeräte, Finanzdienstleistungen, Werbung, Öl- und Gassuche, Automobilhersteller – alle wollen die neuen Helfer einsetzen, um Kosten zu sparen. In nur zwei Jahren gab es im KI-Sektor ein Wachstum um den Faktor 35.

Mit Künstlicher Intelligenz werden nach einer Studie der Beratungsfirma MarketsAndMarkets derzeit weltweit rund 640 Millionen Dollar umgesetzt, für 2020 aber werden 5 Milliarden Dollar Umsatz erwartet – ein jährliches Wachstum von mehr als 50 Prozent. Diese satten Steigerungsraten locken Geldgeber an. Konzerne und Venture-Kapitalisten überschlagen sich, um beim Wettlauf mit dabei zu sein. Im Jahr 2013 flossen weltweit nur 196 Millionen Dollar in Künstliche Intelligenz, 2015 waren es schon 1,2 Milliarden, für 2016 werden 1,6 Milliarden erwartet. Eine Verachtfachung in nur drei Jahren. Alles zusammengenommen, stecken jetzt 5,38 Milliarden Dollar in dem Arbeitsgebiet. Laut Fachdienst VentureScanner existierten Anfang 2016 über 1000 KI-Firmen, davon knapp die Hälfte mit Wagniskapital ausgestattet. Investoren gaben bisher mehr Geld aus, als sie für 2020 an Umsatz erwartet. Das klingt verwegen, könnte sich aber auszahlen. Künstliche Intelligenz besteht aus mindestens 13 Feldern, von denen jedes einzelne zu einer veritablen Industrie heranwachsen kann. Automatische Spracherkennung zum Beispiel, Live-Übersetzung, Bilderkennung, Videoerkennung, Deep Learning und Gestensteuerung – alles potenzielle Boom-Märkte. Maschinen mit kognitiven Fähigkeiten können fast überall Nutzen stiften, der sich zu Geld machen lässt.

Quantenphysiker und Prognostiker Michio Kaku schreibt in einem meiner Lieblingsbücher folgende wunderbare Sätze: »Um 2100 werden wir so mächtig wie die Götter sein, die wir einst verehrten und fürchteten. Aber diesen göttergleichen Status werden wir nicht mithilfe von Zauberstäben und Zaubertränken erreichen, sondern durch Computerwissenschaften, Nanotechnologie, Künstliche Intelligenz, Biotechnologie und vor allem die Quantentheorie, auf der die genannten Technologien basieren.« Wird die Geschwindigkeit der Innovationen weiter zunehmen? KI-Forscher Jürgen Schmidhuber glaubt: »Das mooresche Gesetz kommt an sein Ende, doch intakt bleibt das Gesetz, wonach sich die Rechenleistung alle zehn Jahre um den Faktor 100 steigert.« Das mooresche Gesetz wurde 1965 von Intel-Mitgründer Gordon Moore aufgestellt. Es sagt die Verdoppelung der Rechen- und Speicherkapazität von Computern alle 18 Monate voraus.

Bezieht man Röhrenrechner und mechanische Addiermaschinen mit ein, gilt das Gesetz seit 100 Jahren. Michio Kaku hat ausgerechnet, dass ein Happy-Birthday-Musikchip auf einer Glückwunschkarte mehr Rechnerleistung bringt, als den Alliierten am Ende des Zweiten Weltkriegs zur Verfügung stand. Jedes Smartphone ist heute stärker als die NASA-Rechner 1969 bei der Apollo-Landung auf dem Mond. Spielkonsolen wie XBox oder PlayStation verbrauchen für 3D-Animationen so viel Rechenkapazität wie militärische Supercomputer von 1997; bei einem Preis von 300 Euro versus damals vielen Millionen. »Verdoppelungen der Transistorendichte gibt es weiterhin«, meint Schmidhuber. »Nur nicht mehr alle 18 Monate.« Der weiteren Miniaturisierung sind physikalische Grenzen gesetzt. Doch die zweite Regel, von der Schmidhuber spricht, entfaltet weiter ihre Wirkung. Die weltweite Rechenleistung steigt unaufhörlich an. Sie geht nur nicht mehr so schnell mit dem Schrumpfen der Rechner einher. Stattdessen steigt sie durch den massenhaften Bau neuer Computer an. Parallel nehmen die Fähigkeiten für Datenübertragung zu. Nach einem Bericht der Weltbank stieg die globale Kapazität für Telekommunikation zwischen 2003 und 2013 auf das Zwölffache an, die Summe aller Datenspeicher nahm seit 1986 sogar um das Millionenfache zu. Auch andere Daten illustrieren die rasante Entwicklung. 90 Prozent der Daten der Welt wurden in den letzten beiden Jahren erzeugt. Erst vor 20 Jahren ging AOL Online ans Netz, eBay wurde eröffnet, und Windows 95 kam heraus – heute erscheint uns das wie eine Ewigkeit. Noch viel mehr wird in den nächsten 20 Jahren geschehen. Preise stürzen und verbreiten moderne Technologien immer weiter. Die Sensortechnik Lidar ist heute um den Faktor 330 billiger als vor sieben Jahren, Solarstrom um den Faktor 320, DNA-Entschlüsselung um den Faktor 10 000 verglichen mit vor neun Jahren. Innovationen drängen immer schneller auf die Märkte. Um 30 Millionen Kunden zu erreichen, brauchte das Radio 38 Jahre, das Fernsehen 12, das Internet 4, das iPhone 3 und Instagram nur 2 Jahre. Macht dieser Trend irgendwann halt? Oder knacken neue Erfindungen die 30-Millionen-Marke bald in wenigen Monaten?

Technologische Innovationen treiben auch die Cloud zu neuen Höhen. Da die Rechnerwolke immer leistungsfähiger wird, fallen die Kosten ins Bodenlose. Diese Entwicklung begünstigt Plattformen. Sie zählen zu den großen Gewinnern der Digitalisierung. Im nächsten Kapitel schauen wir uns Plattformen genauer an.

Plattformen: Produzenten werden an den Rand gedrängt

Die größten Gewinner der Digitalwirtschaft sind Plattformen. Dank niedriger Kosten und hoher Marktmacht erzielen sie enorme Gewinne. Sie bringen Angebot mit Nachfrage zusammen und machen viele Märkte effizienter. Dennoch bedroht ihre zunehmende Macht den Wettbewerb.

Nicht viele Präsentationsfolien schaffen es, eine Weltkarriere zu machen. Diesmal war es anders. Sandy Carter, General Managerin und Marketingexpertin bei IBM, verantwortlich für die Gründerinitiative Global Entrepreneurs, zeigte bei einer Konferenz im November 2015 eine Folie, die innerhalb weniger Stunden international zum Renner wurde. »Digital Disruption Has Already Happened« lautete die Überschrift. In acht kurzen Sätzen demonstrierte Sandy Carter die Macht von Plattformen. Freunde schickten sie mir mit den Worten: »Hast Du das gesehen?« Auf der Folie stand zu lesen:

- Die größte Taxifirma der Welt besitzt keine Taxen (Uber)
- Der größte Anbieter von Übernachtungen besitzt keine Immobilien (Airbnb)
- Die größten Telefonfirmen besitzen keine Netze (Skype, WeChat)
- Der wertvollste Einzelhändler besitzt kein Inventar (Alibaba)
- Die größte Medienfirma produziert keine Inhalte (Facebook)
- Die schnellstwachsenden Banken haben kein Geld (SocietyOne)
- Das größte Kinounternehmen besitzt keine Kinos (Netflix)
- Die größten Softwareverkäufer schreiben die Software nicht selbst (Apple, Google)

Diese Liste sagt nichts anderes, als dass traditionelle Firmen durch Plattformen an den Rand und teilweise aus dem Geschäft gedrängt werden. Auf der Suche nach Unternehmen, die sich der Herausforderung stellen, stoße ich auf Audi. Vorstandschef Rupert Stadler lädt mich Ende 2015 zu einem Gastvortrag in die Audi-Zentrale nach Ingolstadt ein. Axel Springer kooperiert bei einigen Digitalprojekten mit Audi. Der Vorstand des Unternehmens kommt zu einer Klausurtagung über Digitalisierung zusammen. Die Wintersonne blitzt in der Glas- und Metallverkleidung der Hauptverwaltung. Stadler hat schon mehrfach öffentlich angekündigt, den Herausforderungen zu begegnen und eine zweite Säule neben dem Stammgeschäft aufzubauen: »Die Wertschöpfung verlängert sich zunehmend auf die Nutzungsphase des Autos«, sagt er. »Hier können wir neue Geschäftsfelder erschließen. Wir entwickeln neue Modelle, die weit über das Verkaufen von Autos hinausgehen.« Warum das nötig ist, zeigt ein besonders aggressiver Fall, von dem Dietmar Voggenreiter, neuer Audi-Vertriebsvorstand, berichtet. Er war vorher neun Jahre lang China-Chef des Unternehmens. In Peking wurde er Zeuge der jüngsten Offensive von Alibaba, dem chinesischen Internet-Riesen. »Seit einiger Zeit fordert Alibaba Käufer auf, ihren Neuwagen ohne Navigationsgerät und Multimedia-System zu bestellen«, erzählt Voggenreiter. »Wenn das Auto ausgeliefert wird, ruft der Kunde den Alibaba-Kundendienst an. Ein Techniker kommt bei ihm zu Hause vorbei und schraubt einen Klon ins Auto: einen Bildschirm samt Elektronik, gängigen Hersteller-Systemen zum Verwechseln ähnlich.« Mit dieser Strategie schiebt sich Alibaba zwischen Audi und seine Kunden. Als soziales Netzwerk kennt Alibaba – ähnlich wie Facebook – sein Publikum genau. Sobald der Autobesitzer die Zündung anschaltet, bittet Alibaba um die Eingabe von Username und Passwort. Von da an weiß die Plattform alles, was der Fahrer mit dem Auto unternimmt: wo die Freunde wohnen, wie lange die Fahrt zur Arbeit dauert, wo das Lieblingsrestaurant ist, welche Musik gehört wird, welche Nachrichten man liest. Alibaba erobert die letzte weiße Fläche im Leben seiner Nutzer. Hardware, Software und Plattform verschmelzen zu einer ökonomischen Supermacht. »Wir dürfen uns von Plattformen nicht zum Hersteller fahrender Blechhüllen degradieren lassen«, glaubt Rupert Stadler. »Wir selbst müssen Plattformen betreiben und in dieses Geschäft vordringen. Darin liegen große Chancen, das erfolgreiche Stammgeschäft zu ergänzen.« Als Weg dorthin nimmt er Anleihen bei der Smartphone-Industrie: »Autos werden in immer größerem Umfang Update-fähig. Wir können sie per Over-the-Air Updates auf den neuesten Stand bringen«, sagt er. »Dadurch müssen sich künftig Kunden nicht am Tag des Kaufs für alle Eigenschaften entscheiden, die ihr Auto haben soll. Sie können Extraleistungen später hinzubuchen. Die Software des Autos wird erweiterbar; ähnlich wie beim Smartphone.« So kann Angreifern wie Alibaba, Apple und Google etwas Vergleichbares entgegengesetzt werden.

Einen ersten großen Schritt dorthin haben Audi, BMW und Mercedes Ende 2015 gemeinsam getan. Für rund 2,8 Milliarden Euro kauften sie Nokia die Navigationssparte Here ab. Das Unternehmen mit mehr als 6000 Mitarbeitern und Hauptsitz in Berlin baut interaktive Karten. Sie sind unerlässlich für moderne Navigation und den Betrieb von selbstfahrenden Autos. »Autos beobachten ihre Umgebung und senden Updates an Here«, erzählt Audi-Entwicklungsvorstand Stefan Knirsch. »Karten werden dadurch 10 000-mal pro Tag in Echtzeit aktualisiert statt wie früher alle zwei bis drei Jahre.« Auf dieser Datenbasis können neue Dienste entstehen. Zum Beispiel Schnäppchen-Alarme und Preisvergleiche, die Fahrern anzeigen, wo es Benzin, Reifen, Erdbeeren oder Flachbildschirme gerade am billigsten gibt. Die Liste der Gemeinschaftsmodelle, die per Digitalisierung ins Auto drängen, ist lang. Offen ist nur, wer sie zuerst umsetzt, die Autofirmen oder die Netzkonzerne.

Plattformen beherrschen die Digitalwirtschaft. Sie schieben Hersteller an die Seite, monopolisieren Kundenkontakte und schreiben unerhörte Gewinne. Digitaler Feudalismus macht sich breit. Der *Economist* hat die Börsenwerte von Plattformbetreibern mit einigen ausgewählten Produktherstellern verglichen. Firmen also, die selbst keine Waren herstellen, versus Firmen, die reale Güter produzieren. Nach dieser Statistik war Apple im November 2015 sechsmal wertvoller als Daimler und Google, fünfmal so teuer wie Siemens. (Apple verkauft zwar Smartphones und Computer, produziert sie aber nicht selbst.) Amazon lag um den Faktor 6 vor Volkswagen und Facebook um den Faktor 30 vor ThyssenKrupp. Apple schrieb im vierten Quartal 2015 18,4 Milliarden Dollar Gewinn, Google 5,4 Milliarden und Facebook 1,5 Milliarden. Damit verdiente Apple in einem einzigen Quartal doppelt so viel wie Daimler im ganzen Jahr, Google in einem Quartal so viel wie Siemens jährlich. Facebook, erst 2004 gegründet, kommt pro Quartal auf etwa den gleichen Gewinn wie die Deutsche Bank in einem normalen Jahr, vom 6-Milliarden-Verlust durch Abschreibungen im Jahr 2015 einmal abgesehen.

Statistiken wie diese mögen unfair sein. Sie vergleichen unterschiedliche Branchen, Geschäftsmodelle und Märkte. Dennoch illustrieren sie die Ertragskraft von Plattformen. Diese Ertragskraft ist eine direkte Folge technischer Durchbrüche. Auf Platz 4 der McKinsey-Liste disruptiver Technologien liegt die Cloud. Sie erlaubt es, ein großes Publikum zu erreichen, ohne selbst Hardware zu kaufen und Kapital zu binden. Cloud-Kunden zahlen nur die Leistung, die sie abrufen. Das Vorhalten von Kapazität fällt aus. Zehnfacher Traffic im nächsten Monat, halber Traffic im übernächsten – die elastische Cloud federt es ab. Nach meinem Eindruck ist es vielen herkömmlichen Unternehmen immer noch nicht klar, was dieser Mechanismus wirtschaftlich bedeutet. Je mehr Benutzer man anlockt, desto niedriger wird der Preis pro Nutzer. Die Grenzkosten sinken gegen null. Geschäftsmodelle skalieren. Firmen, die ihre Leistungen aus der Cloud abspielen, werden umso profitabler, je mehr Umsatz sie erzielen. Moderne Start-ups gründen am liebsten gleich in der Cloud. Die hohen Gewinnchancen treiben den Trend weiter an. Ablesen lässt sich die Entwicklung an den guten Zahlen der Betreiber von Cloud-Diensten. Weltweit größter Anbieter ist Amazon mit seinem Amazon Web Services. »AWS hat sich zur wichtigsten Sparte innerhalb von Amazon gemausert – mit großem Hebel auf die operative Marge des Konzerns«, schreibt Michael Kroker von der

WirtschaftsWoche. AWS wurde erst vor zehn Jahren gegründet. Seitdem hat sich die Sparte zum »am schnellsten wachsenden Software-Geschäft der IT-Geschichte entwickelt«, so Kroker. Im ersten Quartal 2016 fuhr AWS ein Drittel mehr Gewinn ein als der Rest von Amazon. Dabei macht AWS nur ein Zehntel des Umsatzes des übrigen Geschäfts.

Ich erlebe den wirtschaftlichen Reiz von Plattformen praxisnah auf einer Autofahrt in den Skiurlaub. Als es auf der Rückbank unruhig wird, erlaube ich den Kindern, *Star Wars* auf dem iPad zu schauen. Während sie schauen, rechne ich den Fall im Kopf durch. Die *Rache der Sith* kostet bei iTunes 16,99 Euro. 30 Prozent davon bekommt iTunes als Provision, nach Mehrwertsteuer also rund vier Euro. In den Film hat Apple nichts investiert; das erledigte die Produktionsfirma Lucasfilm. Bei 140 Minuten Laufzeit spielt Apple mit diesem Film also rund zwei Euro pro Stunde ein. Als direkte Kosten fallen nur die Mietgebühren für die Cloud an, und die sind verschwindend gering. Das Auto, in dem wir unterwegs sind, ein Audi A6, kostet pro Stunde etwa einen Euro. Das kommt heraus, wenn man den Kaufpreis durch die Nutzungszeit teilt. Für diesen einen Euro muss Audi eine große Belegschaft und teure Fabriken unterhalten, zusätzlich zu den hohen Materialkosten und den Milliarden für die Entwicklung. Apple macht in diesen beiden Stunden mit *Star Wars* also mehr Umsatz als Audi mit dem Verkauf des Autos. Im Unterschied zu Audi bindet Apple dabei aber fast kein Kapital. *Capex* steht in der Sprache der Betriebswirte für *Capital Expenditures,* also für Investitionskosten, im Unterschied zu *Opex* (*Operating Expenses*), den Betriebskosten. Das Geschäftsmodell von Plattformen lässt sich beschreiben als eine Verbindung niedriger Investitionskosten mit hohen Gewinnmargen. In Kurzform könnte man sagen: *Low Capex, High Margin.* Traditionelle Firmen praktizieren das Gegenteil: *High Capex, Low Margin.* Apples Kapitalproduktivität fällt damit erheblich höher aus als die von Herstellern realer Güter. Das ist ein Grund, warum die Börse Plattformen so hoch bewertet. Plattformen verzinsen das eingesetzte Kapital weitaus besser als traditionelle Firmen. Was an der Börse teuer klingt, muss also keine Aktienblase sein. Hohe Kurse drücken bei vielen Plattformbetreibern einfach nur die hohen Eigenkapitalrenditen aus.

Deutschland neigt zu Geschäftsmodellen nach dem Muster *High Capex, Low Margin*. Kalifornien hingegen hat sich auf *Low Capex, High Margin* spezialisiert. Gut zu besichtigen sind die unterschiedlichen Strategien beim Thema Carsharing. Jeder weiß, dass Sharing Economy ein Megatrend ist. Und jeder möchte mitmachen. Das Silicon Valley setzt auf Plattformen wie Uber und Lyft. Sie besitzen keine Autos und stellen keine Fahrer fest an. Stattdessen bringen sie Angebot und Nachfrage zusammen. Deutsche Firmen hingegen bauen Car Sharing-Autoflotten auf wie BMW und Sixt mit DriveNow, die Deutsche Bahn mit Flinkster oder Daimler und Europcar mit Car2Go. Kapitalbindung und -risiko sind wiederum hoch. Die Autos müssen getankt, gewaschen und repariert werden; sie können gestohlen oder beschädigt werden. Dafür winken kleine Umsätze von 2 bis 15 Euro pro Stunde, wenn die Autos fahren. Die meiste Zeit aber stehen sie unbenutzt herum. Ein kleinteiliges und risikoreiches Geschäft. Es skaliert nicht wirklich stark. Hohe Kapitalbindung und niedrige Marge sind eine besondere Art des Geschäftemachens, in die wir uns über die Jahrzehnte immer tiefer hineinmanövriert haben. Vermutlich müssen wir den Grund dafür ebenfalls in unserer Tradition des Maschinenbaus suchen. Dort gehört es zum Alltag, viel Geld in Maschinen zu stecken und vergleichsweise wenig mit ihnen zu verdienen.

Plattformen stiften Nutzen für Konsumenten, weil sie digitale Güter schnell und kostengünstig verfügbar stellen. Trotzdem sollte jeder von uns sich Sorgen machen, weil sie die Entwicklung von Monopolen begünstigen. Je größer sie werden, desto größer wird ihr Nutzen für Konsumenten. Wenn viele Wohnungen bei Airbnb stehen, lockt das viele Touristen an. Wenn es viele Touristen anlockt, stellen viele Vermieter ihre Wohnung am liebsten bei Airbnb ein. Das wirkt umso attraktiver auf Touristen, was wiederum neue Vermieter anzieht. So kommt eine Erfolgsspirale in Gang, die sich viele Jahre lang weiterdrehen kann. Ökonomen sprechen vom Netzwerkeffekt. »Plattform hat das Potenzial, Wort oder Unwort des Jahres zu werden – je nachdem, wie man sie betrachtet«, hat EU-Digital-Kommissar Günther Oettinger treffend bemerkt. SPD-Chef und Wirtschaftsminister Sigmar Gabriel fordert die deutsche Wirtschaft auf, mehr Gebrauch von Plattformmodellen zu machen: »Produktion und Plattform – das müssen wir miteinander kombinieren. Gute Ansätze gibt es schon, aber sie sind noch längst nicht entschlossen genug. Da gibt es eine Menge Aufholbedarf.« So ist es.

Zugleich beunruhigt Gabriel die Marktmacht der erfolgreichen Plattformbetreiber. Wer eine Plattform besitzt, kann die Hersteller von Waren ins Abseits drängen, indem er die Preise anzieht und den Hersteller von seinen Kunden abschottet: »Die Macht der großen Internetplattformen gibt Anlass zur Sorge«, sagt Gabriel. »Die Politik muss die Entwicklung im Auge behalten. Gegen Missbrauch marktbeherrschender Stellungen muss vorgegangen werden.« Sein Ministerium hat kürzlich ein Grünbuch über Plattformen vorgelegt. Es ist von einem skeptischen und sorgenvollen Grundton geprägt. Daimler-Chef Dieter Zetsche teilt diese Befürchtungen: »Wir wollen eine eigene Plattform schaffen und selbst entscheiden, was mit unseren Daten passiert und was nicht«, sagt er dem *Handelsblatt*. »Wir wollen kein Auftragsfertiger für Handys werden. Es geht um die Frage: Wer hat welchen Kontakt zum Kunden?« Das Macht-Gen ist Plattformen von Geburt an mitgegeben. Sie profitieren mehrfach von ihrer Größe: Verdoppelt sich ihr Geschäft, verdoppeln sich die Kosten eben gerade nicht, weil der Preis für die Nutzung der Cloud unterproportional steigt. Zugleich zieht die Nachfragemacht gegenüber den Anbietern von Leistungen ständig an – den Fahrern bei Uber, den Vermietern bei Airbnb, den Verlagen bei Facebook, den Musikfirmen bei YouTube und Spotify. Das schafft Raum für das Durchsetzen härterer Konditionen: zum Beispiel höhere Provisionen und niedrigere Nutzungsentgelte. In der Folge legen die Margen weiter zu.

Die Marktmacht von Plattformen lässt sich an einigen Zahlen deutlich ablesen. YouTubes Umsatz für 2015 wird auf 9 Milliarden Dollar geschätzt. Analysten sagen für 2016 eine Steigerung der Werbeumsätze um satte 50 Prozent voraus. YouTube beherrscht den Markt für Musikstreaming. Pandora und Spotify, die beiden größten Wettbewerber, liegen jeweils bei rund einer Milliarde Dollar Umsatz. Künstler und Plattenfirmen bekommen von YouTube nur ein Trinkgeld. Der hohe Marktanteil von Plattformen verhindert, dass ein normaler Wettbewerb um Inhalte entbrennt. Darunter leiden vor allem Künstler und Produzenten. Ihnen bleibt keine andere Wahl, als die von YouTube gesetzten Konditionen zu akzeptieren. Wenn sie sich weigern, katapultieren sie sich damit aus dem Markt und verabschieden sich in die Unsichtbarkeit. Weil niemand das will, machen die meisten zähneknirschend mit. Plattformen auf anderen Märkten erreichen ähnliche Machtstellungen. Die Tendenz zur Monopolisierung ist allgegenwärtig – *the winner takes it all*. Alibaba, das chinesische Amazon, bietet die Leistungen von 8,5 Millionen externen Verkäufern auf seiner Webseite an, Amazon von 2 Millionen, eBay von 25 Millionen und Etsy, der Handelsplatz für Selbstgemachtes, von 1,4 Millionen. Andere Anbieter in den jeweiligen Märkten haben kaum eine Chance. Airbnb meldet 35 Millionen Übernachtungsgäste seit seiner Gründung, davon allein 25 Millionen im letzten Jahr. Wachstum findet vor allem bei der Plattform statt. Es lohnt sich weder für Vermieter noch für Touristen, zu einem anderen Wettbewerber zu wechseln. Uber bündelt eine Millionen Fahrer und Partner, das entspricht einer Versechsfachung in einem einzigen Jahr. Durch den Markteintritt von Uber ist der Preis für Taxi-Lizenzen in New York von 1,2 Millionen auf 800 000 Dollar gesunken – der sinkende Wert zeigt, wie ernst Taxibetriebe die Konkurrenz durch Uber sehen. Aus gutem Grund: In San Francisco hat sich die Zahl der Fahrten in traditionellen Taxen zwischen 2012 und 2014 halbiert. Traditionelle Arbeitsverhältnisse stehen unter Druck, und Jobs auf Plattformen boomen. UpWork, eine Vermittlung für freie Mitarbeiter, kommt auf 10 Millionen eingebundene Freiberufler. In den vergangenen fünf Jahren hat sie ein durchschnittliches jährliches Wachstum von 65 Prozent hingelegt.

Sorgen und Ängste prägen auch die deutsche Debatte über Plattformen. Dazu gibt es reichlich Anlass. Allerdings frage ich mich, warum nicht auch die Chancen stärker in den Blick genommen werden. Eine Gefahr sind Plattformen nur, wenn wir uns passiv ihren Risiken aussetzen. Doch wir könnten sie uns stattdessen auch zunutze machen und den Trend zum eigenen Vorteil gebrauchen. Beileibe haben Plattformen nicht nur Nachteile. Ich treffe mich mit Christian Rozsenich, dem Geschäftsführer von Clickworker, einer Job-Plattform mit Sitz in Essen. Sie vermittelt 800 000 freie Mitarbeiter. Rozsenich betont die Chancen von Plattformen: »Von der Entwicklung zur Arbeitsvermittlung im Netz können freie Mitarbeiter profitieren«, glaubt er. Sie können ihre Zeit freier einteilen, sind sozialversichert, bekommen gutes Geld und machen sich weniger abhängig von einem einzelnen Arbeitgeber. Mithilfe spezieller Plattformen können sie Bedürfnisse befriedigen und Wünsche erfüllen, die früher unvorstellbar schienen. Eine junge deutsche Plattform namens Tandemploy zum Beispiel vermittelt Jobsharing-Paare – befreundete Fachleute, die gemeinsam eine Vollzeitstelle füllen möchten. Sie gibt Menschen die Möglichkeit, Familie und Beruf viel besser zu kombinieren, als dies früher möglich war. Plattformen bieten enorme Chancen. Wenn wir sie uns geschickt zunutze machen. Eine Chance liegt zum Beispiel in der Aufbesserung von Einkommen. Durchschnittliche Airbnb-Vermieter in New York verdienen 7700 Dollar im Jahr über die Plattform. Da das Durchschnittseinkommen in den USA knapp 52 000 Dollar beträgt, bedeutet es schon mehr als ein Zubrot, seine Wohnung bei Airbnb zu vermieten. Menschen können sich unabhängiger von Lohnarbeit machen, wenn sie sich auf Plattformen betätigen. Bei eBay kommen PowerSeller – semiprofessionelle Händler – in den USA auf durchschnittlich 3000 Dollar Jahreseinkommen, bei Etsy mit

Handwerksarbeiten auf 1400 Dollar. Ein handfester Vermögenszuwachs ist die Folge.

Bei einer Führungskräftetagung des Kölner Lübbe Verlags, Heimat von Bestseller-Autoren wie Ken Follett und Dan Brown, erlebe ich mit, wie sich traditionelle Unternehmen aktiv und aufgeschlossen mit Plattformen beschäftigen können. »Wir müssen uns mit den Herausforderungen der Digitalisierung beschäftigen und neue Geschäftsmodelle entwickeln«, sagt Geschäftsführer Klaus Kluge zu seinen Leuten. »Plattformen können den Kontakt zum Kunden monopolisieren. Sie haben Macht über Anbieter. Was heißt das für uns? Wie stellen wir uns da auf? Plattformen spielen ihre Macht oft geschickt aus.« Damit hat er das Problem umrissen. Doch er begibt sich gleichzeitig auf die Suche nach Chancen. So hat er beispielsweise in Oolipo investiert, eine Plattform für Autoren, die Romane über Social Media verfassen und verbreiten möchten. Ryan David Mullins aus dem Team von Oolipo ist bei der Tagung in Düsseldorf mit dabei. »Es stimmt nicht, dass die Millennium-Generation nicht liest«, berichtet Mullins. »Sie liest den ganzen Tag lang, aber eben auf Smartphones und nicht auf Papier. Darauf sollten Inhalte – Produzenten – sich beizeiten einstellen. Eines Tages werden wir die nachwachsende Generation als *Maker Generation* bezeichnen. Sie gibt sich nicht mit Konsum zufrieden. Zu allem, was sie konsumiert, will sie auch beitragen.« Oolipo möchte die Plattform für diese Generation sein. »Ist Oolipo ein Verlag oder eine Plattform?«, frage ich Mullins. Er lacht auf: »Genau diese Frage hat Evan Williams, der Gründer von Medium.com, auch einmal gestellt bekommen. Are you a publisher or a platform? Seine Antwort lautete: ›Yes.‹ Das gilt auch für uns. Wir sind Verlag und Plattform gleichzeitig. Anders geht es in Zukunft gar nicht mehr.«

Ein weiteres Beispiel für die Wirkungen von Plattformen erlebe ich an einem Novembernachmittag in New York. Gegen 16 Uhr steigt die Nachfrage nach Taxen stark an, doch die Yellow Cabs fahren zum Schichtwechsel in die Depots. Ich muss dringend zum

Flughafen Newark. Beim Einschalten von Uber meldet mir die App: »Wegen der hohen Nachfrage in Manhattan liegt der Preis derzeit zweieinhalbmal höher als normal.« Zunächst ärgere ich mich darüber. Die plötzliche Preiserhöhung sieht nach Beutelschneiderei aus. Zwei Minuten nach der Bestellung erscheint jedoch der schwarze Uber-Wagen. Mein Ärger lässt etwas nach, weil der Service so reibungslos funktioniert. Dann erzählt mir Jeff, der Fahrer, was es mit der Preiserhöhung auf sich hat. »Vor einer Stunde schickte mir Uber eine Nachricht an mein Handy: zweieinhalbfacher Preis. Ich saß gerade zu Hause und schrieb an meiner Diplomarbeit. Das konnte warten. Also habe ich mich aufgemacht und eine kleine Sonderschicht eingelegt. Du brauchst einen Wagen, und ich brauche Geld. Ohne den höheren Preis hätte es sich für mich nicht gelohnt.« Jetzt verfliegt mein Ärger. Ich sehe, dass Uber nichts anderes getan hat, als die beiden Seiten des Markts beim richtigen Preis zusammenzuführen. Jeff erzählt weiter, wie Uber ihm hilft, mehr Geld zu verdienen. Der Algorithmus sagt voraus, wo in der nächsten halben Stunde die meiste Nachfrage entsteht. Uber sieht, wo die Handys der potenziellen Kunden derzeit sind. »Uns Fahrern zeigt Uber an, wo es als Nächstes die besten Jobs gibt. Also fahren wir dahin. Das bringt uns schneller Aufträge und den Kunden schneller Autos.« Die Effizienz steigt auf beiden Marktseiten. Das lockt Angebot und Nachfrage auf die Plattform. Sie profitiert, weil alle profitieren.

Trotz seiner Vorzüge sollten uns die Vorteile von Plattformen nicht blind für ihre Nachteile machen. Oft genug verhindern Marktplätze Transparenz und isolieren Anbieter und Kunden voneinander. Ein Verlag, der ein Buch auf Amazons Kindle hochlädt, bekommt sein Geld, wenn es jemand kauft, doch er kennt die Daten des Käufers nicht. Name, Kreditkarte, E-Mail-Adresse und die Geschichte seines Kaufverhaltens liegen bei Amazon. Deswegen ist es unmöglich, eine direkte Beziehung zu den Kunden aufzubauen. Zwar bekommen Verlage auch vom traditionellen Buchhandel keine Käuferdaten. Doch dafür gibt es im Buchhandel keine Monopole oder Duopole. Thalia und Hugendubel sind stark, aber neben ihnen können zahlreiche unabhängige Buchläden bestehen. Es gibt keinen Netzwerkeffekt. Erst die Kombination von Netzwerkeffekten und Abschottung der beiden Marktseiten macht Plattformen so bedrohlich. »Schürfrechte am Leben« hat die amerikanische Intellektuelle und emeritierte Harvard-Professorin Shoshana Zuboff den Aufbau von Datenmonopolen durch Plattformen genannt. Bei Apples iTunes und AppStore sind mehr als 800 Millionen Kunden registriert. Niemand, der einen Song oder eine App verkauft, weiß, wer der Käufer war. Würde Apple die Provision von 30 auf 40 Prozent oder gar 50 Prozent erhöhen, hätten die meisten Anbieter keine andere Wahl, als mitzumachen. Für sie ist es auch bei 50 Prozent lohnender, mit von der Partie zu sein, als alleine auszuscheren. Erfahrungsgemäß sind viele Anbieter sogar bereit, bei jeder Transaktion Verluste hinzunehmen. Sie sind auf die neuen Zielgruppen der Mobilnutzer angewiesen. Ohne Digitalplattformen kämen sie kaum an sie heran. Deswegen bleibt nur die vage Hoffnung auf Gewinne in der Zukunft.

Vielen Anbietern war lange nicht bewusst, wie viel Macht sie Plattformen in die Hand geben. Hotels zum Beispiel spüren erst jetzt die Gewalt von Booking.com, HRS und Expedia. Viele Häuser, sagt Markus Gratzer, Chef des österreichischen Hotelverbandes ÖHV, sind »ferngesteuert und der Marktmacht der Buchungsportale hilflos ausgeliefert«. Oft deckten die erzielten Preise nicht mehr die Kosten. »Gegenwehr wird zunehmend zwecklos, denn auf ein Viertel seines Geschäfts mag niemand verzichten«, so Gratzer. Bestpreisgarantien zwingen Hoteliers, Zimmer nirgendwo billiger anzubieten. Gerichte in Deutschland und Frankreich haben solche Klauseln verboten, doch in Abwandlungen tauchen sie wieder auf. Wettbewerbsökonom Justus Haucap von der Universität Düsseldorf plädiert für eine geschickte Regulierung, die Marktmissbrauch verhindert, Innovationen aber weiter ermöglicht. »Vollständiges Verbieten von Bestpreisklauseln ist nicht immer sinnvoll. Es ist ja verständlich, dass jemand, der Geld in eine Plattform investiert, nicht ständig von dem Hotel unterboten werden möchte, dem er Kunden zuschickt. Das untergräbt das Vertrauen der Kundschaft und zerstört letztlich das Geschäftsmodell.« Gleichzeitig aber könne man nicht zulassen, dass die größte Plattform immer den niedrigsten Preis bietet: »Dann wird es nie wieder einen starken Wettbewerber geben.« Haucap plädiert für einen Mittelweg: »Man könnte Plattformen erlauben, Bestpreisklauseln zu setzen, sie aber gleichzeitig dazu zwingen hinzunehmen, dass Hotels niedrigere Preise auf ihren eigenen Seiten anbieten. Dann gäbe es wenigstens noch eine Preisalternative zur Plattform, nämlich die eigene Seite des Hotels.« Damit könnte die Macht von Plattformen begrenzt werden; die Hotels wären ihnen weniger schutzlos ausgeliefert. Ein lohnenswerter Gedanke, denn die Vermittlungsprovisionen der Plattformen nehmen laufend zu. Booking.com behauptet, zwischen 12 und 15 Prozent Provision zu nehmen. Doch um oben in den Suchergebnissen aufzutauchen, werden bis zu 20 Prozent aufgerufen. Hoteliers berichten, dass sie im Einzelfall 35 Prozent bezahlen müssen. Je mächtiger die Plattform, desto mehr Geld saugt sie von den Anbietern der eigentlichen Leistungen ab.

Kürzlich besuchte ich ein Klaviergeschäft in Berlin, um eine neue Klavierbank zu kaufen. Dort erlebte ich eine Lektion in Sachen Plattformen. Der Ladenbesitzer sah mich erstaunt an: »Eine Klavierbank suchen Sie? Kein Mensch kommt deswegen mehr zu uns. Der ganze Markt ist zu Amazon abgewandert. Da kosten die Bänke 74,99 Euro. Kein Laden stellt sie sich mehr ins Geschäft. Es gibt keinen Grund mehr, Klavierbänke vorzuhalten. Die Leute bestellen sowieso bei Amazon.« Wie stark die Monopolisierung fortgeschritten ist, zeigt auch ein kleines Experiment, das ein Professor an der FU Berlin kürzlich mit seinen Studenten durchführte und von dem er mir später erzählte. »Bitte nennen Sie die jeweils nächstplatzierten Wettbewerber von Airbnb, Facebook, Kindle, YouTube oder Netflix«, forderte er die Studierenden auf. Die meisten von ihnen schauten ratlos drein. Zu Airbnb fiel ihnen kein Wettbewerber ein, zu Facebook nur Xing, zu Kindle vereinzelt Tolino, zu YouTube und Netflix wieder niemand. »Jetzt die Gegenprobe«, rief der Professor. »Nennen Sie Wettbewerber von Aral.« Sofort gingen die Finger nach oben: Esso, Shell, BP, Jet, ÖMV. – »Die Wettbewerber von Edeka?« Aldi, Lidl, Rewe. – »Die von E.on?« Vattenfall, RWE. – »Von BMW?« Mercedes, Volkswagen, Audi, Opel, Ford, Porsche, Nissan, Mazda, Chevrolet. Wenn junge Konsumenten die Namen der Wettbewerber von Digitalplattformen nicht mehr kennen, dann klicken sie dort auch nicht hin. Monopole verfestigen sich dadurch immer weiter. Risiken und Chancen liegen bei Plattformen also eng beieinander. Am meisten nützen sie jenen, die sie entschlossen für sich selber nutzen.

Neben Plattformen bedroht Disruption die Geschäfte traditioneller Unternehmen. Wenige Schlagworte sind in der Wirtschaft binnen kurzer Zeit so populär geworden wie Disruption. Was verbirgt sich dahinter? Davon handelt das nächste Kapitel.

Disruption: Alte Märkte kollabieren, neue springen hervor

Disruption kommt immer von dort, wo man sie am wenigsten erwartet. Es ist fast unmöglich, sich gegen sie zu wappnen. Wo sie zuschlägt, zerstört sie Industrien und baut neue auf. Wehren kann sich am besten, wer weiß, dass er nichts weiß.

»Bankgeschäfte sind notwendig.
Banken sind es nicht.«
Bill Gates, Gründer von Microsoft

An einem Januartag des Jahres 2010 unternahm Michael Busch, Vorsitzender der Geschäftsführung der Buchhandelskette Thalia, eine Dienstreise in die Londoner Europazentrale von Apple. Er machte sich Sorgen. Ihm schwante, dass elektronische Bücher auf Lesegeräten wie dem iPad und Kindle seine Branche radikal verändern würden. Die Attacke kam mit Ansage und Fanfare. Zwei Jahre zuvor war in den USA die erste Version des Amazon Kindle auf den Markt gekommen, drei Monate zuvor in Deutschland. Disruption stand zu befürchten – die Zerstörung des traditionellen Markts und der gleichzeitige Aufstieg eines neuen. »Ich wollte schauen, ob wir mit Apple nicht etwas gemeinsam machen könnten«, erzählt Busch. »Vom Buchhandel verstanden wir etwas, Apple etwas von Lesegeräten. Beide wurden wir von Amazon mit dem Kindle angegriffen. Wir im Buchhandel, Apple beim iPad. Warum nicht etwas gemeinsam dagegensetzen?, dachte ich.«

Busch hatte keine klare Vorstellung, was das sein könnte, fand aber, miteinander zu sprechen, könne nicht schaden. »Eigentlich eine logische Idee. Das dachte ich so lange, bis ich bei Apple im Londoner Büro saß.« Kaum angekommen, wurde ihm klargemacht, dass der Weltkonzern nicht daran dachte, gemeinsame Sache mit dem deutschen Buchhändler zu machen. »Die Apple-Leute stellten gleich zu Beginn des Gesprächs klar: ›Wir geben nichts, und wir brauchen niemanden‹.« Sie begriffen nicht, was der deutsche Manager von ihnen wollte. »Die Apple-Statthalter ließen keinen Zweifel aufkommen, dass ich nichts bei ihnen zu suchen hatte.« Busch hatte gerade noch Zeit, die Apple-Leute zu fragen, wie der Konzern seinen Geschäftszweck definiert. »Es war beeindruckend zu sehen, wie die alle reflexartig antworteten: ›Digital consumer experience from end to end.‹ Davor habe ich Respekt. Es ist nicht leicht, die Vorstellungen von Mitarbeitern so gut zu synchronisieren.« Dann aber wurde Busch auch schon hinauskomplimentiert. Auf dem Heimweg dachte er über das Gespräch nach. »Das musste doch Folgen haben«, erinnert er sich. »Was bedeutete das? Was hieß das für uns?« Schnell zog er seine Schlussfolgerung: »Wenn die uns bei Apple nicht wollen, dann müssen wir unsere Geschicke selbst in die Hand nehmen. Wir dürfen uns nicht abhängig machen von Technologiekonzernen. Wir müssen unseren eigenen Weg gehen. Sonst trifft uns die Disruption unvorbereitet.«

Bei nächster Gelegenheit fuhr Busch zu Maximilian Hugendubel, dem Mitinhaber der Buchhandelskette. Ein Traditionsunternehmen, gegründet 1893 am Salvatorplatz in München, eigentlich Thalias ärgster Konkurrent. Seit Jahrzehnten luchsten sich beide Unternehmen gegenseitig die besten Innenstadtlagen ab und machten einander die Kunden streitig. Nun aber sagte Busch: »Herr Hugendubel, ich muss Ihnen mitteilen, dass Sie nicht mehr in unser Beuteschema fallen.« Hugendubel war verblüfft. »Unser Wettbewerb untereinander ist nicht mehr so wichtig«, fuhr Busch fort. »Wir haben jetzt gemeinsam einen Konkurrenten, und der heißt Amazon.« Einen Vorschlag hatte Busch gleich mitgebracht: »Lassen Sie uns gemeinsam einen eigenen E-Reader bauen. Ein Lesegerät mit Plattform dahinter. Wie der Kindle, aber besser. Wir brauchen eine Branchenlösung. Jetzt oder nie. Allein kommt keiner von uns gegen Kindle an.« Hugendubel schlug ein. Ein Name war bald gefunden: *Tolino,* und gemeinsam mit Club Bertelsmann, Weltbild und Telekom nahm die Allianz ihre Arbeit auf. Der erste Tolino kam im März 2013 auf den Markt. Aufsteller in den Läden schufen Markenpräsenz, Buchhändler wiesen ihre Kunden auf die Alternative zum Kindle hin. Nur zweieinhalb Jahre später, im September 2015, verkündete die Gesellschaft für Konsumforschung (GfK), dass die Deutschen gewonnen hatten: 45 Prozent Marktanteil für den Tolino, 39 Prozent für Kindle. Heute kabbeln Kindle und Tolino sich um Platz 1 und 2. Auf jeden Fall spielen die Buchhändler in der gleichen Liga wie Amazon. Mich hat der Aufstieg von Tolino fasziniert. Deswegen habe ich mich gefreut, die Hintergründe der Geschichte von Busch persönlich bei einem Gespräch in Stuttgart zu erfahren. Dieser Erfolg war mehr als unwahrscheinlich. Tatsächlich hat es meines Wissens kein anderes Branchenkonsortium in Deutschland geschafft, eine amerikanische Plattform abzuhängen. Nina Hugendubel, ebenfalls Mitglied der Geschäftsführung, freut sich daher aus guten Gründen, wenn sie in einem Interview sagt: »Eine Allianz aus Wettbewerbern hat das Unmögliche geschafft und sich gegen Amazon durchgesetzt.« Und Michael Busch glaubt: »Bis 2020 wird digitales Lesen noch einmal um ein Drittel zulegen. »Über 9 Millionen Deutsche lesen dann elektronische Bücher. Der Umsatz pro Kopf und Jahr wird in den nächsten Jahren von 50 auf 95 Euro klettern. Das ist ein wachsendes Segment. Da müssen wir dabei sein.«

Mit dem Tolino ist es gelungen, eine ganze Branche gegen eine Disruption von außen zu rüsten. Schon im Silicon Valley war mir aufgefallen, wie sehr das Wort *Disruption* die Gemüter bewegte. Keine andere Vokabel wird dort so oft verwendet wie diese. Nun hat der Begriff auch Europa erreicht. Die Anzeichen dafür sind unübersehbar. Ana Patricia Botín beispielsweise, die Aufsichtsratsvorsitzende der Banco Santander, sieht »Disruption in jedem einzelnen Sektor der europäischen Wirtschaft. In Banken, in der Automobilindustrie, im Tourismus«. Die Unternehmensberatung Bain & Company hat auf einer Liste Disruptoren und Angegriffene aus verschiedenen Branchen gegenübergestellt. Die Liste zeigt, dass es jeden treffen kann und die Angriffswelle vor keinem Wirtschaftszweig haltmacht. Netflix und YouTube treten gegen Viacom und NBC an. Uber und Zipcar gegen Hertz und Avis. Airbnb gegen Hilton. Amazon gegen Walmart und Target. Man muss disruptive Angriffe nicht notwendigerweise von Plattformen aus starten; man kann auch ohne Plattform disruptiv angreifen. Doch wenn man die Konzepte von Disruption und Plattform miteinander verbindet, so, wie ich es im Silicon Valley immer wieder gesehen habe und es dort der Normalfall ist, dann geraten die Angegriffenen noch schneller in die Defensive.

»Disruptoren sind nicht einfach nur neue Wettbewerber«, sagt Clayton Christensen, Professor an der Harvard Business School und Begründer des Konzepts der technologischen Disruption. »Sie betreten nicht einen bestehenden Markt, sondern erzeugen einen neuen. Diesen Markt beherrschen sie, weil sie ihn erfunden haben. Sie halten die Marktbeherrschung so lange wie möglich aufrecht.« Airbnb ist ein solcher Markterfinder. Private Zimmervermittlung gab es vor Airbnb nicht in vergleichbarem Maßstab. »Disruptive Innovation ist eine Neuerung, die bestehende Marktstrukturen zerstört«, lehrt Christensen. Das Gegenteil disruptiver Innovation wäre eine Neuerung, die bestehende Strukturen festigt. Christensen nennt sie *erhaltende Innovation*.

Ein gutes Beispiel liefert die Musikindustrie. Der Übergang von der Vinyl-Platte zur CD war eine große Innovation: längere Laufzeit, bessere Qualität und leichtere Steuerung. Doch sie wirkte erhaltend, nicht disruptiv. Für Langspielplatten brauchte man Presswerke und Musikläden. Um auf CDs umzurüsten, modernisierten Presswerke ihren Maschinenpark, und Plattenläden stellten neue Regale auf. Beide Branchen blieben im Geschäft, niemand wurde verdrängt. Künstler und Plattenfirmen verdienten mehr Geld, weil CDs doppelt so teuer wurden wie Langspielplatten. Disruption kam erst durch Musik-Streamingdienste wie Spotify und Pandora ins Spiel. Spotify ist in der Basisversion gratis und kostet im Premiumabonnement knapp 10 Euro pro Monat. Presswerke und Plattenläden werden nicht mehr gebraucht. Künstler und Plattenläden verdienen weniger pro Song oder Album. Für rund die Hälfte des Preises einer CD bekommt man für einen Monat Zugriff auf einen Großteil des Musikrepertoires der Welt.

Wenn traditionelle Unternehmen zur Verteidigung aufbrechen, gründen sie oft einen Ausschuss für Disruption. Das habe ich in zahlreichen Unternehmen beobachtet, die ihre Auseinandersetzung mit der Digitalisierung gerade erst beginnen. Die klügsten Leute werden in einem solchen Ausschuss zusammengerufen. Ihr Auftrag lautet: eine Liste mit disruptiven Ideen zu erstellen und die besten davon innerhalb des Unternehmens in die Tat umsetzen. Kann das funktionieren?, frage ich mich, wenn ich von solchen Plänen höre. Viele Disruptionsprojekte sind gescheitert. Inzwischen gewinnen Kritiker dieses Vorgehens immer mehr Gehör. Sie glauben, dass Disruption von innen fast nie funktioniert. Ich besuche ein Unternehmerforum in einer Villa nahe Zürich. Dort geht es um Disruption von innen. Die Erfahrungen sind durchweg ernüchternd. Der Manager eines Technikkonzerns berichtet: »Unsere Arbeitsgruppe ging mit viel Verve zu Sache. Es kamen auch gute Ideen heraus. Doch sie hatten alle wenig mit Disruption zu tun. Es waren innovative Ideen zur Verbesserung bestehender Geschäfte.« Eine Führungskraft aus einem Logistikunternehmen bestätigt das: »Wir experimentieren mit Platooning. Lastwagen fahren halbautomatisch auf der Autobahn hintereinander her. Platooning wird wichtig, aber es ist nicht disruptiv.« Weil beim Platooning immer noch Lastwagen Waren gegen eine Frachtgebühr von A nach B bringen, ist der Markt für Frachttransport nicht bedroht. Die Laster werden bloß effizienter gesteuert. Disruptiv wäre es, den Transport von Waren ganz abzuschaffen oder auf irgendeine Weise radikal zu verringern. »Solche Ideen sind aus unserem Workshop aber nicht herausgekommen«, sagt der Logistiker. »Erstaunlich oft ging es nur um ein bisschen zusätzliche Technik, die auch in unseren bestehenden Labors hätte erforscht werden können.«

Wie laufen solche Arbeitsgruppen ab?, frage ich in die Runde. Übereinstimmend berichten die meisten Teilnehmer, dass die Mitglieder der Arbeitsgruppe einfach nur ihre jüngsten Verbesserungsvorschläge zum Besten geben. Sie meinen das nicht böse, doch disruptiv macht der gute Wille diese Ideen noch lange nicht. Auch Christensen sagt, dass Disruption von innen fast niemals gelingt. Es ist fast unmöglich, sich selbst disruptiv anzugreifen, glaubt er. Woran mag die Unfähigkeit zur radikalen Veränderung von innen liegen? Wohl vor allem daran, dass wir alle Gründe für die Ineffizienzen in den Systemen kennen, in denen wir arbeiten. Meist haben wir die Ineffizienzen selbst mit in die Systeme eingebaut. Das macht uns blind für disruptive Chancen. Es ist nahezu unmöglich, tagsüber am Aufbauen eines Geschäfts zu arbeiten und abends über dessen Zerstörung nachzudenken. »Bezeichnenderweise kommen nahezu alle erfolgreichen Disruptoren aus Disziplinen, die nichts mit dem Feld zu tun haben, das sie umgraben«, hat Christensen beobachtet. Fernsehen wird von Leuten angegriffen, die vorher nie TV gemacht haben, die Autoindustrie von Menschen, die nie zuvor ein Auto gebaut haben, und Banken von Gründern ohne Banklehre.

Dass Disruption oft im Gewand simpler Technik erscheint, macht sie noch schwerer zu erkennen. Auch dass die Preise meist weit unter dem Niveau der etablierten Anbieter liegen, verhindert eine wirkungsvolle Reaktion. Alte Technik, niedrige Preise – diese Kombination löst bei etablierten Firmen oft nichts weiter als Heiterkeit aus. Sie nehmen den Angriff nicht ernst genug. Etwas zugespitzt könnte man sagen: Es lachen die Firmen noch auf dem Weg zum Firmenfriedhof. Noch aus dem offenen Grab heraus wird gelacht. Dabei sind Hohn und Spott gänzlich unangebracht, denn es gibt gute Gründe für die scheinbare Unbedarftheit des Angriffs. Simple Technik kommt deshalb zum Einsatz, weil sie preiswerter ist und Zeit spart. Über die Qualität des Produkts ist damit nichts gesagt. Ein Algorithmus kann brillant sein, auch wenn er auf einem preiswerten Computer läuft. Niedrige Preise locken neue Kundengruppen an, auch wenn sie für etablierte Firmen eher belustigend wirken. Abgerechnet wird am Schluss, und dabei sehen Traditionsunternehmen oft gar nicht gut aus. Angreifer laufen ihnen den Rang ab, ohne dass sie es merken.

Ein weiterer Lehrsatz von Clayton Christensen ist nicht minder wichtig. »Firmen werden die Geiseln ihrer Kunden«, schreibt er.

»Das Management fällt rationale Entscheidungen, die sich trotzdem lebensbedrohlich für die Firma auswirken.« Wie kommt er darauf? Der Mechanismus, den Christensen beschreibt, ist denkbar einfach: Jedes System enthält Ineffizienzen. Disruptoren sind darauf spezialisiert, diese Unzulänglichkeiten aufzuspüren und auszuweiden. Bestehende Unternehmen tun dies nicht, weil Kunden sie dafür bezahlen, genau diese Ineffizienzen sorgsam aufrechtzuerhalten. Computerpionier Heinz Nixdorf lieferte ein gutes Beispiel für Disruption. Er erkannte in den 1970er-Jahren als einer der Ersten die Schwäche der Mainframe-Computer, also der großen Rechenzentren. Ihr entscheidender Fehler lag im Abstand des Anwenders zum Rechenzentrum. Das führte zu abenteuerlichen Effizienzverlusten. Wer damals eine Summenzeile in eine Tabelle einfügen wollte, musste beim Rechenzentrum monatelang um Unterstützung bitten und hohe Preise für die Leistung bezahlen. Heinz Nixdorf wollte die Rechenkraft in die Nähe der Leute bringen, die sie brauchten. Um die Maschinen erschwinglich zu machen, verwendete er ältere Komponenten, wie IBM sie für Mainframes nicht mehr einsetzte. Zum Beispiel Prozessor-Chips und Speicherplatten der vorletzten Generation. Das machte seine Computer preiswerter. Bis zum Erfolg blieb trotzdem noch viel Arbeit. Nixdorfs Handicap bestand darin, dass sich seine potenziellen Kunden die neuartige Maschine nicht vorstellen konnten, weil sie noch nie zuvor etwas Vergleichbares gesehen hatten. Selbst wenn sie Nixdorfs Vision begriffen, besaßen seine potenziellen Kunden – die Abteilungsleiter – kein Budget dafür. Das Geld für Informationstechnologie lag beim zentralen Rechenzentrum. IT-Fachleute verwalteten es. Wenn IBM diese Fachleute fragte, wünschten sie sich immer neue Versionen des Zentralrechners. IBM wurde so zur Geisel seiner Kunden und bekam ein falsches Bild vom Markt vermittelt. Heinz Nixdorf hingegen leistete harte Verkaufs- und Überzeugungsarbeit. Zug um Zug sahen Abteilungsleiter die Vorzüge der Abteilungsrechner ein und setzten ihre Einkaufswünsche gegen die zentralen Rechenzentren durch. Eine Revolution begann. Aus dem Abteilungsrechner wurde später der Desktop, daraus der Laptop und daraus dann das Smartphone. Nixdorf und seine Mitstreiter in anderen Start-ups pusteten die Mainframe-Hersteller vom Markt, bis sie später ein ähnliches Schicksal erlitten, weil sie selbst den nächsten Disruptor nicht kommen sahen. »Märkte entscheiden meist anders als Vorstände«, meint Christensen. »Vorstände tun das, wovon sie glauben, dass ihre Kunden das wollen. Damit geben sie ihre Strategie in die Hände ihrer Kunden.« Wenn Disruptoren um Investitionen bitten, lehnen etablierte Firmen dies meist ab, weil sie glauben, ihre Kunden wollten das nicht. »Dabei wissen die Kunden selbst nicht, was sie sich wünschen. So lange nicht, bis sie es sehen«, sagt Christensen. Nach diesem Aha-Erlebnis dauert es meist nicht mehr lange, bis Disruptoren am Markt gewinnen und der traditionelle Anbieter in Schwierigkeiten gerät.

Die Lage ist also bedrohlich und chancenreich zugleich. Disruption bedroht die Anhänger der Tradition und schafft enorme Möglichkeiten für die Verfechter der radikalen Erneuerung. Die Digitalisierung beflügelt die Erneuerer wie keine andere Entwicklung in der Wirtschaftsgeschichte. Schauen wir im nächsten Kapital auf die vierte und letzte große Herausforderung der Digitalisierung: die günstigen Bedingungen für neue Geschäftsmodelle. Dabei sehen wir: Das *Wie* wird so wichtig wie das *Was*.

Geschäftsmodelle: Das Wie entscheidet über den Erfolg

Technologie allein reicht nicht für die digitale Transformation. Ebenso wichtig ist die richtige Methode, das Produkt an die Kunden zu bringen. In der deutschen Ingenieurskultur spielen Geschäftsmodelle keine große Rolle. Diese Schwäche öffnet Flanken für Disruptoren.

»Natürlich bin ich verrückt. Aber das heißt nicht, dass ich mich irre.«

*Samim Winiger,
Unternehmer und Experte für
Künstliche Intelligenz*

Lange dachten Unternehmen, gute Produkte anzubieten reiche aus, um Erfolge zu landen. Auf das Geschäftsmodell komme es nicht so an. Diese Überzeugung wurzelt tief in der Tradition der deutschen Ingenieurskultur: Es sei nur eine Frage der Zeit, bis Qualität sich durchsetzt, glaubt man. Je effizienter eine Maschine arbeitet, je länger sie störungsfrei läuft, desto zufriedener sei der Kunde. Dann komme er immer wieder. Lange war das wahr. Doch wird es wahr bleiben? Der Erfolg des Silicon Valley zwingt zum Umdenken. Es kommt nicht nur darauf an, *was* man verkauft, sondern auch, *wie* man es verkauft. Neue Geschäftsmodelle gehören genauso zur Disruption wie innovative Technologien. Ich möchte etwas genauer verstehen, wie das funktioniert, und lese mich in die Literatur zum Thema ein. Eines der interessantesten Bücher heißt *The Business Modell Navigator* und stammt von Oliver Gassmann, Professor an der Wirtschaftshochschule im schweizerischen St. Gallen, und seinen Kolleginnen Karolin Frankenberger und Michaela Csik. Die drei schreiben darin: »*Business Model*-Innovation legt Sprengsätze in fast jedes Unternehmen.

Kein anderes Thema schafft es so oft auf die Titelseiten von Wirtschaftsmedien wie Geschäftsmodelle.« Wer hätte vor zehn Jahren geglaubt, dass Kunden bereit sein würden, 80 Euro pro Kilogramm Kaffee bei Nespresso zu bezahlen?, fragen die Autoren. Mich verblüfft das genauso, was mich aber nicht davon abhält, Kaffee fast ausschließlich bei Nespresso zu kaufen, weil er so gut schmeckt. Die Autoren nennen weitere Beispiele: Wer hätte gedacht, dass ein Fünftel der Menschheit bereit sein würde, intime persönliche Details vor einem Millionenpublikum auf Facebook auszubreiten? Dass Telefonate und Videoanrufe rund um die Welt gratis sein würden und Flüge quer durch Europa weniger kosten würden als das Taxi zum Flughafen?

Auch am Beispiel des Werbegeschäfts von Google kann man die Macht innovativer Geschäftsmodelle studieren: Der traditionelle Verkauf von Anzeigen hätte die traditionellen Verlage nicht ernsthaft bedroht. Mit den üblichen Methoden wäre Google nur ein weiterer Wettbewerber unter vielen geworden; Verlage hätten das leicht verkraftet. Stattdessen aber wartete Google mit vier Innovationen des Anzeigenverkaufs auf, denen Verlage wenig entgegenzusetzen hatten. Erstens: Anzeigen werden nicht unabhängig von der Reaktion der Kundschaft bezahlt, sondern zunächst kostenlos angezeigt und erst in Rechnung gestellt, wenn jemand auf sie klickt. Zweitens: Anzeigen stehen nicht in irgendeinem Umfeld, sondern neben Themen, für die der Nutzer sich nachweislich interessiert, weil er das Suchwort selbst eingegeben hat. Drittens: Kunden bleiben nicht im Ungewissen über den Erfolg ihrer Werbung, sondern sehen detaillierte Nutzungsdaten in Echtzeit auf Statistikseiten. Viertens: Preise kommen nicht aus Preislisten, sondern entstehen durch permanente Auktionierung von Anzeigenplätzen. Mit diesem Viererschlag brachte Google traditionelle Verlage und Vermarkter in Bedrängnis und wurde selbst zum größten digitalen Werbeträger der Welt. In Deutschland setzt Google mit Werbung zehnmal so viel um wie alle deutschen Verlage auf ihren digitalen Angeboten zusammen. Gewonnen hat hier eine Technologie in Verbindung mit einem innovativen Geschäftsmodell.

Evernote, Dropbox und Pandora liefern weitere Beispiele. Diese digitalen Dienste für Notizen, Cloud-Speicherung und Musik werden nicht wie traditionelle Software für einen Einmal-Preis verkauft, sondern stehen als *Software as a Service* (Saas) im Netz. Als Standardversion sind sie kostenlos nutzbar. Nur Zusatzfunktionen kosten Geld. Hunderte von Start-ups setzen dieses Modell ein. Es ist so erfolgreich, dass es den herkömmlichen Softwareverkauf bald zum Erliegen bringen wird. Oder die Beispiele von Zopa, Lending Club und SocietyOne: Konsumentenkredite werden nicht von einer Bank vergeben, sondern von Plattformen zwischen Privatleuten vermittelt. Die Zinssätze liegen zwei bis drei Prozentpunkte unter traditionellen Darlehen. Banken werden nicht mehr benötigt. Dem Preis- und Service-Druck dieser Plattformen werden sie vermutlich nicht auf Dauer standhalten. Beispiel Rolls-Royce: Der Triebwerkhersteller führte ein Geschäftsmodell namens »power by the hour« ein. Fluglinien zahlen für Turbinen eine Miete pro Stunde. Eigentümer der Triebwerke ist Rolls-Royce und übernimmt die Wartung. Beispiel Adobe: Die Software-Firma stellte ihre Creative Suite auf Monats-Abonnements um. Bis dato wurden Adobe-Produkte immer einmalig verkauft. Beispiel Otis: Der Lift-Hersteller betreibt manche Aufzüge selbst und nimmt eine Maut pro befördertem Passagier. Alle genannten Beispiele stecken mindestens so viel in die Erneuerung des *Wie* wie in die Verbesserung des *Was*. Apple-Gründer Steve Jobs wusste, wie revolutionär Geschäftsmodelle wirken können. Deswegen riet er Firmen zur Zweckparanoia. »Es ist wichtig, sich mental auf den Untergang einzustellen, auch wenn die Firma derzeit glänzend dasteht«, sagte er. Es kann nur überleben, »wer die Wurzel seines Erfolgs ständig infrage stellt«.

Deutschland tut sich schwer mit neuen Geschäftsmodellen. Warum eigentlich? Ich treffe Markus Schmidt, den Executive Vice President der Bosch-Sparte Automotive Electronics. »Wir sind eine Nation von Maschinenbauern«, sagt er. »Das ist unsere große Stärke, aber es begrenzt auch unser Denken und lenkt vom

Nachdenken über andere Geschäftsmodelle ab.« An deutschen Universitäten lernen Ingenieure so gut wie nichts über Geschäftsmodelle. »Karriere macht, wer die neueste Technik hervorbringt«, meint Schmidt. »Wie damit Geld zu verdienen ist, bleibt Nebensache.« Ich besuche die Führungskräftetagung von Automotive Electronics in der Stadthalle Reutlingen. Es ist Ende Januar 2016. Markus Schmidt hat mich eingeladen. Er stimmt seine Leute auf digitale Transformation ein. Es ist Aufbruch angesagt. Die meisten tragen offenes Hemd und Pullover statt Anzug. Schmidt möchte mehr Verständnis für innovative Geschäftsmodelle wecken. Ein Rednersteg läuft quer durch den Saal; die Stühle sind so aufgestellt, dass jeder jeden sehen kann. Dialog und Austausch sollen neues Denken beflügeln. Die Führungskräfte debattieren einen Vormittag lang über neue Formen von Geschäften. Schmidt geht es darum, traditionelles Denken zu überwinden und ein Stück deutscher Tradition infrage zu stellen. Seine Leute reagieren aufgeschlossen. Eine lebhafte Debatte entbrennt. »Aus der Sicht des Maschinenbauers hat der Kunde sein Produkt mit dem Kauf ein für alle Mal erworben«, glaubt Schmidt. Was der Kunde damit macht, sei seine Sache. Von diesem Denken müsse man sich lösen. Er fordert die Abkehr vom Leitbild des Ingenieurs, den nicht interessiert, was mit den Daten geschieht, die beim Betrieb seiner Maschinen entstehen. Sensoren in Autos lesen die feinsten Veränderungen in ihrer Umwelt aus. Luftdruck in den Reifen zum Beispiel, Wasser auf der Windschutzscheibe, Wasser auf der Straße, Durchfluss des Benzins, Temperatur im Motorblock und Temperatur im Innenraum. Doch Ingenieure denken nicht darüber nach, wie man mit diesen Daten Geld verdienen kann. Sie sehen den ausgelieferten Maschinenpark nicht als *Installationsbasis* an. Stattdessen sind sie zufrieden, wenn der Kunde die Rechnung nach der Lieferung pünktlich bezahlt hat. Sie zerbrechen sich nicht den Kopf darüber, wie man über die *Installationsbasis* mehr Geld verdienen kann. Schon bei Wartungsverträgen für Maschinen endet ihre Fantasie. Dabei gäbe es auf den Märkten viel mehr Geld zu holen.

Dafür ist es höchste Zeit. Als das israelische Start-up Waze 2013 für rund eine Milliarde Dollar von Google gekauft wurde, beunruhigte das in der deutschen Autoindustrie lange niemanden. Dabei funkt Waze Bewegungsdaten aus Autos in eine interaktive Verkehrsflusskarte. Sie stellt eine direkte Konkurrenz zu den Navigationssystemen dar, mit denen Autokonzerne bis heute gutes Geld verdienen. Darüber hinaus liefern Waze-Daten dem Mutterkonzern Google Schlüsselinformationen für den Bau des selbstfahrenden Autos, also für den disruptiven Angriff auf den Kern der deutschen Automobilbranche. Eigentlich wäre das ein guter Grund für die Deutschen, achtsamer zu sein. Trotzdem nahm den Angriff lange niemand ernst. Alles, was keine mechanische Maschine ist, gilt vielen Ingenieuren nicht als Wettbewerb. Erst Ende 2015 entschlossen sich BMW, Audi und Daimler, wie schon erwähnt, zum Kauf des Waze-Wettbewerbers Here. »Ist das nicht ein seltsames Missverhältnis?«, fragt Bosch-Manager Schmidt. »Einerseits gehören deutsche Ingenieure zu den besten der Welt. Andererseits entgeht ihnen der Wert von Daten, die von ihren Maschinen gewonnen werden. Das ist doch eigentlich absurd.«

Daten und Geld werden einander immer ähnlicher. Sie konvergieren. Schon bald wird es keinen großen Unterschied zwischen ihnen mehr geben. Daten sind bereits heute fast so gut wie Geld. Sie können ohne Umwege in Geld umgewandelt werden. Zum Beispiel durch das Einsparen von Kosten, das Erzeugen neuer Umsätze oder durch das Vermeiden schlecht informierter Entscheidungen. »Wir werden uns noch wundern, wie schlecht informiert wir früher Entscheidungen getroffen haben«, sagt Bill Bosworth, Chef von DataStax, einem Anbieter für Cloud-Datenbanken. Je besser künftige Entscheidungen ausfallen, desto wertvoller werden die Daten, auf denen sie beruhen, glaubt Bosworth. Die Erzeugung von Daten wird künftig zur Hauptfunktion von Maschinen gehören. Damit könnten Maschinen Geld förmlich drucken. Ein alter Unternehmertraum würde wahr. Wie sähe das konkret aus? Bleche zu schweißen, Tabletten zu verpacken oder Milch abzufüllen, würde von der Haupt- zur Nebenaufgabe absinken. Die größte Wertschöpfung entstünde durch die Erzeugung von Daten direkt an der Quelle: Wie viele Bleche sind fertig geworden, sind sie perfekt geölt, damit sie beim Pressen in der Autofabrik nicht reißen, stimmen ihre Oberflächeneigenschaften, damit der Lack später perfekt haftet? Diese Daten sind Gold wert für alle Stufen der Weiterverarbeitung. Ingenieure ohne Schulung in Geschäftsmodellen werden schon in wenigen Jahren als schwer vermittelbar gelten. Sie müssen künftig wissen, wer an welchen Daten ein kommerzielles Interesse hegt. Meistens ist es nicht der eigene Arbeitgeber, sondern jemand von außen. Ingenieure sollen Netzwerker sein und Kontakte zu vielen Branchen pflegen. Sonst können sie die Daten-Netze nicht knüpfen, die ihre Maschinen wertvoll machen.

Selbst Branchen mit scheinbar einfachen Geschäftsmodellen erleben einen stürmischen Wandel. Zum Beispiel die Landwirtschaft. Ich besuche eine Tagung im Berliner Congress Centrum am Alexanderplatz. Sie liefert ein Beispiel dafür, wie Daten direkt zu Geld werden können. Es ist ein sonniger, kalter Januarmorgen 2016. Die internationale Agrarwirtschaft tagt unter dem Titel »Farm + Food 4.0 – Intelligence Connected Along the Food Chain«. Im Tagungsprospekt klingt Alarmstimmung durch: »Wir müssen reden!«, heißt es da. »Wir müssen Ohren und Augen öffnen. Halbwissen ergänzen. Mutmaßung klarstellen. Diffuse Ängste in Herausforderungen wandeln. Nicht hektisch, aber ab jetzt. Es ist höchste Zeit.« Warum? »Weil Digitalisierung ganze Geschäftsprozesse schneller verändern oder obsolet werden lassen kann als die uns bisher bekannten technologischen Funktionsoptimierungen.« Cathrina Claas-Mühlhäuser ist Aufsichtsratsvorsitzende bei Claas, dem Hersteller von Landwirtschaftsmaschinen im westfälischen Harsewinkel. Sie eröffnet den Kongress und ruft der Branche zu: »Wir müssen uns dem Entstehen neuer Geschäftsmodelle stellen und sie aktiv vorantreiben.« Ihr Marketingchef Henning Rabe nennt ein Beispiel: »Eines der wichtigsten Themen ist das digitale Bodengedächtnis. Wird die Geschichte jedes Quadratmeters Bodens gespeichert, kann das die Ernteerträge erheblich steigern. Maschinen liefern Daten, wie viel Dünger welchen Typs eingebracht wurde, wie viel Regen gefallen ist, wie sich der Boden chemisch zusammensetzt und wie hoch der jüngste Ernteertrag war.« Wer diese Daten besitzt, kann die Ernte optimieren und präzise vorhersagen. Bits und Bytes werden generiert, mit denen man Millionen verdienen kann. »Dadurch entstehen neue Machtpositionen. Wenn Landwirte die Kontrolle über diese Daten verlieren, wird jemand anderes das Geschäft damit machen«, sagt Raabe. Deswegen sei Eile geboten.

Die bisherigen Geschäftsmodelle der Landmaschinenbauer geraten an ihre Grenzen. Zum Beispiel können die Schneidwerke der Mähdrescher nicht noch viel breiter werden als heute. »Dadurch werden sie immer schwerer und verdichten den Boden mehr und mehr«, erklärt Rabe. Größe als Mittel der Effizienzsteigerung läuft sich früher oder später tot. Die Zukunft gehört Flotten vollautomatischer kleiner Mähdrescher, die allein ausrücken und Feld für Feld selbsttätig abernten. Für einen Bauern, für mehrere von ihnen oder für den ganzen Ort. »Wer die Daten aus diesen Maschinen optimal nutzt, schaltet sich mitten in die Wertschöpfungskette ein«, glaubt Rabe. Die Informationen aus den Mähdreschern können erheblichen finanziellen Wert bedeuten, etwa für Düngerhersteller, Samenproduzenten, Genossenschaften, Händler und Warenterminbörsen. Wer jetzt schon weiß, wie viel Weizen morgen geerntet werden kann, der besitzt einen kostbaren Vorsprung an der Börse.

Kann man das Denken in Geschäftsmodellen lernen? Oliver Gassmann meint Ja. Der Professor an der Universität St. Gallen listet in seinem bereits erwähnten Buch *The Business Model Navigator* 55 Geschäftsmodelle auf, nach denen angeblich 90 Prozent der erfolgreichsten Firmen der Welt arbeiten. *Nur* 55 Modelle, denke ich. Ich finde die Zahl erstaunlich niedrig, wenn man bedenkt, wie viele unterschiedliche Firmen von ihnen zehren. Andererseits verwundert mich, wie wenige traditionelle Unternehmen von modernen Geschäftsmodellen Gebrauch machen.

Durch ihre Monokultur erleichtern sie disruptiven Angreifern das Vordringen auf angestammte Märkte.

Einige Beispiele von Modellen aus Gassmanns Buch:

- Auktionen: Zum Beispiel eBay und Googles Suchwortwerbung AdSense basieren zu einem großen Teil auf Versteigerungen. Das Modell ist flexibel und skalierbar. Es eignet sich für eigene ebenso wie für fremde Produkte.
- Cash Machine: Die Zahlung geht früher ein, als die Leistung erbracht wird. Dadurch wird das Umlaufkapital negativ, und die Finanzierung des Unternehmens vom Kunden erbracht. Ein frühes Beispiel waren Reiseschecks von American Express. Auch Amazon arbeitet nach diesem Muster. Die Güter werden schneller aus den Lagern verkauft, als Amazon die Rechnungen der Lieferanten bezahlen muss.
- Crowdfunding: Kunden und Fans bringen die Investitionen für ein neues Projekt auf.
- Freemium: Eine Basis-Version des Produkts ist gratis, weiterführende Funktionen kosten Geld. Prominente Beispiele sind Hotmail, LinkedIn, Skype, Spotify und Dropbox.
- Hidden Revenue: Nutzer bekommen das Produkt kostenlos. Finanziert wird es durch Werbung. Beispiele sind YouTube, der Anbieter für Außenwerbung und Stadtmöblierung JCDecaux, der Streamingdienst für Live-TV-Sender Zattoo, die Folien-Plattform SlideShare, Facebook und Twitter.
- Leverage Costumer Data: Aus Daten von Kunden werden zusätzliche Umsätze erzielt. Google und Facebook sind die bekanntesten Beispiele. In Zukunft wird dieses Modell eine noch größere Rolle spielen.
- Lock-in: Hohe Wechselkosten erzwingen die Loyalität von Kunden. WhatsApp, Instagram und die gemeinsame Mutter Facebook sind gute Beispiele. Mark Zuckerberg ist der Meister dieses Geschäftsmodells. Wer Zuckerbergs Plattformen verlässt, zahlt einen hohen Preis, da die Freunde zurückbleiben und nicht mehr erreichbar sind.

- Long Tail: Ewige Verfügbarkeit von Produkten erhöht die Absatzchancen. Kindle, iTunes, AppStore und Google Play leben dieses Modell vor. Vergriffene Titel wie im traditionellen Buchgeschäft gibt es nicht. Elektronische Bücher können fast ohne Kosten für immer und ewig im Angebot bleiben, weil die Lagerkosten wegfallen.
- Open Source: Viele Entwickler aus unterschiedlichen Organisationen arbeiten gemeinsam an einem Produkt, das allen zur Verfügung steht. Zum Beispiel beim Web-Redaktionssystem WordPress oder der Software-Plattform GitHub.
- Pay Per Use: Kunden bezahlen nur, was sie benutzen. Sie werden nicht gezwungen, dauerhafte Bindungen einzugehen. Carsharing ist dafür ein gutes Beispiel.
- Peer to Peer: Ein überragend wichtiges Modell für Disruptionen. Der traditionelle Mittler wird umgangen. Eine Plattform vermittelt den Handel zwischen Gleichen. Zum Beispiel bei Airbnb oder Lending Club.
- Performance based Contracting: Kunden zahlen nur, wenn der Erfolg eintritt. Zum Beispiel bei Googles Werbeplattform AdSense.
- Revenue Sharing: Eine Plattform vermittelt den Verkauf und teilt den Erlös mit dem Produzenten. So wie bei Google Play, iTunes und AppStore.
- Abonnement: Statt eines festen Kaufpreises wird ein monatlicher Preis erhoben. Salesforce und Netflix sind Beispiele.
- Zweiseitiger Markt: Der Klassiker der disruptiven Geschäftsmodelle. Alle Plattformen funktionieren nach diesem Modell. Angebot und Nachfrage werden zusammengebracht. Je stärker die eine Marktseite, desto wichtiger wird sie für die andere. Beispiele: Stepstone, Immoscout, ImmoWeb, eBay, Amazon.

Ein gutes Beispiel für innovative Geschäftsmodelle liefert auch das Start-up Unu Motors. Die Berliner Firma stellt Elektroscooter her. Roller von Unu Motors gehen nicht in den normalen Handel und können nur per Internet geordert werden. Produziert wird nicht auf Halde, sondern nur auf Bestellung. Das schont die Kasse und spart Handelsspannen sowie die Lagerhaltung ein. Nach sieben Wochen stellt DHL den fertigen Scooter per Paketpost zu. »Um Dir deinen Unu bezahlbar anbieten zu können, haben wir das traditionelle Geschäftsmodell der Automobilindustrie hinterfragt und auf den Kopf gestellt«, schreiben die Gründer auf ihrer Webseite. »Lagerkosten, Händlermargen und vielfache Lieferwege treiben die Produktkosten traditioneller Hersteller in die Höhe. Mit unserem Modell eliminieren wir sämtliche unnötige Kosten.« Einen elektrischen Roller herzustellen, ist technisch nicht besonders schwer. Doch ein Geschäftsmodell zu finden, mit dem er um die Hälfte billiger sein kann als fast die gesamte etablierte Roller-Konkurrenz, das verlangt einige Vorstellungskraft. Fantasie, wie sie auch Valerian Seither mit seinem Start-up eMio aufbrachte. Er vermietet Elektroroller ähnlich wie Carsharing-Autos. Doch er ließ sich ein neues Preismodell einfallen. »Beim Carsharing gibt es nur den Minutenpreis«, erzählt er nur. »Das führt dazu, dass die Kunden nur eine Größe optimieren können: die Dauer ihrer Fahrt. Dadurch bekommen sie einen starken Anreiz gesetzt, durch die Stadt zu rasen.« eMio kombiniert Minutenpreise mit Preisen für Kilometer. Abgerechnet wird immer der niedrigere der beiden Werte. »So fahren unsere Kunden entspannter und genießen die Fahrt«, erzählt Seither. »Das zahlt sich in höherer Zufriedenheit aus.«

Neue Geschäftsmodelle entstehen auch dadurch, dass Branchen, die bislang nichts miteinander zu tun haben, auf einmal zusammenwachsen. Beispielsweise Hotellerie und Autoindustrie. Das klingt unmöglich? Dachte ich auch, bevor ich die Idee des Audi-Entwicklungsvorstands Stefan Knirsch hörte: »Autos der Zukunft können fahrende Lounges sein«, sagt er. »Sie können Kurzstreckenflüge ersetzen. Es wird bequemer sein, nachts pilotiert von A nach B zu fahren als mitten in der Nacht aufzustehen und für die 6-Uhr-Maschine zum Flughafen zu hetzen.« Man schläft in der Lounge wie in einem Hotelzimmer, komplett mit bequemem Bett und Abendessen. Bezahlt wird pro Übernachtung.

Wenn Autofirmen damit Erfolg haben, fordern sie Hotels disruptiv heraus. Umgekehrt könnten sich clevere Hotels auf den Betrieb solcher fahrender Zimmer verlegen. Geschäftsmodelle wie diese können fast nach Belieben erfunden werden, glaubt Alexander Osterwalder. Der Schweizer Management-Theoretiker und Bestseller-Autor hat eine Brainstorming-Methode namens *Business Model Canvas* mitentwickelt. Sie hilft, sich die wichtigsten Eigenschaften seines Produkts vor Augen zu führen und daraus das passende Geschäftsmodell abzuleiten. Die Leinwand (Canvas) besteht aus neun Feldern: wichtigste Partner, wichtigste Tätigkeiten, wichtigste Ressourcen, Leistungsversprechen, Kundenbeziehungen, Absatzkanäle, Kundengruppen, Kostenstruktur und Einnahmequellen. Jörg Rheinboldt, Geschäftsführer des Axel-Springer-Akzelerators Plug and Play in Berlin, muss von Berufs wegen Dutzende Geschäftsideen in kurzer Zeit bewerten. Teams bewerben sich für das 12-Wochen-Programm – im Auswahlprozess ist eine schnelle Bewertung wichtig. Wenn das Programm läuft, muss mit den Teilnehmern gründlich über das Geschäftsmodell diskutiert werden. »Wir haben die sieben Fragen in vereinfachter Form so oft auf Zettel gekritzelt, dass unsere Auszubildende sie auf Blöcke drucken ließ und allen in die Hand drückte«, sagt Rheinboldt. »Es schult, in diesen Kategorien zu denken. Ein und dieselbe Technologie kann floppen oder ein Hit werden, je nachdem, mit welchem Geschäftsmodell man sie paart.«

Fast alle Gründer, mit denen ich spreche, empfinden Freude beim Erfinden neuer Geschäftsmodelle. Es bereitet ihnen Vergnügen, neue Ideen auszutüfteln und am Markt auszuprobieren. Für sie ist das wie ein Spiel mit Psychologie. Sie wollen neue Wege erkunden, Menschen zu begeistern, und möchten Kunden neue Anreize setzen, ein bestimmtes Verhalten an den Tag zu legen. Ebenso spielfreudig reagiert das Publikum. Es macht ihm Spaß, anspruchsvolle Dienste zunächst kostenlos zu nutzen. Mir geht es genauso: Dort, wo ich im Netz ein Abonnement besitze, freue ich mich jeden Tag daran. Wäre beispielsweise der Notizen-Dienst Evernote anfangs nicht kostenlos gewesen, wäre ich niemals Kunde geworden. Das Produkt ist zu komplex, um seinen Nutzen von außen zu verstehen. Ich musste erst tief in die Funktionen eintauchen, bevor ich den Sinn der kostenpflichtigen Zusatz-Leistungsmerkmale verstand. Heute kann ich ohne Evernote nicht mehr arbeiten. Ich kann mir kein Szenario vorstellen, unter dem ich das Abo kündigen würde. Hätte Evernote von Anfang an Geld verlangt oder wäre es ein Softwarepaket gewesen, das bei MediaMarkt im Regal steht, hätte mich die Firma niemals erreicht. Ein und dasselbe Produkt kann ein Hit oder Flop werden, abhängig nur davon, welches Geschäftsmodell es wählt.

Gehen wir nun einen Schritt weiter und fragen uns: Welche Auswirkungen können die vier geschilderten Herausforderungen – Technologie, Plattformen, Disruptionen und Geschäftsmodelle – auf die deutsche Wirtschaft haben? Davon handelt der nächste Abschnitt. Er zeigt Szenarien für einige wichtige Branchen auf und beschreibt, welche Umwälzungen die vier geschilderten Entwicklungen auslösen können, wenn sie, wie zu erwarten, alle gemeinsam auftreten.

DIE SZENARIEN

»Vision ist die Kunst, das Unsichtbare
zu sehen.«

Jonathan Swift, Schriftsteller

Wir leben in Zeiten, in denen sogar Science-Fiction-Autoren Schwierigkeiten haben, mit der Entwicklung Schritt zu halten. »Früher handelte Science-Fiction von der Zeit in 40 Jahren, heute koexistiert die Zukunft mit der Gegenwart«, sagt mir der kanadische Kultschriftsteller Douglas Coupland *(Generation X)* bei einer Konferenz in Berlin. Damit wird er wohl recht behalten. Exponentielle Fortschritte der Wissenschaften machen Vorhersagen noch schwerer als bisher. Dabei waren Prognosen schon immer ein Quell peinlicher Fehlscheinschätzungen. Charles H. Duell, Bevollmächtigter des amerikanischen Patentamts, meinte 1899: »Alles, was erfunden werden kann, ist bereits erfunden worden.« Die *New York Times* befand 1903, dass die Entwicklung von Fluggeräten Zeitverschwendung sei, weil sie nie funktionieren würden, und kanzelte 1920 Raumfahrtexperimente ab, weil sich Raketen im Vakuum des Weltalls nicht fortbewegen könnten. IBM-Gründer Thomas Watson stellte 1943 fest: »Ich denke, es gibt einen Weltmarkt für vielleicht fünf Computer.« McKinsey sagte im Jahr 1982 voraus, dass im Jahr 2000 rund 900 000 Handys verkauft werden würden. Tatsächlich waren es dann 750 Millionen. Lauter Niederlagen der Voraussicht. Allerdings gibt es Methoden, die Qualität von Vorhersagen zu verbessern. Michio Kaku (*Die Physik der Zukunft*) glaubt, dass Prognosen genauer ausfallen können, wenn sie nicht auf Spekulation, sondern auf Recherchen bei Fachleuten beruhen. Daran habe ich mich hier gehalten. Keine der folgenden Ideen stammt von mir. Gesammelt habe ich Vorschläge, die öffentlich diskutiert oder in Laboren erforscht werden. Aufnehmen konnte ich nur einen Bruchteil der Projekte, von denen ich gehört oder gelesen habe. Gearbeitet wird an weitaus mehr. Aussortiert habe ich Vorschläge, die nicht finanzierbar scheinen oder unplausibel sind. Am ausführlichsten beschreibe ich die Autobranche, weil sie der mit Abstand wichtigste Erwerbszweig des Landes ist. Über andere Branchen ließe sich ebenso viel sagen, wenn nicht der Platz beschränkt wäre. Als maximalen Zeithorizont habe ich 20 Jahre gewählt. Viele der geschilderten Entwicklungen werden deutlich früher eintreten, beispielsweise der flächendeckende Einsatz selbstfahrender Autos. Ich beschreibe die Trends so, als seien sie schon Wirklichkeit, auch wenn sie es noch nicht sind. Und ich folge der Einschätzung der befragten Fachleute, dass sich alle vier Trends, die ich im letzten Abschnitt geschildert habe, mehr oder minder zeitgleich entfalten werden.

Alles kann ganz anders kommen als hier geschildert, und ist deswegen mit Vorsicht zu genießen. Genauso wenig auszuschließen aber ist, dass vieles mehr oder weniger genau so eintritt, wie es hier beschrieben wird. Jules Verne wäre überrascht gewesen, wenn er Paris im Jahr 1963 hätte sehen können, glaubt Michio Kaku. In seinem Roman *Paris im 20. Jahrhundert* hatte Verne auffallend genau vorhergesagt, wie seine Heimatstadt 100 Jahre später aussehen würde: verglaste Wolkenkratzer, Klimaanlagen, Fernseher, Aufzüge, Hochgeschwindigkeitszüge, Benzinautos, Faxmaschinen und Kommunikationsnetze. All dies war 1863 unvorstellbar und 1963 Wirklichkeit. Auf die Ideen gekommen war Jules Verne, weil er das Wissen von Fachleuten unterschiedlicher Gebiete angezapft hatte. Bei allem, was wir auf den folgenden Seiten lesen, sollten wir im Kopf behalten, dass die heutigen Branchen immer weiter zusammenwachsen werden. Mobilität, Kommunikation und gemeinsame Geschäftsmodelle bringen sie enger zueinander. Die hier gewählte Aufteilung nach Wirtschaftszweigen könnte sich also schon bald als obsolet erweisen.

Automobil

Der größte Teil der Wertschöpfung entsteht nicht mehr durch den Verkauf der Autos, sondern durch elektronische Leistungen, die innerhalb und außerhalb des Wagens erbracht werden. Das Auto lenkt sich selbst, außer für die, die zwischendurch zum Spaß selbst steuern möchten oder in Notsituationen eingreifen müssen. Tödliche Unfälle durch Algorithmenfehler wie einst bei Tesla gehören der Vergangenheit an. Der Übergang vom manuellen zum selbstfahrenden Auto erfolgt in kleinen Schritten. Auf dem Weg zum völlig autonomen Auto helfen immer neue Assistenzsysteme, Fehler zu vermeiden. Sie greifen ein, bevor es zu spät ist, bleiben sonst aber im Hintergrund. Eine Kamera beobachtet die Augen des Fahrers. Schläft er ein, weckt ihn der Wagen. Reagiert der Fahrer nicht, steuert die Automatik den Wagen sicher zum nächsten Parkplatz. Mit jedem neuen Kollisionswarner, Toter-Winkel-Überwacher, Bremsassistenten, Spurhalter, Einparkbutler und Parkplatzsucher wird der Wagen selbstständiger. Schritt für Schritt entsteht Unabhängigkeit vom Menschen. Je sicherer Autos werden, desto niedriger fällt ihre Versicherungsprämie aus. Manuell gesteuerte Autos zahlen höhere Prämien wegen des höheren Unfallrisikos. Zudem werden sie höher besteuert und Zug um Zug im öffentlichen Raum verboten. Ähnlich wie Zigaretten bedrohen sie die allgemeine Sicherheit. Verbrennungsmotoren sind aus den Großstädten verbannt; kleinere Gemeinden ziehen Zug um Zug nach. Elektrische Autos beherrschen den Markt; Diesel und Benziner bilden eine kleine, lukrative Nische der Freizeit- und Spaßgefährte. Moderne Autos stoßen nicht nur keine Schadstoffe mehr aus, sondern reinigen die Luft. Umweltschützer fahren Auto, weil sie damit einen höheren Klimabeitrag leisten als mit dem Fahrrad. Der Fahrzeugpark lässt einen alten Traum der Grünen in Erfüllung gehen. Supercharger an den Autobahnen laden die Batterien in weniger als zehn Minuten auf. Das Laden ist kostenlos. In Städten tanken Autos an Steckdosen, über Induktionsschleifen oder mithilfe von umherrollenden Laderobotern.

Autos stehen anonymisiert untereinander und mit Zentralrechnern im Kontakt. Sensoren tauschen Daten zwischen den Verkehrsteilnehmern aus. Eingebunden in das Netzwerk sind auch die Straßen, die ihren eigenen Zustand messen, verwalten und optimieren. Staus verschwinden. Echtzeit-Aquaplaning-, Nebel- und Eiskarten, in der Auflösung auf wenige Zentimeter genau, warnen vor Gefahren. Kameras beobachten die Straßen und melden Besonderheiten ins Netz. Verkehrsschilder, die neu aufgestellt werden, fallen vorbeifahrenden Autos auf und gehen als Information weiter an alle anderen Verkehrsteilnehmer. Straßenmeistereien bekommen Schlaglöcher von den Sensoren der Stoßdämpfer gemeldet. Wetterdaten fließen an die Landwirtschaft, die mithilfe der Millionen rollenden Sensoren Dünge- und Ernteoptimierung betreibt. Flüchtende Verbrecher werden von Autos geortet und Verkehrsverstöße von fahrenden Kameras dokumentiert. Auch Straftaten wie Diebstähle und Einbrüche, die in Sichtweite von Autokameras stattfinden, fallen dem Auge des Gesetzes auf. Nach Richterbeschluss können Polizei und Staatsanwälte auf die Bilder zugreifen. Bis dahin bleiben die Daten geschützt. Potenzielle Fahrraddiebe wissen, dass irgendeine Autokamera immer in der Nähe ist. Das schreckt viele von der Tat ab. Gesundheitsämter beobachten Grippewellen durch anonymisierte Fiebermessung per Infrarotkameras aus Autos heraus. Street View wird im Sekundentakt aktualisiert; Straßen und Häuser erscheinen fast live im Netz. Der Verkehr rollt je nach Auslastung unterschiedlich schnell, kommt aber nicht zum Erliegen. Ampeln verschwinden, weil sie durch die direkte Kommunikation der Autos überflüssig werden. Fußgänger, Rad- und Motorradfahrer nehmen per Smartphone an den Steuerungssystemen teil.

Längst nicht alle Autos stammen aus großen Fabriken. Viele werden in lokalen Mini-Werken ausgedruckt und montiert, um schnell auf Änderungen des Kundenverhaltens zu reagieren. Der 3D-Druck macht große Sprünge vorwärts. Sogar einige Flugzeuge werden gedruckt. Die Zahl der Komponenten von Standardautos sinkt auf einige Dutzend. Die rund 150 unterschiedlichen Bordcomputer, die 2016 in einem Auto verbaut waren, weichen einem Zentralcomputer mit offener Programmarchitektur. Zur Sicherheit spiegelt ein zweiter Computer den ersten Rechner – Redundanz zur Risikominimierung wie im Flugzeug. Sicherheitsrelevante Funktionen sitzen hinter einer Firewall, um sie vor Hackern zu schützen. Hersteller schotten ihre Kernfunktionen so gut wie möglich ab. Trotzdem probieren sich Hacker an Angriffen aus. Terroristen versuchen, alle Autos auf Knopfdruck links in den Gegenverkehr abbiegen zu lassen. Anschläge wie 9/11 könnten nicht nur in Flugzeugen, sondern mit der Autoflotte stattfinden. Alles, was nicht Bremse, Gas oder Lenken ist, wird für Apps von außen geöffnet. Software wird regelmäßig von außen aktualisiert wie bei Smartphones. Features können aus- und abgeschaltet werden. Man kann sie kostenlos für eine Woche ausprobieren. Etwa hochauflösende Laserscheinwerfer, die Zebrastreifen vor das Auto auf die Straße zeichnen lassen, wenn man einem Fußgänger Vortritt gewähren möchte. Nach der Probewoche kostet das Feature eine kleine Gebühr im Abonnement. Schalter und Knöpfe sind durch Gestensteuerung abgelöst. Autos organisieren ihre Wartung selbst. Sie ersteigern Reifenwechsel, Wartung und Reinigung auf Plattformen, bewegen sich selbsttätig zu den Werkstätten und kommen fertig wieder zurück. Ihre Abwesenheit stimmen sie automatisch auf den Kalender des Nutzers ab, sodass ihr Fehlen nicht auffällt. Parken geschieht von allein. Im halbautomatischen Betrieb setzt sich der Wagen selbsttätig in eine Lücke, die er auf einer Plattform ausfindig gemacht hat; Parkplatzsuchen entfällt. Im vollautomatischen Betrieb steigt der Nutzer vor seinem Ziel aus, und der Wagen organisiert seinen eigenen Verbleib, bis er wieder gebraucht wird. Schon vor dem Antritt einer Fahrt rechnen Algorithmen aus dem typischen Verhalten hoch, wann der »Fahrer« ins Auto steigt und wohin die Fahrt geht. Der Algorithmus bezieht Verhaltensschwankungen je nach Wochentag, Monat, Jahreszeit, Uhrzeit, Wetter, Kalendereinträgen, Telefonaten, E-Mails und sonstigen Textnachrichten mit ein.

Anhand der Zielprognose oder durch Eingabe eines Ziels auf dem Smartphone zeigt das Handy Mobilitäts-Optionen an. Wer ein eigenes Auto besitzt – eine Minderheit, denn es kostet mehr Geld und macht mehr Mühe –, dessen Wagen rollt an, sofern er dies wünscht. Sonst erscheinen Angebote von Carsharing-Firmen, die entweder kommerzielle Fahrzeuge anbieten oder Privatwagen, die gerade frei sind. Sortiert sind die Angebote wahlweise nach Entfernung des Fahrzeugs, Ausstattung des Gefährts, Bewertung früherer Nutzer oder Preis. Feste oder staatlich regulierte Preise wie früher beim Taxi gibt es nicht. Der Preis bildet sich immer dynamisch am Markt. Auch höhere Preise akzeptiert das Publikum, wenn damit genügend Kapazität auch zu Stoßzeiten zur Verfügung steht. Zur Wahl stehen individueller Transport und Beförderung in Vehikeln unterschiedlicher Größenklassen, vom Zweisitzer bis zum Bus, je nach Wunsch entweder mit Leuten, die man kennt, oder mit Fremden. Fahrende Wohn- und Hotelzimmer ermöglichen luxuriösen Transport zum Geschäftstermin. Die Wartezeiten betragen nur wenige Minuten, da die Fahrzeugflotte dort parat steht, wo die Nachfrage in der nächsten Zeit am höchsten sein wird. Autos fahren ihren Kunden hinterher, bevor die überhaupt wissen, dass sie gleich ein Auto benötigen werden. Die Flotte verlegt sich teilweise auch in andere Städte. Der Wagen ist zu Beginn der Reise optimal temperiert, um während der Fahrt Batterie zu sparen. Aufgeschlossen wird das Auto per Fingerabdruck, Nano-Chip unter der Haut, mit der Stimme oder einer unverwechselbaren Geste.

Mit erfolgreicher Identifikation wandern persönliche Konfigurationen inklusive Musik, Filme und Daten, an denen man gerade arbeitet, in das Auto, auch wenn man es sich nur leiht. Alle Einstellungen begleiten den Kunden auf allen Fahrten. Ganz gleich, welches Auto er benutzt, es scheint ihm immer so, als wäre es sein eigenes. Vor dem Losrollen ist eine kostenlose Route voreingestellt, es sei denn, man wählt einen Gruppentransporter, der feste Routen abfährt. Die Standardstrecke führt vergleichsweise langsam zum Ziel. Wer Aufgeld bezahlt oder Werbung akzeptiert, erhält einen schnelleren Kurs. Je schneller, desto teurer. Umentscheiden während der Fahrt ist möglich. Was früher das Gasgeben auf der Überholspur war – bezahlt durch höheren Spritverbrauch –, ist jetzt der Erwerb einer Vorzugsroute. Ausgewählt werden Routen auch nach anderen Kriterien: Qualität der Außenluft, geringer Pollenflug, maßvolle Außengeräusche, wenig Baustellen, gute Aussicht, Wetter oder interessante Sehenswürdigkeiten. Ausgedrückt wird die gesundheitliche Qualität der Route in gewonnener Lebenszeit nach Minuten und gefühltes Energielevel des Fahrgastes durch vermiedene Scherereien während der Reise.

Persönliche Konten registrieren alle verkehrsbezogenen Daten und zeigen sie im gewünschten Umfeld an: auf der Armbanduhr, im Display des Autos, auf der Frontseite des Kühlschranks beim Frühstück oder während des Waschens im Spiegel des Badezimmers. Digitale Fahrtenbücher und automatische Buchhalter sammeln Belege für Dienstreisenabrechnung und Steuer. Autos sind in Flotten organisiert. In Betrieb gehalten werden die Flotten von Transportdienstleistern, denen die Autos gehören oder die sie von Leasing-Firmen gemietet haben. Wer selber ein Auto besitzt, kann sich einer virtuellen Flotte anschließen, um Nachfragemacht zu bündeln und sein Auto während des Urlaubs oder zu anderen ungenutzten Zeiten zu vermieten. Die Flotten sind mächtig und geben Autoherstellern die Preise vor.

Werbung erscheint auf den Anzeigen im Auto und auf elektronischen Plakatwänden entlang der Route. Sie ist personalisiert auf den jeweiligen Fahrer ausgerichtet und erscheint meist in bewegten Bildern. Plakate verändern ihr Motiv je nach vorbeirollendem Fahrgast. Routen werden von Werbekunden ersteigert und führen an Einkaufsgelegenheiten vorbei, auf die während der Fahrt zum geeigneten Zeitpunkt mit personalisierten Botschaften aufmerksam gemacht wird. Werbefreiheit in Routenführung und angezeigten Botschaften lässt sich gegen Aufpreis erwerben. Trotzdem sind werbeintensive Routen bei einigen Zielgruppen populär – Schülern, Studenten, einkommensschwächeren Schichten –, weil sie das Reisen fast kostenlos machen und weil kreativ gestaltete Werbung ein beliebtes Gesprächsthema ist. Autos werden je nach Geschmack kostenlos oder gegen Gebühren genutzt. Je höher der Luxus, desto höher der Preis. Der Wagen kennt Preise und Angebote aller Geschäfte, Fußballstadien, Eislaufbahnen, Theater und sonstigen Einrichtungen, bei denen man Geld ausgeben kann. »Wir holen jetzt das Grillfleisch für heute Abend« wird im Auto ausgesprochen, und schon präsentiert der Wagen die infrage kommenden Geschäfte oder steuert den Lieblingsladen direkt an. Der Wagen fährt alle Stationen eines Einkaufs automatisch ab, sobald man die Schnittstelle zur Füllstandkontrolle des Kühlschranks freischaltet und sich die Waren nicht liefern lässt. Die meisten Besorgungen erledigt das Auto von allein. Ladenbesitzer heben die vorbestellte Ware auf die Rücksitze, sobald der Wagen ihrem Smartphone ein Signal gibt, dass er jetzt da ist. Gern nimmt das Auto auch sonstige Lieferungen entgegen. Automatische Kurierfahrzeuge von Amazon koppeln sich während der Fahrt kurz an und schieben Pakete über eine Ladebrücke herüber. Jugendliche sind begeisterte Nutzer von Autos, seitdem Führerscheine unnötig geworden sind. Siebenjährige fahren allein zur Schule. Tennis- und Fußballshuttles der Eltern gibt es nur noch, wenn Mutter und Vater wirklich beim Spiel dabei sein möchten.

Im Auto sorgt ein Entertainmentsystem für Ablenkung und Unterhaltung. Standardausstattungen bieten große, hochauflösende Schirme für Fahrer, Beifahrer und die Rücksitze an. Bildschirme oder Lautsprecher, die früher viel Geld kosteten, werden jetzt verschenkt. Sie finanzieren sich über den Verkauf von Leistungen im Abo und nicht mehr über den Verkauf der Hardware. Auch große Plasmaschirme gibt es kostenlos, damit man umso öfter Filme darauf anschaut – gegen Provision für den Hersteller. Bildaktive Scheiben ersetzen nach und nach die Bildschirme. Hologramme halten Einzug in den Innenraum. Vorbeigleitende Landschaften werden durch Augmented Reality kommentiert. Kinder fangen virtuelle Pokemons und andere digitale Gegenstände. Stereo Surround ist auf das optimale Klangerlebnis ausgerichtet – ideal für den Genuss von Spielfilmen oder für Entspannungsmomente in einem virtuellen Wald oder auf einer Sommerwiese. In der Mittelkonsole liegen Virtual-Reality-Brillen, um die Filme oder den programmierten Wald bei Bedarf in 3D zu erleben. Netflix, Spotify, Apple Music und alle anderen Streamingdienste stehen in höchster Auflösung und störungsfrei bereit. Der Markt für Downloads ist fast zum Erliegen gekommen. Streaming-Abos werden im Car-Konfigurator mit angeboten. Auf den Bildschirmen des Autos erscheinen alle persönlichen Apps des Nutzers. Die besten Plätze sind mit Apps belegt, die der Plattformbetreiber auswählt. Wer mit seinem Produkt dort erscheinen will, muss zahlen. Aktuelle Nachrichten fließen als Text, Foto, Audios und Videos direkt ins Auto. Aggregatoren stellen den Nachrichtenstrom nach den Vorlieben des Nutzers zusammen.

Gegen Aufpreis filmt eine fahrzeugeigene Drohne den Familienausflug oder die schnittige Fahrt auf der Küstenstraße von oben. Das Bild wird live im Auto angezeigt und auf Wunsch in sozialen Netzwerken gepostet. Videospiele stehen in der jeweils neuesten Fassung zur Verfügung. Jedes Auto führt sein eigenes Pflegeheft und fährt regelmäßig durch Scanner, um seinen Zustand erfassen zu lassen. Der aktuelle Marktpreis wird im Tacho angezeigt. Automatische Systeme zur Optimierung des Gewinns informieren den Eigentümer, ob ein Abstoßen des Fahrzeugs jetzt lohnt oder man es doch noch länger behält.

Banken

Das früher unter dem Namen *Bank* bekannte Leistungsbündel steht vor dem endgültigen Zerfall. An seine Stelle treten Einzelleistungen, die unter anderen Namen firmieren. Kinder runzeln die Stirn, wenn ihre Eltern »Bank« sagen. Sie haben keine Vorstellungen mehr von diesem Begriff. Dafür beherrschen sie viele neue Wörter für neue Dienste. Überweisungen am Bankschalter oder am Personal Computer sind in Vergessenheit geraten. Für eine Zeit lang waren Smartphones die wichtigsten Träger des Zahlungsverkehrs. Sie wurden abgelöst durch Bezahl-Chips, die überall verteilt sind. Sie stecken in Kleidung, Ringen, Uhren, Brillen, Kontaktlinsen, Stiften, Schreibtischen, Zahnbürsten, Kühlschränken, Autos, Fahrrädern, Einkaufswagen, Regalen, Coffee-Shop-Tresen, Bierdeckeln oder Telefonen – überall dort, wo ein Konsumwunsch artikuliert wird. Jeder Chip ist von beliebig vielen Menschen nutzbar. Er erkennt sie an biometrischen Eigenschaften. Aus den Gesten der Kunden liest der Chip rechtsverbindliche Willenserklärungen heraus. Zweimal Streichen über die Zahlbürste bedeutet: Bestellen und Bezahlen von zwei Tuben Zahnpasta. Wischen über den Griff des Einkaufswagens heißt: alle Waren, die jetzt im Korb liegen, bezahlen ohne Umweg über eine Kasse. Über die Schwelle eines Kinosaals treten, ganz ohne Ticket, heißt: Eintritt entrichten. Aus dem Parkhaus fahren heißt: zahlen, ebenso wie das Steigen in den Bus oder die U-Bahn. Kassenautomaten verschwinden. Zahlung mit Bargeld erregt Verdacht auf Geldwäsche. Für das Durchführen von Zahlungen ist keine Banklizenz mehr erforderlich. Blockchain-Technologie organisiert den Zahlungsverkehr dezentral. Viele Anbieter wetteifern um die bequemste und sicherste Lösung. Sie locken Kunden durch Zusatzleistungen wie automatische Kassenbücher an, die Menschen helfen, ihre Ausgaben im Griff zu behalten und Geld zu sparen. Die Kosten der Zahlungen sinken ständig. Mikro-Überweisungen für kleine Dienste boomen. Supermarktkunden tragen Taschen für Online-Kunden zum wartenden Roboter-Kurierauto und bekommen dafür einen Euro. Spaziergänger stellen Pizza für zwei Euro zu. Pendler verkaufen zwei Minuten fest gebuchte Reisezeit ihrer vorgewählten Route für drei Euro, um dem intelligenten Nahverkehr bei Platzregen zu helfen, den plötzlichen Andrang zu bewältigen. Arbeitgeber überweisen kein Gehalt mehr an eine Bank, sondern schreiben Arbeitnehmern den Betrag auf einem internen Konto gut. Alle Leistungen von Bäcker, Metzger, Supermarkt, Fluglinie oder Hotel werden angeschrieben. Gutschriften und Sollschriften werden einmal im Monat saldiert. Nur die Saldi werden danach durch Überweisung ausgeglichen.

Mit dem größten Teil des Geldverkehrs haben Banken nichts mehr zu tun. Damit jeder jederzeit weiß, wie viel Geld er besitzt, surfen Aggregatoren die Milliarden Soll- und Habenkonten ab und zeigen dem Nutzer jederzeit seine persönliche Summe an. Es gibt zwar Zahlungsausfälle, doch sie werden durch intelligente Preisgestaltung wettgemacht. Je höher das Risiko, desto höher der Preis. Gute Zahlungsmoral wird belohnt. Wer seinen Kunden feste Preise anbieten möchte – ob MediaMarkt oder der Bäcker um die Ecke –, kann sich entscheiden, das Ausfallrisiko selbst zu tragen oder sich für kleines Geld auf einer Plattform für Risiko-Sharing zu versichern. Früher haben Banken und Kreditkarten dieses Risiko getragen. Die Kosten dafür haben sie auf alle Kunden umgelegt, auch auf die ehrlichen. Weil es sich nicht wirklich lohnte, ehrlich zu sein, war die Zahlungsmoral schlechter. Durch höhere Zahlungsbereitschaft und bessere Risikoanalyse von Abertausenden Risikofaktoren ist das neue System besser und billiger als früher das System der Banken.

Konsumentenkredite für Möbel, Fernseher, Autos oder andere Gebrauchsgüter kommen größtenteils über Plattformen, auf denen Menschen untereinander Geld leihen und verleihen. Ausfallquoten und Zinsen liegen unter denen der Banken. Big Data macht Risiken transparenter und weist ihnen faire Marktpreise zu. Dispokredite und geduldete Überziehungskredite mit Zinssätzen von 10 Prozentpunkten über dem Leitzins oder sogar mehr gehören der Vergangenheit an. Wer für ein paar Wochen oder Monate mehr Geld benötigt und jederzeit tilgen können möchte, meldet seinen Bedarf auf einer Plattform an. Ein Algorithmus bildet Risikogruppen und minimiert Ausfallrisiken. Anleger schießen Geld in Risikogruppen, die sie selbst auswählen. Algorithmen halten genau fest, wann der Kreditkunde seine Raten bezahlt. Jede Abweichung deutet auf Probleme hin. Die Plattform greift nicht sofort hart durch und schickt nicht gleich Anwälte, sondern kennt die statistisch besten Wege, Menschen geschickt zur Wiederaufnahme der Ratenzahlungen zu motivieren. Auch Devisengeschäfte laufen ohne Banken. Plattformen bündeln alle Aufträge, gleichen unterschiedliche Währungen so gut wie möglich im System aus und kaufen Devisen nur für die nicht gedeckten Saldi ein. Anlageberatung wandert größtenteils ins Netz ab. Man stellt sie gern auf Autopilot und lässt datengetriebenes Zinsmanagement die besten Ergebnisse erwirtschaften. Oder man greift hin und wieder ein, um Anlagesumme, Risikoappetit und Laufzeit nachzujustieren. Den traditionellen Geldhäusern bleibt nur ein Teil des Beratungsgeschäfts von Privatkunden sowie Teile des Investmentbankings übrig. Beraten lassen sich nur noch Leute mit ausgeprägter Abneigung gegen das Netz oder weil sie gegen Aufpreis unbedingt mit Menschen sprechen wollen. Dies ist zwar eine Minderheit, doch das Geschäft mit ihr kann lukrativ sein. Im Investmentbanking bleiben den traditionellen Banken nur noch komplizierte Transaktionen vorbehalten wie das Finanzieren großer Geschäfte, das Kaufen und Verkaufen von Firmen, die Börsenplatzierung oder die Kurspflege von Aktien. Doch auch hieran nagen Disruptoren. So weit es eben geht, standardisieren sie Transaktionen und stellen sie dann auf Plattformen ins Netz.

Versicherungen

Disruptiven Plattformen gelingt es, besseren Schutz vor Risiken zu einem geringeren Preis anzubieten. Dazu setzen sie Big-Data-Analyse ein. Die Daten kommen von stationären Sensoren und beweglichen Sonden auf den Straßen und in der Luft. Versicherungsbetrug gehört weitgehend der Vergangenheit an. Sensoren in Smartphones und Laptops melden, ob sie absichtlich zertrümmert oder versenkt worden sind. Autos wissen, ob ein Fremder den Spiegel abgebrochen oder der Fahrer beim Einparken einen Laternenpfahl gestreift hat. Motorräder schreiben mit, wenn sie umkippen. Bei der Wahl von Fahrrouten im Auto erscheint die Risikobewertung in Form von Farben: Rot für Unfall-Hotspots, Grün für geringe Gefahr. In roten Zonen zu fahren, treibt die Versicherungskosten nach oben, Reisen durch grüne Zonen senkt sie ab. Glaslampen im Wohnzimmer geben durch, ob sie vom Abendgast oder von der eigenen Tochter vom Podest gestoßen wurden. Das führt dazu, dass es sich nicht mehr lohnt, unehrlich zu sein. Monatliche Versicherungsprämien kommen aus der Mode. Plattformen bilden virtuelle Schutzgemeinschaften, deren Größe und Zusammensetzung der Kunde selbst auswählt. Je kleiner die Gruppe, desto höher das Risiko, aber desto geringer ist auch die monatliche Grundlast, und umgekehrt. Je ehrlicher man ist und je weniger Gefahrenpunkte die Verhaltensanalyse feststellt, desto schadensvermeidender ist die Zusammensetzung der Gruppe, der man beitreten darf. Je mehr man von sich selbst preisgibt, desto geringer fallen die Prämien aus. Wer die Option »Schadenskontrolle« bei seinem Eigentum ausschaltet, zahlt höhere Prämien. Wer alle Daten seines Smartphones und aller anderen Sensoren freischaltet, kommt am billigsten davon.

Wie Stromanbieter werben Versicherungsplattformen mit niedrigeren Preisen und mehr Transparenz. Tarife brauchen sie nicht zu bewerben, da es sie nicht mehr gibt. Vorauszahlung von Risiken ist passé. Gezahlt wird erst nach dem Schaden. Wer unangenehme Überraschungen nicht mag, kauft auf einer anderen Plattform eine Risiko-Decke – dann liegt die Obergrenze unverrückbar fest, ganz gleich, was passiert. Jemand anderes, der etwas Risiko verdauen kann und damit Geld verdienen möchte, tritt für die Risiken ein. Das Risiko des Ausfalls einzelner Gläubiger oder ganzer Gruppen von Gläubigern handelt eine weitere Plattform. Alle Versicherungszweige funktionieren nach ähnlichem Muster. Ängste vor Überwachung des Gesundheitszustands sind weitgehend überwunden. Der Gesetzgeber garantiert eine auskömmliche Basis-Krankenpolice, der jeder beitreten kann. Jeder hat die Chance, bessere Konditionen beim Freischalten von Sensoren zu bekommen. Menschen fühlen sich durch das System nicht zum Joggen oder Nicht-Rauchen gezwungen, sondern denken umgekehrt: Wenn sie schon joggen und nicht rauchen (und ihre Sensoren dies zweifelsfrei belegen), dann möchten sie damit auch Geld sparen. Dreimal pro Woche zu joggen kommt billiger als zweimal. Armbänder melden nach fünf Kilometern nicht nur: »240 Aktivitätskalorien verbraucht«, sondern auch: »5,50 Euro Prämie gespart«. Fällt die Grippewelle milder aus als im Vorjahr, sackt die November-Rechnung nach unten. Lebensversicherungen als Geldanlage haben weitgehend ausgedient. Anlageplattformen bieten bessere Renditen. Risikolebensversicherungen werden von Plattformen angeboten, die Risiken abhängig vom Verhalten sortieren und Anlegern unterschiedliche Renditeklassen anbieten. Versicherte werden nicht ein für alle Mal in eine Sterbetafel einsortiert. Ihre Lebensprognose wird dynamisch errechnet. Vielen gilt sie als Gesellschaftsspiel. Auf Partys hört man: »Heute habe ich in einer einzigen Stunde 40 Minuten Lebenszeit herausgeholt. Treppenjoggen bringt cardiomäßig mehr als die flache Strecke.« Beherrscht wird der Markt nicht von Risikozeichnern, sondern von Risikovermittlern. Risikozeichner stehen am Ende einer langen Kette. Ihre Leistung gilt als primitiv im Vergleich zu den Algorithmen, die Risiken immer treffgenauer voraussagen, verringern und bepreisen.

Telekommunikation

Fernsehen, Telefon, SMS, Download, Streaming, Videokonferenz, Gaming, Musik, Filme und alle anderen Formen des Austauschs audiovisueller Daten sind miteinander verschmolzen. Kinder kennen den Unterschied dieser Formen nicht mehr. Um sich herum erleben sie nur Bildschirme in allen erdenklichen Größen. Fensterscheiben und Tapeten verwandeln sich auf Knopfdruck in Schauflächen. Auf ihnen läuft alles, was sie interessiert. Es sind ihre Fenster in die Welt. Der jeweilige Bildschirm sieht für den Nutzer immer und überall gleich aus. Profile folgen den Nutzern. Man zahlt Telekommunikations- und Entertainmentleistungen nach Nutzung oder schließt Abos ab. In Mode gekommen sind Meta-Abos, die Angebote verschiedener Anbieter bündeln und in individuell geschneiderten Paketen preiswert zugänglich machen. Bildschirme für die Kommunikation kann man in Form von Smartphones mit sich herumtragen, kann dies aber auch unterlassen. Überall gibt es Bildschirme, auf die man zugreifen kann. Betreiber von Kommunikationsnetzen haben den Kontakt zum Kunden weitgehend verloren. Sie wissen nicht, wen sie beliefern. Ihre Leistung ist so austauschbar wie Wasser, Gas und Strom; bei den meisten Vermietern ist sie im Mietpreis für die Immobilie bereits inbegriffen. Bandbreite für das Internet wird auf Plattformen gehandelt. Man kauft sie nach Bedarf ein und kann jederzeit wechseln. Die technische Infrastruktur – Glasfaserkabel, Schaltstellen – wird staatlich subventioniert, ähnlich wie Bahn und Autobahn, weil schnelle Netze eine wichtige Voraussetzung für Wirtschaftsansiedlung und Wohlstand sind. Ohne Subventionen wären die meisten Netzbetreiber zahlungsunfähig und könnten keine schnellen Netze bauen. Menschen kommunizieren nicht über *einen* Kanal wie früher über Festnetz oder Mobiltelefon, sondern über Dutzende. Für jede erdenkliche Situation gibt es passende Kanäle. Virtual Reality ist populär geworden zum Eintauchen in andere Welten: gemeinsam am Strand liegen, zusammen ins Theater gehen oder ein Spiel miteinander spielen, ohne gleichzeitig vor Ort zu sein. Kleinst-Mikrofone und Nano-Lautsprecher in der Kleidung erlauben das Sprechen, ohne ein Gerät in die Hand zu nehmen oder einen Ohrhörer einzusetzen. Bildschirme in der Nähe bauen einen Bildkontakt zum Gesprächspartner auf, wann immer gewünscht und möglich. Beim Gehen auf der Straße sieht man abwechselnd sein Spiegelbild in einer Glasscheibe eines Hauses und das Bild des Partners in einem Schirm – das schafft ein Gefühl von Nähe. Liebespaare schalten »Ich sehe, was du gerade siehst« frei. Beliebt ist, das Atmen des Partners neben sich zu hören. Ferngespräche stören den Tagesablauf nicht mehr. Sie werden eingeblendet, wenn es bei allen Beteiligten gerade passt. Der Kundendienst kommt immer weniger von Mitarbeitern des Telekommunikationsunternehmens, sondern mehr von Experten aus der Nachbarschaft, die etwas vom Thema verstehen und sich über Hilfs- und Dienstleistungsnetzwerke zusammenschalten.

Energie

Stromerzeugung und Netze wandeln sich von Einbahnstraßen zu Verkehrsadern, in denen jeder alles in alle Richtungen machen kann. Haushalte und Firmen verbrauchen und produzieren Strom. Sie tauschen und verkaufen Energie untereinander. Die einen verlegen sich auf Windkraft, die anderen auf Sonnenenergie, wieder andere aufs Speichern, manche produzieren gar nicht, sondern konsumieren nur. Traditionelle Stromversorger trennen Energieerzeugung vom Netzbetrieb. Die Sparten sind zu unterschiedlich, um sie unter einem Dach zu betreiben. Energiemanagement und -prognose boomt und bringt gute Margen, ebenso wie preisoptimierter Energiehandel und Nachfragebündelung. Kraftwerksbetrieb ist ein margenschwacher Lowtech-Sektor. Manche Versorger verkaufen all ihre Hardware und organisieren als Plattformbetreiber nur noch den Markt. Millionen dezentraler Zellen erzeugen Strom für präzise vorhergesagten Bedarf. Sensoren in Wohnhäusern und Büros messen Temperatur, Luftdruck und Feuchtigkeit; sie werten die Füllmenge des Kühlschranks genauso aus wie die Rückkehr der Familienmitglieder. Algorithmen kennen Urlaubszeiten, Konzertbesuche, Sporttermine und Wochenendausflüge. Kurzfristige Planänderungen fließen von Sensoren in Kleidung, Autos und Smartphones in die Berechnungen der Algorithmen mit ein. Granulare Daten aus Autos, von Drohnen und stationären Chips machen die Wettervorhersage immer präziser. Plattformen aggregieren die voraussichtliche Nachfrage von Häusern, Straßenzügen, Stadtteilen, Städten und Regionen. Kunden unterschreiben keine dauerhaften Verträge mehr. Algorithmen ersteigern die benötigten Energiepakete zum bestmöglichen Preis. Leistungsfähige Batteriespeicher gehören zur Standardausrüstung. Elektroautos verdienen beim Parken als Energiespeicher Geld. Zum Laden warten sie tiefe Plattformpreise ab. Maschinen finden das Optimum zwischen Versorgungssicherheit und Energiekosten. Intelligente Licht- und Gerätesteuerung schaltet den Verbrauch ab, wenn der Letzte den Raum verlässt.

Neue Preismodelle ziehen ein. Kunden legen sich ein 20-Grad-Heizungs-Abo zum Fixpreis zu, verbunden mit dem mittelhellen Licht-Paket. Um die Risiken kalter Winter, regnerischer Sommer oder dunkler November kümmern sich Plattformen. Dort kaufen Anleger Risiken ein, die andere Marktteilnehmer abgeben möchten. Energiepakete werden von Werbetreibenden mitfinanziert:

Man zahlt nur 30 Euro für Wärme und Licht für den ganzen Monat, wenn man mit seinem Elektroauto Stromkunde wird oder Werbung zwischen Netflix-Folgen zulässt. Je mehr Daten man freigibt, desto billiger wird die Energie, denn desto größere Planungssicherheit genießt der Versorger.

Wohnen

Der hoch regulierte Mietmarkt steht unter Druck. Vermieter suchen und finden Alternativen zum strengen Regime des Mietrechts. Sie wandern auf Sharing- und Teilnutzungsplattformen ab. Die Grenzen zwischen *Hotel* und *Wohnung* verschwimmen. Auch Mieter lösen sich vom traditionellen System. Ihnen ist es zu lästig, sich um alle Details selbst zu kümmern, zum Beispiel um Strom, Wasser, Gas und Internet. Plattformen nehmen Mietern mühsame Tätigkeiten ab. Anzeigen lauten etwa so: »3 Zimmer, 80 qm, 19 Grad, 100 Mbit, beleuchtet, Netflix, Spotify, Sonos, Upday-Newsservice, pauschal 1120 Euro. Gegen Aufschlag von 160 Euro täglich kündbar. Aufschlag für 21 Grad: 55 Euro. Wöchentlicher Obst- und Gemüsekorb von HelloFresh im Preis enthalten. Elektroscooter von eMio zu 25 Prozent Rabatt, Hoverboard-Abo gratis dabei.« Geschnürt werden die Pakete von Plattformen, ebenso wie die Risikoversicherungen gegen Wetter- und Verbrauchsschwankungen. Surfen durch eingerichtete Wohnungen liegt bei jungen urbanen Zielgruppen im Trend; eine feste Wohnung zu haben, gilt als spießig. Sensoren zeichnen Kaufströme, Verkehrswege und freies Haushaltseinkommen nach. Wohnungskonzerne, aber auch Plattformen bieten Handel und Verkehrsbetrieben gegen Geld genaue Karten der Kaufkraft an. Anonymisierte Daten füllen interaktive farbige Stadtkarten der Konsumgewohnheiten auf. Mieter besichtigen Wohnungen vorab in 3D. Immobilieninvestoren verteilen ihr Geld in präzise beschriebene Risiko- und Chancengruppen. Geld kann leicht in Immobilien geschoben und aus ihnen abgezogen werden. Anteile an

Wohnungen und Häusern lassen sich so leicht handeln wie Aktien. Aussichtsreiche Projekte finden schneller Geld. Auf Markttrends wird schneller reagiert. Branchenfremde Investoren steigen ein, um besseren Zugang zu interessanten Zielgruppen zu erhalten.

Entwürfe von Architekten werden lange vor Baubeginn zur öffentlichen Debatte gestellt. Interessenten, Nachbarn und andere Bürger wirken per Design Thinking beim Gestalten mit. Ausstattung und Einrichtung entstehen in einem gemeinschaftlichen Kreativprozess. Auf dem Markt für Büros sterben starre Strukturen aus. Mieter suchen Inspiration, Urbanität, Austausch und Flexibilität. Mit Firmen aus anderen Branchen und Künstlern zusammenzusitzen, wird zum Standard, Qualität von Essen und Kaffee im Gebäude zum wichtigen Wohlfühl-Faktor. Veranstaltungen beleben die Immobilie. Abends attraktiv zu sein und Leben anzuziehen, steigert den Wert. Arbeitsplätze mit Schreibtisch, Schrank und Aktenroller werden ersetzt durch Sofas, Wohnzimmer, Spielzimmer, Konferenzräume, Bars, Cafés und lange Tafeln, an denen man sich mit seinem Laptop niederlässt oder mit seiner Gruppe konferiert. Türschilder sind mangels fester Plätze passé, ebenso wie feste Hierarchien. Mehr und mehr Menschen verzichten auf einen Platz, weil sie ihn als einengend empfinden. Berichtslinien verschwinden genauso wie Eckbüros und Vorzimmer. Wechselnde Projektgruppen bestimmen das Arbeitsleben und die Räume, in denen sie sich aufhalten.

Handel

Immer größere Teile des Handels wandern ins Netz. Dem Präsenzhandel gelingt es trotzdem, erfolgreich Nischen zu besetzen. Je virtueller die Welt wird, desto größer die Sehnsucht nach sinnlichem Einkaufserlebnis. Überall dort, wo Einkaufen kalt und sachlich ist, gewinnt das Netz die Oberhand. Innenstädte versammeln eine Mischung aus Flagship-Stores, Läden für alles, was man sofort braucht, Reste-Rampen, Cafés und mit Leidenschaft geführte Boutiquen für Mode, Möbel, Bücher, Parfum und vieles andere mehr. Innenstädte erleben eine Renaissance als Orte der Begegnung, des sozialen Austauschs und des Unter-die-Leute-Gehens. Ihre Rolle als Hauptumschlagsplätze für Waren geben sie aber ab. Der größte Teil des Marktes findet im Netz statt. Algorithmen und vorausschauende Analysen erledigen die meisten Bestellungen. Sensoren in Haushaltsgeräten und auf Produkten melden den Füllstand, aggregieren die Nachfrage, ersteigern die Ware, schreiben den Transport aus und manövrieren die Einkäufe an den gespeicherten Wunschort. Meistens erledigen das Roboter. Zum Beispiel ins Gartenhäuschen, auf die Türschwelle, zum Nachbarn, an der roten Ampel ins eigene Auto, in die Abholstation auf dem Heimweg oder in die Concierge-Boxen in Mehrfamilienhäusern. Einkaufen für den täglichen Bedarf bedeutet, die angelieferten Kisten von der Türschwelle in die Küche zu tragen – bis zur Schwelle hat sie ein Treppenroboter gebracht. Bestellungen werden auf Bildschirmen in Büros, U-Bahn-Stationen, Zügen, in Autos und auf dem Bildschirm am Kühlschrank aufgegeben. Auf jedem Schirm leuchten individuell die Lieblingswaren sowie die Sonderangebote auf. Mit dem Finger von rechts nach links über den Erdbeerjoghurt zu streichen bedeutet: »Genug davon!« Haken auf das Bild zu malen heißt: »Okay, probieren wir.« Daumen und Zeigefinger wie auf der Foto-App zusammenziehen: »Weniger davon.« Daumen und Zeigefinger spreizen: »Mehr davon.« Tut man gar nichts, kommt automatisch so viel, wie man benötigt. Urlaubszeiten unterbrechen die Lieferung; Hinweis unnötig, denn der Urlaub steht im Kalender.

Das Netz bordet über vor buntem Angebot. Internationale und nationale Konzerne sind ebenso vertreten wie Start-ups und lokale Händler. Austauschbare Waren wie Markenartikel liegen in der Hand von Marktbeherrschern, die es durch Netzwerkeffekte auf monopolähnliche Größen gebracht haben. Neben ihnen floriert ein lukrativer Markt für Spezialisten, die dem Monopolisten durch Kreativität, Leidenschaft und Wärme Konkurrenz machen. Angewiesen sind auch diese Spezialisten auf Plattformen, weil sie

Traffic bringen, Zahlungen abwickeln und Waren zustellen. Einige Hersteller haben eine so unverwechselbare eigene Handschrift, dass die Kunden ihnen zuliebe den direkten Kontakt suchen. Diese Hersteller, so klein sie auch sind, drehen das Machtverhältnis zur Plattform um. Sie können sich aussuchen, mit wem sie handeln. Oft können sie Geld dafür verlangen, dass sie gelistet werden dürfen. Ihr Beispiel spricht sich herum und findet Nachahmer. Normale Key-Accounter haben kaum noch eine Chance, persönlich mit Plattformen zu sprechen. Nur noch die größten Hersteller genießen dieses Privileg und zahlen dafür Geld. Ausgenommen sind auch hier wieder die beliebten Spezialisten: Sie besitzen eigene Kontakte zu Kunden, sind auf die Plattformen nicht angewiesen und können die Konditionen festlegen, wenn sich jemand mit ihnen schmücken möchte. Alle anderen stellen ihre Angebote elektronisch in Plattformen ein und akzeptieren die Preisbildung durch computergesteuerte Auktionen.

Wer seine Kunden schnell beliefern können möchte, verfrachtet ausreichend Ware an die Lager der Plattformen, zahlt für deren Benutzung aber einen Mietpreis. Wer das nicht tut, erscheint beim Endkunden mit dem Hinweis, dass nicht sofort geliefert werden kann – nur eine Minderheit kauft dann trotzdem. Lieferung am selben Tag ist Standard. In Großstädten gilt beim Publikum alles über einer Stunde als Zumutung. Die meisten Menschen finden, dass Liefern nicht länger dauern darf als Tanken. 15 Minuten sind das Ideal. Punktgenaue Lieferung ist Pflicht. Man bestellt eine Weinflasche durch Aussprechen des Wunsches in den offenen Raum – die Order-Sensoren verstehen den Befehl. Man macht sich kurz einen Espresso, stellt sich auf den Balkon und schaut der Drohne beim Landen oder dem selbstfahrenden Lieferauto beim Stopp vor der Haustür zu. Eine neue Art von Verkehrsproblemen wird die Folge sein, denn die vielen Minifahrten verstopfen die Straßen.

Logistik

Mehr und mehr Lager wandern in die Städte. Sie werden kleiner, und der Abstand zum Endkunden schrumpft. Nur so lassen sich die kurzen Lieferzeiten bewerkstelligen. Die Belieferung von Ladengeschäften verliert an Bedeutung, die Lieferung an Endkunden nimmt zu. Beides sind unterschiedliche Fähigkeiten. Am erfolgreichsten sind Logistiker, die eigens für Lieferungen an den Endkunden gegründet wurden. Sie kennen die richtige Ansprache und wissen Bescheid über die komplizierten Details der Zustellung an private Adressen. In den vierten Stock eines Wohnhauses zu liefern, ist etwas anderes als das Abstellen von Paletten vor einem Discounter im Erdgeschoss. Plattformen schalten Lager zu virtuellen Hallen zusammen. Nicht jeder Artikel muss in jedem Lager liegen. Lager entwickeln Spezialitäten. Waren werden dort geparkt, wo die Algorithmen von Nachfrage-Aggregatoren den größten Bedarf vorhersagen. Jedes Lager verändert ständig sein Sortiment und seine Mindestmengen. Die Verweildauer im Lager fällt, die Effizienz des Umlaufvermögens steigt. Überbestände lösen im Lieferumkreis des Lagers Sonderaktionen bei den jeweiligen Zielgruppen aus. Wer Mango mag, findet ein Mango-Sonderangebot beim Espressotrinken am Flughafen kurz vor dem Abflug. Bevor man seine Wohnung erreicht, steht die Mango-Tüte auf der Fußmatte. Die Hauptschlagadern der Logistik bleiben die Straßen. Mit der Zeit verschwimmt die Systemgrenze zwischen Straße und Schiene. In puncto Sicherheit und Planbarkeit holen die Straßen auf. Der Hauptunterschied – das Selbstlenken – entfällt. Nicht nur Autos, sondern auch Züge, Flugzeuge und Lastwagen werden zunehmend automatisch gelenkt. Nicht mehr jeder Artikel nimmt seinen Weg über die Hauptstrecken. Punkt-zu-Punkt-Verbindungen gewinnen an Bedeutung. Regionale Hersteller schicken ihre Güter direkt in die Mini-Lager der Städte. Transport kostet immer weniger, seitdem Lastwagen keine Fahrer mehr benötigen. Dafür boomen für einige Zeit die Jobs der Warenpacker und Entpacker. Auch sie werden Zug um Zug durch Roboter ersetzt.

Viele Logistiker verkaufen ihre Hardware und organisieren nur noch den Prozess. Fahrzeuge sind meist nicht mehr im Besitz der Logistiker, sondern gehören Einzelpersonen und unabhängigen Flotten. Wertschöpfung, die früher von Logistikkonzernen erbracht wurde, findet jetzt in Netzwerken mit Hunderten von Parteien statt. Die meisten Mitarbeiter sind nicht beim ehemaligen Großlogistiker angestellt, sondern arbeiten für Partner im Netzwerk. Plattformen verbinden sie untereinander. Arbeit wird effizienter organisiert und verteilt. Dadurch sinkt die Zahl der Beschäftigten. Jedes Gut meldet seinem Empfänger Ort und Ankunftszeit. Kühlcontainer auf hoher See werden in Echtzeit von außen reguliert. Supermarktmanager stellen die Farbe bestellter Bananen, die übernächste Woche im Laden liegen, selbstständig ein, während diese noch über den Atlantik fahren.

Gesundheit

Unzählige Sensoren überwachen den Körper – auf ausdrücklichen Wunsch des Nutzers. Elektronische Selbstbeobachtung macht Spaß, verringert Gesundheitsrisiken und hilft, Krankheiten früh zu erkennen. Routinebesuche beim Arzt verlieren an Bedeutung. Wenn die App nichts meldet, muss auch niemand zum Arzt. Das entlastet die Praxen und schafft Zeit für Wichtigeres. Hausärzte begleiten ihren Patientenstamm virtuell. Auffälligkeiten erscheinen sofort auf ihrem Bildschirm. Der schnelle Blick des Fachmanns auf die Daten erlaubt ein Urteil, ob das Einladen oder Besuchen des Patienten geboten ist oder nicht. Big Data liefert wichtige Ergänzungsinformationen: Wie nimmt sich das Datenbild des Einzelnen derzeit im Vergleich zur Gesamtbevölkerung und zur jeweiligen Fallgruppe aus? Echtzeit-Analysen zeigen die Abweichung von der gerade eben gemessenen Norm, die nach Tages- und Jahreszeit schwankt. Beim Eintreffen des Patienten beschränkt sich der Arzt auf Diagnosemethoden, die noch nicht in Sensoren integriert sind. Ultraschall von Prostata und Halsschlagader werden überflüssig, weil Nano-Sonden den Zustand direkt aus dem Körper melden. Der Datensatz des Patienten wandert virtuell mit ihm durch das Gesundheitssystem. Wer es wünscht, sieht Statistiken zur Verlaufsprognose und schriftliche Beschreibungen seines Krankheitsbildes im Netz. Wer schlechten Nachrichten ausweicht, darf dies tun, weiß aber, dass die Ärzte alle verfügbaren Vergleichsdaten und Therapie-Analysen zur Verfügung haben. Das Einholen zweiter Meinungen ist leicht. Plattformen weisen die Besten ihres Fachs aus. Man bucht ihre virtuelle Sprechstunde, schaltet seinen Datensatz frei und hört, was der Spezialist über die empfohlene Therapie denkt. Wird eine Operation notwendig, zeigen mehrdimensionale Karten, welche Kliniken und Operateure die höchste Erfolgsquote haben. Standardoperationen sind standardisiert.

Detaillierte Anleitungen zeigen dem Chirurgen im OP, welche Handgriffe er ausführen muss. Die Prozeduren sind auf das Sicherheitsniveau von Fluglinien gebracht. Fehler durch Unwissen, Vergesslichkeit oder Unachtsamkeit nehmen ab. Präzise Protokolle jedes Handgriffs wie in der Autoindustrie ordnen Verantwortung klar zu, erhöhen die handwerklichen Standards und erlauben bessere Forensik, wenn trotzdem etwas schiefgeht. Patienten können sich für Tele-OPs entscheiden. Die besten Spezialisten operieren aus der Ferne; Operationsroboter führen ihre Handgriffe vor Ort aus. Krankenhäuser stehen über Plattformen im ständigen Effizienz- und Kostenvergleich. Hohe Transparenz hilft ihnen, Spezialisierungen weiterzuentwickeln. Die Wirksamkeit von Medikamenten wird durch Körpersensoren in Echtzeit überprüft und steht anonymisiert allen Patienten zur Verfügung. Ob ein neues Parkinson-Pflaster gegen den Tremor hilft, messen Zitter-Sensoren an den Körpern einer großen Gruppe von Probanden. Pharmazeuten sehen live am Bildschirm, wie es den Anwendern des Wirkstoffs gerade geht. Zulassungsverfahren neuer Medikamente stehen unter ständiger Kontrolle von Echtzeit-Überprüfung großer Fallzahlen. Diagnostizierte Aufnahmen, Laborberichte und Messwerte fließen anonymisiert der Analyse durch Künstliche Intelligenz zu. Der Datenschatz verfeinert automatische Diagnose immer mehr. Computer im Behandlungszimmer unterbreiten dem Arzt Vorschläge zu Diagnose und Behandlung. Patienten lassen selbst gemachte Bilder von Symptomen einer automatischen Erstprüfung unterziehen. Menschen in Armutsregionen kommen per Computeranalysen in den Genuss des besten medizinischen Wissens der Welt. Früherkennung gewinnt an Qualität und Bedeutung, weil Maschinen mehr Details entdecken als Menschen. Viele Krankheiten werden erkannt, bevor die Patienten erste Symptome an sich feststellen. Badezimmerspiegel scannen jeden Morgen Temperatur, Gesichtsfarbe, Pupillendurchmesser, Blutdruck, Augendruck und viele andere Parameter. Anhand statistischer Relationen erkennen sie Infektionen und andere Erkrankungen kurz nach dem Ausbruch und schlagen Therapien vor.

Allen geschilderten Branchen ist eines gemeinsam: Große Chancen erwarten diejenigen, die Trends frühzeitig erkennen und sie sich zunutze machen. Noch nie gab es so viele Möglichkeiten für so viele Menschen in so kurzer Zeit. Noch nie kostete es so wenig Geld, sie zu ergreifen. Noch nie war es so einfach, Informationen über die Märkte der Zukunft zu finden, zu sammeln und auszuwerten. Weil fast alles, was in den nächsten Jahren geschehen wird, offen für jedermann zutage tritt, gewinnen fast immer die Schnellen. Das bedeutet aber auch, dass der Preis für Warten noch niemals höher war als heute. Handeln wird belohnt, und Warten kostet – das ist eine Grundwahrheit der Digitalisierung. Wie sollten Unternehmen darauf reagieren? Darüber wollen wir im nächsten Abschnitt sprechen.

WAS UNTERNEHMEN
TUN SOLLTEN

Strategie: In die eigenen Kannibalen investieren

Traditionelle Unternehmen tun alles, um der Zerstörung ihres Geschäfts entgegenzuwirken. Durch Disruption wird Zerstörung aber unvermeidbar. Die besten Überlebenschancen hat, wer entschlossen in seine Kannibalen investiert. So kann man von der Zerstörung profitieren.

»Wenn Ihnen die erste Version Ihres Produkts nicht peinlich ist, haben Sie es zu spät herausgebracht.«

Reid Hoffmann,
Gründer von LinkedIn

Bei der Lektüre von Nachrichten der vergangenen Monate verwunderte mich, wie ausgiebig traditionelle Firmen inzwischen in Start-ups investieren. Noch 2013 ging, wenn ich von Start-ups aus dem Silicon Valley berichtete, ein mildes Lächeln über die Lippen von Managern traditioneller Firmen. In ihrem Blick lag ein gönnerhaftes »Sollen die mal machen, die jungen Leute« neben einem skeptischen »Die werden ja wahrscheinlich niemals Geld verdienen«. Heute hat sich das Bild gewandelt. Der herablassenden Geste von damals ist die Einsicht in die Notwendigkeit der Zusammenarbeit gefolgt. Woran mag dieser Stimmungswandel liegen? Wahrscheinlich daran, dass traditionelle Unternehmen mit ihren eigenen Versuchen der Disruption gescheitert sind oder erst gar nicht mit ihnen angefangen haben. Nun wissen sie sich nicht mehr anders zu helfen, als gemeinsame Sache mit den Angreifern zu machen. Offen geben die meisten Unternehmen das nicht zu. Doch hinter vorgehaltener Hand sind dies die Gründe, die man zu hören bekommt. Kaum eine Woche vergeht, ohne dass eine große Firma die Beteiligung an einem Start-up bekannt gibt.

Fast scheint es, als wolle die Deutschland AG ihre Versäumnisse der vergangenen Jahrzehnte in wenigen Monaten aufholen. Investitionen in junge Unternehmen sind eigentlich keine Neuigkeit. Schon immer stecken Mittelstand und Konzerne Geld in Zukäufe. Neu aber sind Taktzahl und Begründung. Schnell soll es jetzt gehen, und disruptiv soll es bitte sein. Beim Umsturz von Branchen mitzuwirken, wird immer öfter als Motiv genannt. Die Kernbotschaften des Silicon Valley scheinen in den Köpfen der deutschen Eliten anzukommen. Zumindest bei denen, die modern denken. Eine Minderheit ist dies noch immer, doch sie gewinnt an Einfluss. Das Denken in Ängsten scheint dem Denken in Chancen langsam zu weichen – eine ermutigende Entwicklung.

»Inzwischen gibt es kaum mehr einen Dax-Konzern, der kein Start-up im Portfolio hat«, weiß das *Handelsblatt*. Mehr als fünf Milliarden Euro sind nach Berechnungen des *Manager Magazins* bis Anfang 2016 von deutschen Großunternehmen in Start-ups geflossen, oft ins Ausland. Die Liste der Investoren liest sich wie das Who is Who der deutschen Wirtschaft. Beeindruckend auch, wenn man sich die Entwicklung im Einzelnen anschaut. Ich treffe Peter Borchers, den Chef von Hubraum, Inkubator und Akzelerator der Deutschen Telekom. Borchers gehört zu den Pionieren der Start-up-Szene in Deutschland. Schon früh erkannte er das Potenzial, das in der Zusammenarbeit von traditionellen Unternehmen mit Gründern liegt. Beharrlich setzte er seine Vision gegen Widerstände aus der Telekom und von außen durch. Borchers hält die Zusammenarbeit zwischen Alt und Neu für zwingend: »Konzerne sind zu sehr auf Sicherheit ausgelegt«, sagt er. »Lange Entscheidungswege, das verständliche Hängen am Erfolg, mangelnde Kenntnis neuer Technologien – das bremst die Geschwindigkeit. Mit der Investition in Start-ups gleicht man diese Nachteile ein wenig aus.« Eine ähnliche Meinung vertritt Benedikt Herles, Geschäftsführer von Vito Ventures, dem Venture-Arm des Klimageräte-Herstellers Viessmann. Ich sitze ihm in einem Restaurant gegenüber. Auch er schwört auf die Kooperation von erfahrenen mit jungen Unternehmen. Das wirke bereichernd auf beide Seiten:

»Auf die Zeit, in der wir leben, wird man in 100 Jahren einmal zurückschauen als eine neue Gründerzeit, ähnlich wie die zweite Hälfte des 19. Jahrhunderts«, sagt Herles. An diesem Aufschwung möchten etablierte Unternehmen teilhaben. Sie sehen, dass sie ihre eigene Organisation nicht schnell genug auf Angriff bürsten können. Mehr und mehr von ihnen wissen: Das Festmahl der Disruptoren findet auf jeden Fall statt. Offen ist nur, ob sie mit am Tisch sitzen oder nur den Braten abgeben.

Angesichts dieser Aussichten scheint es ihnen nur vernünftig, mit den Angreifern zu paktieren oder gleich in sie zu investieren. Die Deutsche Telekom führt den Treck der Start-up-Investoren mit 1,7 Milliarden Euro angelegtem Geld. Diese Summe hat sie als Venture Capital und Private Equity an Start-ups ausgegeben. Es folgt SAP mit rund 1,4 Milliarden Dollar in zwei Fonds und einem Start-up-Programm. 2700 Gründungen hat der Softwarekonzern mit diesem Geld unterstützt. Siemens kommt auf Platz 3 mit Investitionen in 180 Start-ups im Wert von 800 Millionen Euro. Der Konzern betreibt Büros in Tel Aviv, Shanghai, München und Berkeley, in denen jährlich Kooperationen mit 20 Start-ups angebahnt werden. ProSiebenSat1 steckt Werbezeiten als »Media for Equity« in etwa 60 Gründungen. Die 500 Millionen Euro, die als Listenpreis der Werbung genannt werden, kosten intern allerdings weniger, da die Spots zu niedrigen Grenzkosten ausgestrahlt werden können. Bosch wirft 420 Millionen Euro ins Rennen und legte jüngst seinen dritten Fonds auf, BASF machte 175 Millionen für Venture Capital und Inkubator locker, Axel Springer über 100 Millionen für seine Frühphaseninvestitionen seit 2013. Die Allianz folgt mit 40 Millionen. Commerzbank, Tengelmann und Vorwerk beschreiten ähnliche Wege. Die Otto Group investiert über Fonds wie eVenture und Project A sowie über das eigene Plattform-Project Collins in Start-ups.

Wie alle Medienunternehmen wurde auch mein Arbeitgeber Axel Springer rund zehn Jahre früher von der Digitalisierung getroffen als die meisten anderen Branchen. Medieninhalte lassen sich leicht digitalisieren. Folglich traten Disruptoren früher auf den Plan. Axel Springer hatte sich rechtzeitig zur Gegenwehr gerüstet. Zeitungen wie *Bild* und *Welt* gehörten zu den ersten, die nach der Erfindung des World Wide Web ins Netz gingen. Trotz aller Anstrengungen machten Digitalumsätze 2006 aber nur ein Prozent der Gesamterlöse des Konzerns aus; bei den Gewinnen sah es nicht besser aus. Zwölf Jahre Bemühungen bei der digitalen Transformation des Stammgeschäfts hatten in Umsatz und Ergebnis nur kleine Früchte getragen. Es reichte nicht mehr aus, die Angriffe abzuwehren und das Stammgeschäft zu verteidigen. Die Firma musste gemeinsame Sache mit den digitalen Gründern machen. Der Schwenk startete 2006 und führte zum völligen Umbau des Unternehmens. Anhand konkreter Zahlen wird der Wandel deutlich. Der Digitalumsatz stieg von 24 Millionen Euro im Jahr 2006 auf fast zwei Milliarden im Jahr 2015 – ein Wachstum von 63 Prozent pro Jahr. Der operative Digital-Gewinn kletterte im gleichen Zeitraum von 1 Million auf 429 Millionen Euro – nahezu eine Verdopplung in jedem Jahr.

Möglich wurde dieser Wandel durch Investitionen in disruptive Geschäftsmodelle, die sich bewusst gegen Zeitungen in Stellung brachten. Zum Beispiel bei Stellenanzeigen. Sie waren traditionell eine wichtige Einnahmequelle von Zeitungen, doch seit der Jahrtausendwende wanderten sie zunehmend ins Netz ab. »Deswegen kauften wir StepStone«, berichtet Vorstandsmitglied Andreas Wiele. »Damals besaß die Firma ein großes Softwaregeschäft und ein kleines digitales Jobportal mit weniger als 100 Leuten. Das Softwarebusiness haben wir verkauft, und das Stellenportal ist heute eines der größten in Europa mit über 2000 Mitarbeitern.« Das Bündnis mit dem digitalen Angreifer erwies sich als lohnende Investition. Früher stand Axel Springer bei Stellenanzeigen mit der *Welt* abgeschlagen auf Platz 3 hinter *FAZ* und *Süddeutscher Zeitung*. Auf dem analogen Markt wäre Springer vom dritten Platz wohl nicht weggekommen. Die *FAZ* lag uneinholbar vorn. Erst die Investition in den digitalen Kannibalen brachte die Wende. Stepstone legte einen schnellen Aufstieg hin. Axel Springer stieg vom dritten Platz in Deutschland zu einem der führenden Anbieter

Europas auf. Aus den Zeitungen sind Stellenanzeigen indes fast vollständig verschwunden. »Mit der Digitalisierung wurde möglich, was wir in Print wahrscheinlich nie geschafft hätten«, sagt der Vorstandsvorsitzende Mathias Döpfner. »Der digitale Wandel schafft neue Märkte. Wertschöpfungsketten ändern sich radikal. Das birgt enorme Chancen für traditionelle Unternehmen.« Allerdings muss man schneller sein als seine Konkurrenten. Wer den Umbruch entschlossen nutzt, geht gestärkt aus dem Wandel hervor. »Wir wussten vorher auch nicht genau, wo es langgeht«, erzählt Jens Müffelmann, der das Digital-Portfolio als Manager mit aufgebaut hat. »Wir haben anfangs Fehler gemacht und aus ihnen gelernt.« Zum Beispiel funktionierte die erste Wagniskapital-Firma Anfang der Nullerjahre nicht so wie erhofft. Sie wurde aufgegeben. Einige sagen, man habe zu früh abgebrochen, andere finden, länger hätte man auf keinen Fall weitermachen dürfen. »In jedem Fall half es uns dabei, Klarheit zu gewinnen, wo wir investieren sollten«, glaubt Müffelmann. Vorstandschef Mathias Döpfner erläutert: »Fortan konzentrierten wir uns auf die drei Felder, von denen wir etwas verstanden und wo unsere Kernkompetenzen lagen.« Erstens Journalismus bezahlt von Lesern durch Einzelverkäufe und Abonnements, zweitens die Vermarktung von Reichweiten an professionelle Anzeigenkunden und drittens das Betreiben von Rubrikenmärkten durch das Zusammenbringen von Angebot und Nachfrage. Nicht durch Zufall wählte der Verlag diese drei Felder aus. Es waren jene Geschäftsmodelle, die schon in der analogen Welt das Zeitungs- und Zeitschriftengeschäft bestimmten. »Davon verstanden wir eine Menge«, sagt Mathias Döpfner. »Nun machten wir uns daran, diese Modelle konsequent ins Netz zu übertragen.« Zunächst konzentrierte sich der Verlag auf Investitionen in Firmen, die schon Gewinne schrieben. Start-ups jenseits der Gewinnschwelle haben ihre Arbeitshypothese schon unter Beweis gestellt. Bei ihnen einzusteigen, ist weniger riskant. Diese unternehmerischen Entscheidungen hatten einen motivatorischen Nebeneffekt. »Gerade am Anfang sind Erfolgserlebnisse wichtig«, sagt Müffelmann. »Das verringert auch interne Widerstände. Eine große Wette auf ein unbewiesenes Geschäftsmodell frustriert alle, wenn es schiefgeht.« Niemand möchte sich dann mehr die Finger verbrennen. Nach einem großen Flop fällt das Thema Start-ups für die nächsten Jahre erst einmal aus. »Viel besser ist es, erst einmal unterhalb des Radars zu bleiben«, glaubt Müffelmann. »Es ist klug, so viel zu investieren, dass man merkt, wenn es klappt. Aber nicht so viel, dass es den Konzern zum Wanken bringt, wenn es schiefgeht.« In Frühphasen-Investitionen stieg Axel Springer erst 2012 wieder ein, nachdem viele Lernerlebnisse schon gemacht worden waren.

Beschleunigt wurde der Gang ins Netz durch äußere Umstände. Anfang 2006 untersagten Bundeskartellamt und Medienwächter die Fusion von Axel Springer und ProSiebenSat1. Axel Springer klagte gegen die Beschlüsse und bekam recht, jedoch zu spät, um die Fusion noch zu retten. »Dadurch formte sich unsere Strategie klar heraus: Internationalisierung und Digitalisierung«, sagt Döpfner. »Aus heutiger Sicht war das ein Glücksfall.« Die Teams, die am Thema ProSiebenSat1 gearbeitet hatten, schalteten auf die Akquisition von reiferen Start-ups um. Das erwies sich als hilfreich. Der Kauf junger Firmen ist nicht weniger anspruchsvoll als eine große Fusion. Es braucht Profis bei Mergers & Acquisitions, Recht, Steuern, wirtschaftlicher Prüfung und Lenkung nach dem Kauf. Wer keine Profis einsetzt, begeht unnötige Fehler.

Idealo, die Preisvergleichsmaschine, war die erste Beteiligung an einem disruptiven Internetunternehmen. Die junge Berliner Firma setzte gerade dazu an, Zeitungen Umsatz wegzunehmen. Wer den besten Preis für ein Produkt bei einem Online-Preisvergleich findet, achtet weniger aufmerksam auf die Handelsanzeigen in Tageszeitungen. Es entstand interne Unruhe, weil die Verantwortlichen des Stammgeschäfts fürchteten, Konkurrenz aus den eigenen Reihen zu bekommen. »Die Verlagsleiter der Zeitungen wollten, dass Idealo unter ihnen aufgehängt wird«, erinnert sich Müffelmann. Als Grund nannten sie die inhaltliche Nähe. Idealo und die Anzeigenverkäufer der Zeitungen beschäftigten sich beide mit dem Handel. »Doch zum Glück haben wir das nicht gemacht«, findet Müffelmann. »So wäre Idealo zur Abteilung im Konzern geworden. Dann hätten wir es gleich lassen können. Die Truppe wäre vereinnahmt und erdrückt worden. Sie musste eine eigenständige Firma mit voller Selbstverantwortung bleiben.« Damals entschied sich der Vorstand gegen eine Vollintegration. Außerdem legte er fest, dass ein beliebtes Argument in internen Debatten außer Kraft gesetzt wurde. »Das Argument lautete: ›In diese Firma können wir nicht einsteigen, denn sie bedroht unser Geschäft‹«, erinnert sich Vorstandsmitglied Andreas Wiele. »Stattdessen galt fürderhin das Gegenteil. ›Wir investieren in diese Firma, *weil* sie unser Geschäft bedroht.‹« Das Stammgeschäft muss sich der Konkurrenz erwehren, ob sie nun von innen oder außen kommt. Für Mitarbeiterinnen und Mitarbeiter in den traditionellen Firmenteilen bedeutet das Wandel und Veränderung. Doch ihre Chancen auf erfolgreiche Anpassung steigen, wenn das eigene Unternehmen gemeinsame Sache mit den Disruptoren macht. Denn so kommt Know-how ins Haus, das sie selbst anzapfen können. Außerdem fließt Geld in die Kasse des Arbeitgebers, wenn die Disruption erfolgreich verläuft. Das schafft Spielräume für weitere Investitionen und hilft, Arbeitsplätze zu sichern.

In den Jahren nach dem Axel-Springer-Einstieg entpuppte sich Idealo als gute Investition. »Das machte uns Mut auf mehr«, erinnert sich Wiele. Fortan richtete sich der Suchfokus immer mehr auf Kannibalen aus – Firmen, die absichtlich das Axel-Springer-Stammgeschäft ins Visier nahmen. So stieg der Konzern beispielsweise bei KaufDa ein, einem Berliner Start-up, das Prospekte digitalisiert und an Interessenten direkt aufs Smartphone oder Tablet liefert. KaufDa könnte Zeitungsbeilagen auf Dauer überflüssig machen – ein Geschäft, mit dem Zeitungen von jeher gutes Geld verdient haben. »Das war kein Grund gegen die Investition in KaufDa, sondern dafür«, sagt Andreas Wiele. Nicht anders lief es bei Immobilien-Anzeigen. ImmoWelt, ImmoWeb, SeLoger in Frankreich und andere Portale verdienen heute mehr Geld für das Unternehmen, als Springer früher mit gedruckten Immobilienanzeigen verbuchen konnte. Getrieben wird der Trend durch den Wechsel des Publikums zu digitalen Angeboten. Online findet man Fotos, Grundrisse und virtuelle Rundgänge durch Häuser und Wohnungen, die viel aussagekräftiger sind als die gedrängten Zeilen von Immobilienanzeigen auf Papier. Es lohnt sich nicht, einen alten Markt um jeden Preis zu verteidigen, wenn das digitale Produkt dem analogen überlegen ist. Da ist es besser, sich selbst an die Spitze der Bewegung zu setzen und beides zu tun: die Chancen des Digitalen zu nutzen und gleichzeitig das Stammgeschäft liebevoll weiter zu pflegen.

Digitalisierungsstrategien, das zeigt der Fall Axel Springer, entstehen nicht nur durch intensives Nachdenken und heftige Diskussionen. Sie entwickeln sich auch durch Experimente, Fehler, Irrwege und Druck von außen. Schmerzen des Wandels zuzulassen und auszuhalten, ist eine wichtige Zutat zum Erfolg. Zunehmendes Know-how hilft, die Mechanismen der Digitalisierung besser zu verstehen. Man blickt den Fakten gelassener ins Auge. Zum Beispiel lautet eine der bitteren Nachrichten für Nachrichtenverlage, dass gleiche Reichweiten im Netz nur einen Bruchteil des Werbeumsatzes einbringen wie früher auf Papier. Ein Grund dafür ist die höhere Transparenz der Leistung, die Online-Werbung bietet – das drückt auf die Anzeigenpreise. Noch mächtiger aber wirkt sich der Verlust von Werbegeld an Plattformen wie Facebook und Google aus, also Plattformen, die Verlagsinhalte ausspielen. Ich treffe Florian Drücke vom Bundesverband der Musikindustrie und frage ihn nach den Erfahrungen seiner Branche. Er fasst sie so zusammen: »Noch nie in der Geschichte wurde so viel Geld mit Musik verdient wie heute. Doch auch noch nie war der Anteil von Musikern und Labels daran so gering wie heute. Zwischen dem Erlösbeitrag von Herstellern und Plattformen klafft eine Wertlücke.« Diesen *Value Gap* kann man beklagen und politisch thematisieren, doch man muss sich ihm auch unternehmerisch stellen, findet Drücke. Deswegen hat die Musikindustrie inzwischen zahlreiche digitale Angebote hervorgebracht. Nach anfänglichem Zögern begreift sie Digitalisierung mittlerweile als unternehmerische Chance.

Zurück zu Benedikt Herles vom Viessmann-Fonds Vito Ventures. Seine Geschichte beeindruckt mich. Er bringt interessante Einsichten zur Digitalisierung mit. Der Sohn des Journalisten Wolfgang Herles verkörpert einen neuen Manager-Typus in Traditionshäusern. Er startete keine traditionelle Karriere, sondern kam von außen zu Viessmann. Studiert hat er an den beiden Top-Hochschulen WHU in Vallendar und der Ludwig-Maximilians-Universität in München. Nach seiner Promotion an der EBS in Oestrich-Winkel stieg er bei einer großen Unternehmensberatung ein. Dort brach er nach nur einem Jahr ab, schrieb ein kritisches Buch über die Mängel der deutschen Führungsriege (*Die kaputte Elite – Ein Schadensbericht aus unseren Chefetagen*) und wechselte nach Berlin. Für kurze Zeit heuerte er bei eVenture an, einem Wagniskapital-Unternehmen, das 1997 von ehemaligen Bertelsmann-Managern in Kalifornien gegründet worden war und seitdem international expandiert. Jetzt leitet er mit Vito Ventures den Fonds, der disruptive Start-ups in die Umlaufbahn von Viessmann ziehen soll. »Wir sind ein Venture-Capital-Investor, der interessante Start-ups ausfindig macht und in sie investiert«, beschreibt er seine Aufgabe. »Die Standardtheorie ist in der Krise. Disruptive Innovation findet in herkömmlichen Organisationen meistens nicht mehr statt. Aus der Zeit gefallene Denk-, Macht- und Arbeitsstrukturen verhindern sie.« Vito Ventures investiert hauptsächlich in das *Internet of Things*. »Wer alle möglichen Dienste auf einer Plattform bündelt und so die Beziehungen zum Kunden beherrscht, macht das Geschäft der Zukunft«, glaubt Herles. Heizungen und Klimaanlagen allein werden Viessmanns Überleben vermutlich nicht sichern, das intelligente Vernetzen von Leistungen eröffnet dem Haus aber zumindest eine Perspektive. Vier Leute gehören zu Vito Ventures. Es herrschen dieselben Regeln wie bei unabhängigen Venture-Capital-Firmen. Das Team macht interessante Start-ups ausfindig, gewinnt das Vertrauen der Gründer, handelt die Bedingungen für eine Beteiligung aus und präsentiert den Vorschlag einem Investitionskomitee.

Finanzierungsrunden attraktiver Start-ups sind schnell überzeichnet. Alle Investoren in Start-up-Zentren stellen das schnell fest. Sie müssen sich angewöhnen, Entscheidungen in kurzer Zeit zu treffen, oft in nur 48 Stunden. Mehr Zeit bleibt meist nicht, weil die Chance sonst vorbeizieht. Nur wer rasch handelt, kommt zum Zug. Nicht dabei zu sein, kann sich rächen. Innovationen pflügen den Markt um. Zum Beispiel im Energiemarkt: Große Batterien wie Teslas Powerwall koppeln Verbraucher von den Energieversorgern ab. Der Markt für Internet-of-Things-Plattformen explodiert; über 100 gibt es davon schon. Alternative Stadtwerke wachsen heran, getrieben von Start-ups wie Lumenaza, die Haushalte miteinander vernetzen. Dieses Tempo können normale Unternehmen nicht mehr mithalten, schon gar nicht abseits von Clustern. Aus der Provinz lasse sich der Trend nicht verfolgen. Deswegen sitzen Venture-Fonds von Firmen meist in Berlin oder anderen Start-up-Clustern. Sie müssen Teil der Szene werden, um Erfolg zu haben. Das macht die Arbeit von Benedikt Herles so interessant. Ein neuer Manager-Typ hilft in einer Tech-Metropole einem traditionellen Familienunternehmen dabei, zum Treiber der Digitalisierung zu werden.

Persönliche Teilnahme an der jungen Start-up-Gemeinde wirkt schon aus Altersgründen erfrischend. Deutsche Unternehmen haben auch deswegen ein Disruptionsproblem, weil ihre Mitarbeiter zu alt sind. Ab einer gewissen Lebensphase erlahmt das Interesse an revolutionären Neuerungen; Bewahren und Erhalten gewinnen größere Bedeutung. Nach Daten des Statistischen Bundesamtes war bis 1990 rund ein Drittel der Erwerbstätigen in Deutschland unter 30 Jahre alt. Heute ist dieser Anteil auf unter 20 Prozent gesunken. Dafür stieg die Kohorte der 50- bis 60-Jährigen von einem Fünftel auf ein Viertel an. Auch die Vorstände von Dax-Unternehmen altern. Waren 2010 noch 19 Dax-Vorstandsmitglieder jünger als 45 Jahre, sank die Zahl fünf Jahre später auf neun, wie der Personalberater Kienbaum errechnet hat. Von 2010 bis 2015 sind von 179 Vorstandsposten 82 neu besetzt worden; dabei ist das Durchschnittsalter der Vorstände um rund zwei Jahre auf 54 gestiegen. Der Druck auf ständige Erneuerung weckt Ängste bei älteren Gruppen. Je mehr die Führung zur Erneuerung drängt, desto deutlicher klingt das nach Gefahr. Entsprechend abwartend bis destruktiv fallen die Reaktionen von Mitarbeitern aus. Angst setzt die ohnehin schon niedrige Innovationsgeschwindigkeit noch weiter herab. Start-ups wirken da belebend. Laut *Deutschem Start-up Monitor 2015* war mehr als die Hälfte der Gründer unter 35 Jahre alt. Ein weiteres Drittel lag zwischen 35 und 45 Jahren. Start-ups sind ein Jungbrunnen. Sie bieten dem talentierten Nachwuchs eine unternehmerische Heimat. Umgekehrt müssen etablierte Firmen immer öfter zu Start-ups kommen, um Ideen abzuzapfen, jugendliche Inspiration zu empfangen und sich herausfordern zu lassen.

Warum sind Start-ups so schnell und innovativ? Ich treffe einen ausgewiesenen Kenner der Szene: in seinem Firmensitz am Berliner Nordbahnhof. Florian Heinemann ist ein Mitgründer von Project A Ventures. Sein Fonds investiert in Marktplätze und eCommerce, Software as a Service und digitale Infrastruktur. 80 Millionen Euro haben Heinemann und seine Kollegen bislang eingesammelt und in 25 Start-ups gesteckt. Einen zweiten Fonds mit 200 Millionen legen sie gerade auf. Als ich ihn besuche, hat Heinemann Vorstandsmitglieder eines deutschen Industrieunternehmens zu Gast. Ich höre dem Gespräch zu. Heinemann ist ein ziemlich junger Mann. 40 Jahre alt, schwarze Haare, lebhafte Augen, schnell im Denken. Doch in gewisser Hinsicht findet er sich alt. »Ein Technologie-Start-up würde ich in meinem Alter nicht mehr gründen«, sagt er den Vorständen. »Mit 50 bekommen Forscher Nobelpreise«, rechnet Heinemann vor, »aber wann haben sie die Leistung erbracht, die ausgezeichnet wird? Meistens zwischen Ende 20 und Ende 30. Das ist der Höchstpunkt der Kreativität. In Hightech-Unternehmen ist das nicht anders.« Das bedeute nicht, dass man später überflüssig werde. »Man hat schon eine Rolle, aber man muss sie kennen«, sagt er. Seine Gäste schmunzeln; fast alle sind über 50. Heinemann beschäftigt 90 Leute, die Start-ups helfen, möglichst erfolgreich zu gründen und zu wachsen. Er ist ständig auf der Suche nach qualifizierten Talenten. »Das ist richtig schwer«, gibt er zu. »Man muss sich auf sein Gefühl verlassen. Eigentlich das Gegenteil von dem, was Einstellungsprozesse in traditionellen Unternehmen vorschreiben.« Erfahrung hilft. Rar sind solche Talente trotzdem. Heinemanns eigener Lebenslauf illustriert, welche Wege Top-Talente heute einschlagen. Konzernkarrieren sind in ihren Augen nicht mehr so reizvoll wie früher. Studiert hat Heinemann an der WHU, promoviert in Innovationsmanagement und Entrepreneurship an der RWTH Aachen. Mit Mitte 20 gründete er JustBooks, einen Preisvergleich für gebrauchte Bücher, der später mit AbeBooks, einem Handelsplatz für Antiquariate, zusammenging und den Heinemann 2008 an Amazon verkaufte. Danach wechselte er zu den Samwer-Brüdern, wurde Marketing-Leiter bei Jamba und einige Stationen später Geschäftsführer bei ihrer Holding Rocket Internet. 2012 gründete er mit Freunden Project A. Seine Ausbildung qualifizierte ihn zu einer aussichtsreichen Laufbahn in einem klassischen Unternehmen, doch er zog das Unternehmertum vor. Viele andere tun es ihm gleich.

Selbst wenn man die Nähe von Leuten wie Herles und Heinemann sucht, ist das Innovationsproblem damit noch nicht gelöst. Die Digitalisierung dreht sich zu schnell, als dass man ihr auf Dauer Herr werden könnte. Selbst globale Technologiekonzerne liegen bei manchen Themen so weit zurück, dass ihnen nichts anderes übrig bleibt, als Start-ups aufzukaufen. Bestes Beispiel dafür ist Künstliche Intelligenz. In den vergangenen Monaten habe ich mich intensiv mit diesem Thema beschäftigt und viele Gründer getroffen. Die Entwicklung verläuft in atemberaubender Geschwindigkeit. Obwohl ich mich für Digitalisierung interessiere, waren mir die meisten Neuigkeiten zur Künstlichen Intelligenz entgangen. Schnell bekam ich das Gefühl, auf einem Auge blind zu sein. Einmal mehr wurde klar, dass traditionelle Unternehmen nur mit Disruptoren an ihrer Seite eine Chance haben, der rasenden Bewegung irgendwie zu folgen. Jahrzehntelang galt Künstliche Intelligenz als aussichtsloses Unterfangen: zu kompliziert, zu teuer, zu unpraktisch. Der Traum von der intelligenten Maschine blieb verschrobenen Visionären überlassen. Man sprach vom »Winter der Künstlichen Intelligenz«. Die meisten Universitäten brachen ihre Forschungsprogramme ab. Hauptargument: »Dabei kommt sowieso nichts heraus.« Vor einigen Jahren dann zündete eine Kette kreativer und technischer Explosionen. Große Durchbrüche werden seitdem im Wochenrhythmus gemeldet.

Selbst Apple, Google und Facebook wurden davon überrascht. Sie hatten die Sprünge unterschätzt, die Künstliche Intelligenz in kurzer Zeit machen würde. Die Tech-Riesen reagierten mit ähnlicher Notwehr wie Dax-Unternehmen in Deutschland: Sie kauften zu, in der Hoffnung, die Start-ups irgendwie nützlich machen zu können und selbst die Führung auf dem boomenden Gebiet zu übernehmen. Zum Beispiel gingen DNN Research (automatische Bild- und Mustererkennung), Jetpac (automatisch erstellte Stadtführer) und DeepMind (Grundlagenforschung) an Google. Die Forscher von DeepMind waren es, wie gesagt, deren Programm AlphaGo Anfang 2016 den legendären Go-Spieler Lee Sedol schlagen konnte. Auch Facebook legte sich mit Wit-ai, Hersteller von Software für Spracherkennung, einen Champion der Künstlichen Intelligenz zu. Salesforce kaufte sich PredictionIO und MetaMind, beides Unternehmen, die sich auf Verhaltensvorhersagen spezialisieren. Apple schlug bei VocalIQ zu, einem Experten für Spracherkennung. Toyota will in den nächsten fünf Jahren eine Milliarde Dollar in Künstliche Intelligenz und Robotertechnik investieren, um seine Autos zu modernisieren. Tesla hat in den ersten drei Quartalen 2015 mehr als 525 Millionen Dollar für KI-Forschung ausgegeben, und Volvo hat 1,45 Milliarden Dollar investiert. Selbstfahrende Autos kurven nicht nur durch das Silicon Valley, sondern auch auf den Straßen von Gothenburg. Frühphaseninvestoren wie Data Collective und Khosla Ventures greifen Gründern unter die Arme, und immer mehr branchennahe Anleger wie Bloomberg Beta und Samsung Venture Investments steuern Geld bei. Am meisten fließt in KI für das Gesundheitswesen; Unterhaltung, Business Intelligence und eCommerce folgen dicht darauf. Wieder einmal haben Amerikaner die Nase vorn: Mit 4,2 Milliarden Dollar Investitionen in Künstliche Intelligenz liegen sie auf Platz 1. Das Silicon Valley und New York beherrschen die Szene. Es folgen Großbritannien und Israel. Auch auf diesem Gebiet werden deutsche Unternehmen nur eine Chance haben, wenn sie gemeinsame Sache mit Start-ups machen. Doch auch bei diesem Thema legt Deutschland wieder einen Fehlstart hin. Der Markt für Experten in Künstlicher Intelligenz ist schon leer gefegt, bevor ein einziges deutsches Unternehmen richtig in Gang gekommen ist.

Noch einmal zur klassischen deutschen Industrie. Ich möchte überprüfen, wie ernsthaft sich deutsche Unternehmen mit Disruption beschäftigen. Bosch ist dafür wieder ein gutes Beispiel. Einmal im Jahr ruft Volkmar Denner, Vorsitzender der Geschäftsführung, seine Führungskräfte zum Connected World Congress in Berlin zusammen. 2014 hatte er mich eingeladen, dort über digitale Transformation zu sprechen. Im großen Rund der Kongresshalle am Alexanderplatz ging es fast so zu wie auf den TechCrunch-Disrupt-Konferenzen in San Francisco und New York. Digitalisierung war das Thema des Tages. »Nehmen Sie kein Blatt vor den Mund«, hatten mir die Veranstalter vorher gesagt. »Sprechen Sie unangenehme Wahrheiten bitte offen an.« Ich ließ mich nicht zweimal bitten und schilderte den Zuhörern die drastischen Auswirkungen, die Digitalisierung haben kann. Klassische Autozulieferer könnten in der Bedeutungslosigkeit verschwinden, wenn sie Trends wie selbstfahrende Autos, Elektromobilität und Plattformen nicht ernst nehmen, sagte ich. Keine einfache Botschaft für Leute, die für einen großen Autozulieferer arbeiten. Interessant fand ich die Reaktionen der Zuhörer, die ich von der Bühne in den Gesichtern ablesen konnte. Sie zeigten die ganze Bandbreite der Gefühle, die Digitalisierung auslösen kann. Einige verstanden offenkundig nicht, wovon ich sprach, und schauten mich fragend an. Andere tuschelten mit ihren Nachbarn, schüttelten hin und wieder den Kopf und taten das Gehörte erkennbar als Übertreibung oder Schwarzmalerei ab. Doch die Zweifler waren in der Minderheit. Die Mehrheit blickte interessiert bis erleichtert drein. Mich überraschte, wie groß diese Mehrheit war. Damit hatte ich nicht gerechnet. Nach der Rede kamen etliche Zuhörer auf mich zu und sagten: »Endlich kommt das Thema mal zu Sprache. Gut, dass unser Vorstand solche Themen aufgreift.« Geschäftsführer Volkmar Denner fordert disruptive Innovationen offensiv ein. »Digitalisierung ist unser wichtigstes Thema«, sagte er mir bei einem Gespräch am Rande der Veranstaltung. »Da müssen wir schnell große Fortschritte machen.« Anderthalb Jahre später sah ich ihn auf einem Podium der Consumer Electronic Show in Las Vegas wieder. Da zeigte er noch mehr Kampfeslust: »Wir müssen nicht auf Google warten, um das selbstfahrende Auto zu bauen«, sagte er. »Wir brauchen auch die Unterhaltungselektronik nicht. Autohersteller und Zulieferer schaffen das allein. Das Auto muss intelligenter werden. Es wird ein dritter Wohnraum nach Haus und Büro. Eine Art persönlicher Assistent. Wir müssen dabei die Pioniere sein.«

Bleibt genug Zeit, um sich als traditionelles Unternehmen neu zu erfinden? Das ist unsicher, selbst dann, wenn es ein Konzernchef wie bei Bosch auf Neuerfindung anlegt. Die Wahrscheinlichkeit ist klein, rechtzeitig auf die richtige Betriebstemperatur zu kommen und die richtigen Projekte im eigenem Haus zu starten. »Die Welt verändert sich durch die Digitalisierung extrem schnell«, sagte Metro-Chef Olaf Koch kürzlich dem *Manager Magazin*. »Deshalb brauchen wir viele neue und unterschiedliche Ideen, um für unsere Kunden relevant zu bleiben – und zwar mehr Ideen, als wir selbst im Unternehmen generieren können.« Eingeständnisse wie dieses hört man immer häufiger: Wir wollen innovativer werden, doch wir schaffen es nicht allein. Alexander von Frankenberg pflichtet dieser Schlussfolgerung bei. Er leitet den Hightech Gründerfonds (HTGF), eine Kooperation zwischen Privatunternehmen und öffentlicher Hand. »Viele Top-Manager haben verstanden, dass Start-ups etwas mitbringen, das ihren Unternehmen fehlt«, stellt Frankenberg fest. »Innovation, Wagemut, Schnelligkeit, Risikobereitschaft, Leidenschaft und visionäre

Kraft gehören dazu.« Ohne Impulse von Start-ups kommt kaum noch ein Unternehmen weiter. Der Einfluss des Silicon Valley ist nicht mehr zu übersehen. »Wir können alles selbst und besser« – diese Haltung traditioneller Unternehmen ist erkennbar an ihre Grenzen gelangt. Jetzt lautet die Strategie, einen Pakt mit dem digitalen Erneuerer zu schmieden und die Stärken beider zu vereinen. Ulrich Schmitz, bei Axel Springer zuständig für Investitionen für Start-ups, kennt die Wandlungsschmerzen, die damit verbunden sind. »Bei uns war es keinen Deut anders«, sagt er. »Es ist nicht leicht, Verbündete in der Start-up-Szene zu suchen. Aber es lohnt sich, Selbst-Kannibalisierung nicht zu fürchten und paranoid zu bleiben.« Man müsse lernen, Unsicherheiten und anfängliche Niederlagen zu akzeptieren. »Schnelle Erfolge gibt es nicht. Das ist ein Dauerlauf. Man fällt auch mal hin und muss sich zwingen, immer wieder aufzustehen. Wenn man das durchhält, schafft man es. Trotz Frustration nicht aufzugeben, das ist das Wichtigste.«

Wie motiviert man Mitarbeiter, angesichts solcher Umstände von Sicherheit auf ständige Unsicherheit umzuschalten, beharrlich am Erreichten zu zweifeln und den Umbruch immer wieder von Neuem zu wagen? Gute Führung wird zum unerlässlichen Hilfsmittel der Digitalisierung. Im folgenden Kapitel werfen wir daher einen Blick auf das Thema Führung.

Führung: Vom Anspruch auf Allwissen verabschieden

Mit der Digitalisierung verändert sich die Rolle der Vorgesetzten. Sie können nicht mehr wissen, wohin der richtige Weg führt. Ihre neue Aufgabe ist es, das Finden von Antworten zu organisieren. Das zwingt sie zur Aufgabe ihres alten Selbstbildes. Sie werden zu Netzwerkern.

Wenn Reed Hastings, Jahrgang 1960, Gründer und Chef von Netflix, seine Firmenzentrale in Los Gatos am südlichsten Zipfel des Silicon Valley betritt, hat er kein konkretes Ziel vor Augen. Obwohl er zu den Rockstars der Digitalisierung gehört, besitzt er kein eigenes Büro. Seine Arbeitsweise hat mich fasziniert, seitdem ich in Palo Alto arbeitete. Netflix steht für preisgekrönte Serien wie *House of Cards,* 40 Milliarden Dollar Börsenbewertung, 6 Milliarden Dollar jährliches Produktionsvolumen, 75 Millionen Abonnenten und für dynamisches Wachstum. Hastings ist ein Schreckgespenst für traditionelle Fernsehsender, ein Revolutionär der Sehgewohnheiten – er gehört zu den mächtigsten und innovativsten Menschen des Mediengeschäfts, und dennoch besitzt er keinen Schreibtisch, keinen Fünfachser, kein Vorzimmer und überhaupt keine klassischen Attribute der Macht. In der Zentrale lässt er sich durch die Räume treiben. Jeden Tag sitzt er an einem anderen Ort. Er spaziert durch die Gänge, plaudert mit den Leuten, lässt sich nieder, wo gerade Platz ist, verschränkt die Arme hinter dem Kopf, wippt auf dem Stuhl und hört einfach nur zu. Mal zeigt ihm jemand ein Werbeplakat, mal schaut er eine Folge einer neuen Serie mit an, mal blickt er Programmierern über die Schulter. So vergehen die Tage, an denen Hastings in der Zentrale vorbeischaut. Oft genug ist er aber auch nicht da. Außerhalb der Büros zu arbeiten, ist in seiner Firma normal. Netflix hat aufgehört mitzuschreiben, wer wann wie lange an seinem Arbeitsplatz verweilt.

Seit 2004 hält Netflix noch nicht einmal mehr die Urlaubstage nach. »Uns ist egal, wer wo arbeitet«, sagt Hastings. »Hauptsache, die Ergebnisse sind herausragend. Wir machen unseren Leuten keine Vorschriften mehr, und es funktioniert trotzdem. Es gibt ja auch keine Vorschrift, die sagt, dass die Leute angezogen zur Arbeit erscheinen müssen. Und trotzdem kommen sie nicht nackt ins Büro. So halten wir es auch mit dem Urlaub.« Irgendwann hatte ein Netflix-Mitarbeiter gefragt: »Wenn wir keine Arbeitsstunden mehr messen, warum messen wir dann Arbeitstage?« Kurz danach wurde der formelle Urlaub abgeschafft. Das birgt zwar die Gefahr, dass niemand mehr Urlaub nimmt, um nicht unangenehm aufzufallen. Doch Hastings steuert gegen: Das Top-Management geht demonstrativ auf lange Reisen und postet Fotos von dort im Netz, damit jeder sieht, dass sie sich wirklich erholen. »Wir leben das erwünschte Verhalten vor«, beteuert Hastings, »und wir kommen entspannt mit vielen neuen Ideen zurück.«

Der Netflix-Chef lebt ein Rollenverständnis vor, das im Zeitalter der Digitalisierung für viele Managerinnen und Manager Standard werden könnte. Führungskräfte treten nicht mehr in den Vordergrund, sondern nehmen sich zurück. Sie erteilen kaum noch inhaltliche Vorgaben, sondern stellen die richtigen Fragen und betrauen Teams mit der Suche nach Antworten. Sie verordnen fast keine Regeln mehr, sondern konzentrieren sich auf das Prägen einer eigenen Kultur. Sie reichen keine Anweisungen von oben nach unten durch, sondern verteilen Impulse in alle Richtungen weiter. Sie denken nicht in Planerfüllung, sondern decken Wahrheiten auf, finden Schwachstellen und belohnen Ehrlichkeit. Sie entmündigen nicht, sondern ermuntern zur Freiheit. Sie sind nicht selbstgefällig, sondern stellen sich und ihre Geschäftsmodelle permanent infrage. Sie schützen keine Stärke vor, sondern zeigen Verletzlichkeit. Sie sind nicht unsicher, sondern hüten sich vor allzu großer Selbstsicherheit. Sie befehlen nicht, sondern hören zu. Sie verachten Statussymbole und beziehen Anerkennung aus ihren Projekten. Sie steuern keine Kommandostruktur, sondern koordinieren Arbeitsgruppen.

»Die Führungsgrundsätze müssen sich für den digitalen Wandel grundsätzlich ändern«, findet auch Janina Kugel, Personalvorstand bei Siemens. Sie ist eine erfrischend lebendige Managerin. Ihre Energie steckt an. Bei einem ihrer Berlin-Besuche hatte ich Gelegenheit, sie kennenzulernen. »Typen mit Ecken und Kanten überleben heute schwer in Konzernen. Organisationen versuchen alles, um diese Kanten abzuschleifen«, sagt sie. Damit komme man im disruptiven Wandel nicht mehr weit. »Wir brauchen weder den, der gar keine Kanten mehr hat, noch den, der nur aus Kanten besteht. Sondern idealerweise Menschen, die sich einordnen und mit anderen Menschen arbeiten können, die aber Kanten zeigen, wenn es darauf ankommt«, findet Kugel. »Das muss man immer mal wieder ganz laut sagen: Befehle auszuteilen und entgegenzunehmen, reicht nicht mehr.« Die Leute mit guten Ideen hätten keine Lust mehr, per Befehl von oben geführt zu werden, sondern möchten durch Motivation und mit Handlungsfreiräumen angeleitet werden. »Da gibt es klaren Druck vom Markt. Darauf muss man reagieren, sonst findet man keine passenden Leute mehr«, meint Kugel. »Die Führungsmodelle der nächsten Jahre sind weniger hierarchisch. Wir brauchen mehr horizontal denkende Netzwerker, keine Befehlsgeber und -empfänger.« Von Sparte zu Sparte sei das zwar unterschiedlich. In traditionellen Geschäften mit langen Innovationszyklen könne der alte Stil noch eine Weile weiterleben. »Doch in den neuen, dynamischen Märkten, dort, wo wir disruptiv herausgefordert sind, ist ein neuer Stil unverzichtbar.« Auch Michael Otto, Eigentümer des Hamburger Versandhändlers, pflichtet dem bei: »Wir brauchen eine Kultur des Scheiterns und müssen noch schneller werden«, sagt er dem *Handelsblatt*. »Mitarbeiter, denen ein Projekt mal missglückt ist, gehören zu den wertvollsten, einfach, weil sie um manche Risiken schon wissen, die andere noch gar nicht sehen.« Das ganze Führungsverhalten werde sich ändern: »Manager dirigieren heute nicht mehr, sie müssen *Enabler* sein.« Hierarchien müssten flacher und Teams wichtiger werden. »Führungskräfte müssen Macht abgeben und Kontrolle.«

Wenige Unternehmen leben diesen Wandel so mustergültig vor wie Netflix. Reed Hastings ist ein Überlebenskünstler. In Palo Alto nehmen Gründer seine Geschichte ehrfürchtig als Vorbild an. Ich habe wenige Diskussionen erlebt, in denen nicht irgendjemand Hastings zitiert. Eigentlich müsste Netflix schon dreimal pleitegegangen sein. Dass die Firma trotzdem noch lebt, verdankt sie ihrer Führungskultur. Gegründet wurde Netflix 1997 als Fernleihe-Videothek – ein Versandservice für DVDs per Post. Angriffsziel waren die klassischen Videotheken um die Ecke und Ketten wie Blockbuster. Das Geschäft zog schnell an. Acht Jahre nach der Gründung durchbrach Netflix die Marke von einer Million verschickten DVDs pro Tag; 35 000 Filme steckten im Repertoire. Dann kam die erste Krise. »Wir sahen zu, wie zwei Kurven sich aufeinander zubewegten und schließlich kreuzten: die Kosten für den Postversand und die Kosten für Download«, erzählt Hastings. »Dann war es auf einmal so weit: Einen Film über das Netz zu schicken war billiger, als ihn einzutüten und von der Post transportieren zu lassen.« Geschehen im Jahr 2007. Unter normalen Umständen wäre dies das Ende von Netflix gewesen. Disruptoren hätten Netflix mit Download-Plattformen aus dem Geschäft gedrängt. Doch Hastings trieb seine Leute zum *Pivoting* an. So heißt im Silicon Valley das Neuerfinden eines Geschäfts, von *to pivot*, englisch für umschwenken. Netflix wurde vom Postversender zur Download-Plattform. Wiederum mit großem Erfolg. Schon bald landete Netflix ganz oben in den Charts.

Dann kam die nächste Krise: Streaming löste Download ab. Wieder schaffte Netflix den Wandel – vom führenden Download-Anbieter zur prägenden Streaming-Plattform. Kaum war das geschafft, dräute eine neue Gefahr. Die Rechtekosten für Filme und Serien stiegen unkontrollierbar nach oben: »Solange wir mit dem geistigen Eigentum anderer handelten, mussten wir uns auf sinkende Margen einstellen«, erinnert sich Hastings. Netflix blühte, zwischen steigenden Rechtekosten und niedrigen Abopreisen zerrieben zu werden. »Wir entschlossen uns, selbst Produzent zu werden.« Ein radikaler Schritt, den Vertriebsplattformen wegen des großen Kapitalrisikos meistens scheuen. Doch Netflix schaffte auch das und landete 2013 mit *House of Cards* seinen ersten großen Hit. Es folgten prämierte Serien wie *Orange Is the New Black, Narcos* und *Better Call Saul.* »Unsere eigenen Serien gibt es nur bei uns. Das ist ein starkes Unterscheidungsmerkmal. Dadurch verkaufen wir mehr Abonnements«, so Hastings. Schon 2020 möchte Netflix in den USA einen Deckungsbeitrag von 40 Prozent erreichen. Als reiner Streaming-Dienst wäre eine so hohe Marge wohl nicht möglich gewesen.

Drei Kehrtwenden in 20 Jahren, und alle erfolgreich gemeistert durch die passende Führungskultur. »Die meisten Organisationen schränken die Freiheiten ihrer Mitarbeiter umso weiter ein, je größer sie werden«, beobachtet Hastings. »Mit der Größe wächst die Komplexität. Je komplexer sie werden, desto niedriger wird der Prozentsatz außergewöhnlich leistungsstarker Mitarbeiter«, sagt er bei einer Grundsatzrede. Um Chaos zu verhindern, ersetzen etablierte Firmen Kreativität immer stärker durch Prozesse. »Je mehr Prozessdenken in die Firma einzieht, desto weniger Raum bleibt für Kreativität.« Kreative Mitarbeiter werden vergrault. Wer nicht sofort kündigt, verliert die Freude an der Arbeit und fühlt sich demotiviert. »Eine Zeit lang bleiben prozessorientierte Firmen erfolgreich«, glaubt Hastings. Sie schöpfen hohe Marktanteile aus, müssen wenig nachdenken, machen kaum Fehler und sind effizient. Dass Querköpfe flüchten, stört sie anfangs kaum. »Irgendwann aber hat Effizienz die Kreativität und Flexibilität besiegt«, ist Hastings überzeugt. Wenn der Markt dann kippt, wird es eng. »Dann ist die Firma plötzlich unfähig, richtig zu reagieren. Alle halten sich an die alten Regeln. Auf die Fragen von heute geben sie die Antworten von gestern.« Netflix steuert dem durch Personalpolitik gegen. »Wir erhöhen den Prozentsatz der außergewöhnlichen Talente schneller, als die Komplexität zunimmt«, so Hastings. »Wir begegnen dem Wachstumschaos nicht durch mehr Regeln, sondern durch mehr kreative Köpfe.« Sprich: Netflix stellt schöpferische Leute auf Verdacht ein, auch wenn sie noch gar nicht ins Organigramm passen. Wie gearbeitet wird, organisieren die Leute selbst. »Warum sollen Mitarbeiter nicht am Nachmittag freinehmen, um privat etwas zu unternehmen?« An den Strand gehen, mit den Kindern Baseball spielen, einkaufen, die Seele baumeln lassen. »Kreativität, Selbstdisziplin, Freiheit und Verantwortung sind unsere wichtigsten Werte«, beteuert Hastings. Erreichbarkeit rund um die Uhr zehrt an den Nerven, das Aufheben von strengen Arbeitsregimes schafft ein Gegengewicht.

Sieben Grundsätze ihrer Firmenkultur haben Hastings und seine Leute aufgestellt. Sie lesen sich völlig anders als die wohlfeile Prosa anderer Unternehmen:

- Nur auf tatsächlich gelebte Werte kommt es an. Gut klingende, aber belanglose Mission Statements gibt es nicht.
- Nur Höchstleistungen berechtigen zum Bleiben. Wer nicht zu den Besten gehört, muss gehen.
- Es herrscht Freiheit. Man übt sie verantwortungsbewusst aus.
- Kontext ersetzt Kontrolle.
- Teams und Funktionen werden synchronisiert, aber nicht gekoppelt.
- Die Bezahlung liegt immer am oberen Ende des Marktes.
- Mitarbeiter werden ständig herausgefordert, damit sie sich weiterentwickeln.

Auch bei Netflix gelten ein paar Verhaltensregeln, doch sie beschränken sich auf das Notwendigste. Zum Beispiel werden Mitarbeiter angehalten, Kollegen wissen zu lassen, wenn sie etwas am Programmcode ändern. Niemand holt Vorab-Genehmigungen für Ausgaben bis zu 5000 Dollar ein. Über das Design von Werbe-Bannern stimmen nicht drei Leute ab. Projekte durchlaufen keine mehrstufigen Genehmigungsprozesse, und Bewerber werden nicht von zehn Leuten interviewt. Es gibt immer einen, der allein entscheidet. Die Grundregel lautet: Alle Fehler, die man wiedergutmachen kann, dürfen begangen werden. Abstimmungsregeln bestehen nur für Aktionen, die irreversible Schäden anrichten könnten, beispielsweise beim Aufstellen von Bilanzen. Hastings hat festgestellt, dass Top-Talente sehr wenige Fehler begehen: »Es ist besser, ihnen freie Hand zu lassen und dafür ein paar Fehler in Kauf zu nehmen, die man leicht ausbügeln kann, als mittelmäßige Leute durch ein dichtes Regelwerk zu kontrollieren.« Extrem schlank ist auch die Netflix-Richtlinie für Reisekosten, Bewirtung und Geschenke. Wo andere Unternehmen ganze Handbücher mit Regeln füllen, stehen bei Hastings fünf Worte: »Act in Netflix's Best Interest« – »Handele im Interesse von Netflix«. Mehr wird nicht vorgeschrieben. Was das konkret bedeutet, entscheiden Mitarbeiter selbst. Zum Beispiel sind private Telefonate auf dem Diensthandy und private Ausdrucke auf dem Firmendrucker erlaubt, wenn es mehr kosten würde, diese Ausgaben zu vermeiden.

Jede Form von Kontrolle ist unerwünscht. Mit Kontrolle meint Hastings das Ziehen von Entscheidungen nach oben, das Abnicken von Vorhaben durch den Chef und die Verlagerung von Entscheidungen in Ausschüsse. »Wenn Mitarbeiter Fehler machen, sollte der Vorgesetzte sich fragen, ob er den Kontext richtig gesetzt hat«, findet Hastings. Kontext zu setzen bedeutet, über Strategie, Annahmen und Ziele zu sprechen, Kennzahlen zu vereinbaren, Aufgaben klar festzulegen, ausreichend Transparenz und Bewusstsein dafür zu schaffen, worum es dem Unternehmen eigentlich geht. Abstimmungstreffen zwischen Fachbereichen finden nur statt, wenn sie unvermeidbar sind. Gremien sind verpönt. Wer etwas mit einem anderen Bereich zu klären hat, geht spontan dorthin. Netflix-Mitarbeiter beglücken die Kunden, nicht die Kollegen, heißt es intern. Querköpfe werden nicht verschlissen bei dem Versuch, Innovationen durchzusetzen. Sie legen einfach los. Wenn die Kunden das Ergebnis mögen, war es gut.

Feste Gehaltsstrukturen existieren nicht. Gezahlt wird nach drei Kriterien: Was würde die Person anderswo verdienen? Was müssten wir für Ersatz bezahlen? Was würden wir drauflegen, wenn die Mitarbeiterin ein Angebot von außen bekäme? Den Betrag, der dabei herauskommt, zahlt Netflix freiwillig. Gehälter und Boni liegen immer am oberen Ende des Marktes, auch wenn es mal nicht so gut läuft. »Wer absteigt, muss mehr Geld in gute Leute investieren, nicht weniger, denn sonst steigt er weiter ab«, glaubt Hastings. Er ermuntert seine Leute, mit Konkurrenten zu sprechen und Job-Angebote einzuholen. »Das ist kein Verrat, sondern ein gesunder Test des Marktwerts.« Haltefristen für Aktienoptionen kennt Netflix nicht: »Jeder kann jederzeit gehen, doch die meisten entscheiden sich zu bleiben.« Jeder wird ermuntert, seinen Chef von Zeit zu Zeit zu fragen: »Wie sehr würdest du dich anstrengen, mich zu halten, wenn ich kündige?« Jeder Chef soll sich bei jedem Mitarbeiter umgekehrt die Frage stellen: »Was würde ich wirklich tun, um ihn zu halten?« Leute, für die es sich nicht zu kämpfen lohnt, bekommen das gesagt und sollten gehen. »Wir sind ein Team und keine Familie«, fasst Hastings zusammen. »Es gibt keine lebenslange Mitgliedschaft. Von Zeit zu Zeit ist es gut, das Team zu wechseln.«

Im Vergleich zu dem, was in vielen deutschen Unternehmen gang und gäbe ist, erscheint das Beispiel Netflix wie von einem anderen Stern. In Deutschland wird oft noch nach Modellen geführt, die aus den 1980er-Jahren und früher stammen. Chefs sagen an, und Mitarbeiter folgen. Entscheidungen werden nicht begründet. Selbst offenkundige Fehlentscheidungen müssen kritiklos umgesetzt werden. Gehälter müssen in strenge Tarifraster passen. Arbeits- und Urlaubszeiten werden streng kontrolliert. Physische Anwesenheit ist Pflicht. Die Organisationsstrukturen gleichen Pyramiden, ähnlich wie bei der Armee: vom Gefreiten bis zum Leutnant, vom Oberst bis zum General. Vom Sachbearbeiter bis zum Abteilungsleiter, vom Bereichsvorstand bis zum Vorstandsvorsitzenden. Der Vorgesetzte, so die Grundannahme, ist inhaltlich besser qualifiziert als seine Untergebenen. Fachkompetenz berechtigt zum Aufstieg. An der Spitze soll die Bestqualifizierte stehen. Ist das einmal nicht der Fall, rückt die Beste nach – so die Fiktion. Ich besuche den Partner einer großen Personalberatung und frage ihn, nach welchen Prinzipien in Deutschland Führungspositionen vergeben werden. Er ist seit mehr als 30 Jahren im Geschäft und hat viele CEO-Positionen besetzt. »Karriere gilt als Lohn für große Anstrengung und lebenslanges Lernen«, antwortet er. »Eine logische Folge ist die Erwartung, dass die inhaltlich richtige Antwort auf jedes Problem vom Chef kommt.« Wer eine Führungsposition innehat, soll jederzeit für seine Mitarbeiter einspringen können und es dabei besser machen. Vom Leiter Rechnungswesen wird erwartet, dass er jede Kontierung schneller aus dem Ärmel schüttelt als seine Leute, der Bilanzchef kennt alle IFRS-Regeln aus dem Effeff, der Entwicklungsvorstand kitzelt das Letzte aus einer Gasturbine heraus, der Chefredakteur ist ein glänzender Journalist. »›Rück mal rüber, ich mache das jetzt selbst‹, soll ein guter Chef jederzeit sagen können und dabei allen zeigen, wie es geht«, erläutert der Personalberater.

In der industriellen Arbeitsteilung adelt Kompetenzvorsprung den Chef. Die großen Organisationen, die in der Industrialisierung entstanden sind, verdanken ihren Wettbewerbsvorsprung der Tatsache, dass sie Prozesse schneller und effizienter abwickeln können als ihre Wettbewerber. Diese Effizienz verlangt überragendes Fachwissen und fein ziselierte Arbeitsteilung. Es gewinnt, wer die besten Fachleute in absteigender Qualifikationsreihenfolge sortiert und das Sichtfeld des Einzelnen dabei immer weiter einengt, sodass sich alle geistigen Kapazitäten auf die Verbesserung immer kleinerer Details ausrichten. Anders ist der Produktivitätsfortschritt nicht zu gewährleisten, den der Markt- und Preisdruck ständig und noch dazu in wachsender Geschwindigkeit erzwingt. Auch hier drängt sich der Vergleich zum Militär auf. Napoleon gab auf dem Höhepunkt seines Erfolgs intuitiv die richtigen Antworten, wenn Untergebene ihm ein Problem meldeten. Dies führte dazu, dass er Schlachten gewann und seine Truppen ihm vertrauten. Wenn die Lage brenzlig wurde, kannte Napoleon die zielführende Lösung. »So ähnlich funktionieren die meisten etablierten Unternehmen«, sagt der Personalberater. Alle Mitarbeiter ruhen in der Gewissheit: »Wenn es eng wird, kennt der Chef den Ausweg.« Auch dem Chef ist diese Erwartungshaltung bewusst. »Er reflektiert die Hoffnungen, die auf ihn gerichtet sind, und hat sich in einem langen Berufsleben angewöhnt, bewältigte Krisen in Verhaltensmuster umzumünzen«, glaubt der Berater. Im Gehirn bilden sich Schaltungen heraus, die sein erfolgreiches Verhalten verfestigen. Je mehr Erfolgserlebnisse eine neuronale Schaltung auslöst, desto öfter wird sie chemisch belohnt, und desto stärker wächst sie heran. Schaltungen, die zu Flops führen, verkümmern; Schaltungen, die Erfolg bringen, gewinnen an Kraft.

Auf diese Weise gehen erfolgreiche Lösungsansätze und Verhaltensweisen in Fleisch und Blut über. Sie verbrauchen wenig Energie, sind sofort verfügbar und zünden so schnell wie ein Reflex. Firmen zahlen ihren Führungskräften mehr Geld als normalen Mitarbeitern, weil in deren Gehirnen Erfahrungen von Erfolg und Scheitern zu neuronalen Verbindungen geronnen sind, die sie dazu befähigen, schnell das Richtige zu tun. Man setzt Führungskräfte auf ihre Positionen, weil man damit jene wertvolle Zeit einspart, die weniger erfahrene Menschen benötigen würden, um auftretende Probleme in gleicher Qualität zu lösen. Je mehr erfolgreiche Lösungsstrategien im Kopf fest verschaltet sind, desto mehr kognitive Kapazität bleibt in Reserve, um über das unmittelbare Problem hinaus kreativ in die Zukunft zu denken. »Erfahrene Führungskräfte sind nicht nur schneller bei Routineaufgaben, sondern oft auch gute Planer und Strategen«, beobachtet der Berater. »Sie haben den Kopf frei für die Zukunft, weil sie nicht im Chaos der Gegenwart versinken.«

Erfahrung und Qualifikation aber wenden sich gegen Führungskräfte, sobald Disruption ins Spiel kommt. Machtverhältnisse kehren sich um. Lehrjahre werden Herrenjahre. Ahnungslosigkeit hebelt Erfahrung aus. Dies ist der Grund, warum viele Unternehmen untergehen, wenn sie nicht rechtzeitig verstehen, in welches Spiel sie hineingeraten. Hierarchie-Pyramiden sind nur so lange die beste Form der Führung, wie die Lage nicht zu komplex und der Wandel nicht zu schnell wird. Übersteigen Komplexität und Wandlungsgeschwindigkeit einen bestimmten Schwellenwert, erweisen sich Pyramiden als fatal und Netzwerke als die bessere Lösung. Jedes menschliche Gehirn, und sei es noch so genial, weist Beschränkungen auf. Es kann nur einen gewissen Grad von Komplexität erfassen. Selbst wenn es ihm einmal gelingt, eine komplexe Lage zu verstehen, kann es im nächsten Moment schon überfordert sein, wenn die Lage sich erneut geändert hat. Napoleons Niederlage bei Waterloo hatte viel mit Überkomplexität und hoher Veränderungsgeschwindigkeit zu tun. Disruption verläuft zwangsläufig mit hoher Geschwindigkeit und birgt ungeheure Komplexitäten. Die technologischen Revolutionen, die wir erleben, verlaufen exponentiell. Nahezu alle traditionellen Unternehmen aber denken in linearen Zusammenhängen. Der Umsatz steigt um 2 Prozent, die Mieten sinken um drei, die Personalkosten klettern um zweieinhalb, das Ergebnis schrumpft um vier – immer sind es lineare Entwicklungen. Alle Erfahrungen mit linearen Systemen lehren uns, dass nichts wirklich überraschend geschieht. Wir rechnen aus der Vergangenheit in die Zukunft hoch und lernen, dass wir damit meistens richtigliegen. Dies gilt genau so lange, bis exponentielle Prozesse auftauchen. Exponentialkurven fangen ziemlich flach an. Sie können lange unter einer geraden Linie herlaufen. Doch wenn sie die Linie erst einmal gekreuzt haben, gibt es kein Halten mehr. Das passiert früher, als man denkt.

Bei einem Gespräch mit Managern eines Industrieunternehmens erlebe ich den Start-up-Investor Christophe Maire. Mit ruhiger Stimme trägt er eine beunruhigende Botschaft vor: »Oft müssen Märkte gar nicht ganz zusammenbrechen, um ein Unternehmen in den Abgrund zu stoßen. Es reichen schon Einbrüche um 10, 20 oder 30 Prozent. Wenn Fabriken, Außendienste und Zentralen hohe Fixkosten produzieren, reichen schon moderate Umsatzverluste, um finanzielle Krisen auszulösen.« Der normale Firmentod kommt in kleinen, unscheinbaren Raten, glaubt Maire. *They never knew what hit them*, lautet eine amerikanische Redewendung, die in der Bankenkrise gern verwendet wurde: *Sie wissen nicht, was sie getroffen hat.* Dieser Ausdruck beschreibt treffend, was mit Organisationen geschieht, die nicht rechtzeitig aufwachen. Beim Angriff von Disruptoren gewinnen nie die besten Fachleute und mithin nie die Führungskräfte, die es im Laufe eines langen fachlichen Auswahlprozesses ganz an die Spitze gebracht haben. Sondern es gewinnen die Flexiblen und Kreativen – also jene, die Antworten auf existenzielle Fragen nicht von Anfang an zu kennen glauben.

»Die Führungskraft der Zukunft kennt nicht die Lösung, sondern organisiert den Prozess, der zum Finden der Lösung führt«, sagt der Personalvorstand eines modern denkenden Maschinenbauers beim Kongress der Deutschen Gesellschaft für Personalführung (DGFP) in Berlin. »Sie hält sich geistig offen. Sie ist nicht zwangsläufig selbst der beste Experte.« Am ehesten kann man die Führungskraft von morgen mit einem Wissenschaftler vergleichen, der ein Experiment durchführt, genau misst, welche Ergebnisse ihm die Wirklichkeit liefert, und dabei Stück für Stück den Aufbau seines Experiments korrigiert. Eine Biochemikerin, die ein neues Antibiotikum sucht, kennt die richtige Formel nicht vorab. Sie setzt Petrischalen mit Bakterien an, ändert die Zusammensetzung des Wirkstoffs Milligramm für Milligramm, probiert neue Kombinationen aus, schiebt Tausende von Proben in den Brutkasten, schaut den Zellen akribisch durch das Mikroskop beim Wachsen zu, zählt Zuwachs und Schrumpfen der Population und nähert sich per Versuch und Irrtum langsam ihrem Ziel. Ähnlich arbeiten erfolgreiche Führungskräfte in der Digitalisierung – sowohl bei den disruptiven Angreifern als auch bei den traditionellen Verteidigern. Sie wissen: Weil ich vorab nichts wissen kann, muss ich es ausprobieren und beobachten. »Deswegen darf man gute Leute auch nicht in der Transformation verheizen«, findet Florian Heinemann vom Investitionsfonds Project A. Er steht zwischen den Schreibtischen seiner Mitarbeiter, als er das sagt. »Das wollen die guten Leute gar nicht«, sagt er und blickt zwischen ihnen umher. »Sie haben kein Interesse daran, träge Gruppen von neuen Wegen zu überzeugen. Sie möchten es selbst machen, am liebsten mit einem guten Team von Gleichgesinnten.«

Angenommen, die richtige Führungskultur ist irgendwann gefunden. Dann ist das traditionelle Unternehmen immer noch nicht auf dem richtigen Kurs. Dahin kommt es erst, wenn es ihm gelingt, disruptive Innovationen hervorzubringen. Wie funktioniert das? Davon erfahren wir mehr im folgenden Kapitel.

Innovation: Großes denken, Neues wagen

Nur das wirklich Neue bringt Wachstum, nur große Konzepte erschaffen neue Märkte. Etablierte Unternehmen sollten Zentren für Disruption begründen und sie weit vom Stammgeschäft entfernt platzieren. Am besten setzen die Chefs sich an die Spitze der Bewegung.

»Kreativität ist kein Talent, sondern eine Methode des Arbeitens.«

John Cleese,
Schauspieler und Komödiant

Disruptoren greifen an, die Zeit ist knapp, und die Belegschaft liefert nicht genug radikale Innovationen – was tun? Eine der interessantesten Antworten, die ich in jüngster Zeit auf diese Frage gehört habe, stammt von Google. Ich verfolge die Entwicklung des Unternehmens in vielerlei Punkten kritisch, zum Beispiel beim Urheberrecht und beim Missbrauch von Marktmacht. Gleichzeitig beeindruckt mich immer wieder, wie kreativ die beiden Gründer Larry Page und Sergey Brin der Erstarrung vorbeugen, die jedem Unternehmen irgendwann droht. Google ist zu einem Riesen geworden. Mit der Größe wächst die Gefahr des Angriffs von Erneuerern. Auch in die Jahre gekommene Disruptoren werden irgendwann disruptiert. Page und Brin wissen das. Entscheidend für die Zukunftsfähigkeit ihres Unternehmens ist, ob sie auf ganz neue Ideen kommen. Nur das wirklich Neue bringt starkes Wachstum. Vor diesem Hintergrund war erstaunlich, wie radikal die Lösung für das Innovationsproblem ausfiel, die sie im August 2015 vorstellten. Die beiden Geschäftspartner gründeten eine neue Holding namens Alphabet, verließen ihre eigene Firma und übergaben die Führung von Google an den indischen Ingenieur und

Chrome-Entwickler Sundar Pichai. Page und Brin konzentrieren sich künftig auf ihre neue Firma. »Alphabet ist eine Sammlung von Firmen«, schrieb Page in einem offenen Brief an das Publikum. Neben Google gehören zu Alphabet »die anderen Wetten«, wie Page sagt – ein Wortspiel mit *bet* in Alpha*bet*. *To bet* heißt *wetten*. Gemeint sind Wetten auf das Große und Neue.

Page legte in seinen Brief unmissverständlich dar, was ihn bewegte: »Vor elf Jahren haben Sergey und ich im Gründungsdokument geschrieben: ›Google ist keine konventionelle Firma. Wir haben auch nicht vor, eine zu werden.‹ Damals kündigten wir an, kleinere Wetten einzugehen, die verglichen mit unserem Stammgeschäft spekulativ oder sogar seltsam aussehen.« Nun sei die Zeit gekommen, diese neuen Wetten von Google abzukoppeln. »Wir sind seit Langem überzeugt, dass alle Firmen sich mit der Zeit komfortabel in den Dingen einrichten, die sie können. Sie liefern nur noch inkrementelle Änderungen.« In diesen Zeilen enthalten war Kritik an den eigenen Reihen. Viele Google-Mitarbeiter und Börsenanalysten finden, Google solle bei seinen Leisten bleiben, statt in Medizintechnik, Transportdrohnen oder Pharmazie zu investieren. Diesen kritischen Stimmen setzte Larry Page nun ein selbstbewusstes Credo entgegen. Er schrieb: »In der Technologieindustrie treiben revolutionäre Gedanken die nächsten großen Wachstumsschübe an. Um bei diesen Wandlungen relevant zu bleiben, muss man es sich ein bisschen ungemütlich machen.« Er definierte die Herstellung von Ungemütlichkeit zur Managementmethode. »Wir möchten ehrgeizigere Ziele verfolgen, weiter in die Zukunft blicken, großartigen Unternehmern bei der Entfaltung helfen und Firmen florieren lassen.« Dann setzte er nach: »Vieles von dem, was wir getan haben, wirkte anfangs verrückt. Doch viele dieser Verrücktheiten haben nun eine Milliarde Nutzer, zum Beispiel Google Maps, YouTube, Chrome und Android. Wir bleiben dabei: Dinge, die andere für verrückt halten, treiben wir voran.« Seine eigene Rolle bei Alphabet beschrieb Page als die eines zurückhaltenden Ermöglichers, nicht als die eines Einmischers in das Tagesgeschäft: »Unsere Aufgabe ist es, die richtigen Chefs für diese Firmen zu finden und ihre Einkünfte festzulegen.« Nicht mehr und nicht weniger haben Page und Brin sich bei Alphabet vorgenommen.

Ob deutsche Unternehmen zu ähnlich radikalen Schritten bereit sind? Eher nein. Mir ist kein Fall bekannt, der mit Google vergleichbar wäre. Noch nie habe ich von der Führung eines namhaften Unternehmens gehört, die sich freiwillig aus dem Geschäft zurückgezogen hätte, um eine innovative Neugründung zu leiten. Es kommt hin und wieder zu milderen Varianten, beispielsweise zur Gründung eines Innovationslabors abseits der Zentrale. Allerdings wechselt das Top-Management dann nie dorthin. Innovationslabore gibt es in Deutschland inzwischen viele. Ich beschließe, mir eines dieser Modelle aus der Nähe anzuschauen. Als Beispiel suche ich mir Siemens aus. In der Zeitung hatte ich gelesen, dass Siemens ein solches Labor unter dem Namen *next47* plant. Der Konzern mit 75 Milliarden Euro Umsatz und 350 000 Mitarbeitern muss sich schnell digital transformieren. Im Kerngeschäft ist er zwar innovativ, doch mit disruptiven Geschäftsmodellen tut er sich schwer. Das ist es, was Vorstandschef Joe Kaeser meint, wenn er fordert: »Wir müssen innovativer werden.« Um mehr zu erfahren, bitte ich die beiden Vorstände Janina Kugel (Personal) und Siegfried Russwurm (Chief Technology Officer) um ein Gespräch.

Russwurm hat das Innovationsproblem erkannt und beschreibt, warum es so schwer ist, neuartige Innovationen aus einer bestehenden Organisation herauszukitzeln. Die Gründe liegen unter anderem in den unterschiedlichen zeitlichen Zyklen. Einerseits muss das Unternehmen in langen Zeiträumen planen. Die Anlagen, die es baut, laufen jahrzehntelang. Andererseits zwingt der technologische Wandel zu schnellem Handeln. »Wer Gasturbinen baut, muss langfristig denken«, sagt Russwurm. »Das hat seine Richtigkeit und geht gar nicht anders. Die Kunden, die Gasturbinen kaufen, verlangen völlig zu Recht den verlässlichen Betrieb über viele Jahrzehnte.« Weil Siemens diese Erwartungen erfüllt, sagt Russwurm, könne das Unternehmen mit gutem Recht von sich sagen: »Wir sind erfolgreich in evolutionärer Innovation.« Gleichzeitig aber, argumentiert Russwurm, müsse man besser werden bei disruptiver Innovation. »Es ist schwer, beides miteinander zu vereinbaren. In sehr langen und sehr kurzen Zyklen gleichzeitig zu arbeiten, stellt uns vor große Herausforderungen. Man gibt sich leicht der trügerischen Hoffnung hin, dass sie erst in zehn Jahren passiert, dann, wenn man seine Rente genießt«, sagt er. Diesem Eindruck möchte der Vorstand entgegenwirken, muss dabei aber aufpassen, die alten Stärken nicht über Bord zu werfen. »Wir müssen die richtige Balance finden«, glaubt Russwurm. »Das ist kitzelig. Es gilt, die unterschiedlichen Geschwindigkeiten zusammenzubringen.«

Als Lösungsversuch für das Innovationsproblem legt Siemens deswegen einerseits einen Innovationsfonds auf, der mit 100 Millionen Euro ausgestattet wird. Personalvorstand Janina Kugel erklärt, was es damit auf sich hat: »Dort sehen wir Produkte und Technologien, die wir heute noch nicht im Portfolio haben, die in ein bis zwei Jahren Umsätze bringen können und in den nächsten fünf Jahren in die üblichen Strukturen eingegliedert werden.« Mitarbeiter mit Ideen können sich um Investitionen aus dem Topf bewerben. Sie werden für das Projekt freigestellt. Wenn alles gut geht, bleiben sie im selbst aufgebauten Neugeschäft. Sonst kehren sie in ihre alte Einheit zurück. Mit diesem Fonds aber, das sehen Russwurm und Kugel realistisch, wird keine disruptive Innovation ins Unternehmen kommen. Deswegen starten sie zusätzlich das Projekt next47 in Anspielung an das Siemens-Gründungsjahr 1847. »Siemens war 1847 selbst ein Start-up – gegründet in einem Berliner Hinterhof«, sagt Vorstandschef Joe Kaeser. »Mit next47 folgen wir den Idealen unseres Gründers.« Ab dem 1. Oktober 2016 bündelt Siemens alles, was mit Start-ups zu tun hat, in next47. In neue Gründungen und Beteiligungen soll in den nächsten fünf Jahren eine Milliarde Euro investiert werden. Next47 wird im kalifonischen Berkeley, in Shanghai und München vertreten sein. Investitionsschwerpunkte sind moderne Antriebstechnik, künstliche Intelligenz, autonome Maschinen, dezentrale Elektrifizierung und vernetzte Mobilität. Ein so großes Innovationslabor mit derart zukunftsweisenden Themen hat noch kein anderes deutsches Unternehmen aufgelegt. Siegfried Russwurm wird next47 kommissarisch leiten: »In dieser neuen Einheit gehen wir an neue Geschäftsgrundsätze heran«, sagt er. »Es wird kein Ideengenerator. Auch keine Grundlagenforschung. Ich sehe es eher als eine Art Baumschule. Wir pflanzen und helfen beim Wachsen.«

Ich frage Russwurm, ob die Leute bei next47 den Auftrag bekommen, erfolgreiche Geschäfte von Siemens frontal anzugreifen. Er gibt er eine vorsichtige und abwägende Antwort, die zeigt, wie viel Rücksicht auf das Stammgeschäft genommen wird: »Man muss disruptiv denken, aber nicht immer der Erste sein, der den Stein wirft. Unsere Strategie sieht vor, dass wir auf jeden disruptiven Angriff vorbereitet sein wollen, der da kommen mag. Wenn er kommt, dann starten wir durch.« Also kein Auftrag zum Angriff auf das Kerngeschäft um jeden Preis. Das klingt nicht nach einem angriffslustigen Schlachtplan, sondern eher nach einer abwägenden Verteidigungsstrategie. Ist diese Vorsicht angebracht? Sicherlich steht Siemens unter dem Druck von Börsenanalysten, die hohe Gewinne verlangen. Der Vorstand kann nicht einfach profitable Geschäfte in dem Wissen zerstören, dass der neue disruptive Ansatz am Ende viel weniger Geld einspielen könnte als das alte Modell. Andererseits genießt Siemens auf vielen Feldern solch hohe Marktanteile und wertvolle Alleinstellungsmerkmale, dass sowieso niemand von außen angreifen kann. Welche Gründe könnten ihn in dieser Lage denn dazu veranlassen, die Genehmigung zum disruptiven Angriff zu erteilen?, frage ich Russwurm. Er nennt zwei: »Entweder jemand anders greift von außen an. Oder die Zeit ist einfach reif für eine Disruption. Oft gibt es Situationen, wo jeder weiß, das muss jetzt passieren. Dann kann man es auch gleich selbst machen.«

Mir kommen Zweifel, ob diese Strategie erfolgreich sein kann. Kann man sich wirklich die perfekte Antwort auf Disruption in die Schublade legen und sie erst herausholen, wenn ein Start-up angreift? Das würde nur dann funktionieren, wenn es wirklich die perfekte Antwort ist. Nach allem, was ich von erfolgreichen

Disruptoren weiß, entwickeln sie ihre Produkte aber gemeinsam mit dem Markt. Ein perfektes Produkt, das abseits des Marktes entsteht, kann es aus ihrer Sicht per Definition nicht geben. Aber zugegeben: Von den Siemens-Geschäftsfeldern verstehe ich so gut wie nichts. Vielleicht irre ich mich. Deswegen frage ich vertraulich zwei befreundete Strategen, die bei Siemens für digitale Transformation zuständig sind: Kann man Disruption auf Vorrat speichern? Zu meiner Überraschung sagen sie: »Ja, man kann. Nicht überall, aber auf wichtigen Gebieten schon.« Sie geben Siegfried Russwurm recht. Disruption auf Vorrat sei überall dort möglich, wo wegen hoher Markteintrittsbarrieren sowieso kein Angreifer von außen zu erwarten ist. Im Umkehrschluss gelte aber auch: Disruption auf Vorrat ist bei niedrigen Marktzugangsschwellen eine riskante Strategie, weil es immer sein kann, dass der Angreifer überraschend schnell zuschlägt. Anders ausgedrückt: Wer von Barrieren geschützt ist, kann den Zeitpunkt der Disruption beeinflussen. Wer schutzlos dasteht, genießt diesen Vorteil nicht.

Rechnet Siemens denn mit internen Widerständen gegen die Arbeitsergebnisse von next47? Daran hat Siegfried Russwurm keinen Zweifel. Er geht fest davon aus, dass es Widerstände geben wird, wahrscheinlich immer dann, wenn das Stammgeschäft helfen soll, Projekte des Innovationslabors mit anzuschieben. Doch er ist zuversichtlich, dass die Widerstände überwunden werden können: »Wenn kooperative Zusammenarbeit nicht funktioniert, dann bin ich eben Schumpeters Anwalt. Ich setze die Disruption durch«, verspricht er und erinnert damit an den Ökonomen Joseph Schumpeter (1883–1950), Erfinder des Konzepts der kreativen Zerstörung. »Als Chief Technology Officer bin ich nicht der Chefentwickler. Ich interveniere da, wo es nötig ist. Wenn der Dampfer läuft, lasse ich ihn laufen. Wenn nicht, dann greife ich ein.« Auch an dieser Stelle meldet sich bei mir ein leiser Zweifel. Disruption verläuft chaotisch und entzieht sich jeder rationalen Entscheidung durch ein Management. Man kann sie weder planen noch verhindern noch durchsetzen noch genehmigen. Sie geschieht einfach. Getrieben wird sie von komplexen Interaktionen auf offenen Märkten. Ich bin mir nicht sicher, ob sich mit Managemententscheidungen viel ausrichten lässt. Entweder befreit man Innovatoren von allen inneren Zwängen und lässt ihnen freien Lauf – dann bedürfen sie keiner Protektion mehr. Oder man tut es nicht, bekommt dafür dann aber nur handzahme Erfindungen. Wie dem auch sei: Russwurm scheint bereit, die Autorität seines Amtes in die Waagschale zu werfen, um disruptiven Innovationen intern zum Durchbruch zu verhelfen. Das sind neue Töne. Solche Entschlossenheit gab es bei Siemens früher nicht. In den vergangenen Jahren hat der Konzern große Fortschritte gemacht. Unterhalb der Aufmerksamkeitsschwelle hat er eine ganze Flotte von innovativen Start-ups aufgekauft. Joe Kaesers Talentsucher reisen um die ganze Welt, um aussichtsreiche Kandidaten zu finden. Zwar ist der Prozentsatz der digitalen Geschäfte am Umsatz noch gering. Doch im Vergleich zu anderen Dax-Konzernen verfolgt Siemens eine besonders mutige Strategie. So radikal wie Google ist er aber nicht. An die Chuzpe von Page und Brin reicht Kaeser nicht heran. Wer am Ende mehr Erfolg haben wird, muss die Geschichte zeigen. Google gegen Siemens – das ist auch eine Fallstudie über das richtige Maß an Radikalität.

Auch wenn es mittlerweile in Deutschlands Firmenwelt von Ankündigungen zu Innovationen und disruptiven Strategien nur so wimmelt, sind viele Unternehmen noch nicht so weit wie Siemens. Volkswagen-Vorstandschef Matthias Müller rief im Juni 2016 die Hinwendung zum elektrischen, selbstfahrenden Auto aus. Sein Vorgänger Martin Winterkorn hatte solche Pläne autoritär unterdrückt und in der internen Öffentlichkeit als Irrlehren verboten. In den Dieselbetrug konnte Volkswagen hineinlaufen, weil sich das Management nie ernsthaft mit der Elektro-Option beschäftigt hatte. Auch Daimler-Chef Dieter Zetsche entdeckte seine Liebe für Elektro-Innovationen erst, nachdem jahrelang nichts dergleichen geschehen war. Mir fällt auf, wie sehr die Strategien der großen Unternehmen, die in jüngster Zeit vorgestellt worden sind, einander gleichen. Sie erklären disruptive Innovationen zwar wortreich zum Ziel, ziehen daraus meist aber nur harmlose Schlussfolgerungen. Persönliche Konsequenzen scheuen fast alle Manager. Kaum jemand sagt: Ich setze mich an die Spitze der Bewegung und übernehme persönlich die Leitung. Stattdessen geht es immer um die Ausgründung von innovativen Einheiten. Man darf das mit gemischten Gefühlen sehen. Einerseits ist es gut, dass es zu diesen Initiativen überhaupt kommt. Das hat viel zu lange auf sich warten lassen. Andererseits fehlt eine gute Portion Entschlossenheit und Radikalität. Mercedes, kündigte Zetsche an, quartiert Mitarbeiter des Konzerns, gemischt mit Freiberuflern aus der Szene, in Berlin ein. Auf der Internationalen Automesse IAA 2016 in Frankfurt kündigte er an, wohin die Reise gehen soll: »Mercedes-Benz wandelt sich vom Automobilhersteller zum vernetzten Mobilitätsanbieter«, sagte er. »Wir sind kein Autohersteller mehr. Wir stellen dem Kunden immer die Mobilität zur Verfügung, die er gerade benötigt. Diese digitale Transformation ist bei uns in vollem Gange.« Eine Plattform namens *MercedesMe* bündelt alle Leistungen, so der Plan. Es soll eine Art Betriebssystem der Zukunft werden: vom Autokauf zum Reifenwechsel bis zum Rufen eines selbstfahrenden Autos.

Doch woher sollen die Ideen für die Inhalte der Plattform kommen? Wer setzt sie um? Auf die klassischen Strukturen allein will Zetsche nicht vertrauen. Sie scheinen ihm zu langsam und zu bequem. Deswegen hat er seinem Unternehmen eine Dependance in Berlin verordnet. Der Projektname lautet *Peninsula*. Der räumliche Abstand soll die zehn Mitarbeiter vor Hauspolitik, langen Abstimmungsschleifen, notorischen Zweiflern und Verzögerungstaktikern schützen. Der Name Peninsula ist mit Bedacht gewählt. Die Insel im Betahaus am Moritzplatz soll *splendid isolation* bieten, doch die Landbrücke ist immer noch breit genug, um ein völliges Verschwinden hinter dem Horizont zu verhindern. Das Peninsula-Team soll *Minimal Viable Products* liefern und seine Projekte direkt dem Vorstand präsentieren, ohne vorher durch die Fachbereiche verschlissen zu werden. Nach ähnlichem Muster hatte Mercedes 2013 einen innovativen Dienst namens *Boost by Benz* in Palo Alto gestartet. Eltern können ihre Kinder damit per Sammeltaxi sicher zum Sport oder in die Schule bringen lassen, ohne die zeitraubenden Fahrten selbst auf sich nehmen zu müssen. Entstanden ist Boost aus dem *Mercedes Benz Research and Development North America-Labor* in Palo Alto. Seit 1995 forschen und entwickeln die Daimler-Leute dort. Mit Boost haben die Entwickler eine gute Idee einfach in die Tat umgesetzt. Ohne weltweite Einführung; ohne lange Abstimmungen mit der Zentrale. Peninsula bekommt ähnlichen Freiraum. Doch kann das funktionieren? Reichen Versuchsballons, um riesige Gebilde wie Mercedes vom Boden abheben zu lassen? Die Zeit läuft ab. Viel Neues wird angekündigt, aber wird auch wirklich Großes gewagt? Bisher betreiben deutsche Unternehmen allenfalls eine aufmerksamkeitsstarke Ankündigungspolitik, bleiben mit ihren konkreten Plänen aber hinter der wilden Entschlossenheit der US-Digitalisierung zurück.

Auch Porsche reiht sich in die Gruppe der Innovations-Ausgründer ein. Vorstandschef Oliver Blume kündigte jüngst die Schaffung einer Porsche Digital GmbH in Ludwigsburg an. »Technologische Sprünge in der Automobilbranche – Elektrifizierung, Digitalisierung und Konnektivität – ein ganz neues Denken«, sagte er der *Stuttgarter Zeitung.* »Unser Ziel ist es, bei der Digitalisierung künftig ganz vorn mitzuspielen.« Wieder ist es das gleiche Muster: Eine eigene Firma abseits der Zentrale soll das Projekt vorantreiben. Geschäftsführer Thilo Koslowski ist vom IT-Beratungsunternehmen Gartner zu Porsche gekommen. 50 Leute bilden das Startteam. »Im nächsten Schritt werden Satelliten etabliert – in Berlin für Europa, im Silicon Valley für Nordamerika und eventuell in Peking oder Shanghai für Asien«, verspricht Blume. »Wir brauchen Leute, die Mut haben und bereit sind, Dinge auszuprobieren und auch einen Fehler zu machen.« Er wünscht sich Mitarbeiter, »die anders ticken«. Deshalb sei bewusst eine neue Gesellschaft gegründet worden. »Man braucht im digitalen Geschäft andere Prozesse, weil sich die Rahmenbedingungen extrem schnell verändern und die Reaktionsgeschwindigkeiten deutlich dynamischer sind.« Das Entwicklungszentrum in Weissach soll Mittelpunkt der schrittweisen Innovation bleiben. Alles aber, was Disruption bedeutet, soll bei Porsche künftig aus Ludwigsburg kommen. Ähnliche Wege beschreitet die BASF: Sie betreibt eine »New Business GmbH« für disruptive Innovationen sowie einen Venture-Fonds für Investitionen in Start-ups. Evolution und Revolution räumlich voneinander zu trennen, wird zum Metatrend. Sind die Innovationszentren mit genügend Macht, Geld und guten Leuten ausgestattet, um wirklich erfolgreich zu sein? Das werden wir erst in einigen Jahren beurteilen können. Bis dahin gilt es, auf das Beste zu hoffen. Zweifel am Wagemut ist mehr als angebracht. Die deutsche Wirtschaft muss erst noch beweisen, dass sie sich wirklich häuten kann.

Wie steht es um Klöckner?, frage ich mich. Europas größter Stahlhändler hat einige Jahre Vorsprung vor den Unternehmen, die jetzt erst ihre Offensiven ankündigen. Vorstandschef Gisbert Rühl hatte der Axel Springer-Delegation im Silicon Valley 2013 einen Besuch abgestattet. Er wollte sein Geschäft angreifen, bevor es jemand anderes tat. Ich vereinbare ein Gespräch, um auf den neuesten Stand zu kommen. Sind die ausgegründeten Innovationseinheiten wirklich produktiv? Gisbert Rühl antwortet selbstbewusst mit »Ja«. Aus Rühls Projekt ist etwas Handfestes geworden: vor allem ein Innovations-Labor namens *Kloeckner.i* mit Sitz im Loft eines Altbaus an der Berliner Brunnenstraße, Stadtteil Mitte. Ich fahre zu einem Besuch dorthin. Schon auf den ersten Blick komme ich mir wie im Silicon Valley vor. Zwei Dutzend Leute sitzen dicht gedrängt nebeneinander vor ihren Bildschirmen und arbeiten konzentriert. »Auftrag ist es, die Hälfte unseres Umsatzes so schnell wie möglich zu digitalisieren«, sagt Vorstandschef Rühl, als wir uns zum Kaffee niedersetzen. Er inspiriert Kloeckner.i regelmäßig und hat die disruptive Außenstelle zur Chefsache erklärt. »Stahlhandel besteht aus einer Kette von Ineffizienzen. Die Stahlfabriken kennen den Bedarf der Kunden nicht, und die Kunden wissen nicht, was die Werke produzieren.

Wir als Stahlhändler puffern diese Intransparenz durch kapitalintensive Lagerhaltung ab.« Weit mehr als eine Milliarde Euro sind bei Klöckner im Lager gebunden. »Hier setzen wir an«, erklärt Tim Milde. Er ist Geschäftsführer bei Kloeckner.i und setzt sich neben Rühl an den Tisch. »Wir bauen keine komplexen Gesamtlösungen, sondern schnelle und schlanke *Minimal Viable Products*. Wir testen Prototypen in der Praxis.«

Rapid Prototyping nennt sich das. Im Jargon der Start-up-Szene steht *Minimal Viable Product* für die Startvariante eines Produkts: schmal genug, um schnell und preiswert auf den Markt zu kommen, breit genug, um dem Publikum zu gefallen. Erfunden vom kalifornischen Gründer Eric Riess, Jahrgang 1979, sind *MVPs* zum Standard des Silicon Valley geworden. Sie testen Arbeitshypothesen und erheben keinen Anspruch auf Vollständigkeit. Kunden werden zu Komplizen. Ihre Reaktion, laufend gemessen, fließt in die nächste Version ein. Produkte werden nicht überladen mit Eigenschaften, die niemand nutzt; sie bleiben schlank und leisten das, was Kunden wünschen. Im Klöckner-Innovation-Hub beginnen Projekte mit Lern-Besuchen bei langjährigen Kunden des Stahlhändlers. »Das hat es so systematisch vorher nicht gegeben«, berichtet Rühl. »Wir schauen den Kunden tagelang bei jedem Handgriff zu. Dabei kommen die erstaunlichsten Dinge heraus.« Co-Geschäftsführer Christian Dyck ergänzt: »Zum Beispiel ist die Lieferbeziehung viel weniger digitalisiert, als wir das vorher dachten.« Viele Einkäufer drucken die Bestellempfehlungen ihrer Warenwirtschaftssysteme aus, redigieren sie von Hand und faxen die korrigierten Zettel an Klöckner. Disponenten dort tippen sie ab. Dyck: »Viele Einkäufer glauben, das System bestellt falsch. Das stimmt meistens auch. Die Algorithmen lernen nicht. Sie sagen den Bedarf nicht präzise voraus. Dahinter steckt alte Technik. Längst nicht so clever wie bei Uber oder Amazon.«

Über 100 verschiedene Warenwirtschaftssysteme sind in Deutschland im Einsatz, lerne ich. Aufwendige Software-Brücken verbinden sie. Standardisierte Schnittstellen gibt es nicht. Deswegen weiß niemand, wie der Markt tickt. Kunden sind ihren Lieferanten ausgeliefert. Ihnen fehlen Informationen. Den Wissensrückstand bezahlen sie mit überhöhten Preisen. Auch intern tappen die Einkäufer im Dunkeln. Sie bekommen ihre Informationen vom Produktionsplaner, doch was das Werk gerade jetzt verbraucht oder morgen verbrauchen wird, sehen sie nicht. »Transparenz muss her«, fordert Rühl. »Wir bauen die Plattform dafür.« Dieser Ansatz soll disruptiv wirken: Unweigerlich wird diese Plattform auf die Preise drücken. Normalerweise versuchen Firmen, genau das zu verhindern. Rühl aber möchte sein eigener Kannibale sein. »Die Schnittstellen müssen geöffnet werden«, findet er. »Wir brauchen einen transparenten Markt. Jeder muss die Schnittstellen anprogrammieren können, so wie bei Amazon.« Ein Test läuft mit dem Maschinenhersteller Trumpf. Dort wurde eine Blechschneide-Maschine entwickelt, die ihren Nachschub automatisch bei Klöckner ordert. Bis dato erledigten Einkäufer das per Hand. »Wir müssen lernen, Produkte einfach und zugänglich zu machen«, meint Rühl. Dazu gehört auch, Einschätzungen der Kunden nicht für bare Münze zu nehmen. »Wenn man sie befragt, schwindeln sie, weil sie gut aussehen wollen«, weiß ein Mitarbeiter von Kloeckner.i. Mithilfe von Prototypen findet er die Wahrheit heraus. »Am Nutzungsverhalten sehen wir, woher der Wind weht. Auch dann, wenn wir falschliegen. Fail fast, fail cheap.« Mein Besuch bei Kloeckner.i stimmt mich optimistisch. Zwar ist der Ableger ein winziges Unternehmen verglichen mit dem Stammgeschäft des Konzerns. Auch steht sein wirtschaftlicher Erfolg noch dahin. Doch es wird mit den richtigen Leuten an den richtigen Projekten gearbeitet, und gehandelt statt nur geredet. Das allein ist schon ein Fortschritt. Einzelne Pioniere tun also schon das Richtige. Vielleicht werden next47 von Siemens und andere Innovation Hubs diesen Vorbild ja folgen.

Meinen nächsten Besuch statte ich Rüdiger Grube ab, dem Chef der Deutschen Bahn. Wie sieht es mit Innovationen bei einem Giganten aus, der von seinem Eigentümer, dem Staat, gern an Wagemut gehindert wird? Grube spendiert ein leichtes Abendessen in der Vorstandslounge des Bahn-Towers am Potsdamer Platz in Berlin. Wieder ergibt sich das gleiche Bild: Auch die Bahn gründet Innovations-Einheiten aus, um mehr Schwung in die Entwicklung zu bekommen. »Wir haben jetzt sieben Labs«, berichtet Grube. »Sie bieten aus meiner Sicht die beste Chance, Disruption im Konzern zu betreiben.« An den Fingern zweier Hände zählt Grube seine Labore auf. Er kennt jedes Detail auswendig. Die Sache ist ihm wichtig. Erstes Lab war das Mobilitätslab in Frankfurt, offiziell D-Lab genannt. »Dort beschäftigen wir uns mit elektronischen Mobilitätsangeboten«, sagt er. Das zweite Lab erkundet gemeinsam mit dem Fraunhofer-Institut in Dortmund Disruption in der Logistik. Mindbox, das dritte Lab, mit Sitz an der Jannowitzbrücke in Berlin, arbeitet an Infrastruktur. Dort gibt es Hackathons – Programmierwettkämpfe – und die Möglichkeit, mit 25 000 Euro an neuen Ideen zu forschen. »Nach drei Monaten stellen die Teams ihre Ergebnisse vor, und wir entscheiden, ob wir das Thema weiterverfolgen oder nicht«, sagt Grube. Lab Nummer vier, Skydeck, ist ein Bahn-Inkubator in Frankfurt. Mitarbeiter des Unternehmens können neue Digitalangebote entwickeln. Gleich nebenan sitzt die DB Ideenwerkstatt, wo Kunden für Kunden arbeiten. Lab Nummer fünf kümmert sich um Computer-Technologie, Nummer sechs um autonomes Fahren: »Wir müssen uns auch mit Geschäftsmodellen beschäftigen, die nicht auf der Schiene, sondern auf der Straße stattfinden«, meint Grube. »Wenn das autonome Auto kommt, hat das enorme Auswirkungen auf den Schienenverkehr.« Auch das automatische Fahren auf der Schiene ist ein Thema. »Vor dem selbstfahrenden Auto müsste es eigentlich den selbstfahrenden Zug geben«, glaubt er. »Fahrdienstleiter und Lokführer sind in Zukunft vielleicht eine Person.« Lab Nummer sieben untersucht die Zukunft der Arbeit. In den sieben Labs arbeiten jeweils zwischen 20 und 50 Leute. 260 Digitalisierungsprojekte gibt es bei der Bahn. An 22 Start-ups ist sie beteiligt, darunter Flinkster, das Carsharing-Unternehmen, Flink, ein Bus-on-Demand-Dienst für bevölkerungsschwache Regionen, und ein Chauffeur-Service mit Elektro- und Hybrid-Autos, um die Transportlücke zwischen Bahnhof und Reiseziel bequem zu schließen.

Nach dem Besuch bei Grube unternehme ich einen Abstecher zur Zentrale von DB Netz am Berliner Hauptbahnhof. Dort arbeitet ein Team rund um den gebürtigen Schweizer Andreas Bürgler an neuen Geschäftsmodellen. Bürgler hatte mir eine Mail geschrieben und ein Gespräch vorgeschlagen. Das kam mir gelegen, denn ich wollte wissen, wie die Umsetzung von Innovationen bei der Bahn unterhalb des Vorstands funktioniert. Bürgler überrascht mich durch ausgesprochen radikales Denken. Er dekliniert die Auswirkungen von Plattformen auf das Geschäft der Bahn durch: »Selbstfahrende Autos bedeuten, dass die Bahn ihren Vorteil bei Geschwindigkeit und Bequemlichkeit verliert«, sagt er. »Was machen wir, wenn die Leute von Stuttgart nach Köln mit dem autonomen Shuttle fahren?« Dann kommen sie nicht mehr am Bahnhof vorbei. »Das wird die Besucherfrequenz am Bahnhof verringern und alle Geschäfte betreffen, die dort gemacht werden. Nicht nur die Geschäfte der Deutschen Bahn, sondern auch die der Einzelhändler. Wir könnten von den Verkehrsströmen abgeschnitten werden. Damit wir trotzdem weiter relevant bleiben, sollten wir in Plattformen investieren, die den Personenverkehr der Zukunft organisieren.« Noch ist das Zukunftsmusik. Im heutigen Getümmel an den Bahnhöfen ist gar nicht daran zu denken, dass die Besucherströme irgendwann einmal ausdünnen könnten. Deswegen peilt Bürgler neben seinen langfristigen Visionen auch Projekte an, die weitaus kurzfristiger wirken. Zum Beispiel wurmt ihn die geplante Investition in neue Anzeigetafeln, die für eine Milliarde Euro auf den Bahnsteigen installiert werden sollen. »Lieber sollten wir Kunden präzise Informationen über die Ankunft des Zuges aufs Smartphone spielen«, sagt er. »Und wenn sie keines haben, dann sollten wir es ihnen schenken. Das ist billiger als die neuen Tafeln.« Bürglers Team denkt nicht nur über Anzeigetafeln nach. Es konzipiert auch andere Geschäftsmöglichkeiten, die als Konsequenz aus der Digitalisierung erwachsen könnten. So schweben ihm intelligente Schließfächer an den Bahnhöfen vor, an denen Pendler ihre Online-Einkäufe abholen können – in Korea heute bereits Wirklichkeit. Auch regt Bürgler digitale Plattformen an, die genau die richtige Menge Taxen und Uber-Limousinen an den Bahnhof dirigieren, um ankommende Fahrgäste zu ihren Reisezielen zu bringen. Zahlreiche weitere Vorschläge stehen auf seiner Liste. Die anderthalb Stunden bei Bürgler erweisen sich als lehrreich und unterhaltsam, denn er stellt die richtigen Fragen: Was nervt am Bahnhof? Wie kann man Wertschöpfungsketten sprengen und der Bahn Umsätze wegnehmen? Solche Fragen stellen sich sonst nur Disruptoren. Andreas Bürglers Team arbeitet konkrete Chancen heraus, wo andere nur abstrakte Gefahren sehen.

Auch bei anderen Unternehmen gibt es Querdenker vom Dienst. Bei einer Veranstaltung treffe ich Paolo Bavaj von Henkel. Er ist für Innovationen in der Klebstoffsparte verantwortlich – eine der wichtigsten Produktlinien des Konzerns. Eines seiner Teams arbeitet an der Abschaffung von Klebstoffen. Geforscht wird beispielsweise an Klemm- und Steckverbindungen, die Klebstoff überflüssig machen. Und Materialien, die auch ohne Kleber aneinanderhaften. Auch Klimatechniker Viessmann ist beim Trend zu Innovation Hubs mit dabei. »Moonshots with WATTx« – die Sterne vom Himmel holen – steht über der PowerPoint-Präsentation, die Bastian Bergmann mir zeigt. Bergmann ist Geschäftsführer des Viessmann-Hubs WATTx in Berlin. Auch er denkt systematisch darüber nach, wie Viessmann sich gegen mutige Neuerungen zur Wehr setzen kann. »Wir überlegen, wie die Welt aussieht, wenn Sensoren jeden einzelnen Gegenstand zum Leben erwecken und mit dem Netz verbinden«, sagt er. »Wie wird das Klima in Räumen gesteuert? Wer verdient womit Geld? Wie kann Viessmann daran teilhaben?« Manche Produkte bauen Bergmann und Kollegen selbst. Andere geben sie zurück an die Zentrale. »Wenn unsere Innovation nah am Kerngeschäft ist, wird das Produkt in der Zentrale in Serie gebaut oder in vorhandene Produkte integriert. Wenn nicht, gründen wir aus.« Konflikte mit der Heimat sind programmiert. Ein Labor weitab der Zentrale für alle Zukunftsthemen? Das weckt zwangsläufig Widerstände. »Wir müssen die Gruppe mitnehmen«, weiß Bergmann. »Sonst funktioniert es nicht.« Führungskräftetagungen in Start-up-Clustern, Lernreisen und Austauschprogramme helfen, Silodenken und Schutzhaltungen überwinden. »Entwicklung, Produktion, Marketing, Vertrieb, Finanzen – klassische Aufteilung verhindert disruptive Ansätze«, glaubt Bergmann. »Das ist ein bisschen wie in der Schule. Guck nicht in mein Heft, schreib nicht bei mir ab – damit kommt man im Netz nicht weit.«

Nach diesen Gesprächen mit etablierten Unternehmen möchte ich noch die Meinung eines Start-ups hören. Sitze ich vielleicht der Werbemasche traditioneller Firmen auf und verbreite ihre PR-Botschaften? »Wir haben alles im Griff. Bei uns gehört radikale Innovation mit zum Programm« – das sagen jetzt alle gern, weil sie merken, wie weit sie bei der Digitalisierung zurückgefallen sind. Ich möchte hören, wie disruptive Start-ups über Innovationen sprechen. Als Kronzeuge suche ich mir Marc Strigel aus, den Chief Operating Officer der Musikplattform SoundCloud. Seine Firma ist ein hoch erfolgreiches junges Unternehmen: Aus Europa kommend, gehört es zu den meistgehörten Musikdiensten der Welt.

Mark Strigel war einmal Kitesurfer. Den Vergleich zu dieser Sportart zieht er heran, um seine Gedanken über Innovation zu beschreiben. Er sagt: »Man bekommt beim Kitesurfen gleich am Anfang beigebracht: Du musst eine Acht fahren. An den Rändern ist wenig Druck. Da muss man irgendwie durch. Richtig Speed gibt es in der Mitte. In der Powerzone. Da, wo sich die Linien kreuzen. Darum geht es beim Kitesurfen: in der Powerzone hart heranzugehen. Große Geschwindigkeit aufzunehmen.« Etablierte Unternehmen, findet Strigel, verschwenden zu viel Zeit am Ende der Acht. Sie gehen nicht hart an den Wind. »Aktives Management bedeutet, dorthin zu gehen, wo es kracht. Sich in Spannungsfelder hineinzuwagen«, sagt er. »Gute Start-ups zielen voll auf die Mitte. In die Zone des größten Drucks. Da kommt die Kraft her. Deswegen sind sie so innovativ und so schnell.« Organisationen werden kreativ, wenn sie den Disput wollen, die Polarisierung suchen und viele Meinungen zulassen, die in sich sehr unterschiedlich sind. »Da kommt die Kraft her«, beobachtet Strigel. »Je unterschiedlicher die Mitarbeiter sind und je stärker sie sich aneinander reiben, desto wilder die Powerzone.« Konsens-Kultur in traditionellen Unternehmen nimmt Geschwindigkeit heraus, intern wie extern. »Wenn alle gleich sein wollen und abweichende Meinungen geächtet werden, schaltet die ganze Organisation ein paar Gänge herunter«, glaubt Strigel. In der Außenwirkung genauso: Produkte, die nicht radikal anders, widersprüchlich, unvollkommen, aber grandios in ihrer visionären Kraft sind, erzeugen kein Turbowachstum. Maßlosigkeit im Anspruch setzt Kräfte frei.

Da ist er, der Sound der echten Innovation, den ich bei vielen traditionellen Unternehmen vermisse. Täusche ich mich, oder gibt es da nicht wirklich einen eklatanten Unterschied in Sprache, Ansatz und Energie? »Mehr davon!«, denke ich, als ich zuhöre, wie SoundCloud die Welt verändern möchte. Warum können nicht auch ältere Unternehmen diese herrliche Maßlosigkeit in sich wiederentdecken? Ihre meisterhafte Beherrschung von Abläufen und Prozessen hat die alte Leidenschaft verschüttet. Wie schade eigentlich, liegt diese Leidenschaft doch tief eingebettet in der unternehmerischen Tradition unseres Landes. Wir müssen sie nur hervorholen. Eine viel zu selten erzählte Geschichte ist die von Adolph Müller, einem 35-jährigen Kaufmann aus dem Hagener Ortsteil Wehringhausen. Sie ist derzeit meine Lieblingsgeschichte über die Pionierleistungen unserer Ahnen und darüber, wie leicht es doch eigentlich wäre, ihre Tugenden und Erfolge wiederzuentdecken. Müller war jemand, der groß und neu dachte.

Am 27. Dezember 1887, dem ersten Werktag nach dem Weihnachtsfest, gründete Adolph Müller mit einem Kompagnon die Firma Büsche & Müller, Deutschlands erste Akkumulatoren-Fabrik. Müller, ein Autodidakt in Sachen Technik, hatte als Erster die wirtschaftliche Bedeutung der neuartigen Tudor-Akkus erkannt; zu einer Zeit, als Elektrik noch eine junge, wilde Pionierwissenschaft war. Freunde und Familie steckten ihm das Gründungskapital zu – *Bootstrapping* durch *Friends & Family,* würde man heute sagen. Müllers Hightech-Start-up landete einen Achtungserfolg und erregte die Aufmerksamkeit dreier anderer junger Firmen: Siemens & Halske, AEG und Deutsche Bank. Die Deutsche Bank war damals selbst noch ein Teenager und so jung wie hungrig; die AEG hatte nur vier Jahre Vorsprung vor Müller. Gemeinsam traten die Köpfe dieser Firmen an, aus Batterien ein Riesengeschäft zu machen. Sie möbelten Müllers Fabrik auf, leisteten aktive Managementhilfe und wandelten die Klitsche in eine Aktiengesellschaft namens *Accumulatoren Fabrik Aktiengesellschaft Berlin-Hagen (AFA)* um. Damals wie heute war Berlin ein Start-up-Zentrum, und groß werden konnte man als Gründer aus der Provinz am besten, indem man Förderer aus der quirligen Hauptstadtszene fand. Aus der *AFA* wurde die *Varta (Vertrieb, Aufladung, Reparatur transportabler Akkumulatoren)* und erlebte gewaltigen Erfolg. Fast ein Jahrhundert lang dominierte Varta die Batterieindustrie. Doch heute ist sie nur noch ein Schatten ihrer selbst. Deutschland hat die Technologie-Führerschaft bei Batterien verloren.

Der moderne Adolph Müller heißt Elon Musk, stammt aus Südafrika und hat in Kalifornien mit Tesla die innovativste Batteriefirma der Welt aufgebaut. Dabei hat Musk die Lithium-Ionen-Batterie genauso wenig erfunden wie Adolph Müller den Tudor-Akku. Musk stolperte über die Lithium-Ionen-Batterie, als er ein Elektroauto bauen wollte und Stromspeicher brauchte. Die komplizierte Brennstoffzellentechnologie, eigentlich Favorit als Energielieferant für Elektro-Autos, lag fest in der Hand traditioneller Autokonzerne wie Daimler, die bereits Milliarden investiert hatten. Musk besaß weder das Geld noch die Zeit, auf billige, massenhaft verfügbare Brennstoffzellen zu warten. Also nahm er das, was es schon gab: Batterien aus Handys. Er koppelte sie zu Kraftpaketen zusammen und lernte, diese zu beherrschen. Einige Batterieexplosionen und Autobrände später gelang ihm das.

Auch Adolph Müller war über seine Technologie eher zufällig gestolpert. Er lernte Henri Owen Tudor auf einer privaten Reise kennen; einen Tüftler aus der Eifel, Sohn eines britischen Vaters, nicht verwandt mit dem englischen Königsgeschlecht. Tudor war ein Ökofreak der frühen Stunde und träumte vom autonomen Bauernhof mit fortschrittlicher Biolandwirtschaft. In mühevoller Kleinarbeit bastelte er für seinen Hof in Luxemburg eine Windkraftanlage samt Akku zusammen, um auch bei Flaute Licht zu haben. Müller, neugierig und hungrig wie Musk, bestaunte die Anlage und ließ seinen Gründergenen freien Lauf. Er kommerzialisierte die Erfindung des Ökobauern und brachte die Technik in jedes Auto, nachdem er verstanden hatte, dass Batterien besonders der aufblühenden Autoindustrie gute Dienste leisten konnten.

Erstaunlich sind die Parallelen zwischen diesen beiden Unternehmern, die mehr als 100 Jahre trennen: Musk und Müller – beides keine Erfinder, aber beides Männer, die Erfindungen anderer Leute groß herausgebracht haben. »Es schmerzt mich, es zu sagen, aber Tesla hat bisher strategisch alles richtig gemacht«, gab Audis Elektroauto-Chef Stefan Niemand beim Technischen Kongress des Verbandes der Automobilindustrie (VDA) in Ludwigsburg zu. Kanzlerin Angela Merkel ist ebenso besorgt: »Es muss uns gelingen, ein Schwerpunkt der Batterieindustrie zu bleiben. Das ist eine Schlüsseltechnologie des 21. Jahrhunderts. Wir dürfen sie nicht verlieren.« Während die Deutschen ihre Wunden lecken, stürmt Elon Musk weiter voran. Sein neuer Tesla, Modell 3 (35 000 Dollar Kaufpreis, 340 Kilometer Reichweite, Beschleunigung von 0 auf 100 in 6 Sekunden), verbuchte innerhalb weniger Tage nach der Präsentation 400 000 Vorbestellungen. Jeder Interessent leistete 1000 Dollar Anzahlung. Ohne Musks Pionierleistungen bei der Batterietechnologie könnte er ein solches Auto nicht bauen. Der Fall zeigt, wie Exzellenz in einer Branche Vorherrschaft in einer anderen mit sich bringen kann. Teslas *Powerwall*, ebenfalls ein Bestseller, überträgt den Erfolg in Privathäuser. Die Powerwall speichert überschüssigen Solarstrom während des Tages und gibt ihn nachts oder bei Regenwetter wieder ab. Musk, getrieben von unstillbarem Appetit, sieht es diesmal auf E.on, RWE, Vattenfall und andere Energieversorger ab. Ihnen will er den Speer der Innovation genauso zwischen die Rippen rammen wie den Autobauern. Mit der Powerwall koppeln sich Privathaushalte von Energieversorgern ab. Ob die Strom-Manager das rechtzeitig erkennen? Die Chancen stehen schlecht. Wie jede Disruption sieht die Powerwall harmlos und verspielt aus. Man lacht sie schnell weg, so, wie der Tesla von der Automobilindustrie viel zu lange belächelt worden ist. So lange, bis es zu spät war. Mehr Innovationen hervorzubringen, würde uns leichter fallen, wenn wir uns wieder etwas mehr auf die vergessenen Tugenden eines Adolph Müller besännen.

Das Große und Neue entsteht nicht überall. Es gedeiht am besten dort, wo viele kreative Menschen unterschiedlicher Herkunft und Ausbildung hinkommen. Cluster treiben die Entwicklung an. Für Firmen in Randlagen bedeutet das: Wenn sie den Clustern fernbleiben, holen sie niemals auf. In Palo Alto, Tel Aviv und Berlin dabei zu sein, wird unerlässlich. Das schauen wir uns im nächsten Kapitel genauer an.

Standort: Dorthin gehen, wo die Talente sind

Um dem Wandel zu folgen, müssen Unternehmen ihre Leute in Zentren der Innovation schicken. Wer am falschen Ort ist, hängt der digitalen Entwicklung hinterher. Erfolgreichstes Cluster in Deutschland ist Berlin. Doch im internationalen Vergleich liegt auch Berlin weit zurück.

Der Berliner Moritzplatz ist nur für wachsame Fußgänger zu überqueren. Dichter Verkehr brandet tagein, tagaus die vierspurige Heinrich-Heine-Straße von der Jannowitzbrücke zum Landwehrkanal hinunter und quält sich ungeduldig durch den Kreisverkehr am Moritzplatz. Früher war diese Strecke ein Insidertipp als Abkürzung zwischen Mitte und Stadtautobahn, heute kennt den Weg jeder. Die Strecke führte durch den vergessenen Teil von Kreuzberg: ein verödetes Niemandsland gleich neben der bunten Oranienstraße mit ihren Spelunken, alternativen Cafés und Dönerbuden. Dann kam vor knapp zehn Jahren endlich Leben an den Moritzplatz. Der Aufbau Verlag riss das verwaiste Bechstein-Haus ab, eine hässliche, rötlich verspiegelte Betonruine, und setzte an seine Stelle ein quirliges Kultur- und Geschäftszentrum, in das der Verlag selbst einzog. Gleich gegenüber räumten Bürger eine vermüllte Brache auf und pflanzten einen charmanten Nutzgarten, die *Prinzessinnengärten*. Über die Gemüsebeete und Komposthaufen schaut nebenan ein fünfstöckiger Zweckbau mit grauer Brandwand. In diese architektonische Banalität hinein bauten junge Gründer einen aufregenden Co-Working-Space namens *Betahaus*. Im Erdgeschoss logiert ein Café mit schlicht gezimmerten Holzmöbeln, in den Etagen darüber liegen Konferenz- und Veranstaltungsräume, alles im Stil irgendwo zwischen Jugendherberge und Stadtteilzentrum. Bunt bemalt, robust, abwaschbar und zweckdienlich. Aufbau-Haus, Prinzessinnengärten und

Betahaus veränderten den Moritzplatz von Grund auf. Aus dem Nichts wuchs ein Gründerviertel, das Start-ups, Musikgeschäfte und Restaurants anzog. Im Betahaus herrscht reges Kommen und Gehen. Den Blick auf ihre Laptops geheftet, sitzen die Gäste des Cafés vor ihren Croissants, Müslis und Espressos. Kaum jemand hebt den Blick, wenn die Tür aufgeht, nur wenige sprechen. Woran die Leute arbeiten, kann ich nicht sicher sagen. Erledigen sie Mails, oder schreiben sie Programme? Die wenigsten von ihnen arbeiten im Team; das leicht Verträumte gehört zum Stil. So wie hier oder im legendären Café St. Oberholz in Mitte sah die Berliner Start-up-Szene früher überall aus: Einzelkämpfer, die ihren vagen Projekten nachgingen, aber kein Geld für Mitarbeiter hatten. Gründen war mehr ein Lebensgefühl als ein Beruf, ähnlich wie »Malen« oder »irgendwas mit Medien machen«.

Das etwas versponnene Flair im Café des Betahauses wird innig gepflegt. Ein sympathisches Relikt aus den frühen Jahren, gut geeignet, den Entsandten von Konzernen vor Augen zu führen, wie andersartig die Gründerkultur im Vergleich zu ihrer Zentrale doch ist. »Wir waren definitiv Pioniere«, sagt Madeleine Gummer von Mohl, eine der Gründerinnen des Hauses. 2009 hatte sie mit fünf Freunden losgelegt. Ableger des Betahauses gibt es mittlerweile in Hamburg, Barcelona und Sofia. »Entstanden ist die Idee aus einem Event für Start-ups, dem Betapitch«, erzählt sie. »Am Anfang verstanden die Leute nicht, was wir wollten. ›Das ist verrückt!‹, sagten sie. ›Wer will sich denn die Business-Pläne anderer Leute anhören? Das ist langweilig!‹« Doch Gummer von Mohl sollte recht behalten. In Netzwerken zu arbeiten, erwies sich als kraftvolles Konzept. Ideen zu teilen, mit Fremden zu sprechen, der engen Sphäre der eigenen Firma zu entfliehen, Präsentationen vor Gleichgesinnten zu testen, Produkte mit anderen Gründern auszuprobieren, harsche Kritik zu hören, Unverständnis zu ernten, wieder aufzustehen, eine neue Runde zu drehen, Stück für Stück besser zu werden – solche Dinge machen das Arbeiten in Co-Working-Spaces produktiver als in starren, formalisierten Strukturen. »Impulse von außen, von Leuten, die anders denken als man selbst, ist das Wichtigste, was man sich wünschen kann«, glaubt Gummer von Mohl. »Je schneller die Märkte sich ändern, desto wichtiger wird das. Vielfalt bringt mehr als Monokultur.« Wer sich verändern möchte, sollte nicht den ganzen Tag lang die gleichen Leute sehen. Dieser Ansatz, vor einem Jahrzehnt noch unerhört, ist heute Mainstream geworden. In New York arbeiten bereits etwa 5 Prozent der Menschen in Co-Working-Spaces. Manche Experten, die ich gefragt habe, glauben, dass es in zehn Jahren mehr als die Hälfte oder sogar fast alle werden könnten. Immer öfter schicken Konzerne Abgesandte in solche Zentren.

Im Betahaus hat sich Viessmanns Innovation Lab WATTx ebenso eingemietet wie die Peninsula von Daimler. Das Co-Working-Haus *Factory,* ebenfalls in Berlin, vermietet bald gar keine Räume mehr, sondern verkauft nur noch Mitgliedschaften: »Wir bringen etablierte Firmen mit Start-ups zusammen«, sagt Mitgründer Niclas Rohrwacher. »Dafür schaffen wir das passende Klima.« Seine Kollege Grant Powell, Geschäftsführer des Co-Working-Spaces *Central Working* aus London, bestätigt: »Auch bei uns kam vieles auf die Einrichtung an. Die Möbel, die wir brauchten, wurden gar nicht gebaut. Wir haben sie eigens entwerfen lassen. Möbel, die Austausch und Dichte ermöglichen, die echte Kreativität ermöglichen – das hatte die Industrie gar nicht im Programm.« Kollaboration ist traditionellen Unternehmen nach seinem Eindruck leider nicht so wichtig.

Eine Welle der Professionalisierung hat Berlin ergriffen. Die Stadt weiß selbst nicht, wie ihr geschieht. Deutschlands wirtschaftlich schwächste Metropole – arm, aber sexy; vollständig abhängig von Länderfinanzausgleich und Transfereinkommen – ist Schauplatz eines veritablen Start-up-Booms geworden. Viel kleiner als im Silicon Valley, dennoch nicht mehr zu übersehen. Etablierte Konzerne strömen nach Berlin, um von jungen Innovatoren zu lernen. Millionen fließen in Start-ups. Erste Unicorns – Start-ups mit einer Bewertung über einer Milliarde – sprießen hervor. Zum Beispiel Modehändler Zalando (Börsenwert 6,8 Milliarden Euro) und

Obst- und Gemüselieferant HelloFresh (Bewertung in der jüngsten Runde 2,6 Milliarden Euro). Damit hätte nach dem Mauerfall niemand gerechnet – mich eingeschlossen. West-Berlin, berüchtigt für seine Wirtschaftsfeindlichkeit und Leistungsferne, als Start-up-Oase? Das schien mir genauso utopisch wie Ost-Berlins Aufstieg aus ramponierter Bausubstanz und sozialistischer Misswirtschaft. Junge Talente fühlten sich von der Stadt angezogen, weil es sich preiswert wohnen ließ; Wohn- und Gewerberaum bestand im Überfluss. Gut bezahlte Jobs in Hauptverwaltungen hielten niemanden davon ab, sein Blogprojekt zu starten. Einfach deswegen, weil es weder Hauptverwaltungen noch gut bezahlte Jobs gab.

Das Chaos der Nachwendejahre, die Katerstimmung nach dem Dotcom-Crash und die Unruhe nach der Finanzkrise lockten Entrepreneure, Programmierer und Designer nach Berlin. Investoren folgten dem Strom. Eine brodelnde Off-Szene entstand; anfangs ehrgeizig, verspielt, selbstverliebt, eigensinnig, herzzerreißend unprofessionell, dann aber zunehmend gepackt vom Willen, ernsthafte Produkte zu entwickeln. Die erfolgreichen Brüder Marc, Oliver und Alexander Samwer wanderten aus Westdeutschland in die Hauptstadt ein, nachdem sie ihren Online-Marktplatz Alando 1999 für geschätzte 43 Millionen Dollar an eBay verkauft hatten. In Berlin bauten sie den Klingelton-Anbieter Jamba und schließlich Rocket Internet auf, den Risikokapitalgeber und Inkubator, der Publikumserfolge wie Westwing, Home24 und Zalando herausbrachte und 2014 an die Börse ging. Axel Springer wandelte sich in Berlin vom Print- zum Internetunternehmen. Den geringsten Anteil am Erfolg der Wirtschaft kann die Politik für sich reklamieren. Sie regiert die Stadt so schlecht, dass niemand etwas von ihr erwartet und kaum jemand sie ernst nimmt. Ein aus Nordrhein-Westfalen zugewanderter Gründer erzählt mir: »In Köln und Düsseldorf überschlagen die Stadtverwaltungen sich mit Förderprogrammen für Gründer.« Seltsamerweise sind sie damit viel weniger erfolgreich als die desinteressierten, mauligen Berliner. »Totale Freiheit und das Gefühl, nicht gestört und nicht bevormundet zu werden, das ist es, was Gründer mögen.« Marc Strigel,

Chief Operating Officer von SoundCloud, findet: »Meiner Meinung nach gibt es in Deutschland keine andere Stadt, die so kosmopolitisch ist. Wo man Talente aus aller Welt hinziehen kann.«

Die heutige Aufbruchsstimmung erinnert an die Gründerzeit nach der Reichsgründung. An das Bauhaus, als Unternehmer und Werkstätten kreative Netzwerke zum gegenseitigen Nutzen bildeten, und an die frühen Jahre des Silicon Valley. »Die Gründerszene Berlins ist so unübersichtlich, wie es sich für aufstrebende Cluster gehört«, sagt Frank Schmiechen, Chefredakteur der Webseite *Gründerszene*, die zur Gruppe der *Welt* gehört. »Selbst Kenner kennen nicht alles. Man verliert schnell den Überblick. Alles ist im steten Wandel.« Die Zeitschrift *The Hundert* gibt alle paar Monate opulente Ausgaben heraus, die versuchen, mit dem Boom Schritt zu halten. Gründerinnen und Gründer werden darin fast so aufwendig inszeniert wie Hollywoodstars in *Vanity Fair*.

Investoren wie Bill Gates, Mark Zuckerberg, Peter Thiel und Elon Musk haben Berlin als Ort der Inspiration und Geldanlage entdeckt. Thiel beteiligte sich an der Bezahl-App Number26 und der Foto-App EyeEm. Besonders Number26 (heute N26) entwickelte sich in kürzester Zeit zum Renner. Gestartet im Frühjahr 2014 im Axel-Springer-Akzelerator Plug and Play, legte Peter Thiel nur ein Jahr später 10 Millionen Dollar in das Projekt ein. Schon diese Summe sorgte für eine kleine Sensation. Im Juni 2016 kamen weitere 40 Millionen Dollar in einer neuen Kapitalrunde zusammen. Die beiden Gründer Valentin Stalf und Maximilian Tayenthal liegen damit auf Platz 2 der größten deutschen Finanzierungsrunden für Finanz-Start-ups. Ich reibe mir die Augen, wie schnell der Erfolg von N26 zustande kam. Als sie ihr Projekt bei Plug and Play vorstellten, saß ich im Publikum. Stalf und Tayenthal hatten vor, eine Kreditkarte für Kinder zu starten, genannt *Papayer* – das war ihre ursprüngliche Idee. Sie kam nicht besonders gut an, doch die Gründer machten Eindruck und wurden angenommen. Kaum hatten sie ihre Arbeitsplätze im Großraum von Plug and Play aufgeschlagen, wurden sie von ihren Mentoren gefragt: »Wollt ihr wirklich eine Kreditkarte für Kinder auflegen? Oder wollt ihr in Wahrheit die Bank der Zukunft bauen?« Stalf und Tayenthal antworteten: »Die Bank der Zukunft natürlich. Doch wenn wir das von Anfang an gesagt hätten, wären wir doch wohl nie in das Programm aufgenommen worden. Man hätte uns für größenwahnsinnig gehalten.« Mitte 2016 verzeichnete N26 schon 160 000 Kunden. Zum Jahresende soll es eine halbe Million werden, auch wenn das Unternehmen in die Kritik geraten war, nachdem es Vielnutzern von Geldautomaten von sich das Konto aus gekündigt hatte. Das Zwei-Mann-Start-up hat sich zur schnellstwachsenden Online-Bank der Republik gemausert. Allein schon Peter Thiels Name als Investor verlieh dem Projekt zusätzlichen Schub. Jedes Mal, wenn Geld von Stars wie Thiel nach Berlin kommt, geht ein Raunen durch die Szene: »Wir holen auf. Man nimmt uns wahr«, klingt es dann aus allen Ecken und Enden. Oft sind es Investoren aus dem Ausland, die etablierten deutschen Firmen die Start-ups vor der Nase wegschnappen. So kam das neue Kapital für N26 nicht etwa von einer traditionellen deutschen Bank, sondern vom chinesischen Investor Li Kashing. Auch beim erfolgreichen Berliner Internet-of-Things-Start-up Relayr ließen sich deutsche Unternehmen von internationalen Investoren ausbooten. Ende 2015 steckte der US-Fonds Kleiner Perkins 11 Millionen Dollar in Relayr. Bosch, seit Langem ein Kunde des Start-ups, konnte sich nicht durchringen, selbst Geld zu investieren. So gehen die Besten der Besten oft ans Ausland, weil Deutschland nicht schnell genug begreift, was die Stunde geschlagen hat. Industrieroboter-Hersteller Kuka ist kein Einzelfall. Der Aufschrei über das Interesse chinesischer Käufer ging erst durch Politik, Wirtschaft und Medien, als es schon zu spät war.

Es ist es immer wieder verblüffend, wie ungleich Innovationen über den Globus verteilt sind. Die Weltkarte der Technologie sieht aus wie ein weißes Blatt Papier mit einigen dicken schwarzen Tintenklecksen. Wer nicht in einem der Kleckse wohnt, weiß nicht, was vor sich geht. Im Industriezeitalter konnten Firmen es sich leisten, in der Provinz zu siedeln. Die Technologie, von der sie lebten, änderte sich so langsam, dass man es selbst in einer

Randlage noch rechtzeitig mitbekam. Doch mit dieser Beschaulichkeit ist es nun vorbei. Technik wandelt sich heute so schnell, dass keine Chance hat, wer zu weit weg wohnt. Wer nicht in den Zentren mit dabei ist, wird automatisch abgehängt. Paradoxerweise bringt uns Technologie zwar elektronisch näher zusammen, doch wenn es um die Entwicklung von Technologie geht, ersetzt nichts den persönlichen Kontakt. Digitalisierung bedeutet auch, die besten Köpfe nach Palo Alto, Tel Aviv, Berlin und München zu schicken. Firmenchefs täten gut daran, persönlich in die Hotspots umzuziehen. Am besten mit der Zentrale ihrer Firma, notfalls allein. Technologie lässt sich im Digitalzeitalter nicht mehr an Fachleute delegieren. Entweder gehört der Chef selbst zum engsten Kreis eines Clusters. Dann hat die Firma eine realistische Chance, auf den Märkten der Zukunft mitzuspielen. Oder er verharrt in der Provinz – dann ist das mit einiger Sicherheit die Fahrkarte in die Bedeutungslosigkeit. Die Zeit der Generalisten ist vorbei. Heute gewinnen versierte Technologen, die dort sind, wo der Fortschritt tickt. Cluster entstehen, weil Innovation von Vielfalt abhängt. Je größer ein Cluster ist, desto größer wird seine Anziehungskraft. Cluster wachsen so lange, bis sie überkomplex werden. Doch das kann sehr lange dauern. Selbst das Silicon Valley ist bisher nicht implodiert, obwohl es das längst hätte tun müssen. Mietpreise sind unerschwinglich geworden. Lebenshaltungskosten gelten als unbezahlbar, der Verkehr stockt, die Löhne der Qualifizierten explodieren, die der Unqualifizierten sinken, und Programmierer sind kaum noch zu finden. Trotzdem lässt die magnetische Wirkung des Valley nicht nach. Cluster saugen alles aus der Provinz ab: Geld, Leute, Firmen und Ideen.

Leider ist ganz Westeuropa eine Provinz. Gemessen am Silicon Valley und Tel Aviv stehen die Europäer mit fast leeren Händen da. Zum Glück fand in jüngster Zeit ein gewisser Aufschwung statt. Auf niedrigem Niveau zwar, aber immerhin. Eine wichtige Rolle dabei spielt, wie wir gesehen haben, Berlin. Die Hauptstadt ist Deutschlands Gründerzentrum Nummer eins geworden. Laut

KPMG Start-up-Monitor 2015 residiert rund ein Drittel aller deutschen Start-ups in Berlin. München, Rhein/Ruhr und Hamburg folgen mit jeweils rund 10 Prozent. Start-ups sind nach offizieller Definition Firmen, die jünger als zehn Jahre alt sind, innovative Technologien oder Geschäftsmodelle einsetzen und starkes Wachstum planen. Auch im Vergleich mit den anderen Regionen der Europäischen Union sticht Berlins Erfolg hervor. Gemessen an der Zahl der Finanzierungsrunden liegt Berlin auf Platz 2 hinter London. Ernst & Young notierte zwischen Anfang 2013 und September 2014 Finanztransaktionen bei 187 Londoner Start-ups aus den Gebieten Technologie und Medien. In Berlin waren es im gleichen Zeitraum 145 Transaktionen, in Paris 66, in Barcelona 39 und in München 32. Hamburg folgte mit 20 Start-ups auf Platz 11. Im innerdeutschen Vergleich ist Berlin etwa doppelt so stark wie Bayern und viermal so stark wie Nordrhein-Westfalen. Die Datenbank *AngelList* zählt aktuell 1600 Start-ups für Berlin auf, 23 700 Start-ups für die Gegend um San Francisco, 1900 für Israel. Das ist ein Achtungserfolg für Berlin, mehr noch nicht. Es gibt Luft nach oben. Nach dem *Global Start-up Ecosystem Ranking* der Datenanalyse-Firma Compass in San Francisco liegt Berlin international auf Platz 9. Davor platziert sind Silicon Valley, New York, Los Angeles, Boston, Tel Aviv, London, Chicago und Seattle.

Für die SoundCloud-Gründer Alexander Ljung und Eric Wahlforss ging es 2007 bei ihrem Umzug von Stockholm nach Berlin weniger um Lebenshaltungskosten oder die Präsenz anderer Start-ups, »sondern um den Vibe«, wie sie der *Gründerszene* sagten. »Und wie *arty, punky* und Tech-Elemente zusammenkamen. Es war eher eine Gefühlsentscheidung und weniger rational.« Klaus Hommels, Eigentümer des Investors LakeStar, glaubt: »Wenn Berlin es richtig macht, wird es der beste Standort in Europa. Besser als London und Stockholm.« Es werde massiv Geld nach Berlin fließen, ist er überzeugt. »Und die Politik wird gute Infrastruktur zur Verfügung stellen. Da sind viele jetzt wach geworden. Wegen der niedrigen Preise ist Berlin ein guter Platz für viele coole Entwickler aus Osteuropa, die noch nicht viel Geld haben.« Die Lebenshaltungskosten liegen bei einem Drittel von London. »Wenn wir es schaffen, nicht zu viel Hipster-Mist zu veranstalten, wo sich selbst feiernde Szenegänger den Ton angeben, haben wir eine Chance. Es muss gründlich gebaut werden,« meint Hommels. Wichtigste Herausforderung ist jetzt, tatsächlich innovative Technologie hervorzubringen. Berlin muss den Ruf abschütteln, Hauptstadt der Kopisten und Online-Händler zu sein. Dieser Ruf, inhaltlich nicht von der Hand zu weisen, wirkt im Ausland noch immer wie ein Aufruf, der Hauptstadt fernzubleiben.

Schräg, cool, baufällig, abgerissen, ganz anders als die DIN-Norm – das ist die Ästhetik, die Berlins Start-up-Szene trotz aller Kritik so anziehend für Außenstehende macht. Die entspannteste aller Berliner Technologie-Messen, die Tech Open Air, organisiert von Nikolas Woischnik, findet allsommerlich im Freien statt. Holzhütten, Flaschenbier, Liegestühle und harte Bänke zeichnen sie aus. Vortragsredner referieren in der prallen Sonne oder gleich nebenan im Ziegelgemäuer einer Fabrikruine. Die NOAH, eine von Deutschen in London gegründete Konferenz, startete 2015 in Kooperation mit Axel Springer ihren Ableger im Berliner Tempodrom. Sie zieht mehr als 3000 Leute an und ist schon jetzt die geschäftlich stärkste aller Berliner Tech-Messen, weil sie die meisten professionellen Investoren mit den meisten erfolgreichen Gründern zusammenbringt. Die Re:publica, eine jährliche Messe der Netzgemeinde, tagt in einer riesigen Posthalle am Gleisdreieck, der *Station*. Ziegelstein, Asphalt, hohe Decken, Foodtrucks auf dem Vorhof und Industrieromantik geben dem Publikum das Gefühl von Aufbruch; ganz anders als gewöhnliche Kongresshotels und Messezentren. Die alte Oswald-Brauerei in der Rheinsberger Straße, einst direkt an der Mauer gelegen, erlebte ihre Wiederauferstehung als *Factory*. Sie bietet Platz für größere Start-ups wie Twitter, SoundCloud und 6Wunderkinder, ein Berliner App-Entwickler, der 2015 von Microsoft gekauft wurde. Mittlerweile plant Factory-Gründer Udo Schloemer weitere Standorte, um die steigende Nachfrage zu befriedigen. Dichte ist ein entscheidender Faktor für Kreativität. »Wir bauen Räume so, dass Zusammentreffen zwischen Menschen unvermeidbar wird«, sagt Niclas Rohrwacher, Mitgründer der Factory. »Jeder braucht den 25-jährigen Programmierer mit den besonderen Talenten. Doch der zieht nicht nach Walldorf. Wenn SAP ihn haben möchte, muss SAP nach Berlin kommen.« Auch die Factory kultiviert nackte Ziegel, offengelegte Bogendecken, naturbelassenes Holz, gemeinsames Sitzen und ständigen Austausch bei Öko-Limo.

In bester Lage der feinen Friedrichstraße hat jüngst das israelische Co-Working-Unternehmen Mindspace seine Tore geöffnet. Dunkler Holzboden, grob gezimmerte Tische, Vintage-Sessel mit Schaffellen, Holzdrehstühle aus dem letzten Jahrhundert, abgewetzte Orientteppiche, gleißende Industrielampen und liebevoll bestückte Sichtregale geben den Räumen einen besonderen Charme. Alles ist sorgsam kuratiert und arrangiert. Man fühlt sich sofort wohl und wird auf Antrieb kreativ. In der Wattstraße im Brunnenviertel des Bezirks Mitte hat Tech-Open-Air-Gründer Nikolas Woischnik einen Co-Working-Space namens *Ahoy* aufgemacht: auch hier helle Lofts mit hohen Decken. Im alten Grafischen Zentrum zwischen Springer-Hochhaus und der neuen Zentrale von Rocket Internet liegt das Rainmaking Loft, ebenfalls ein Co-Working-Space. Auch hier sind die Designelemente der Start-up-Szene wieder zu besichtigen: hohe Decken, nackte Böden und Wände, Tische aus grobem Holz, Sprüche an den Wänden, drangvolle Enge, konzentrierte Ruhe. Für 150 Euro pro Person im Monat kann man kommen und gehen, Netz und Kopierer nutzen, unter Gleichgesinnten sein und Ideen ausprobieren.

Gleich gegenüber des Rainmaking Lofts, ebenfalls in Kreuzberg, residiert der Akzelerator Axel Springer Plug and Play, wo zum Beispiel N26 seinen Ursprung nahm. Geschäftsführer Jörg Rheinboldt, seinerzeit mit den Samwer-Brüdern Mitgründer von Alando, lädt Gäste zum Sitzen auf Holzpaletten mit Kissen ein. »Das sind echte Paletten, keine Imitationen«, erzählt er. »Die haben wir einem Transportunternehmen abgekauft und eigenhändig hier hochgetragen. Die Kissen stammen von Ikea.« Auch die hat sein Team selbst eingekauft und die Belege hinterher abgerechnet. »Es musste schnell gehen. Für den normalen Beschaffungsvorgang war keine Zeit.« Der Besprechungsstehtisch ist aus Baumarkt-Planken grob gezimmert, zusammengehalten von Winkeleisen. »Schaukelt ein bisschen«, gibt Rheinboldt zu, »aber alle lieben diese Dinger.« An den Wänden prangen die wilden Sprüche eines gastierenden Künstlers. »Sein Projekt ist etwas aus dem Ruder gelaufen, am Ende aber wollte keiner die Sprüche mehr missen.« An einer Stelle steht in großen Lettern: »Kai hat es bezahlt, ich mache es kaputt.« Gemeint ist *Bild*-Herausgeber Kai Diekmann. Früher war hier einmal die Notredaktion von *Bild* untergebracht: Ausweichräume, falls das Haupthaus brennt.

Ob Betahaus, Tech Open Air, Factory, Mindspace, Rainmaking Loft, Plug and Play, Hubraum, Ahoy oder Re:publica, immer sagt die Innenarchitektur das Gleiche aus: Auf Form und Prozess kommt es nicht an, allein Idee und Umsetzung zählen. Austausch ist wichtiger als Prozess, Kreativität wichtiger als Norm, Charakter wichtiger als Position. »Bist du schnell, bist du gut, bist du innovativ, dann gehörst du dazu, ganz egal, wer du bist, wo du herkommst, was du bisher getan hast« – das ist die Botschaft. Berlin umarmt jeden, der sich darauf einlässt. Es wird immer geduzt. Hierarchie, Berichtslinie, Macht und Einfluss spielen keine Rolle. Madeleine Gummer von Mohl beobachtet das seit Jahren: »Niemand schert sich darum, welches Auto du fährst oder wie viel Geld du auf dem Konto hast. Doch jeden interessiert deine Idee«, sagte sie dem Stellenportal *Jobspotting* im Interview.

Viele Unternehmen wollen an dieser Kultur teilhaben, um starre Routinen und unflexible Denkmuster loszuwerden. Unternehmer Maximilian Viessmann sagt: »Wir kommen her, weil dieser Geist der Erneuerung Bewegung in das Unternehmen bringt.« Dieter Zetsche von Daimler hält Berlins Dynamik für »einen wichtigen Innovationsbeitrag«. Rupert Stadler von Audi lobt »die hohe Geschwindigkeit und den Willen, in neuen Bahnen zu denken«. Eine Gruppe seiner Top-Führungskräfte ist nach einer Tour durch die

Start-ups der Stadt am meisten beeindruckt von den leuchtenden Augen der Gründer: »Man merkt sofort, das sind junge Leute, die etwas bewegen«, sagt ein Teilnehmer. Gisbert Rühl von Klöckner mag »die Bereitschaft, alles grundsätzlich infrage zu stellen.« Ein Dax-Manager stellt lakonisch fest: »Die Gründer hier haben den Drive, den wir vor 20 Jahren auch einmal hatten. Einfach anpacken, einfach loslegen. Der Schwung, der bei uns in den unzähligen Gremien verloren ging.« Auch Städte wie Aachen, Karlsruhe oder Walldorf vereinen viel technisches Talent – vielleicht mehr als Berlin. Was ihnen aber fehlt, ist Vielfalt.

Doch noch längst ist nicht sicher, ob Berlin die Hoffnungen einlösen kann, die viele hegen. Ein guter Anfang ist gemacht, doch der Brain Drain – die Abwanderung von Talenten – ins Silicon Valley ist nicht gestoppt. Noch immer finden einige der größten deutschen Erfolge außerhalb Deutschlands statt. Bastian Lehmann beispielsweise ist Gründer von Postmates, einem Logistik-Start-up in San Francisco. Seine Firma machte kürzlich Furore, als sie 80 Millionen Dollar Kapital einsammelte, basierend auf einer Bewertung von einer halben Milliarde. Damit gilt sie jetzt als »halbes Unicorn«. Postmates-Kuriere holen Waren bei den Einzelhändlern ab, die der Plattform angeschlossen sind, und liefern sie direkt an den Kunden aus, der keine Tüten mehr schleppen muss. Damit hilft Lehmann dem Einzelhandel beim Verteidigen gegen Amazon. Die größere Nähe zum Kunden ist das Einzige, was Händler dem Online-Versender noch entgegensetzen können. 240 Leute arbeiten in der Postmates-Zentrale. Lehmanns Geschäftsmodell gilt als vielversprechend; das Wachstum der Geschäftszahlen scheint ihm recht zu geben. Doch Lehmann, ein bärtiger Westfale mit kurz geschorenen Haaren, erteilt Deutschland eine klare Absage: »Da werden sich jetzt sicher alle aufregen. Aber ja, für mich ist es keine Frage: Wenn du eine gute Idee hast, geh ins Silicon Valley«, sagte er der *Gründerszene.* »Ich habe immer das Gefühl, in Deutschland geht gar nichts. Ich kann da auch falschliegen. Aber wenn ich an Deutschland denke, fällt mir immer wieder auf, wie viel offener erfahrene Unternehmer hier in den USA mit jungen Gründern umgehen. Das ist es, was insbesondere im Silicon Valley gut funktioniert. In Deutschland gönnt man dem anderen nichts.« In Kalifornien feuert jeder den anderen an, statt immer gleich zig Gründe parat zu haben, warum etwas nicht funktionieren kann. »Im Silicon Valley denkt man: Das hört sich zwar schräg an – aber was, wenn er recht hat?«, beobachtet Lehmann.

Ähnliches haben Tobias Knaup und Florian Leibert erlebt, die ihr Cloud-Software-Start-up Mesosphere 2013 im Silicon Valley gegründet haben und inzwischen zu den heißesten Tech-Start-ups der Region gehören. Ich hatte die Gründungsgeschichte der beiden in meiner Zeit in Kalifornien live miterlebt. Deutsche Firmen stellen endlose Anforderungen, bevor sie Produkte bei einem Start-up einkaufen. Sie fordern Garantien, dass die Firma in fünf Jahren noch besteht. Weil das niemand garantieren kann, halten sie sich mit Aufträgen zurück. Entscheiden sie sich dann irgendwann trotzdem zum Kauf, erdrücken sie das Start-up mit Bürokratie. Monate vergehen, bis sie Lieferantennummern erteilen. Wochen, bis sie einfache Spezifikationen ihrer Bestellung mitteilen. Start-ups können sich schon finanziell nicht leisten, so lange zu warten. Genau das gegenteilige Verhalten zeigen Einkäufer in den USA. Man kauft gern bei Start-ups ein und kommt so in den Genuss neuer Technologie. Knaup und Leibert profitierten mit Mesoshere davon und fanden aufgeschlossene Kunden weit früher und zahlreicher, als ihnen das in Deutschland gelungen wäre.

Zu wenig Geld, zu viele Bedenkenträger, zu wenig Mut, nicht genug Innovationsfreude – diese Faktoren bremsen den Start-up-Schwung in Deutschland gefährlich ab. Eine verhängnisvolle Rückkopplungsschleife: Gründer wandern ab, weil ihnen in Deutschland alles zu langsam geht. Und etablierte deutsche Firmen folgen den Auswanderern ins Ausland, weil die Cluster dort um einiges lebendiger sind. Wenn das so weitergeht, kann es mit dem Clusterbau in Deutschland nichts werden. Noch ein Grund mehr für etablierte Firmen, Innovationszentren in Berlin aufzuschlagen. So kann jeder dazu beitragen, dass Deutschland zumindest eine Chance hat. Sollte man München, Hamburg und Rhein-Main nicht immer gleich mit erwähnen? Doch, sollte man – wenn man als Politiker oder Lokalpatriot in föderalem Ausgleich denkt. Die vielen Tech-Standorte in Deutschland mit ihren Universitäten, Max-Planck-Instituten und Fraunhofer-Gesellschaften haben fraglos Vorzüge. Doch mehrere große Cluster von Weltgeltung kann es in Deutschland nicht geben, wenn schon die USA nur zwei oder drei besitzen. Berlin hat die besten Chancen, ein solches Cluster zu werden. Deswegen ist dem Land und seiner Wirtschaft am meisten geholfen, wenn alle sich auf Berlin konzentrieren. Drei oder vier Cluster gleichzeitig bauen zu wollen, wird damit enden, dass man am Ende kein einziges besitzt.

An den richtigen Standort zu gehen, löst noch nicht die Probleme an den alten Firmensitzen. So viel ist klar. Diese Feststellung wirft sofort die Frage auf: Wie kann man die bestehenden Mitarbeiter mit auf die Reise in die Digitalisierung nehmen? Mehr dazu erfahren wir im folgenden Kapitel.

Transformation: Kritische Masse durch Lernen schaffen

Digitalisierung ins Unternehmen zu holen bedeutet, die gruppendynamischen Prozesse von Disruptions-Verweigerung auf Disruptions-Förderung umzustellen. Das geht am besten, indem das Management weniger vom Wandel predigt und dafür umso mehr konkrete Lernerfahrungen organisiert.

»Alles, was sich geändert hat, ist alles.«
Aus einer Werbung für das iPhone

Keine Frage höre ich, wenn es um Digitalisierung geht, so oft wie diese: »Wie nehmen wir die Leute mit?« Die Frage kommt von Geschäftsführern und Betriebsräten gleichermaßen. Niemand möchte mit dem Vorwurf leben, seine Belegschaft im Stich zu lassen. Bei vielen Fragestellern verspürt man die aufrechte Absicht, einen grundlegenden Transformationsprozess im eigenen Unternehmen zu starten. Oft aber mischt sich Verantwortungsgefühl für die anvertrauten Menschen mit der Furcht, eine Kritikwelle oder gar einen Streik durch allzu forsches Voranstürmen in der Digitalisierung zu riskieren. Beide Motive – Aufbruchswille und Furcht – heben sich gegenseitig allzu oft auf und führen zu Stillstand. Deutlich ist auch die Frustration über vergangene Bemühungen zu erkennen, die im Nichts geendet haben. Fast jeder, mit dem ich spreche, hat Geschichten beizusteuern, wie gut gemeinte Digitalisierungsinitiativen an deutscher Gründlichkeit und Angst gescheitert sind. Noch bevor irgendetwas Greifbares entstanden war, hatten sich die meisten Projekte schon im Gestrüpp zwischen Betriebsvereinbarungen, Mitbestimmungsrechten, Datenschutzgesetz und Änderungsunwilligkeiten der betroffenen Abteilungen verheddert. Wie sich daraus befreien? *Eine* Strategie erweist sich als besonders aussichtsreich. Mit ihr haben Digitalisierungspioniere die besten Erfahrungen gemacht. Diese Strategie zielt darauf ab, gar nicht erst zu versuchen, Unterstützung für einen fertigen Digitalisierungsvorschlag zu gewinnen. Sondern den zu erwartenden Widerstand als unvermeidbar anzuerkennen und entschlossen gegen die psychologischen Gründe für diesen Widerstand anzugehen, also erst einmal nicht inhaltlich, sondern an den Erfahrungshintergründen zu arbeiten. Zu diesem Ansatz sind eine Reihe von ermutigenden Beispielen zu hören. Wenn Menschen Fortschritt blockieren, geschieht das meist aus Angst. Je unnachgiebiger man drückt, desto mehr Gegendruck erzeugt man. Angst verschwindet nicht dadurch, dass man immer wieder von Neuem die Gründe aufzählt, warum die Angst unbegründet ist. Angst verschwindet, indem man Menschen an die Hand nimmt und einen Ausflug dorthin unternimmt, wo die Ursache der Angst liegt. Dann erfahren Zauderer durch eigene Anschauung, dass es dort viel harmloser zugeht, als sie befürchtet hatten, und dass sie sogar Teil des Neuen sein können, anstatt von ihm verdrängt oder ausgeschlossen zu werden. Lernerfahrungen zu vermitteln, statt mit fertigen Plänen ins Haus zu fallen, scheint der beste Weg zu sein, Leute mitzunehmen. Damit kann es gelingen, die Permafrostschicht im mittleren Management zumindest anzutauen.

Ein Manager, Leser des Sachbuchautoren Malcom Gladwell, beruft sich auf dessen Buch *Tipping Point – Wie kleine Dinge Großes bewirken können.* Er schildert mir, wie wichtig es ist, diesen *Tipping Point* zu überschreiten. Von diesem Moment an kippe die Organisation von Beharrung zur Veränderung. Erreicht werde der *Tipping Point* durch kollektive Lernerfahrungen. »Digitalisierung ist nicht deterministisch zu organisieren«, sagt er. »Transformation gelingt dann am besten, wenn nicht das Ziel vorgegeben wird, sondern man gemeinsam etwas erlebt und daraus gemeinsam Schlüsse zieht. Keinen Plan zu haben, ist der Plan.«

Wie sehen solche Lernerfahrungen aus? Am einfachsten zu bewerkstelligen sind *Digital Learning Journeys.* Das sind Gruppenreisen in ein Start-up-Zentrum, meist anderthalb bis drei Tage lang. Berlin bietet sich als Ziel wegen der räumlichen Nähe an.

Auch Tel Aviv und Palo Alto werden gern gewählt. Die Gruppe besucht in schneller Folge Start-ups und taucht in deren Lebenswirklichkeit ein. Dabei sieht sie Arbeitsräume, die offen und kreativ gestaltet sind. Sie spricht mit Menschen, die für ihre Arbeit brennen. Sie sieht engagierte Geschäftsführer, die Geschäftsanteile am eigenen Unternehmen besitzen. Sie wird Zeuge einer Kultur, in der Freude und Arbeit eng zusammengehören und Menschen glauben, Teil einer wichtigen Mission zu sein. Wird die Reise gut vorbereitet und sind die Start-ups so ausgewählt, dass die Reisenden etwas damit anfangen können, dann schmelzen viele lang gehegte Ängste und Vorbehalte dahin. Digitalisierung erscheint dann auf einmal nicht mehr als abstrakte Gefahr, sondern als verlockende Verheißung. Bei einer dieser Learning Journeys sah ich, wie ein Manager, der kurz vor der Pensionierung stand, seinen Chef bat, die Pensionierung aufzuschieben und sich an die Spitze eines Digitalisierungsprojektes setzen zu dürfen. Manche Teilnehmer berichten, dass sie beim Besuch von Start-ups eine Mischung aus Glück und Erleichterung empfinden. Sie erkennen, dass weniger Gefahr droht, als sie anfangs dachten, und dass sie selbst an etwas Aufregendem mitwirken können, wenn sie sich dafür öffnen. »Ich hatte das Gefühl, dass sich eine Tür auftat und Licht in einen Raum lässt«, sagt ein Teilnehmer. »Ich freute mich richtig darauf, selbst ein Digitalprojekt zu starten.« Solche Rührung mag etwas pathetisch klingen, doch sie kann dazu beitragen, neue Bewegung in erstarrte Strukturen zu bringen.

Eine intensivere Form der Learning Journey ist das Fellowship-Programm. Dabei ziehen kleine Gruppen für etwa ein Vierteljahr in Technologienzentren. Während dieser Zeit leben sie in Wohngemeinschaften zusammen, erkunden die Start-up-Szene und nehmen sich spezielle Themengebiete vor, die sie erforschen. Ganz ähnlich, wie wir es 2013 in Palo Alto gemacht haben. Wenn sie nach Hause zurückkommen, besitzen sie ein breites Netzwerk von Kontakten und verstehen die Voraussetzungen besser, unter denen disruptive Innovationen gedeihen. Rückkehrer aus solchen

Programmen berichten, dass der Aufenthalt ihre Denk- und Arbeitsweise verändert hat. Das stellen auch ihre Vorgesetzten fest. Absolventen von Fellowship-Programmen werden zu Verbündeten bei der digitalen Transformation. Durch die Erfahrung der Projekte, an denen sie während des Aufenthalts arbeiteten, leisten sie nun wertvolle Hilfen bei Digitalisierungsvorhaben.

Das Axel-Springer-Haus in Mountain View, ein Holzbau mit zwei Etagen, liegt in einem Neubauquartier gleich neben der einzigen Einkaufsstraße, der Castro Street. Dort wohnen die rund 20 Fellows, die jedes Jahr ein Silicon-Valley-Programm im Unternehmen absolvieren. Der unauffälligen Kleinstadtidylle ist die Nähe zur Google-Hauptverwaltung nicht anzumerken. Die offene Küche und das angrenzende Wohnzimmer dienen als Arbeitszimmer, kleine Schlafzimmer mit angrenzendem Bad als Unterkünfte. Sauber, gemütlich, aber preiswert ist die Einrichtung. Alles stammt von Ikea. Man lebt und arbeitet zusammen. Zwangsläufig erfährt man viel Persönliches voneinander. Fast alle Mahlzeiten werden gemeinsam eingenommen. Die meisten Fellows beschreiben die Stimmung als dicht, intensiv und anregend. »Eigentlich so mit das Schönste, was mir in einem Berufsleben bisher widerfahren ist«, erzählt eine Rückkehrerin. »Ich hatte das Gefühl, etwas Wichtiges zu tun und mit meiner Arbeit zu verschmelzen. Auch die persönlichen Kontakte zu meinen Mitreisenden haben mir nach der Rückkehr geholfen. Die Verbindungen sind enger geworden. Teilweise sind Freundschaften entstanden.«

Mich interessiert, welche Erfahrungen die Frau gewonnen hat, die das Fellowship-Programm für Axel Springer in der Anfangsphase organisiert hatte. Sie heißt Sushmitha Swaminathan und arbeitet inzwischen für den Personalberater Egon Zehnder. Auch sie spricht vom *Tipping Point:* »Es ist ganz wichtig, ihn zu erreichen, um interne Widerstände zu überwinden.« Wer darf an dem Programm teilnehmen? »Formale Anforderungen wie Hochschulstudium oder Karrierestufe werden nicht gestellt«, sagt sie. »Digitale Grundkenntnisse und Berührungspunkte mit der Digitalisierung sollten vorhanden sein, aber ansonsten wird jeder berücksichtigt, der ein gutes Projekt vorschlägt.« Trotzdem kam das Fellowship-Programm schleppend in Gang. »Anfangs war es nicht einfach, Interessenten zu gewinnen«, sagt Swaminathan. Viele dachten: Wenn ich zehn Wochen nach Kalifornien gehe, signalisiere ich meinem Chef, dass ich überflüssig oder nicht ausgelastet bin. »Wir mussten eine Kultur der Ermunterung und Ermutigung fördern«, berichtet Swaminathan. »Führungskräfte mussten mit gutem Beispiel vorangehen und sich ebenfalls anmelden. Es war einiges an Überzeugungsarbeit erforderlich.« In Einzelgesprächen fand sie heraus, warum die Leute zögerten. Es wollten eigentlich mehr mitmachen, als sich tatsächlich anmeldeten. Viele trauten sich aber nicht. Typische Befürchtungen lauteten: »Ich kann das nicht« – »Ich spreche nicht gut genug Englisch« – »Andere sind besser qualifiziert als ich« – »Die Kultur ist mir fremd« – »Ich fürchte, dass mein Job weg ist, wenn ich zurückkomme«. Swaminathan gelang es, Vorbehalte zu entkräften. Das Programm nahm Fahrt auf. Organisierte die erste Fellowship-Gruppe um Kai Diekmann die Gespräche vor Ort noch selbst, stellte sich bei den folgenden Gruppen heraus, dass mehr Betreuung und Vorbereitung dem Projekt guttaten.

Nicht alle Mitarbeiterinnen und Mitarbeiter sind gleichermaßen kontaktstark. Zu wenig Betreuung führte manchmal dazu, dass Leute ihre Tage in Kalifornien damit zubrachten, E-Mails aus der Heimat zu beantworten und ihren Job in der Ferne per Telefon und Skype zu erledigen. Das war nicht der Sinn der Sache. Hinauszugehen und in einer fremden Kultur fremde Leute anzusprechen, liegt nicht jedem Mitarbeiter in gleichem Maße. Swaminathan stellte fest, dass eine kompetente Programmleitung vor Ort den Lernerfolg steigerte. Außerdem half bessere Koordination dabei, einen unerwünschten Nebeneffekt der Reisen zu vermeiden: dass immer neue Leute an den immer gleichen Türen klopfen. »Wenn Facebook irgendwann entnervt niemanden mehr empfängt, weil der zehnte deutsche Executive Einlass begehrt, ist niemandem geholfen«, sagt sie. Warum glaubt sie, dass traditionelle Firmen den Aufwand für Lernreisen und Fellowship-Programme betreiben sollten?, frage ich Swaminathan. Sie hat ihre klare Meinung dazu: »Sich auf die digitalen Firmen einzulassen und diese Erfahrung auf das traditionelle Geschäft anzuwenden, ist die Definition von digitaler Transformation. Wer das nicht begreift, der scheitert. Die alte Wirtschaft muss verstehen, wie die neue Wirtschaft funktioniert. Solange sie das nicht tut, zieht sie keinerlei Nutzen aus der Digitalisierung.«

Verblüffend ist, wie stark ein Wechsel der Perspektive die Sichtweise verändert. So gesteht mir ein Rückkehrer aus Palo Alto: »Bevor ich dort war, dachte ich, alle im Silicon Valley sind Genies. Ich verspürte richtig Angst, bevor ich losfuhr. Gegen die komme ich niemals an, dachte ich mir. Das sind die Besten der Besten. Gemessen an denen habe ich keine Chance. Die werden mich kalt abtropfen lassen.« Doch als er dann morgens beim Bäcker neben dem verschlafenen Programmierer von Google für Croissants anstand und nachmittags mit dem Vater eines Freundes seiner Kinder die Baseballmannschaft anfeuerte, und dieser Vater sich als Top-Manager bei Facebook entpuppte, da bemerkte er, dass diese Leute gar nicht viel anders sind als er selbst: »Das sind normale Menschen. Die sind nicht klüger oder dümmer als ich. Sie arbeiten nur anders als wir. Es liegt nicht an der Intelligenz der Leute, sondern an den Arbeitsumgebungen. Seitdem ich das verstanden habe, sehe ich den Transformationsprozess positiv. Er könnte mir helfen, erfolgreicher zu werden.« Digitale Transformation geriet in die persönliche Reichweite dieses Fellows. »Nach meiner Rückkehr wollte ich so schnell und konzentriert wie die Kalifornier loslegen. So schnell ein Produkt auf dem Markt haben wie sie. So eng mit den Kunden in Kontakt stehen. So schnell Erfolgszahlen sehen oder eben scheitern.« Keine Schulung kann solche Wünsche in Mitarbeitern entfachen. Kein Appell hat die Kraft einer persönlichen Erfahrung. *Wollen* aber kann man nicht befehlen. Ist das *Wollen* erst einmal geweckt, kann das Unternehmen den Impuls durch *Dürfen* ergänzen.

Wenn Reisende aus der Start-up-Szene in ihr gewohntes Arbeitsumfeld zurückkehren, kommt ihnen die gewohnte Umgebung oft seltsam vor. Schreibtische, die auf maximalen Abstand gestellt sind, um jede Form von akustischer Störung zu vermeiden, sehen sie mit einem Mal nicht mehr als Versprechen konzentrierten Arbeitens an, sondern als Verhinderung von menschlicher Kommunikation. Arbeit, die kein Geräusch macht, ist in ihren Augen dann keine richtige Arbeit mehr. Mir sind Führungskräfte begegnet, die nach ihrer Heimkehr Zwischenwände abreißen und lebendige Indoor-Städte bauen ließen, komplett mit Cafés, Garküchen, Schlafecken, Sofas, Sitzkissen, Sportgeräten, Kinos, Arenen, Ruheecken und Erlebniszonen. Manchmal änderten sie auch die Führungsstruktur und verschlankten die Berichtslinien.

Ergänzt werden können Learning Journeys und Fellowship-Programme durch weitere Lernerfahrungen zu Hause. An Reisen in die Ferne kann immer nur eine Minderheit teilnehmen. Deswegen halten Pioniere der Transformation es für ratsam, Signale des Wandels auf weiteren Wegen abzustrahlen. Virale Videos können dazu ebenso beitragen wie Vorträge oder Veranstaltungen, bei denen es um schnellere Arbeitsmethoden oder besseres Eingehen auf die Bedürfnisse von Kunden geht.

Fast noch wichtiger als die passenden Kanäle der Kommunikation sind jedoch die Botschaften, die über sie vermittelt werden. Durchhalteparolen und Forderungen des Managements nach mehr Wachstum reichen nicht mehr. Ich besuche meinen Freund Lukas Kircher, den Gründer der Berliner Kommunikationsagentur C3. Er hat sich früh mit Digitalisierung beschäftigt. »Ein gutes Narrativ ist unerlässlich für die Transformation von Unternehmen«, sagt er. »Es ist immer wieder überraschend, wie wenige Firmen überzeugende Narrative vermitteln können.« Höhere Umsätze, mehr Gewinne, größere Marktanteile, bessere Kundenzufriedenheit oder eine neue Strategie seien keine geeigneten Narrative, für die Menschen Mühen und Entbehrungen auf sich nehmen. »Man muss Geschichten erzählen, die davon handeln, woher man kommt und wohin man geht. Geschichten vom Zweck der Reise. Geschichten, die das Gefühl vermitteln, an etwas mitzuwir-

größer ist als man selbst.« Kircher verdeutlicht seine [Ansicht] mit einem Beispiel: »Bei der US-Armee gibt es vor jedem [Einsatz] ein dickes Handbuch mit allen Befehlen und Anweisungen. Das Problem ist nur, dass die Soldaten in der Hitze des Gefechts keine Zeit haben, in dem Buch zu blättern. Deswegen steht auf dem Deckblatt des Buchs dick eingedruckt der sogenannte *Commander Intent* – die taktische Absicht des Kommandierenden. *Hold the bridge* zum Beispiel: Haltet die Brücke.« Einen solchen *Commander Intent* vermisst Kircher in fast allen Unternehmen, die sich auf den Weg zur digitalen Transformation machen. Wenn es den *Commander Intent* denn gibt, dann ist er oft schwammig formuliert. Eine überzeugende, einprägsame Losung zu entwickeln und in das Unternehmen zu tragen, kann entscheidend zum Erfolg der Transformation beitragen, glaubt Kircher.

Ähnliche Gedanken tauchen in drei anderen Gesprächen auf, die ich führe. Christof Erhart, Kommunikationschef der Deutschen Post, findet: »Zukunft kann man nicht gestalten ohne ein genaues Verständnis der Vergangenheit.« Nur ein schlüssiges Narrativ, das einzelne Punkte in Vergangenheit, Gegenwart und Zukunft zu einer sichtbaren Linie verbindet, kann das leisten. Klaus Siebenhaar, Professor für Kultur und Medienmanagement an der FU Berlin, sagt: »Es gibt keine Zukunft ohne Identität. Identität ist die Antwort auf drei Fragen: Woher komme ich? Wo stehe ich? Wohin gehe ich?« Keine dieser drei Fragen ist zu beantworten, wenn man die anderen nicht mitbeantwortet. »Wohin ich gehe, kann ich nur herausfinden, wenn ich weiß, woher ich komme. Herkunftswissen ist unverzichtbar für die Bestimmung des künftigen Kurses.« Und Rita Gunther McGrath, Professorin für Strategie und Innovation an der Columbia Business School in New York, ergänzt: »Es reicht nicht, eine neue Strategie auszuknobeln, das neue Motto auf T-Shirts zu drucken, bei der Mitarbeiterversammlung zu verteilen und dann darauf zu hoffen, dass die Leute anspringen.« Schlüssig sei ein Narrativ immer nur, wenn es die Grundidee des traditionellen Geschäfts abkoppelt vom bisherigen Geschäftsmodell, um dann zu zeigen, wie aus alten Werten neue Stärken werden können. Spielzeughersteller Lego macht das überzeugend vor – mit einer reichlich brachialen Methode. Chef Jørgen Vig Knudstorp kürzt die Budgets seiner Führungskräfte jedes Jahr um 10 Prozent. Damit zwingt er sie, entweder um 10 Prozent effizienter zu arbeiten oder alte Geschäfte einzustellen. Gleichzeitig aber lädt er alle Führungskräfte ein, gemeinsam über die Investition des frei gewordenen Geldes zu entscheiden. So werden alle Managerinnen und Manager Teil eines groß angelegten Narrativs, das lautet: »Wir regen die Fantasie von Kindern immer wieder neu an. Wir treten mit immer neuen Geschichten und Spielen in ihr Leben.« Außerdem vermeidet es Knudstorp auf diese Weise, dass Lego zu viel Geld in schrumpfende Segmente investiert. So gelingt es ihm, Verwalter des Niedergangs in Gestalter der Zukunft zu verwandeln.

Sobald kritische Masse im Unternehmen entstanden ist, geben nicht mehr die Bewahrer den Ton an, sondern die Veränderer. Die Permafrostschicht taut langsam auf; ein neuer Frühling beginnt. Diskussionen nehmen einen anderen Verlauf. Sie enden nicht mehr mit dem Ausgrenzen des Neuen, sondern mit dem Ablehnen des Alten. Mehrheiten sind wichtig. Selbst charismatische Führungskräfte können nicht auf Dauer gegen bestehende Mehrheiten regieren. Manager werden effizienter, wenn sie sich von der Mehrheitsmeinung getragen fühlen. Energie, die sie sonst auf das Brechen von Widerständen verwenden müssen, wird frei für das Schöpfen neuer, innovativer Produkte.

Ein gutes Beispiel dafür liefert ein mittelständisches Unternehmen aus Hessen. Viele seiner Führungskräfte hatten im Laufe der vergangenen zwei Jahre mehrere Wochen in Berlin, Tel Aviv oder Palo Alto verbracht. Sie durften selbst erfahren, dass sie digital mehr können, als sie vorher geglaubt hatten. Nun fand eine Führungskräftetagung in einem Hotel nahe Frankfurt statt. Der Geschäftsführer hielt eine kurze Begrüßungsansprache. Ohne PowerPoint, vom Platz aus. Dann entspann sich eine angeregte Diskussion unter Gleichgesinnten und Gleichberechtigten. Angst und Zweifel waren verschwunden. Die Bewertung von Chancen prägte die Debatte. »Für mich hat sich das Leben ziemlich verändert«, sagte mir der Geschäftsführer im Einzelgespräch danach. »Ich bin nicht mehr der Antreiber. Es ruhen nicht mehr alle Augen auf mir. Der Druck ist gesunken. Ich muss nicht mehr auf alle Fragen eine Antwort haben. Ich moderiere mehr, als dass ich anleite.« So kann Wandel aussehen, wenn die Transformation greift.

Immer wieder taucht im Zusammenhang mit digitaler Transformation die Kostenfrage auf: Was kommt bei Learning Journeys und Fellowship-Programmen konkret heraus? Lohnt sich der Aufwand, den man betreiben muss? Wenn es nach Sushmitha Swaminathan ginge, wäre die Frage mit einem klaren Ja beantwortet. Allerdings geben die meisten Beteiligten zu, dass sie ihrem Controller keine exakte Kosten-Nutzen-Rechnung in Euro und Cent vorlegen können. Zwar kommt es immer wieder zu spontanen Innovationen. Zum Beispiel brachte Frank Schmiechen, damals noch stellvertretender Chefredakteur der *Welt,* die Idee für eine schnelle Nachrichten-App mit einer begrenzten Menge von Geschichten mit – eine damals noch neue Erzählform für Nachrichten. Schmiechen hatte die Idee sogar, bevor Snapchat, der Kommunikationsdienst aus Kalifornien, einen ähnlichen Nachrichtenservice in die App einbaute. Kaum aus dem Silicon Valley heimgekehrt, rekrutierte Schmiechen Programmierer und brachte seine App in einer Guerilla-Aktion auf den Markt. *Kompakt,* so der Name des Angebots, erwies sich als Erfolg und baute eine treue Fangemeinde auf. Doch mit derart konkreten Erfolgen sollte nicht fest planen, wer kollektive Lernerfahrungen ermöglicht. Selbst wenn kein einziges konkretes Projekt entsteht, kann sich die gesteigerte Bereitschaft für Wandel auszahlen. Die Kosten dafür dürfen als niedrig gelten, wenn sie dazu beitragen, das Scheitern auf den digitalen Märkten der Zukunft zu vermeiden.

Ein weiterer Einwand zielt auf den Boom von Lernreisen ab, der derzeit stattfindet. Man laufe einer Mode hinterher, meinen manche Kritiker. Diese Mode werde sich schon bald wieder von selbst erledigt haben, finden sie. In der Tat stellt die Reisetätigkeit alles in den Schatten, was ich 2013 im Silicon Valley erlebt hatte. Schon damals zogen deutsche Besuchergruppen durch das Tal – immer für zwei bis maximal fünf Tage, immer zu Apple, Google, Facebook, Twitter, Uber, Airbnb, Salesforce oder PayPal. Dieser Trend hat sich weiter verstärkt. »Deutsche Unternehmenschefs pilgern gerade scharenweise ins Silicon Valley – als ginge es darum, in einem Jungbrunnen zu baden«, schrieb kürzlich *Die Welt*. »Ein paar Tage Kalifornien gelten als Garant für die Zukunftssicherung der Firma. Das Silicon Valley ist längst als Ballermann der Tech-Szene bekannt.« Mario Herger, ehemaliger SAP-Entwicklungsleiter und Buchautor (*Das Silicon-Valley-Mindset*), seit 2001 heimisch in Kalifornien, hat die Silicon Valley Inspiration Tours mitgegründet. »Es sind inzwischen mehrere Tausend Manager, die jedes Jahr aus Deutschland hierherkommen«, sagte er der *Welt*. Immer mehr Vorstandsvorsitzende und Geschäftsführer brechen nach Palo Alto und Umgebung auf. Zu den Besuchern im mächtigsten Tal der Welt gehörten unter anderem Kasper Rørsted von Henkel, Peter Terium von RWE, Tim Höttges von der Telekom, Johannes Teyssen von E.on und José Manuel Martínez von Esprit. Manche Top-Manager reisen alleine, andere mit Vorstand und Aufsichtsrat. Auch Bahnchef Rüdiger Grube verschrieb seinem Vorstand eine Valley-Reise. Bewusst wurden Zweibettzimmer gebucht. Man verordnete sich einen Ausbruch aus der Wohlfühlzone. Schmale Betten, Schlangen vor der Dusche und ein Gefühl wie in der Jugendherberge gehörten dazu.

Sollte man solche Reisen kritisieren? Ich meine nein. Noch immer sind viel zu wenige Führungskräfte im Silicon Valley gewesen. Gleiches gilt für Tel Aviv und sogar für Berlin. Mein persönlicher Lackmustest geht so: Bei Vorträgen frage ich immer in den Saal, wer denn schon einmal im Silicon Valley oder in Tel Aviv war. Die Zahl der Arme, die dann nach oben geht, ist verschwindend gering. Oft ist es weniger als ein Zehntel des Saals, manchmal zeigen in einem ganzen Saal nur wenige Hände nach oben. Solange dies der Fall ist, kann der Valley-Tourismus gar keine übertriebene Mode sein. Der Holschuld ist erst Genüge getan, wenn jeder im

Saal beide Arme hebt. Es gibt viel zu lernen. Denn wie soll Digitalisierung ohne Anschauungsunterricht an der Quelle der Innovation funktionieren? Während der Autokrise Anfang der 1990er pilgerten Manager zum Lernen nach Japan. Heute haben sich Thema und Ziel geändert. Doch genau wie damals wird es viele Jahre intensiven Studierens brauchen, bis Deutschland die Voraussetzungen für nachhaltige Erfolge geschaffen hat.

Im nächsten Kapitel wenden wir uns einer anderen wichtigen Frage zu: Wie viel Freiheit sollte man Start-ups geben, nachdem man sie gekauft hat? Ist es besser, sie voll in seine Firma zu integrieren, oder sollte man sie an der langen Leine laufen lassen? Die Antwort fällt anders aus, als die meisten traditionellen Unternehmen es erwarten würden.

Integration: Freiheit lassen und nicht erdrosseln

Wer Anteile an Start-ups kauft, geht ein gewagtes Spiel ein. Wenn junge Firmen voll integriert oder an zu langer Leine gelassen werden, ist das Scheitern programmiert. Den richtigen Abstand findet nur, wer seine eigene Firmenkultur grundlegend verändert.

Wenn traditionelle Unternehmen Start-ups gekauft haben, um mit ihrer Hilfe in die digitale Zukunft zu starten, dann schalten Top-Manager gern auf Delegieren um. Nach den Mühen der Akquisition sehen sie ihre Aufgabe als erledigt an und hängen die neue Beteiligung an passender Stelle im Unternehmen auf. Danach widmen sie sich anderen Aufgaben. In der Start-up-Szene kommt das schlecht an. Nach meinem Eindruck gibt es unter Gründern keine ernstere Warnung als das Wort *Corporate*. Dies ist der englische Ausdruck für Unternehmen, er meint aber vor allem die starre und bürokratische Denkweise, die traditionelle Firmen gern pflegen. Ich kann nicht empfehlen, die Frage nach den Gründen für die Abneigung gegen *Corporates* an der Kaffee- oder Weinbar eines Gründerkongresses zu stellen, wenn man in Eile ist und keine Zeit hat, sich all die Geschichten anzuhören, die dann kommen. Es dauert meist lange, bis jeder in der Runde von seinen negativen Erfahrungen berichtet hat. Sie handeln davon, wie Käufer, die während der Verhandlung Freiheit und Unterstützung versprochen hatten, die Start-ups später mit Anforderungen erdrückten und in Sachen Unterstützung hängen ließen. Dutzende solcher Erzählungen sind im Umlauf. Sie zeugen von einem fundamentalen Missverständnis. Die Start-ups ließen sich auf die enge Bindung mit dem Käufer ein, weil sie Geld für Wachstum brauchten und sich operative Hilfe versprachen. Die Käufer hingegen erwarteten, dass alle ihre Regeln beachtet werden würden, gleichzeitig die Innovationen aber weiter sprudeln. Beides auf einmal kann nach Menschenermessen nicht funktionieren. Wie selbstverständlich sprechen traditionelle Unternehmen von *Post Merger Integration,* also von der Eingliederung nach dem Kauf. Ebenso selbstverständlich gehen viele Gründer davon aus, dass ihre Freiheit unangetastet bleibt, wenn sie zu einer großen Gruppe gehören. Beide Vorstellungen sind naiv. Sie ignorieren den Kulturkampf, der fast zwangsläufig bei einem Zusammengehen sehr großer mit sehr kleinen Organisationen ausbricht.

Vollintegration wirkt oft wie eine tödliche Umarmung. Durch Vollintegration werden Start-ups unweigerlich hineingezogen in all das, was traditionelle Unternehmen langsam und innovationsschwach macht: endlose Abstimmungsprozesse, vertagte Entscheidungen, zeitraubende Compliance-Prüfungen, schwerfällige Technologien, Grabenkämpfe zwischen Abteilungen, Revierkämpfe von Führungskräften, Auseinandersetzungen mit Betriebsräten und Dauerdebatten mit Bedenkenträgern.

Woran mag das liegen? Philipp Depiereux, Gründer und Gesellschafter der Berliner Beratung Etventure, führt den Klammergriff der Corporates auf Mängel im Führungsverhalten zurück. »Der klassische Führungstyp wird seinen über 30 Jahre eingeübten Kontrollreflex nicht so leicht los«, glaubt er. Gemeinsam mit der GfK in Nürnberg hat Depiereux das Digitalverhalten deutscher Firmen untersucht. Die Ergebnisse sprechen eine klare Sprache: Vollintegrationen scheitern meist schon deswegen, weil Führungskräfte das Thema digitale Transformation gar nicht ernst nehmen. Sie legen sich ein Start-up zu, weil sie Interesse an einem Patent oder einer Software haben. Doch nicht im Traum denken sie daran, die Strukturen des Start-ups am Leben zu erhalten. Umgekehrt wollen sie ihre eigene Kultur in die Zukäufe hineinverpflanzen. Ihnen steht der Sinn nach Expansion, aber nicht nach Wandel. Nur 6 Prozent der befragten Unternehmen gaben in der GfK-Studie digitale Transformation als oberste Priorität an; nur ein Drittel zählt sie zu den Top-3-Themen. »Daran zeigt sich, dass die Tragweite der Veränderungen immer noch unterschätzt und nebenbei gemanagt wird«, glaubt Depiereux.

Zu spüren bekommen diese Fehleinschätzungen der Lage vor allem Start-ups, die im Mittelbau unterdigitalisierter Firmen landen, weitab von einem CEO, der vielleicht noch seine schützende Hand über sie halten könnte. Man redet aneinander vorbei und hat kein Verständnis für das Denken des anderen. Die einen klammern sich an Prozessen fest, die anderen an Visionen. Zu ähnlich ernüchternden Feststellungen ist auch die Presse gekommen. »Abstoßen, überfordern, falsch verstehen – Start-ups werden auf vielfältige Weise untergepflügt«, diagnostiziert das *Manager Magazin*. Was als gut gemeinter Aufbruch in die Zukunft beginnt, endet oft im Wettlauf der Kulturen: Wer ändert wen zuerst – das Start-up die starren Strukturen oder die starren Strukturen das Start-up? Meistens gewinnen die Strukturen. Schon allein deshalb, weil sie mehr Zeit und Geld zur Verfügung haben. Ihre Einkommen und Budgets sind sicher, sie leben von etablierten Märkten und Produkten. Einige Monate Ablenkung vom Markt verkraften sie ohne Probleme. Zermürbende Diskussionen hinterlassen nicht einmal Spuren in ihrem Zahlenwerk, und wenn, dann erst einige Jahre später. Bei Start-ups ist das anders. Jede Woche Zeitverlust verschlingt knappes Eigenkapital, gefährdet fragile Umsätze und spielt Wettbewerbern in die Hände. Kunden können nicht betreut und Produkte nicht weiterentwickelt werden. Alles, was die Mutter zu viel von ihnen verlangt, richtet empfindlichen Schaden an: zum Beispiel To-do-Listen vom Einkauf, fein ziseliertes Reporting für das Controlling und monatliche Status-Updates für den Vorstand. Ein Mindestmaß an Disziplin muss sein – das bezweifelt niemand. Doch was das Mindestmaß ist, darüber gehen die Vorstellungen je nach Perspektive weit auseinander.

Ulrich Schmitz, gelernter Elektroingenieur und leidenschaftlicher Mentor von Gründern, managt für Axel Springer alle Frühphasen-Engagements. Als ich ihn nach den Gründen für die Inkompatibilität zwischen Groß und Klein frage, wählt er einen Vergleich aus der Schifffahrt: »Man muss sich das so vorstellen wie ein topmodernes Containerterminal, an dem ein Schlauchboot anlegt«, sagt er. »Schlauchboote können teuer, neu und mit allen Schikanen versehen sein. Sie sind nicht besser oder schlechter als das Terminal. Trotzdem passen Boot und Terminal einfach nicht zusammen. An der steilen Wand kommt die Crew nicht hoch, und den schweren Container, den der Kran absetzen will, kann das Schlauchboot nicht tragen.« Im Tagesgeschäft stellt Schmitz immer wieder fest: Inkompatible Systeme schaden beiden Seiten, und sei der Wille noch so gut. Gilt das Start-up anfangs als cool und lassen sich alle anstecken von der Begeisterung des Vorstands, der die Disruptoren an Bord geholt hat, lässt die Freude schnell nach, wenn deutlich wird: Die Neuen halten die bewährten Prozesse nicht ein, liefern die Zahlen nicht pünktlich ab, planen ungenau, brauchen mehr Geld als angenommen und beantworten E-Mails zu langsam. Hagen Rickmann, Deutschland-Chef des Geschäftskundenbusiness der Telekom, berichtet, wie innovative Ideen durch Überintegration untergingen: »Am Anfang will jeder an der tollen Sache partizipieren. Dann reden alle mit, entwickeln eigene Vorstellungen, aber keiner trägt die Verantwortung.«

Vom Aussterben bedroht sind besonders Start-ups, die ihrer neuen Rolle als Konzerntochter eifrig gerecht werden möchten. Für ihren guten Willen ernten sie Anerkennung, doch gegen den endlosen Strom von Anforderungen der Mutter kommen sie nicht an. »Je mehr wir uns reingehängt haben, den Regeln gerecht zu werden, desto mehr haben wir unsere eigene Firma vernachlässigt«, berichtet mir ein Münchner Gründer, der sein FinTech-Start-up an eine Großbank verkauft hat. »Als die Zahlen schlechter wurden, haben alle das Interesse verloren. Wir bekamen keine Termine mehr, Investitionen blieben aus. Selbst die Leute, die uns reingeholt hatten, gingen auf Tauchstation. Das war bitter.« Ein Berliner Gründer, der sich gegen den Verkauf an ein etabliertes Unternehmen entschieden hat, teilt diese Sorge. Ich sehe ihm seine Erleichterung an, den großen Scheck ausgeschlagen zu haben: »In Bürokratie zu ersticken, nichts mehr allein entscheiden zu können, so langsam zu werden wie der Käufer, das ist der Horror.« Er erzählt mir von Lighthammer, einem Experten für Industrievernetzung, der im Softwarekonzern SAP aufgegangen ist. Einer seiner Freunde arbeitet dort. Im Vergleich zu den Umsätzen der Mutter waren die Umsätze von Lighthammer so bedeutungslos, dass bei SAP bald jedes Interesse an der Firma erlosch. Der Hoffnungsträger verschwand als Anhängsel in der Manufacturing-Sparte und geriet in Vergessenheit.

Solche Erfahrungen sind durchaus keine Eigenheit des deutschen Markts. Gründer im Silicon Valley machen ähnliche Erfahrungen. Pulse, ein vielbeachteter Nachrichten-Aggregator, dessen Erfolgsgeschichte ich in meinem *Silicon-Valley-Buch* geschildert hatte, wurde von seinen Investoren kurz danach an LinkedIn verkauft. Fortan war nicht mehr viel von ihm zu hören. Heute ist Pulse *ein* LinkedIn-Produktmerkmal von vielen, und nach dem Kauf von LinkedIn durch Microsoft kaum mehr als ein Anhängsel des Softwareriesen. Nicht jeder hat so viel Glück wie Pulse. Oft verschwinden Marken komplett von der Bildfläche, so wie bei Wavii, einem anderen News-Aggregator, der von Google geschluckt wurde. Ich mochte die ehrgeizigen Gründer von Wavii und finde es schade, dass sie sich ihre Eigenständigkeit und Sichtbarkeit nicht bewahren konnten. Unerfreulich wird die Lage von Gründern häufig auch dann, wenn das wahre Motiv des Käufers der Erwerb von Technologie war, also lediglich eine Art Patentbeschaffung. So geschehen beispielsweise bei Sensys Networks, einem Start-up, das Mini-Funkstationen in Asphalt gießt und so den Verkehr steuern hilft. Begonnen als ehrgeizige Gründung, ist Sensys heute ein verlängertes Werkslabor bei Siemens. Beide Seiten hatten sich von der Zusammenarbeit mehr erhofft. Für inkrementelle Fortschritte mag Vollintegration gut sein, für disruptive Fortschritte ist sie es aber sicher nicht.

Durch die vielen Geschichten vom sang- und klanglosen Untergang vielversprechender Start-ups bin ich vorsichtiger geworden, wenn ich Meldungen von Übernahmen lese. Die Hunderte von Millionen Euro, die deutsche Konzerne auf ihren Einkaufstouren durch die Start-up-Szene derzeit ausgeben, sind nicht automatisch eine gute Nachricht. Sie signalisieren nicht zwangsläufig Meilensteine auf dem Weg zur digitalen Republik. Oft genug steht dahinter lediglich die Absicht, die Innovationspipeline ein wenig aufzufüllen. An die Züchtung eines neuen Unicorns denken dabei die wenigsten. Selbst wenn der Vorstand davon träumt: Die Prozess-Experten im Mittelbau wissen den Aufstieg allzu oft wirksam zu verhindern. Vorsichtig machen sollte auch das Schlagwort *Synergie-Effekte.* »Wer in Synergien denkt, denkt nicht an schnellen Aufstieg«, sagt ein frustrierter Beteiligungsmanager aus einem Dax-Konzern, der beim Versuch scheiterte, sein Portfolio vor dem Einfluss der Zentrale zu schützen.

Eigentlich müssten sich Manager in traditionellen Unternehmen nach Investitionen in Start-ups viel öfter die Sinnfrage stellen: Was sollte das Kaufmanöver eigentlich? Wäre es nicht besser gewesen, auf die Akquisition zu verzichten? Mit gleichem Recht können sich die Start-ups eine ähnliche Frage vorlegen: Wären sie bei Venture Capitalisten nicht oft besser aufgehoben als in der äußersten Umlaufbahn eines Großkonzerns? Ist es nicht besser, von Wagniskapital abhängig zu sein, denn als Zwergplanet am Rande des Universums zu existieren? Venture-Capitalisten nehmen Start-ups wenigstens ernst, schon allein deshalb , weil sie mit dem Weiterverkauf Geld verdienen möchten. Normale Unternehmen hegen diesen Wunsch meist nicht mehr. Sie sehen sich als Strategen und wollen ihre Besitztümer nicht handeln. Venture Capitalisten dagegen nutzen Kontakte von Board-Mitgliedern und Beiräten, um Türen zu öffnen und Geschäfte anzubahnen. Start-ups in großen Konzernen können oft lange warten, bis ihnen Ähnliches widerfährt. Manchmal wirkt der Kapitalanteil sogar kontraproduktiv. Konkurrenten der Mutter können Geschäftskontakte mit dem Start-up vermeiden, weil sie der Rivalin kein Geld zuschieben möchten. Zudem erlischt oft das Interesse des Kapitalmarkts. Niemand möchte den mächtigen Konzern als Miteigner in einer Gesellschafterversammlung sehen. Sind die Hände der Gründer durch Vorkaufsrechte und Andienungspflichten gebunden, können sie dem Konzern erst recht nicht mehr entfliehen. Ihr kurzfristiger Nutzen – Geld von einer renommierten Adresse – entpuppt sich langfristig als Nachteil. »Rund 80 Prozent der Kooperationen zwischen Start-ups und Etablierten bleiben ohne Erfolg«, glaubt Ulrich Dietz, Chef des IT-Dienstleisters GFT und Betreiber einer Kooperationsbörse für Start-ups und Großunternehmen. »Coolness kann man eben nicht kaufen.«

Wie könnte man das Zusammenleben für alle Seiten erquicklicher gestalten, wenn der Anteilskauf denn schon sein muss? Alle Gründer, mit denen ich spreche, haben dazu eine klare Meinung. Sie möchten eine faire Partnerschaft eingehen. Ein gewisses Maß an Aufsicht und Kontrolle akzeptieren sie. Doch die Freiräume müssen groß genug bleiben, um weiter schnell entscheiden und agil handeln zu können. Ein Gründer, studierter Physiker, greift auf ein Bild aus der Astronomie zurück, als ich ihn nach seiner Meinung frage: »Die beste Distanz liegt in der Mitte. Nicht zu nah und nicht zu fern. Die Schwerkraft des Käufers und die Fliehkraft des Start-ups sollten einander die Waage halten. Wie bei Planeten kommt es auf die Umlaufbahn an: Zu nah an der Sonne, stürzt der Planet ab und verglüht. Zu weit weg, trägt ihn sein eigener Schwung aus dem Gravitationsfeld hinaus in die unendlichen Weiten.« Vor allen Dingen fordern die meisten Gründer volle Kontrahierungsfreiheit. Sie möchten alles, was sie brauchen, am freien Markt einkaufen. Abteilungen der Mutter – Buchhaltung, Controlling, Mailserver, Immobilienmanagement, Kantine – dürfen aus ihrer Sicht gern um Aufträge mitbieten, haben aber keinen Anspruch auf den Zuschlag. Wenn sie zum Zug kommen, dann nur zu Marktpreisen. Zwangsumlagen von Ist-Kosten der Zentrale lehnen die Gründer unisono ab.

Von einem gelungenen Beispiel der Kooperation berichtet mir Georg Kopetz, Gründer und Geschäftsführer der Wiener Firma TTTech. Sie stellt Computertechnik für selbstfahrende Autos her. Seit 16 Jahren pflegt er eine Partnerschaft mit Audi. Die Ingolstädter gehören neben General Electric und Infineon zu seinen Investoren. »Schnell wachsende Start-ups und große Unternehmen sprechen verschiedene Sprachen«, stellt Kopetz fest. »Sie laufen mit unterschiedlichen Geschwindigkeiten. Große Unternehmen erinnern mich manchmal an Kafkas Schloss. Wenn man sie betritt, muss man immer darauf achten, wie man wieder herauskommt. Man geht schnell verloren.« Kopetz und seine Partner bei Audi haben sich gut geschlagen. »Gegenseitiges Vertrauen prägt unsere Zusammenarbeit«, findet er. »Wir lernen viel voneinander, weil wir uns respektieren und die Stärken des anderen anerkennen.«

Dieser Wunsch klingt bei Gründern immer wieder durch: Hilfe zu bekommen, ohne erdrosselt zu werden. Mit ähnlichen Mitteln arbeitet Axel Springer. »Wir nennen es das *Toolbox-Konzept*«, erklärt Jens Müffelmann, der mit seinem Team das Portfolio von Axel Springers Digitalbeteiligungen aufgebaut hat. »Wir schirmen die Start-ups von übertriebenen Anforderungen des Konzerns ab, stellen aber einen Werkzeugkasten voller Leistungen zur Verfügung, die sie abrufen können, wenn sie mögen. Niemand muss, aber jeder kann.« Zum Werkzeugkasten gehört vor allem der Austausch von Erfahrungen mit anderen Gründern im Netzwerk. Personalbeschaffung, Marketing, Suchmaschinenoptimierung, Social Media, Zahlmodelle, Paid Content, Mobile Services, Apple oder Android sind Themen, die alle interessieren. Der Konzern organisiert Workshops und Expertenrunden, die jedem offenstehen. Für Gründer ist das mehr als ein interessantes Fortbildungsangebot. Es leistet entscheidende Hilfe im Alltagsgeschäft. Je rasanter die Technik fortschreitet, je erratischer die Märkte sich ändern, desto schneller fallen auch Start-ups hinter den Stand der Dinge zurück. »Diese Arbeitskreise sind für viele Gründer einer der wichtigsten Gründe, Anteile an uns zu verkaufen«, sagt Jens Müffelmann. »Sie wissen, sie profitieren vom Netzwerk. Wir helfen ihnen beim Wachsen.« Ich treffe Robert Maier, Gründer und Geschäftsführer von LadenZeile, einem Shopping-Aggregator. Er gehört zu den Leuten, die regelmäßig an den Arbeitskreisen teilnehmen. Er hält die Hilfe für sinnvoll, vor allem, weil sie unaufdringlich ist: »Heute ist so viel so schnell in Bewegung, dass einzelne Firmen schwer mithalten können. Austausch in Netzwerken ist ein sicherer, schneller Weg, dauerhaft à jour zu bleiben.«

Ein gutes Beispiel für die Leistungskraft eines Netzwerks ist die Suchmaschinenoptimierung: Früher änderte Google seinen Algorithmus einmal im Jahr, dann jedes halbes Jahr. Heute finden die Änderungen laufend statt. Wissen von heute ist morgen unvollständig. Auch Facebook optimiert ständig, was Nutzern angezeigt wird. In Probeläufen werden unterschiedliche Varianten an Teilgruppen des Publikums getestet, auf Smartphones erscheinen andere Ergebnisse als auf dem Desktop, in verschiedenen Regionen der Welt laufen verschiedene Algorithmen. Mithilfe dieser Testergebnisse optimiert Facebook sein Angebot. Weil Facebook die wichtigste Medienplattform der Welt geworden ist, beobachten Experten rund um den Globus, was Mark Zuckerberg und sein Team von Menlo Park aus treiben. Ein Experiment in Neuseeland, von Facebook für drei Stunden freigeschaltet, kann nächsten Monat zum Standard für Europa werden. Solche Tests lösen sofort hitzige Diskussionen im Netz aus. Diesen Debatten muss man folgen, sich einmischen und Schlussfolgerungen aus ihnen ziehen. Einzelne Start-ups überfordert das schnell. Experten für jedes Unterthema einzustellen, würde ihr Budget sprengen.

»Wir haben eben keine Konzernabteilung gebildet, die zentral etwa für Social Media zuständig ist und Start-ups dann eine Linie aufdrängt«, berichtet Jens Müffelmann. »Die Zentrale organisiert nur den Informationsaustausch zwischen den Firmen. Wir diskutieren mit, können und wollen die Debatte inhaltlich aber gar nicht beeinflussen. Dafür sind wir nicht genug Leute. Das Konzernwissen liegt nicht in der Zentrale. Es liegt im Netz. Wir sehen uns als eine Art *United Artists*.« Müffelmann zeigt bei Vorträgen ein Bild, auf dem ein Esel von seinem überladenen Karren in die Luft gehoben wird und hilflos im Zaumzeug baumelt: »Genau das darf uns nicht passieren«, sagt er. »«Die Zentrale darf das Start-up nicht überlasten. Deshalb ist die Abschirmung von überzogenen Konzernanforderungen eine wichtige Aufgabe im Beteiligungsmanagement.« Er illustriert das mit einem Vergleich: »Das Motto der amerikanischen Polizei lautet *To Serve and To Protect*. Das spiegelt auch die beiden Hauptfunktionen des Beteiligungsmanagements wider.« *Dienen und beschützten* heißt das Motto übersetzt. Ein Selbstverständnis, an das viele Firmenzentralen sich erst gewöhnen müssen. *Führen und kontrollieren* lautet bislang das Motto der meisten Hauptverwaltungen.

Controller, die Start-ups eine neue Richtlinie auferlegen wollen, schreiben nicht einfach eine Rundmail. Sie sprechen mit dem Beteiligungsmanagement. Die kämmt die Anforderungen sorgsam durch. Nur was wirklich unverzichtbar ist, erreicht die Start-ups. Nicht per anonym versandter Richtlinie, sondern im persönlichen Gespräch zum Beispiel bei der nächsten Gesellschafterversammlung. Im Zweifel weniger als mehr, heißt der Grundsatz. Das hilft, Innovationskraft zu erhalten und Pannen zu vermeiden. Martin Sinner, Gründer des Preisvergleichers Idealo, erinnert sich an einen Aufreger in der Frühphase seiner Zusammenarbeit mit Axel Springer: »Es gab eine Sparrunde, und von der Zentrale ging eine Mail an alle, durch ein Versehen auch an uns: künftig nur noch Vier-Sterne-Hotels und im Flugzeug innerhalb Europa Economy bitte. Die Controller dachten, sie sparen damit Kosten. Doch bei Idealo trampten wir damals, wenn wir irgendwohin mussten. Wir reisten so wenig wie möglich. Telefonieren per Skype tat es ja auch. Wenn wir wirklich mal wegmussten, schliefen wir bei Kumpels auf der Couch. Unser Reisebudget war mehr oder weniger gleich null. Vier-Sterne-Hotels waren komplett außerhalb der Reichweite. Wenn wir die Richtlinie mitgemacht hätten, wären unsere Kosten explodiert.« Aus dem Vorfall haben alle gelernt. Die Kommunikation mit Start-ups läuft, sooft es geht, über die Beteiligungsmanager. Sie haben ein Vertrauensverhältnis zu den Gründern und wissen am besten, was in der Praxis funktioniert und was nicht. »Witzigerweise kenne ich einige Gründer, die sich da ein Verhalten nicht mehr abgewöhnt haben und immer noch Hotelzimmer teilen, obwohl sie längst Multi-Millionäre sind«, erzählt Martin Sinner.

Wenn traditionelle Unternehmen Start-ups auf gesundem Mittelabstand halten, dann verhalten sie sich damit gar nicht so viel anders als manche Wagniskapitalgeber. Auch die denken nicht daran, Start-ups zu nah an sich heranzuziehen, doch sind sie willens und in der Lage, jede Form von Hilfestellung zu leisten. Florian Heinemanns Project A unterhält einen Apparat für die direkte Unterstützung bei Aufbau und Wachstum. »Gestartet bekommt man eine Firma immer irgendwie«, glaubt er. »Später aber wird es eng, wenn die Strukturen nicht stimmen. Wir bündeln Expertise, die alle Start-ups brauchen. Wir prägen die Konfiguration so, dass das Wachstum nach hinten hinaus nicht gebremst wird.« Für eines der wichtigsten Betätigungsgebiete hält er die Personalarbeit: »Fachleute sind extrem schwer zu finden. Wir bilden sie aus. Start-ups täten sich schwer, Experten dieser Güte zu gewinnen. Deswegen machen wir das zentral.«

Ist die erste Hürde erst einmal überwunden und sind die Gründer nicht durch klammernde Umarmung verschreckt, dann geht es darum, sie auch langfristig an Bord zu halten. Anteile am Unternehmen leisten einen Beitrag zur Motivation. Nicht minder wichtig aber ist kulturelle Toleranz. Echte Unternehmerpersönlichkeiten ticken anders als Abteilungsleiter in Konzernen. Sie sind höchst unterschiedlich. Sperrig zuweilen, schrullig, unzugänglich oder das Gegenteil: freundlich, verbindlich, mitreißend. Mal arbeiten sie Tag und Nacht durch, mal schauen sie nur am Nachmittag im Büro vorbei. Mal können sie mit Zahlen nicht umgehen, mal sind sie lebende Excel-Tabellen. Mal sehen sie aus wie Hipster, mal wie Behördenchefs, mal wie Schuljungen. »Das ist eben der Clou«, sagt mir der Beteiligungsmanager eines mit Start-ups erfolgreichen deutschen Medienunternehmens. »Niemanden über einen Kamm zu scheren. Jede einzelne Persönlichkeit zu verstehen. Unterscheiden zu können, was eine produktive Eigenart ist und was eine destruktive Schrulle. Emphatisch da einzugreifen, wo man helfen kann. Teams sinnvoll zu ergänzen. Einfühlsam darauf zu achten, dass Teams funktionieren, und auf keinen Fall Schema F anzuwenden.« Dann ergänzt er: »Eine durchgehende Konzernkultur gibt es bei uns eigentlich nicht mehr. Es existieren viele Kulturen. In dieser Vielfalt liegt die Stärke.« Diese Botschaft höre ich immer wieder: Kulturelle Toleranz schlägt Kontrolle, Freiheit bringt bessere Ergebnisse als Vorschriften, Hilfe führt weiter als übertriebene Aufsicht. Kontrollierter Kontrollverlust also ist es, was Investitionen in Start-ups erfolgreich macht. Für die meisten etablierten Unternehmenskulturen bedeutet das: einmal drehen um 180 Grad. In welchem Maße das gelingt, entscheidet mit über ihren Erfolg bei der Digitalisierung.

Wenn der richtige Abstand gefunden ist, taucht sogleich die Frage auf, wie man das Gesamtunternehmen am besten organisiert. Gehen nur die Start-ups auf Distanz, oder sollten auch die alten Kerngeschäfte mehr Unabhängigkeit gewinnen? Antworten darauf suchen wir im nächsten Kapitel.

Organisation: Netze flechten und Pyramiden verkleinern

Mit dem alten Ordnungsmodell aus dem Industriezeitalter kommen Unternehmen in der Digitalisierung nicht weiter. Vertikale Berichtslinien, Befehl und Gehorsam stoßen an ihre Grenzen. Firmen sollten ihre Geschäftseinheiten in die Freiheit entlassen und sie in selbstständige Töchter verwandeln.

»Der Anreiz, Verluste zu vermeiden,
ist doppelt so hoch wie die Motivation,
Gewinne durch Veränderung zu erzielen.«

*Daniel Kahneman,
Psychologe und Nobelpreisträger für Wirtschaft*

In seinem Buch *David und Goliath – Die Kunst, Übermächtige zu bezwingen* schreibt Bestsellerautor Malcolm Gladwell, dass Goliath nie eine Chance gegen David hatte. Er porträtiert Goliath als kampfstarken, aber schlecht sehenden und durch seine schwere Rüstung fast bewegungsunfähigen Riesen. Gewohnt, Gegner im Nahkampf zu erschlagen, rief er David herrisch zum Duell. Beide waren von ihren Volksstämmen, Philistern und Israeliten, auserkoren worden, einen Stellvertreterkampf zu führen, damals eine bewährte Methode, um Schlachten unter Einsatz von wenig Blutzoll auszutragen. David überraschte Goliath, indem er den Nahkampf mied und stattdessen auf Hochtechnologie setzte: eine Steinschleuder. Aus Versuchen wissen Historiker und Archäologen, dass antike Steinschleudern auf Distanzen bis zu 70 Metern tödlich wirken konnten. Ein kleiner Stein, abgefeuert aus 35 Metern Entfernung, erreicht eine Geschwindigkeit von über 120 Stundenkilometern und durchschlägt damit leicht einen Schädel. Trainierte Schützen feuerten ihr Geschoss innerhalb einer Sekunde ab und holten damit sogar Vögel vom Himmel.

Goliath, der mächtige und unbewegliche Riese, wurde von agiler Hochtechnologie in den Händen eines jungen Disruptors erschossen, glaubt Gladwell. »Goliaths Chance gegen David«, schreibt auch der Historiker Robert Dohrenwend, »war ungefähr so hoch wie die Chance eines Schwertkämpfers aus der Bronzezeit gegen einen Pistolenschützen mit einer automatischen 45er.« Riesen sind nicht das, was wir denken, glaubt Gladwell. »Genau jene Eigenschaften, die sie angeblich stark machen, sind in Wahrheit die Ursachen ihrer größten Schwäche.«

Als Malcolm Gladwells Buch im Jahr 2013 erscheint, bin ich gerade geschäftlich in New York unterwegs. Bei Barnes & Noble, einer Buchhandelskette, entdecke ich das Werk im Schaufenster. Gladwell ist einer meiner Lieblingsautoren. Auf dem Heimflug nach Deutschland lese ich den ersten Teil des Textes durch. Mir wird klar, wie gut das Bild vom ungleichen Kampf zwischen David und Goliath zum Wettkampf zwischen Start-ups und etablierten Unternehmen passt. In den Monaten zuvor hatte ich im Silicon Valley Hunderte von Gesprächen mit Gründern geführt. Mit Gladwells Beschreibung im Kopf, kommen sie mir nun vor wie flinke Kämpfer, die mit Steinschleudern in der Hand um behäbige Konzerne herumtänzeln und ihre Steine zielsicher und voller Selbstvertrauen abfeuern. Größe und Schlachtaufstellung der etablierten Firmen, im Industriezeitalter lebenswichtige Stärken, werden in der Digitalisierung auf einmal zur gefährlichen Bedrohung. Disruptoren verweigern einfach den Antritt zum Nahkampf. Sie spielen ein anderes Spiel. Bevor die Riesen begreifen, wie ihnen geschieht, schlägt das tödliche Geschoss schon ein. Ich überlege mir, wie Goliath in der antiken Geschichte wohl am besten reagiert hätte. Mit Steinschleudern konnte er nicht umgehen. Beweglich war er auch nicht. Vielleicht stimmt, was Gladwell schrieb: Goliath hatte nie eine Chance. Wirklich nicht? Goliath war ein Mensch und konnte aus seiner Haut nicht heraus. Doch wäre er eine Firma gewesen, hätte er dann nicht doch noch eine Verteidigungsmöglichkeit gehabt? Er hätte sich in viele kleine Teile zerlegen können. Teile, die so beweglich und angriffslustig sind wie

David. Er hätte die Steinschleuder seines Gegners studieren und sich eine ähnliche Waffe zulegen können. Dann hätte Goliath das Blatt vielleicht wenden können. Der flinke David wäre plötzlich umzingelt gewesen von ebenso flinken Angreifern – aber eben nicht von einem, sondern von vielen. Rechtzeitig aus *einem* Goliath *viele* Davids zu machen, könnte eine reale Verteidigungsstrategie für angegriffene Unternehmen sein.

Nach der Rückkehr in Deutschland beschließe ich, Beispiele für traditionelle Firmen zu suchen, die sich in viele kleine Teile zerlegen. Einige Wochen später führt mich der Zufall in ein Landhotel nach Süddeutschland. Der Vorstand eines Maschinenbauunternehmens hat sich zur Strategietagung zurückgezogen und mich eingeladen, von unseren Erlebnissen im Silicon Valley zu berichten. Es ist Herbst. Draußen regnet es in Strömen. Das trübe Wetter passt zur Lage. Die Geschäfte laufen nicht besonders gut. Kaum ist der Kaffee serviert, bittet mich der Chef zum Vortrag. Als ich ende, klatscht er in die Hände und ruft: »Ich habe jetzt gelernt, dass Start-ups schneller und kreativer sind als wir.« Er legt eine Kunstpause ein. »Warum machen wir es ihnen nicht nach? Warum gründen wir unsere Kerngeschäfte nicht in unabhängige Firmen aus und entlassen sie in die Freiheit? Vielleicht verdienen sie dann endlich mehr Geld.« Der Chef führt den Gedanken etwas aus. Ihm schweben eine unabhängige Geschäftsführung vor, eine echte unternehmerische Beteiligung des Managements und eine Firmenkultur, die sich stark von der Mutter unterscheidet: schneller, kreativer, jünger, mutiger. »Wenn das bei Start-ups hilft, warum dann nicht bei uns?«, fragt er in die Runde. Alle schauen ihn verblüfft an. Auch ich bin überrascht. Mit so viel Radikalität hatte ich nicht gerechnet. »Ich meine es ernst«, sagt er. »Ihre Meinungen bitte.« Es dauert einige Momente, bis das Eis bricht. Dann kommen die Wortmeldungen. Fast alle fallen ablehnend aus. Einige der Einwände lauten: »Auf Dauer bliebe von der Mutter ja nicht mehr viel übrig. Alles Operative wäre raus.« – »Beim Ausgründen werden die stillen Reserven gehoben. Der Fiskus wird sich freuen.« – »Betriebsrat und Gewerkschaften mögen das sicher nicht.« – »Macht Unabhängigkeit wirklich produktiver? Das glaube ich nicht.« Der Vorstandschef lässt die Debatte laufen. Viele Bedenken zerstreuen sich schon während der Diskussion. Das Klima hellt sich auf. Nach einiger Zeit regt der Chef einen Beschuss an: Drei Geschäftseinheiten sollen ausgegliedert werden. Sie bekommen volle Handlungsfreiheit. Wenn es gut läuft, sollen andere folgen. Seine Vorstandskollegen nehmen den Vorschlag einstimmig an. Damit beginnt ein interessantes Experiment. Vor meinen Augen schaltet ein Unternehmen von Goliath auf David um. Ich bin gespannt, was dabei herauskommt.

Drei Jahre später treffe ich den Vorstandschef in Frankfurt wieder. Er wirkt gelöst. Ich frage ihn, wie es mit den Ausgliederungen gelaufen ist. Er reckt den rechten Daumen nach oben – fast übertrieben fröhlich: »Richtig gut. Eine der besten Entscheidungen seit Langem. Die Geschäftsführer gehen voll in ihren Aufgaben auf. Zwei sind virtuell beteiligt, der andere wollte das nicht und bekommt eine normale Tantieme.« Die Firmen sind schneller, kreativer und profitabler geworden, sagt er. »Sie haben sich freigeschwommen. Viele Dinge machen sie heute anders als früher. Das erkennt man schon, wenn man die Leute im Foyer und auf den Fluren sieht. Die sind mit ganz anderem Ehrgeiz bei der Sache.« Jetzt überlegt er, eins der Unternehmen an einen amerikanischen Bieter zu verkaufen. »Der Geschäftsführer hat es selbst vorgeschlagen. Er hat sogar den Käufer angebracht. Das wäre früher, als der Bereich noch eine Abteilung war, nie passiert.« Ob der Geschäftsführer nach dem Verkauf an Bord bleibt, hat er für sich noch nicht entschieden. »Die Käufer haben ihm ein Angebot gemacht, weiter auf seinem Posten zu bleiben. Aber er überlegt, mit dem Geld aus seinem Anteil erst einmal in den Urlaub zu fahren und dann etwas anderes zu machen.« Der Betriebsrat hat die Ausgründung erst skeptisch beäugt. Mittlerweile trägt er das Projekt aber voll mit. »Man darf halt nur nicht den Fehler machen, beim Ausgründen die Sozialleistungen zu streichen«, sagt der Vorstandschef. »Dann denkt jeder, das ist nur eine Sparaktion.

Wenn es als Unternehmerprojekt glaubwürdig bleibt, gehen auch die Betriebsräte mit.« Entscheidend sei der Innovationsschub. Die Umsätze sind Jahr für Jahr um mehr als zehn Prozent gestiegen. »Kurze Wege, schnelle Entscheidungen, kleine Teams, direkte Verantwortung – das bringt enorme Kreativität ins Haus.«

Bei meinen Recherchen zum Bosch-Rasenmäher bin ich einem ähnlichen Beispiel begegnet, das ich mir nun genauer ansehen möchte. Deshalb treffe ich Claus Fleischer, den Geschäftsführer der Bosch-Abteilung für elektrische Fahrräder. Sie sitzt in Reutlingen bei Stuttgart und heißt Bosch eBike. Es ist keine eigenständige Firma, darf sich aber wie eine solche verhalten. Von außen sieht das Bürogebäude sachlich und kalt aus. Doch sobald man die Etagentür aufstößt, erkennt man die Leidenschaft der Leute, die hier arbeiten. Hinter dem Empfang sind elektrische Fahrräder, Motoren, Batterien und Steuergeräte ausgestellt. Die eleganten, technisch hochgerüsteten Räder faszinieren sogar mich, der ich nicht besonders gern Rad fahre. »Ich bin ein Fahrrad-Fanatiker«, bekennt Fleischer. »Bei Bosch konnte ich mein Hobby zum Beruf machen.« Volkmar Denner, Chef des Konzerns, ist ebenfalls Fahrrad-Aficionado, erfahre ich. Er sitzt im Aufsichtsgremium von eBike. Handeln dürfe er wie der Geschäftsführer einer eigenständigen GmbH; auch wenn eBike das nicht ist, versichert Fleischer. Ihm ist es gleichgültig ist, ob er eine echte GmbH leitet oder nicht.

Seiner Begeisterung tut das keinen Abbruch. Ich habe sogar den Eindruck, dass es ihm ganz lieb ist, den Verwaltungsaufwand einer eigenen Rechtseinheit nicht betreiben zu müssen. So bleibt ihm mehr Zeit für seine Fahrräder. Er zeigt auf das futuristisch anmutende eBike, vor dem ich stehe: »Setzen Sie sich mal drauf und drehen Sie eine Runde«, fordert er mich auf. »Wir haben da eine neuartige Form des Antriebs eingebaut.« Jetzt bin ich neugierig. Wir fahren mit dem Aufzug zurück auf die Straße, und ich schwinge mich auf den Sattel. Der Motor setzt sofort ein und spürt, wie stark ich trete. Er gleicht die Schwankungen meiner Trittgeschwindigkeit aus und gibt genau so viel Gas, wie es braucht, um ein angenehmes Fahrgefühl entstehen zu lassen. Ich sause einen asphaltierten Feldweg entlang und glaube fast, ich fliege. »Nicht schlecht, oder?«, grinst Fleischer, als ich zurückkomme und vor seinen Füßen bremse. »Ja, überhaupt nicht schlecht«, antworte ich. Langsam verstehe ich, warum eBikes süchtig machen können. Ich hake trotzdem nach: »Wollen Sie denn wirklich keine Anteile an der Firma besitzen? Als Gründer im Silicon Valley täten Sie das. In Berlin auch.« Fleischer winkt ab: »Mir ist das nicht so wichtig. Ich bin zufrieden, so wie es ist.« Für mich ist das eine interessante Lernerfahrung. In der Start-up-Szene würde kein einziger Gründer oder Geschäftsführer ohne Anteile arbeiten. Doch bei Managern, die aus Großunternehmen kommen, genießt Kapitalbeteiligung offenbar keinen so hohen Stellenwert. Eigentlich hätte ich immer empfohlen, dem Führungsteam von Ausgründungen Geschäftsanteile zu geben. Jetzt lerne ich bei Claus Fleischer, dass starke Motivation schon alleine dadurch entstehen kann, dass man einem Team die Fesseln abnimmt, die es in Konzernstrukturen trägt. Schon die höheren Freiheitsgrade setzen ungeahnte Kräfte frei. Die Umsatzzahlen bei Bosch eBike gehen seit Jahren nach oben, und die Einheit wächst.

Noch einmal fordere ich Fleischer heraus. Ich möchte wissen, ob er disruptiv und in neuen Geschäftsmodellen denkt. Seine Firma stellt Motoren, Batterien und Steuergeräte her, die von Fahrradherstellern gekauft und in ihre Produkte eingebaut werden. Hat er dieses Modell kritisch infrage gestellt? Oder hat ihm es irgendeine Strategieabteilung in der Konzernmutter vorgeschrieben? »Warum bauen Sie keine eigenen Fahrräder?«, frage ich und zeige auf die vielen Logos an den Komponenten des Hightech-Rads, mit dem ich gerade gefahren bin. Ein Markenwirrwarr. Von der Bremse über die Gangschaltung bis zum Motor – alles kommt von anderen Herstellern. »Seien Sie doch der Systemintegrator«, halte ich Fleischer vor. »Machen Sie es wie Apple. Bauen Sie das simple Bosch-Rad. Schaffen Sie das ganzheitliche Produkterlebnis.« Er schüttelt energisch den Kopf: »Nein, nein, nein. Unser Weg ist besser.« Dann setzt er mir haarklein auseinander, warum

Systemintegration auf dem Fahrradmarkt nicht funktioniert und es klüger ist, die Hersteller vertraglich dazu zu zwingen, Bosch-Komponenten mit gut sichtbaren Bosch-Logos zu verbauen: »So können wir viel mehr in E-Fahrräder stecken, als wenn wir sie alleine bauen würden. Und so entsteht Nachfragedruck. Endkunden verlangen Bosch-Komponenten von ihren Fahrradherstellern. Das ist das *Intel Inside*-Geschäftsmodell.«

Mich beeindruckt die Entschiedenheit, mit der er antwortet. Ob er inhaltlich recht behalten wird, kann ich nicht beurteilen. Aber offenbar hat er intensiv über das Thema nachgedacht. Die Strategie ist tatsächlich das Ergebnis seiner eigenen Überlegungen. Er denkt als Unternehmer, nicht als ausführendes Organ fernab ausgeheckter Konzernbeschlüsse. Das verbindet ihn mit den Gründern in der Hightech-Szene. Augenscheinlich kann ein Goliath wirklich schneller werden, wenn er kleine Davids aus sich herausschneidet. Das Beispiel eBike zeigt: Firmen laufen besser, wenn Führungspositionen keine Sprossen auf Karriereleitern, sondern echte Lebensaufgaben sind. Wenn Menschen emotional und manchmal auch wirtschaftlich mitbesitzen, was sie tun. Wenn sie frei in ihren Entscheidungen sind und mit ihren Aufgaben verschmelzen.

Das Zeitalter der Disruption und des technologischen Wandels stellt traditionelle Unternehmen vor die Gretchenfrage: Wie halten wir es mit der Freiheit? Die allermeisten etablierten Firmen verdanken ihre gegenwärtige Gestalt den Gesetzen des Industriezeitalters. Je größer sie sind, desto niedriger fallen die Lohnstückkosten aus. Industrie heißt nichts anderes, als Lohnstückkosten zu senken. Kostensynergien haben die Produzenten zu ihrer gegenwärtigen Größe anschwellen lassen. Synergien sind die Kräfte, die sie im Innersten zusammenhalten. Doch mit dem Anbruch des Informationszeitalters fällt die Bedeutung von Kostensynergien in sich zusammen. Jetzt stehen Flexibilität und Kreativität im Vordergrund. »Das ständige Gerede von Synergien ist nur ein Symptom für Wachstumsschwäche«, sagt mir ein Investor aus dem Silicon Valley. »Wann denkt man denn an Kostensparen durch Zusammenlegen von Abteilungen? Doch nicht bei Hyperwachstum von 50 Prozent im Jahr. Echte Stars lässt man gewähren.« Auf Sparideen verfällt man nur, wenn der Umsatz stockt und nichts anderes mehr übrig bleibt, als Kosten zusammenzustreichen. Gebraucht werden heutzutage hoch individualisierte Massenprodukte. Idealerweise jedes einzelne Stück angepasst an die Wünsche der Kunden. Industrielle Strukturen sind denkbar ungeeignet, diese Produkte hervorzubringen. Kunden warten nicht mehr ab, bis der Lastwagen mit Paketen vollgepackt ist, um seine Tour wirtschaftlich sinnvoll abzuklappern. Sie möchten ihr eigenes Paket sofort in den Händen halten. Warten ist passé und nicht mehr tolerierbar. Jedes Produkt soll dem eigenen Geschmack und Bedürfnis entsprechen. Mit dem Durchschnitt gibt sich bald niemand mehr zufrieden. Bei einer Innovationskonferenz am Bodensee treffe ich Leonhard Birnbaum, Vorstand beim Energieversorger E.on. Er bestätigt diesen Trend auch für seine Branche. »In der Energiewirtschaft ändert sich die ganze Struktur«, sagt er. »Konsumenten werden zu Produzenten. Unzählige Mini-Kraftwerke entstehen. Traditionelle Rollenverteilungen stehen zur Disposition. Das muss Folgen für die Organisationsform des Unternehmens haben.« Synergie-Effekte bewirken, dass große Firmen bevorzugt auf Gebieten wachsen, die sie schon beherrschen. Vorstöße auf neues Terrain scheuen sie, weil diese keine Synergien bringen. Das heißt, Neues findet nur dort statt, wo niemand nach Synergien trachtet: weit außerhalb des Stammgeschäfts.

Die Kunst des Managements besteht – wie wir gesehen haben – insbesondere darin, Maß zu halten. Alles Alte auszuradieren, ist nicht minder gefährlich, als sich blind an ihm festzuklammern. Auch in Zukunft wird es Synergie-Effekte geben. Doch segensreich wirken sie nur *innerhalb* von Produktgruppen, nicht über sie hinaus. Industrie 4.0 heißt nicht, neue Kabel von A nach B zu ziehen und oberflächliche Vernetzung herzustellen. Sondern es heißt vor allem, die Grenzen zu erkennen, bis zu denen Synergien greifen, genau dort einen Schnitt zu setzen und die neu definierten Einheiten zu unabhängigen Firmen zu adeln. Die Chancen stehen gut, vorausgesetzt, man geht entschlossen vor.

Die neuen Strukturen, die sich herausbilden, erinnern an Netzwerke in den Ökosystemen der Natur. Autonome Zellen beeinflussen einander und tauschen Informationen aus, führen aber unabhängige Leben und können ihre Existenz auch dann fortsetzen, wenn die Nachbarzelle untergeht. Ähnlich organisiert sind erfolgreiche Firmengruppen der Zukunft. Unterschiedliche Geschäfte stehen nebeneinander. Zwischen ihnen herrscht reger Austausch, doch in ihren Entscheidungen sind sie frei. Wenigstens so lange, wie sie den Ruf und Fortbestand des Gesamtverbunds nicht gefährden oder selbst dem Ruin entgegentreiben. Die Gruppenleitung koordiniert das Netzwerk, weiß aber, dass sie von keinem einzigen Geschäft mehr versteht als das dortige Management. Daher verkneift sie sich inhaltliche Anweisungen. Fragen stellt sie immer, Antworten gibt sie nie. Ihre Hauptaufgabe besteht darin, Führungsteams auszuwählen, Ressourcen zu verteilen und den Austausch zu organisieren. Bei der Ressourcenverteilung geht sie nicht anders vor als biologische Netzwerke: Erfolgreiche Zellen bekommen mehr Nährstoffe als weniger erfolgreiche. Firmen, denen es gut geht, können mehr investieren, während aussichtslose Fälle scheitern dürfen. Fail fast, fail cheap.

Für den Vergleich mit biologischen Netzen begegnet mir ein einfussreicher Zeuge. Olaf Demuth, der Vorstand beim Baukonzern Züblin. Bei einem Besuch in Berlin sprechen wir über die Zerlegung von Goliaths in viele Davids. Er nickt. In seiner eigenen Firma sind ihm ähnliche Gedanken gekommen. Dann klappt er seinen Computer auf und zeigt mir eine Präsentation, die er kürzlich gehalten hat. Auf einer Folie schlägt er eine Unternehmensstruktur nach dem Muster neuronaler Netze vor. Er gleitet mit dem Finger über die Zeichnung auf dem Schirm: Links oben steht eine große Zelle, um die herum sich viele kleinere scharen. Das Muster wiederholt sich in allen Regionen des Bilds. Rechts unten, rechts oben, in der Mitte – überall die gleichen Strukturen: Hauptzellen sind umlagert von Nebenzellen, und die Hauptzellen sind untereinander verknüpft. »Ähnlich wie bei einem biologischen Netzwerk sind die Einheiten nicht gleich groß und nicht gleich verteilt«, erläutert Demuth. »Firmen, die so organisiert sind, reagieren flexibler auf die sich ändernden Herausforderungen.« Über den einzelnen Zellen hat er Namen eingetragen. Sie stehen für Funktionen seines Unternehmens und bilden die Einzelleistungen ab, die ein Baukonzern erbringt. »Zwischen den großen Zellen sollte es einen regen Austausch geben«, erklärt er. »Sie müssen sich so intensiv miteinander vernetzen wie die Zentren des Gehirns.« Je intensiver die großen Zellen miteinander kommunizieren, desto kürzer werden die Wege der kleinen Zellen zueinander, auch wenn sie an entgegengesetzten Enden des Unternehmens liegen. Ohne Vernetzung der großen Zellen wären die kleinen in ihren Regionen isoliert und gefangen. Nur wenn ihre Zentren miteinander sprechen, nehmen die Untereinheiten am Austausch teil.

Mir klingt das noch etwas zu abstrakt, und ich bitte Demuth, einige Beispiele aus seinem Geschäft zu nennen. Er nickt und kommt zur Sache. Die Planer im Hochbau haben nur dann eine Chance, mit den Vermietungsexperten im Gebäudebetrieb ins Gespräch zu kommen, wenn ihre Chefs das Silodenken überwinden und anfangen, horizontalen Erfahrungsaustausch zu betreiben. »Wir müssen aus den Sparten und Divisionen ausbrechen, in denen wir heute denken«, plädiert er. Zwei Bedingungen müssen dafür erfüllt sein: Unabhängigkeit der Einheiten und lebhafte Kommunikation unter ihnen. Was man dafür braucht, sind Unternehmerinnen und Unternehmer neuen Typs. Menschen, die aus der Freiheit nicht in Isolation und Introspektion abgleiten, sondern die Freude daran haben, Wissen und Erfahrungen zu teilen.

Ein Experte für Neurowissenschaften bin ich nicht. Aber ich interessiere mich am Rande für das Thema und habe einige Bücher dazu gelesen. Wenn ich es richtig verstanden habe, basiert das Gehirn auf einer raffinierten Kombination vertikaler und horizontaler Vernetzung. Die Nervenzellen des linken Arms zum Beispiel laufen spitz in Schaltzentren des Gehirns zusammen. Befehle werden über Kaskaden von Neuronen nach unten durchgereicht, Gefühlseindrücke laufen über vergleichbare Kanäle nach oben zurück. Vertikale Vernetzung ist für die Steuerung von Organismen unerlässlich. Ebenso notwendig ist aber die horizontale Vernetzung. Sie stellt im Gehirn die Verbindungen zwischen vertikalen Signalbäumen her. Ohne horizontale Vernetzung könnten die verschiedenen Extremitäten und Organe nicht zusammenarbeiten. Ohne sie wären Bewusstsein und strategisches Handeln nicht möglich. Horizontale Vernetzung verkürzt Wege. Tritt die linke Ferse in einen Nagel, reagiert die rechte Ferse sofort, indem sie das Gewicht des Körpers auffängt. Möglich ist das nur durch geschicktes Zusammenspiel vertikaler und horizontaler Netzwerke. Als ich mit Demuth rede, wird mir klar, wie gut sich diese Metapher auf die Organisation von Firmen übertragen lässt. Einzelne Geschäftseinheiten können vertikal als Pyramide organisiert sein. Untereinander aber sollten sie ein starkes horizontales Netz ausbilden. Pyramiden im Kleinen sind oft so sinnvoll wie Netzwerke im Großen. In diesem Modell besteht die Aufgabe von Gesamt-Chefs nicht mehr darin, inhaltliche Anweisungen von oben nach unten durchzugeben. Sondern nur noch darin, das Netzwerk geschickt zu organisieren und Ressourcen wie Geld und Personal effizient im Netz zu verteilen. Das ist anspruchsvoll. Die wichtigste Aufgabe von Unternehmensführung in der digitalen Zukunft könnte lauten: Netzmanagement zu betreiben, Verknüpfungen herzustellen, Austausch zu organisieren und sich selbst zurückzunehmen. Wahrscheinlich gibt es keine größere Herausforderung als diese, greift sie doch tief in das Selbstbild der Führungskräfte ein. Gleichzeitig aber können die einzelnen Einheiten klassisch organisiert bleiben. Wenn sie klein genug sind, verstehen die Chefs noch genug vom Geschäft und sitzen nahe genug an ihren Leuten, um sachgerecht und schnell handeln zu können.

Hiermit endet unsere Aufzählung der Dinge, die Unternehmen zur digitalen Transformation beitragen können. Sie tragen die Hauptlast am Entstehen von Silicon Germany. Doch auch Politik und Gesellschaft haben viel zu tun. Was genau, das untersuchen wir im nächsten Abschnitt.

WAS POLITIK UND GESELLSCHAFT TUN SOLLTEN

Regierung: Ein Digitalministerium gründen und Kommunikationsnetze ausbauen

Um den neuen Herausforderungen gerecht zu werden, muss die Politik sich neu organisieren. Ein Bundesdigitalministerium sollte alle Zuständigkeiten bündeln, die heute auf vier Ministerien verteilt sind. Auch Netzausbau und Monopolkontrolle gehören auf der Agenda nach oben.

»Die Definition von Wahnsinn ist, immer das Gleiche zu tun und andere Ergebnisse zu erwarten.«
Albert Einstein, Physiker

Deutschlands Politik hat Digitalisierung bislang sträflich vernachlässigt. Kritik dazu kommt inzwischen auch aus den eigenen Reihen. Beispielsweise von EU-Kommissar Günther Oettinger, früher Ministerpräsident von Baden-Württemberg und heute in der Kommission zuständig für Digitales. Er gehört zu den Politikern, die am eindringlichsten über die Versäumnisse bei der Digitalisierung sprechen. Ich höre eine seiner Reden auf dem Sparkassen-Tag Ende April 2016 in Düsseldorf. In Halle 6 der Messe hat der Sparkassen- und Giroverband auf der Fläche von vier Fußballfeldern eine riesige Erlebnis- und Kongresslandschaft gebaut, aufwendig ausgelegt mit Teppichboden. Oettinger ist einer der Hauptredner. Er spricht noch vor der Kanzlerin. Der Saal ist zum Bersten gefüllt. Kurz bevor Oettinger zum Pult geht, kramt er einen kleinen, unleserlich bekritzelten Zettel hervor und verwandelt ihn in eine flammende Rede. »Was machen wir mit den digitalen Straßen? Für unsere Zukunft im 21. Jahrhundert sind sie nicht minder wichtig als die Autobahnen in der Gegenwart«, ruft er in den Saal. »Wir geben uns mit löcherigen Trampelpfaden zufrieden. Ich fahre dienstlich viel mit dem Auto.

Telefonieren mit dem Handy kann ich die Grenzen aus eons Zeiten erkennen.« Herzhafter Lacher aus dem Publikum. »Von Belgien nach Deutschland – schwupp, Verbindung weg. Von Frankreich nach Belgien – Sendepause. Überall dasselbe. Nationale Märkte, Flickenteppich, kein einheitlicher europäischer Markt.« Nicken, Zustimmung, Beifall. Viel Beifall. »Das müssen wir ändern. Wir müssen die Netze ausbauen. Wir sollten lieber Straßenlöcher hinnehmen als Funklöcher. Wir brauchen einen gemeinsamen digitalen Markt.« Wieder brandet Applaus auf. »Der Bedarf an Bandbreite geht explosiv nach oben. Von 3 auf 30 Megabit im Festnetz reicht nicht. 100 Megabit sind nicht das Paradies. Wir brauchen die Gigabit-Gesellschaft. Wir müssen einen digitalen europäischen Binnenmarkt schaffen. Wir müssen das Abgleiten der deutschen Volkswirtschaft in die digitale Bedeutungslosigkeit aufhalten. Wir müssen den Digital-Erfolgen der Amerikaner und Chinesen etwas entgegensetzen.« Einen Seitenhieb auf die Gastgeber mag Oettinger sich nicht verkneifen. Gerade eben hatte Sparkassen-Präsident Georg Fahrenschon den PayPal-Konkurrenten vorgestellt, an dem Banken und Sparkassen jahrelang gearbeitet haben: PayDirekt. »Wunderbar, dass das jetzt funktioniert«, findet Oettinger. »Optimal für Deutschland. Aber: Apple ist eine Weltmarke. Jedes Kind kennt sie. Deutschland als Markt reicht nicht. Denken Sie europäisch. Nutzen Sie den weltweit größten Binnenmarkt mit 500 Millionen Konsumenten. Dafür müssen Sie nur das K in *Direkt* gegen ein C austauschen. Dann funktioniert es international.« Volltreffer. Seine Kritik trifft ins Schwarze. Sparkassen produzieren ein Zahlsystem, dessen Namensschreibweise auf den ersten Blick verdeutlicht, dass die Institute zwar national, nicht aber europäisch und schon gar nicht global gedacht haben.

Der Stand der deutschen Digitalwirtschaft entspricht passgenau dem Engagement, das die Politik bislang gezeigt hat. Digitales rangiert in der Aufmerksamkeit irgendwo zwischen Entwicklungshilfe und Binnenschifffahrt. Das Führungspersonal erregt sich über jedes beliebige Nebenthema und lenkt damit die ganze Gesellschaft von den wirklich wichtigen Fragen ab. Mindestlohn für Flüchtlinge? Das löst Koalitionskrisen aus, nicht aber das Abrutschen des wertvollsten deutschen Unternehmens auf Platz 66 der Weltrangliste. Wichtigstes Wahlkampfthema 2017? Die Rente. Für die Versorgung der Generation 65 Plus bringen wir jedes Maß an Mitgefühl auf. Wovon die heutigen Schüler und Studenten aber später einmal leben sollen, interessiert uns weit weniger und ist als Thema nicht mehrheitstauglich. Die Alterspyramide, oben dick und unten dünn, drückt der Politik ihren Umriss auf wie das Ausstechförmchen dem Plätzchenteig beim Weihnachtsstern-Backen. Es ist eingetreten, was Frank Schirrmacher im *Methusalem Komplott* 2004 vorhergesagt hatte: Die geburtenstarken Jahrgänge drängen ihre Kinder und Enkel qua Mehrheit aus dem Meinungsmarkt. Was damals wie Schwarzmalerei klang, stellen wir heute täglich unter Beweis. Ein routinierter Ablenker von den wirklichen wichtigen Themen ist beispielsweise Bayerns Ministerpräsident Horst Seehofer. Lautstark führt er in Sachen Flüchtlingspolitik seine Philippika gegen die Bundeskanzlerin. So angespannt die Lage nach den Anschlägen auch ist, der Weltuntergangston, in dem Seehofer seine Kritik vorträgt, lenkt Aufmerksamkeit von einer viel existenzielleren Bedrohung ab: der Erosion der wirtschaftlichen Lebensgrundlagen. Ausgerechnet das Hightech-Land Bayern täte gut daran, die digitale Transformation zu seinem Hauptthema zu machen. Selbst die Flüchtlingspolitik könnte man mit Digitalisierung verbinden. Klug wäre es beispielsweise, die Menschen, die schon zu uns gekommen sind, schnellstmöglich durch Digitalbildung zu integrieren. Die Liste der Dinge ist lang, die Bayern sinnvollerweise veranlassen könnte: Ein Laptop für jedes Einwandererkind zum Beispiel, schnelles Internet für Notunterkünfte, Programmierkurse für alle Interessierten, Crowdsourcing von Digitalisierungsaufgaben an die große Mehrheit der Flüchtlinge, die sich nichts sehnlicher wünscht als Arbeit und Gebrauchtwerden, Start-up-Wettbewerbe für Syrer und ein Eigenkapitalfonds für Bürgerkriegsüberlebende sind nur einige der Beispiele. Geschehen wird davon vermutlich wenig bis gar nichts. Und wenn etwas geschieht, dann vor allem durch private Initiativen. Seehofers Verhalten ist symptomatisch für das Verhalten einer satten Aufregungspolitokratie, die treffsicher an den existenziellen Problemen der Gesellschaft vorbeiwirtschaftet.

Gründer und Investoren können nicht verstehen, warum Digitales noch immer nicht in den Kabinettsrang erhoben wurde. Statt ein Internetministerium zu schaffen, das diesen Namen verdient, verteilte die Große Koalition die Zuständigkeiten auf nicht weniger als vier Ministerien. Das hat gravierende Folgen. Zum Beispiel gibt es nach wie vor keinen schlüssigen Masterplan zur Digitalisierung der Republik. Zumindest nicht einen, dem alle vier Internetminister zustimmen. Die Folgen dieser Kakofonie sind überall zu besichtigen. Digitale Infrastruktur entsteht nach dem Vorbild von Elbphilharmonie und Hauptstadtflughafen. Über alles ist alles von allen gesagt worden, nur die Umsetzung klemmt. Doch in den Augen einer desinteressierten Mehrheit schadet das nicht, solange man weiter folgenlos auf Panels diskutieren und sich gegenseitig versichern kann, der »Digitalisierung höchste Priorität einzuräumen«, wie ich es gerade wieder von einem Politiker auf einem branchenübergreifenden Managementkongress gehört habe. Mir kommt es so vor, als würden die meisten Politiker Digital-Mikado spielen: Wer zuerst zuckt, der hat verloren. Wir richten uns im Zuspätkommen ein. Nicht nur in Sachen Internet, auch ganz allgemein im öffentlichen Leben. Die Schweizer bohren zwei 57 Kilometer lange Tunnelröhren fast budgetgetreu und ein Jahr vor der Zeit durch das Gotthard-Massiv, während die Deutschen den zugehörigen Bahnzubringer über flaches Land erst mit 20 Jahren Verspätung zustande bringen. Stete Herabstufung im internationalen Vergleich wird zum neuen Normalnull der Politik. Wir reden uns unsere Innovationswüsten schön. Bevor sich in den Parlamenten und Regierungen jemand darüber aufregt, muss schon Schlimmeres passieren. Etwas vom Ausmaß der Pendlerpauschale oder des Dosenpfands wahrscheinlich.

Nach wie vor ist Telefonieren in Zügen großflächig unmöglich, von Videostreaming ganz zu schweigen. Internet an Bord deutscher Flugzeuge gibt es nicht. Lufthansas Online-Service über dem Atlantik glänzt durch Nichtverfügbarkeit. Im heimischen Luftverkehr ist Online völlig unbekannt, während in den USA selbst kleine Linien diesen Service anbieten. Ländliche Regionen kommunizieren wie vor 20 Jahren per Schmalband. Gründer können abseits der Metropolen nicht gründen, außer wenn sie ein Geschäftsmodell finden, das mit Briefpost auskommt. Auf Landstraßen brechen Telefon-Verbindungen minutenlang zusammen. »Ich bin's wieder, die Leitung war weg« ist der im deutschen Äther wahrscheinlich am häufigsten übertragene Satz. Selbst in dicht besiedelten Innenstädten herrschen bescheidene Übertragungsgeschwindigkeiten wie am Horn von Afrika, was nicht als Beleidigung für das Horn von Afrika gemeint ist. Deutschlands Gründerhauptstadt Berlin wirbt auf einer eigens dafür geschaffenen Webseite für ein Breitbandnetz, das angeblich »das Rückgrat der digitalen Gesellschaft« sein soll. Interaktive Karten zeigen, wo 16 und wo 50 Megabit pro Sekunde anliegen. 16 und 50 sind das Höchste der Gefühle. In Chattanooga, Tennessee, wird mit 1000 Megabit gesurft. Amerikas Provinz hängt deutsche Großstädte ab. Selbst die mageren Downloadgeschwindigkeiten, die Provider in der Werbung wie Science-Fiction hochjazzen, liefern sie nur in Ausnahmefällen. Bei der Bandbreite verstricken wir uns in einen Wettkampf um die hinteren Plätze. Südkorea hatte Ende 2015 mit realen 26,7 MBit das schnellste Netz der Welt, Schweden (19,3), Norwegen (18,8) und Japan (17,4) folgten. Sogar Lettland (16,7) liegt vor Deutschland (12,8). Das Industrieparadies Deutschland geht ungerührt hinter asiatischen Tigerstaaten, dünn besiedelten skandinavischen Flächenländern und winzigen EU-Nachzüglern durchs Ziel. Lediglich 7 Prozent der deutschen Haushalte besitzen Zugang zu Glasfaseranschlüssen, nur 1 Prozent nutzt einen solchen Anschluss. Bei Unternehmen sehen die Zahlen noch schlechter aus. Nur große Firmen können sich Glasfaseranschlüsse leisten. Beim Mobilfunk können zwar 96 Prozent der deutschen Haushalte auf LTE mit mindestens 2 MBit zugreifen, doch nur 6 Prozent haben Zugriff auf mehr als 16 MBit. Das mobile Internet steht auf Platz eins der McKinsey-Liste künftiger Megamärkte (siehe Kapitel »Technologie«). Vermutlich wird das Mobilzeitalter ohne die Bundesrepublik auskommen müssen. Im *State of the Internet Report* des Kommunikationsdienstleisters Akamai rangiert Deutschland im weltweiten Vergleich auf Platz 22. Schon mangels Infrastruktur melden wir uns von der Digitalisierung ab. Zum Abgehängtwerden brauchen wir den Spät- und Fehlstart des Unternehmenssektors gar nicht. Mit jedem Jahr, das vergeht, gerät die Bundesrepublik schon per Investitionsstau bei der Infrastruktur weiter ins Hintertreffen.

Alle 40 Monate verdoppelt sich derzeit das weltweite Datenvolumen im Festnetz, sogar alle 18 Monate in den Mobilfunknetzen. Noch 2014 funkten weltweit rund 718 Milliarden Gigabyte durch die Netze, schon bis 2019 wird sich der Wert auf 2 Billionen Gigabyte etwa verdreifachen. Das ist Datendruck, der in deutschen Netzen als Verstopfung hängen bleibt. Nicht nur Geschwindigkeit ist wichtig. Auch verzögerungsfreie Übertragung entscheidet über Zukunftsfähigkeit. Viele Anwendungen laufen nicht, wenn die Latenzzeit zu hoch ist. Selbstfahrende Autos beispielsweise brauchen Kontakt mit weniger als einer Millisekunde Zeitverzug. Ampeln werden sich erst abschaffen lassen, wenn heranrollende Autos ihre Daten über die Netze so rasant austauschen können, dass die Wagen nicht miteinander kollidieren. Eine Studie der Beratungsfirma Arthur D. Little zeigt, dass im Onlinehandel eine Sekunde Verspätung beim Seitenaufbau 10 Prozent weniger Umsatz bringt. Verzögerungen um etliche Millisekunden, wie sie heute üblich sind, lassen viele Echtzeit-Anwendungen abstürzen. Die einzig richtige Antwort auf diese Probleme ist ein bundesweites Glasfasernetz. Ralph Dommermuth, Gründer und Chef von United Internet, setzt sich für ein schnelles Aufholen der Versäumnisse ein. »Der Ausbau leistungsfähiger Glasfasernetze und der direkte Anschluss von Büros und Produktionsstätten sind unverzichtbar auf dem Weg in die Gigabit-Zeit«, sagt Dommermuth. Datenleitungen werden wichtiger als Autobahnen. Eine Vollsperrung auf der Straße verkraftet die

Wirtschaft, wenn es sein muss, Bummelei im Netz künftig aber nicht mehr. Zu Glasfaserleitungen gibt es keine Alternative. Metallkabel können hohe Datenmengen nicht störungsfrei übertragen. Nur Lichtwellen gelingt es, die vielen Hochfrequenzimpulse zuverlässig von A nach B zu transportieren, ohne durch Interferenzen irritiert zu werden. Deutschland flächendeckend mit *Fiber to the Home* (FttH) zu versorgen, kostet nach Schätzungen vieler Experten rund 100 Milliarden Euro. Die Wirtschaft kann einiges davon allein bewältigen, alles aber nicht.

Dass politischer Wille viel bewegen kann, macht besagte Kleinstadt Chattanooga (157 000 Einwohner) im US-Bundesstaat Tennessee vor. Der Ort beheimatet eine Volkswagen-Fabrik. Bürgermeister Andrew Berke, ein glatt rasierter, dynamischer Macher mit Ambitionen auf höhere Ämter, verpasste der Stadt ein 1-Gigabit-Netz, von den Einheimischen liebevoll *The Gig* genannt. In Chattanooga surft man 50-mal so schnell wie im Durchschnitt der USA und 100-mal so schnell wie in Deutschland. Bei einem Besuch bei der Alfred-Herrhausen-Gesellschaft in Berlin erzählt Berke, wie er sein Turbo-Wunder geschafft hat: »Das Elektrizitätsnetz in unserer Stadt musste dringend renoviert werden«, berichtet er. »Ständige Stromausfälle schadeten der Wirtschaft. Unser lokaler Stromversorger EPB legte eine Anleihe über 170 Millionen Dollar auf. Hinzu kamen 111 Millionen aus Obamas *American Recovery and Reinvestment Act*.« Damit baute der öffentliche Versorger innerhalb von drei Jahren ein intelligentes Netz auf, das Unterbrechungen erkennt und automatisch umgeht. »Als wir das Netz austüftelten«, weiß Berke, »merkten wir, dass man damit auch schnelles Surfen, Telefonieren und Fernsehen in die Häuser bringen kann. Das war es, was die Leute faszinierte. Noch mehr, als der sichere Strom.« Berke fiel auf, dass er mit dem *Smart Grid* nicht nur sein Wahlvolk beglücken, sondern auch Start-ups anlocken konnte. Dabei machte er eine interessante Erfahrung: »*The Gig* zog die Gründer nicht sofort an. Erst passierte gar nichts. Start-ups kamen einfach nicht zu uns. Dann fiel uns auf, dass noch etwas fehlte: Coffeeshops. Wir mussten unsere Innenstadt reurbanisieren.« Kurzerhand drückte die Stadtverwaltung allen Interessenten Gastronomielizenzen in die Hand. Bürokratische Prüfungen wurden weitgehend abgeschafft. Espresso wurde zur Geheimwaffe der Ansiedlungspolitik. Es dauerte nicht lange, bis das Rezept wirkte. Heute boomt die Gründerszene der Stadt, Venture Capital fließt in Strömen, Börsengänge und Verkäufe bringen Geld in die Taschen der Bürger. Heute glaubt Berke: »Koffein und ein Gigabit-Netz – das braucht man, um ein Internetwunder loszutreten. Je höher ein Stadtteil koffeinisiert ist und je schneller er kommunizieren kann, desto höher liegt die Wahrscheinlichkeit für einen Erfolg.« Über einen Mangel an Coffeeshops kann Deutschland wahrlich nicht klagen. Was hierzulande aber fehlt, ist *The Gig*. Doch anders als Chattanooga bekommt Deutschland das Gigabit-Netz einfach nicht hin, erst recht nicht flächendeckend. Vielleicht sollten wir ausgiebiger in den Kleinstädten der amerikanischen Provinz studieren, wie man so etwas schafft.

Wo sollen die 100 Milliarden Euro für das Netz herkommen? An Ideen und Absichtsbekundungen fehlt es nicht. Bislang verfolgte die Bundesregierung das Ziel, bis 2018 jeden Haushalt mit einer Geschwindigkeit von mindestens 50 Megabit pro Sekunde zu erreichen. Geschafft ist bislang wenig, und die Zeit wird knapp. Bis jetzt kommen nur etwa zwei Drittel der Haushalte auf diesen Wert, und das auch nur in der Theorie. Tatsächlich krebst das Netz während der Stoßzeiten so langsam vor sich hin wie ein Vorortzug. Wirtschaftsminister Sigmar Gabriel legte die Latte im März 2016 nun noch einmal höher. In seiner *Digitale Strategie 2025* schlägt er zehn Schritte in zehn Kapiteln vor. Gleich das erste Kapitel fordert ein Gigabit-Netz und rechnet vor, woher das Geld kommen könnte. Rund drei Viertel der Deutschen leben in städtischen Ballungsräumen. Dort erwartet Gabriel einen »marktgetriebenen Ausbau durch private Investitionen«. Für den ländlichen Raum soll der Staat zusätzlich mit 10 Milliarden Euro helfen; zu finanzieren unter anderem durch die Erlöse aus der nächsten

Versteigerung von Mobilfunkfrequenzen. Förderprogramme sollen besser verzahnt werden; ein *Runder Tisch Gigabit-Netz* soll die Bemühungen aller Beteiligten koordinieren.

Um den Ausbau des Gigabitnetzes zu forcieren, müssen Verfahren vereinfacht, langwierige Planungen beschleunigt und Baukosten reduziert werden können, schreibt Gabriel. Vorstellen kann er sich kostengünstiges Verlegen wie *Micro-Trenching,* oberirdische Kabel und Mitnutzung der Energie- und Verkehrsinfrastruktur. Nicht jedes Kabel werde sauber vergraben werden können, glaubt der Minister. Geschwindigkeit gehe jetzt vor Schönheit. Es gelte, keine Zeit zu verlieren. Eine Revolution will Gabriel auch bei Regulierung und Wettbewerbsaufsicht anzetteln. »Es muss stärker als bisher auf Investitionen, Innovation und Wachstum geachtet werden. Unternehmen müssen Anreize erhalten, um Investitionsrisiken einzugehen.« Vorsichtig schiebt er nach: »Hierfür müssen neue Ansätze der Zugangs- und Entgeltregulierung entwickelt und angewandt werden.« Das ist ein diplomatischer Ausdruck für das Überbordwerfen der restriktiven Vorschriften, die bisher noch jedes Telekommunikationsunternehmen vom massiven Ausbau des Glasfasernetzes abgehalten haben.

Kann dieser ambitionierte Plan gelingen? Sigmar Gabriel gebührt Respekt, dass er zumindest den Versuch unternimmt, einen Masterplan aufzustellen. Doch auch er wird nicht verhindern können, dass dieser so zerredet werden wird wie die Zubringerstrecke zum Gotthard-Tunnel. Wolfgang Kopf, Leiter des Zentralbereichs Politik und Regulierung der Deutschen Telekom, nimmt seit Jahren mit zunehmender Verwunderung zur Kenntnis, wie die Politik einerseits schnelle Netze fordert, andererseits aber alles tut, um Investitionen zu verhindern: »Man muss sich überlegen, was man will«, sagt Kopf. »Vier Themen sind der Politik ganz wichtig: schnelle Netze, breiter Wettbewerb, Vorab-Regulierung der Tarife und gleich schnelle Beförderung aller Datenpakete. Alles auf einmal kann man aber nun einmal nicht bekommen. Niemand investiert Milliarden in Netze, die er am Ende nicht so nutzen kann, wie es wirtschaftlich notwendig ist.«

Privatinvestitionen ins Glasfasernetz der Ballungsräume werden nur fließen, wenn Politik und Gesellschaft Zugeständnisse machen, argumentiert Kopf. Das heißt, entweder weniger Wettbewerb oder weniger Preiskontrolle oder höhere Preise für schnellere Beförderung. Alles drei läuft auf das Gleiche heraus, nämlich: mehr Kosten für Telekommunikation. Das Gigabit-Netz wird sich nicht von allein bezahlen können. Jeder Kunde wird mit dafür bezahlen müssen. Und das ist auch gut so.

Um neuen Schwung ins alte Netz zu bringen, wollte die Deutsche Telekom ihre alten Kupferleitungen auf 100 MBit aufbohren, mithilfe einer Technik namens *Vectoring*. Dafür müssen die grauen Verteilerkästen am Straßenrand und die Kabel in die Häuser hinein aus technischen Gründen so abgeschirmt werden, dass kein anderer Anbieter sie mehr benutzen kann. Später soll die Nachfolgetechnik *Super-Vectoring* Geschwindigkeiten von einigen Hundert Megabit erlauben. Deswegen stellte die Telekom bei der Netzagentur einen Antrag auf teilweises Ausschalten des Wettbewerbs. Verbände, Kommunen und Monopolkommission liefen dagegen Sturm, doch die Netzagentur entschied zugunsten der Telekom. »Vorausgegangen war eine Lobby-Schlacht, die auch langjährige Beobachter als beispiellos bezeichnen«, schrieb der Journalist Thomas Heuzeroth in der *Welt*. Wir sehen daran: Die Politik ist beim Netzausbau so sehr in Verzug geraten, dass der Netzagentur keine andere Wahl mehr blieb, als den Wettbewerb zu beschränken, um wenigstens etwas höhere Geschwindigkeiten zu organisieren.

Der Vectoring-Streit lässt erahnen, welch harsche Auseinandersetzungen uns in der Zukunft bevorstehen. Wenn schon die Zwischentechnologie Vectoring beinahe am erbitterten Widerstand interessierter Seiten gescheitert wäre, wie soll dann das ungleich teurere Glasfasernetz in den Boden kommen? Wie soll der politische Konsens entstehen, dass man manchmal etwas Luft aus dem Reifen lassen muss, damit der Lastwagen durch den Tunnel passt? Will sagen: dass man einige Unterziele hin und wieder verringern muss, um das Hauptziel zu erreichen. Viel Koordinationsarbeit steht der Politik ins Haus. Das kann nicht mehr ohne ein Bundesdigitalministerium gelingen. Tatsächlich ist die heutige Zersplitterung der Kompetenzen durch nichts zu rechtfertigen. Wie ein moderner Schildbürgerstreich sieht die Aufgabenaufteilung der Regierung in Sachen Digitalisierung derzeit aus. Die Behauptung der Regierung, die Aufgaben seien klar verteilt, entspricht nicht den Tatsachen. In Wahrheit überlappen sich viele Funktionen, was im Tagesgeschäft zu Ranke und Ranküne führt und die Handlungsfähigkeit spürbar vermindert.

Ablesen lässt sich das an den Organigrammen der Ministerien: Im Bundesministerium für Verkehr und digitale Infrastruktur unter Alexander Dobrindt (CSU) arbeitet eine Abteilung namens *Digitale Gesellschaft*. Sie kümmert sich um den Ausbau der Infrastruktur, vor allem um Breitband und Frequenzpolitik, daneben um die Digitalisierung der Gesellschaft und des Verkehrs, darunter automatisches Fahren, Telematik und Erdbeobachtung. Dobrindts Ministerium vergibt die Fördermittel für den Netzausbau. Sigmar Gabriels (SPD) Bundesministerium für Wirtschaft und Energie ist für ein ganz ähnliches Portfolio zuständig. Dort gibt es eine große Abteilung für Digital- und Innovationspolitik. Vier Unterbereiche mit zahlreichen Referaten bearbeiten die Themen »Ordnungsrahmen Digitalpolitik, Postpolitik, Internationales, Medien«, »Nationale und europäische digitale Agenda«, »Innovations- und Technologiepolitik« und »Normierung, Standardisierung, Sicherheit«. Nur Eingeweihte wissen, was der Unterschied zwischen Dobrindts »Digitaler Gesellschaft« und Gabriels »Ordnungsrahmen Digitalpolitik« sein soll. Kein sachlicher Grund spricht dagegen, beide Bereiche zusammenzulegen. Ihre Aufgaben liegen haarscharf neben- und teilweise satt übereinander. Doch damit nicht genug. Bei Innenminister Thomas de Maizière existiert die Abteilung »Informationstechnik, Digitale Gesellschaft und Cybersicherheit«. Also wieder eine *Digitale Gesellschaft*. Was unterscheidet sie von den Häusern Dobrindt und Gabriel? Schwer zu sagen. Die einzelnen Referate tragen die

Namen: »Digitale Agenda, Grundsatz- und Rechtsangelegenheiten der IT und Digitalisierung«, »Europäische und internationale Angelegenheiten der IT und Digitalisierung«, »Grundsatzangelegenheiten der IT- und Cybersicherheit«, »Schutz der Bürgerinnen und Bürger im Internet« und »Bessere Rechtssetzung, Bürokratieabbau, E-Government-Gesetz und Kommunalwesen«. Ein nennenswerter Unterschied zu den anderen Ministerien ist nicht auszumachen. Doch damit nicht genug. Hinzu kommt nun noch das Bundesministerium für Justiz und Verbraucherschutz von Heiko Maas (SPD). Bei ihm gibt es Referate für »Kartell-, Telekommunikations- und Medienrecht«, »Verbraucherpolitik in der Informationsgesellschaft« und »Digitale Kundenbeziehungen und Datensouveränität«. Wieder sind es höchstens kleine Unterschiede, die sich im Vergleich zu den anderen Ministerien ergeben. Sie rechtfertigen keine Trennung.

Ein Thema, drei Parteien, vier Behörden. Eine solche Aufspaltung der Zuständigkeiten muss selbst bei großem Engagement aller Beteiligten zu enttäuschenden Ergebnissen führen. Frühere Bundeskanzler haben vorgemacht, wie strategisch wichtige Aufgaben klar verteilt werden. »Regierungschefs berufen Minister für Dinge, die ihnen wichtig sind«, hat Helmut Schmidt einmal gesagt. Daran sollte sich die heutige Regierung ein Vorbild nehmen. Spätestens nach der Bundestagswahl 2017 ist es Zeit für ein Bundesdigitalministerium. In ihm sollten alle vorhandenen Abteilungen unter der Leitung eines kompetenten Ministers gebündelt werden. Auch United-Internet-Gründer Ralph Dommermuth fordert einen solchen Schritt mit seiner Internet Economy Foundation: »Klare Verantwortung statt Kompetenzgewirr. Ohne Bündelung der Kräfte bleiben digitale Strategien ein Versprechen. Eine erfolgreiche digitale Transformation benötigt die Führung aus einer Hand.« Sympathie für einen ähnlichen Schritt hegt Sigmar Gabriel. Er schlägt ohnehin eine *Digitalagentur* zur Bündelung der Kompetenzen vor, ähnlich der Bundesnetzagentur. Auch wenn Agentur und Ministerium nicht das Gleiche sind, so schließen sie einander doch nicht aus. Leiten kann das Ministerium; unterstützen die Agentur. Die EU hat mit Schaffung des Digitalkommissariats unter Günther Oettinger bewiesen, wie sinnvoll es ist, einen zentralen Posten im Kabinett zu ernennen, der sich dieses wichtigen Themas annimmt.

In diesem Kapitel haben wir die politischen Grundlagen der Regulierung erörtert. Nun soll es um die Inhalte gehen. Wie könnte eine wirksame Regulierung der Märkte aussehen, damit die Digitalwirtschaft sich entfalten kann? Ideen dazu sammelt das folgende Kapitel.

Regulierung: Freiräume für Innovationen schaffen

Politik wartet gern ab, bevor sie handelt. Um Deutschland in die digitale Zukunft zu bringen, wird das nicht reichen. Die Aufholjagd gelingt nur, wenn Regierung und Parlament ihre Macht nutzen, um Deutschland zum Testlabor wichtiger Zukunftstrends zu machen.

Märzsonne fällt durch die Scheiben des Palais der Commerzbank am Pariser Platz 1 gleich neben dem Brandenburger Tor. Das Klischee von »Deutschlands feiner Stube« stimmt: Zur Linken habe ich gerade die amerikanische Botschaft passiert, hinter dem Springbrunnen zur Rechten liegt die französische Repräsentanz, gegenüber liegt das Hotel Adlon. Vom Bundestag sind es nur fünf Minuten zu Fuß. Für zwei Tage, am 2. und 3. März 2015, tagt hier die *Initiative CDU2017*, ein Zusammenschluss junger Landtags- und Bundestagsabgeordneter der Union um Jens Spahn, Mitglied des Bundestags, inzwischen Parlamentarischer Staatssekretär im Finanzministerium. Die Gruppe hat mich zu einer Debatte über digitale Disruption eingeladen. An der langen Tafel ist für ein Frühstück gedeckt. In der Mitte hat Kanzleramtsminister Peter Altmaier Platz genommen. Als er die Stimme erhebt, überrascht er die Gäste mit hochmodernen Ansichten. Netzaktivisten und Gründer könnten sie nicht passender formulieren: »Aufgabe der Politik ist es, nach vorne heraus passende Rahmenbedingungen für die Branchen der Zukunft zu schaffen«, proklamiert er, »und nicht immer erst abzuwarten und zu regulieren, wenn alles schon gelaufen ist.« Er nennt zwei Beispiele – selbstfahrende Autos und Drohnen – und malt ein vielversprechendes Zukunftsbild aus: »Deutschland könnte als erstes Land der Welt die rechtlichen Voraussetzungen für diese Zukunftsbranchen schaffen. Dann würden alle hierherkommen: Gründer, Investoren, Forscher und

Fabriken. Das wichtigste Cluster für autonomes Fahren und Fliegen könnte hier bei uns in Deutschland entstehen.« Abertausende Arbeitsplätze, Milliarden Investitionen, eine ganze Industrie von Konzeption über Bau bis zum Vertrieb schweben ihm vor. Altmaiers Plan steht im krassen Gegensatz zur handelsüblichen Besitzstandswahrung, Technikfolgenabschätzung und Zukunftsverweigerung, die ansonsten die hiesige Politik beherrscht. Der Kanzleramtsminister skizziert einen Staat, der vorausschauend gestaltet, statt rückschauend zu verbieten. Damit zeichnet er den Weg vor, den die Politik gehen müsste, um der Digitalisierung die Bahn zu brechen, den sie aber bedauerlicherweise so gut wie nie beschreitet.

Mit »rechtlichen Voraussetzungen« meint Altmaier Gesetze, die es erlauben, Autos ohne Fahrer und Drohnen ohne Piloten auf Straßen und in der Luft zu betreiben. Bisher hinken die Gesetze den Möglichkeiten weit hinterher. In der Straßenverkehrsordnung steht, dass man als Fahrer die Hände am Lenkrad halten muss. Ein Anachronismus, findet der Minister: »Wie soll man das tun, wenn es gar kein Lenkrad mehr gibt? Wenn wir das nicht ändern, verhindern wir das automatische Auto.« Bisher hat der Gesetzgeber automatisches Fahren im Rahmen eines Feldversuchs nur auf dem rechten Streifen der A9 nahe München erlaubt. Ein viel zu zaghafter Schritt. Erst im Sommer 2016 kündigte die Regierung eine flächendeckende Erlaubnis für computergesteuerte Fahrzeuge an. Damit hinkt sie der technischen Entwicklung um Jahre hinterher. Schon heute könnten viele Autos auf Schnellstraßen selbsttätig fahren. Technisch liegen die Voraussetzungen vor. Mein Audi schwimmt im Verkehr vollautomatisch mit und hält die Spur. Allerdings bricht die Automatik den Spaß nach wenigen Sekunden immer wieder ab und zwingt mich zum Lenken – geltendes Recht schreibt Weckrufe vor. Konsequenter als Verhinderungsvorschriften wäre ein Innovationswettlauf zwischen Parlament und Industrie: Im Augenblick spielt die Politik bei diesem Spiel nicht mit. »Die Politik fällt immer weiter zurück und verschwindet zügig im Rückspiegel, während die Industrie beim Thema autonomes Fahren inzwischen voll auf dem Gas steht«, berichtet ein frustrierter Automanager. »Ein Stück auf der A9 reicht nicht, um der Technik wirtschaftlich zum Durchbruch zu verhelfen.« Für vollautomatischen Fahrspaß auf einer einzigen kurzen Spur in der Nähe von München lohnt sich die teure Zusatzoption beim Autokauf noch nicht. »GPS-Navigationssysteme, Smartphones, Flachbildschirme kamen, weil Frühanpasser einen Markt schufen«, meint der Manager. Ohne Pioniere entstehe keine Massenbewegung. »Pioniere wollen Legalität. Wenn Autopiloten so illegal bleiben wie Radarwarner, gibt niemand Geld dafür aus. Dann bleibt die Zukunft in der Schublade.«

Alle Unternehmer, die ich befrage, drücken ähnliche Meinungen aus. Gesetze können Märkte schaffen. Versäumt die Politik aktive Gestaltung, flüchtet sie sich früher oder später in Milliardensubventionen. Ihr bleibt gar keine andere Wahl, wenn sie strategisch wichtige Branchen im Land halten möchte. Abwrack- und Elektroprämien sind teure Notlösungen. Billiger und besser wäre vorausschauende Gestaltung. Dann wird die nächste Abwrackprämie gar nicht erst fällig. Hervorbringen könnte der Markt den Innovationsschub von allein, wenn die Politik vernünftige Rahmenbedingungen dafür schaffen würde. Es würde nicht viel dazugehören. Autobahnen sind im Vergleich zu Innenstädten einfaches Terrain für selbstfahrende Autos. Es kullern keine Bälle zwischen parkenden Autos hervor, es laufen keine Kinder hinterher, es gibt keine Zebrastreifen, es schaltet keine Ampel auf Rot, und es blockiert kein Getränkelaster die Route. Autobahnen sind perfekte Labors für Autopiloten. »Wenn wir pilotiertes Fahren nicht schnell auf allen Autobahnen legalisieren, dringt es nicht in die Innenstädte vor«, warnt Altmaier. »Und dann verpassen wir die Chance, Heimat dieser neuen Branche zu werden.« Kein anderes Land besitzt dafür so gute Voraussetzungen wie wir. Zu den günstigen Bedingungen zählen ein gut ausgebautes Straßennetz, dichte Besiedelung, Kompetenz bei Automobil- und Flugzeugbau, wohlhabende Konsumenten und viele Staus. »Das sind alle Zutaten, die man braucht«, so der Minister. »Die Chancen stehen eigentlich besser als in den US-Bundesstaaten. Nur leider sind manche von denen schneller als wir. Sie haben selbstfahrenden Autos schon längst eine Fahrerlaubnis erteilt.«

Mut und Geschwindigkeit sind es, die Altmaier anmahnt. Wir sollten schneller sein als die USA. Doch warum geschieht das nicht? Warum bringt die Bundesregierung die Gesetzesänderung nicht schneller auf den Weg? Weil Deutsche dazu neigen, jede erdenkliche Detailfrage ausdiskutieren, bevor sie loslegen. Weil sie politische Fragen mit dem Eifer von Philosophen angehen statt mit dem Pragmatismus von Entdeckern. Viel zu lange kreist unsere politische Debatte um Grundsatzfragen. Solche Auseinandersetzungen sind wichtig, wenn sie Maß und Ende kennen. Doch in Deutschland dauern sie ewig und lähmen den Fortschritt. Dabei lehrt die Technikgeschichte, dass viele Horrorszenarien letztlich Hirngespinste bleiben. Als die Eisenbahn aufkam, fürchteten Kritiker, die menschlichen Sinne könnten die hohe Geschwindigkeit nicht verkraften. Heute wissen wir es besser. Als das Telefon erfunden wurde, meinten Skeptiker, das Sprechen mit den körperlosen Stimmen auf der anderen Seite der Leitung werde die Menschen verstören. Wer mit Geistern rede, verliere den Verstand. Ein Irrtum, wie sich schnell zeigte. Die Leute gewöhnten sich mühelos an die Stimmen aus dem Nichts. Anpassungsleistungen gelingen meist schneller, als Zeitgenossen denken. Die wahren Gefahren lauern oft anderswo. Züge zum Beispiel überfordern zwar nicht den Verstand, doch sie kollidieren auf eingleisigen Strecken. Telefone treiben ihre Nutzer nicht in den Wahnsinn, doch werden sie von Geheimdiensten abgehört. Politiker können realen Gefahren viel besser begegnen, wenn sie sich nicht von Angsthysterien beeinflussen lassen. Das gelte auch jetzt beim selbstfahrenden Auto und der Drohne, meint Peter Altmaier. Nicht die Geräte als solche seien eine Gefahr, glaubt er, sondern nur die Art und Weise, wie sie programmiert werden. Politik gewinnt Handlungsspielräume, wenn sie neue Branchen mitprägt, statt Technik zu verteufeln.

»Ich nenne Ihnen ein Beispiel«, sagt Altmaier. »Wenn im heutigen Straßenverkehr ein Auto vor einem Kinderwagen ausweichen muss, dabei aber ein Rentner mit Rollator im Weg steht, bringt diese Lage den Fahrer in ein schreckliches Dilemma. Fährt er das Kind um oder den Rentner?« In Bruchteilen von Sekunden muss sich der Mensch hinter dem Steuer entscheiden. Zu schnell für den Verstand. Also entscheiden Reflex oder Zufall. »Ganz anders sieht es in der vollautomatisierten Zukunft aus. Dort entscheidet ein Algorithmus, und zwar ganz und gar nicht spontan«, weiß Altmaier. »Der Computer rechnet so schnell, dass er mit der Situation problemlos zurechtkommt. Kind oder Rentner, das entscheidet eine einprogrammierte Regel. Doch wie lautet diese Regel? Das ist es, wonach wir fragen müssen.«

Programmiert wird die Regel, lange bevor die konkrete Krise auftritt. Daraus entsteht ein gravierendes ethisches und rechtliches Problem. Denn was soll der Programmierer festlegen? Soll das Auto immer das Kind oder immer den Rentner treffen? Oder abwechselnd mal den einen, mal den anderen? Ein Raunen geht um den Tisch am Pariser Platz, als Altmaier das sagt. Zu abenteuerlich wirkt auch auf mich die Vorstellung, dass ein Programmierer am anderen Ende der Welt über Leben und Tod auf deutschen Straßen entscheidet. Doch Altmaier hat recht: Genau so wird es kommen. Schon heute bestimmen Programmierer im Silicon Valley darüber, ob Smartphones in Deutschland das deutsche Urheberrecht oder den deutschen Datenschutz beachten. In Zukunft entscheidet eine Entwicklerin in Indien darüber, wer auf deutschen Straßen zu Schaden kommt und wer nicht. Beeinflussen können wir sie nur noch durch rechtzeitige Einmischung. Für das Kind-Rentner-Problem schlägt Altmaier einen Zufallsgenerator vor: »Nur so kann es gehen. Mal das Kind, mal den Rentner. Wenn der Hersteller sich anders entscheidet – immer das Kind oder immer den Rentner –, setzt er sich automatisch ins Unrecht.« Wenn schon jemand Gott spiele, dann den Gott des Zufalls. »Wer jetzt nicht die richtigen Fragen stellt, verliert die Kontrolle«, mahnt Altmaier. »Konsumenten kaufen die Geräte, ganz gleich, ob der Gesetzgeber sie mitgestaltet hat oder nicht.« Sie stimmen mit den Füßen ab. Wer nicht weit vorausdenkt, hat am Ende nur noch die

Wahl zwischen Totalverbot und Totalerlaubnis. *Ja* und *Nein* bleiben die einzigen Optionen. Das ist dann das Ende der Gestaltungsfreiheit. Meistens kommt ein *Ja* heraus, denn niemand riskiert einen Handelskrieg mit Asien oder den USA, um ein paar Zeilen Software vom europäischen Markt fernzuhalten.

Nichtstun bedeutet Entmachtung, Abwarten läuft auf Entmündigung hinaus. Umgekehrt gilt: Wenn wir neue Techniken im Grundsatz bejahen und ihre Konsequenzen zu Ende denken, gewinnen wir die Oberhand. Dann finden neue Industrien ihre Heimat hier bei uns. Unter unserer Rechtsprechung. Unter unserem Einfluss und mit unseren Gesetzen und Gerichten. Wie schwer es ist, milliardenschweren Digital-Multis das Einhalten europäischer Regeln und Wertvorstellungen nahezubringen, erleben wir heute bei den Auseinandersetzungen um Steuern, Kartelle, Marktmissbrauch, Datenschutz oder Copyright. Den endlosen Ressourcen, dem nicht versiegenden Geldstrom, den brillanten Anwälten und den Heerscharen von Lobbyisten der Digitalkonzerne ist nicht leicht beizukommen. »Macht gewinnt Politik nur, wenn sie Hauptverwaltungen in ihrem Zuständigkeitsbereich behält«, ruft EU-Kommissionspräsident Jean-Claude Juncker in Erinnerung. Standortpolitik ist auch Emanzipationspolitik. Gesellschaften bestimmen umso wirkungsvoller über sich selbst, je näher sie an den Hauptakteuren technischer Revolutionen sitzen.

Wenn Politik sich dieser Aufgabe annimmt, landet sie bei brennenden Fragen. Zum Beispiel bei Fragen nach Schuld und strafrechtlicher Verantwortung. Ein Gedankenexperiment verdeutlicht die Brisanz der Probleme, die es zu lösen gilt: Angenommen, ein automatisches Auto weicht einem Fußball aus, weil dahinter ein Kind laufen könnte. Dabei scheppert es in ein Schaufenster, obwohl – wie sich später herausstellt – gar kein Kind hinter dem Ball her war. Wer trägt die Schuld? Der Autofahrer, weil er den Autopiloten nicht rechtzeitig abgeschaltet hat? Der Autohersteller, weil er den Wagen falsch konfigurierte? Der Softwarehersteller, weil von ihm das Programm kommt? Der Programmierer, weil er den konkreten Code verfasste? Ich besuche einen befreundeten Strafrechtler und frage ihn nach einer Einschätzung. »Es ist fast unmöglich, von außen einen schlüssigen Beweis dieser Kausalkette vor Gericht anzutreten«, sagt der Jurist. »Ergebnis wird sein, dass am Ende niemand die Verantwortung trägt. Im anbrechenden Zeitalter vollautomatischer Transportmaschinen verdunstet die Verantwortung, bis nichts von ihr übrig bleibt.«

Entscheiden muss die Politik trotzdem, wer am Ende die Scheibe bezahlt. Schließlich hat der Ladenbesitzer am wenigsten mit der Sache zu tun. Er kann nicht auf seinen Kosten sitzen bleiben. Norbert Schwintowski, Professor an der Juristischen Fakultät der Humboldt Universität zu Berlin, schlägt vor, die Schuldfrage im Straßenverkehrsrecht abzuschaffen. »Schuld lässt sich beim autonomen Auto nicht mehr beweisen, und es kommt auch nicht mehr auf sie an. Entscheidend ist, wer die Schäden bezahlt. Das kann man regeln, ohne die Schuldfrage zu stellen.« Versicherungen könnten Schäden unter sich verteilen, ohne dass über Schuld noch entschieden werden muss. Wichtig ist Schuld dann nur noch für den Schadenfreiheitsrabatt, und auch der wird in Zukunft sowieso anders aussehen. Den höchsten Preis wird entrichten, wer selbst steuert. Menschen begehen die meisten Fehler, also zahlen sie für ihre Unvollkommenheit. Am billigsten werden Versicherungen für Roboterautos sein. Diese Preisdifferenzierung kommt heraus, wenn man pragmatisch an das Problem herangeht. Auch Schwintowski plädiert für eine Rechtskultur der Ermöglichung: »Innovationen und die Weiterentwicklung der daraus resultierenden Techniken sind zunächst einmal erlaubt – nur erkennbare Missbräuche müssen unterbunden werden.« Fortschritt ermöglichen durch kluges Vorausahnen der wahren Bedrohungen – das ist die hohe Kunst des Regierens in der digitalen Revolution.

Was aber, wenn der Algorithmus so umprogrammiert wird, dass er herum fliegenden Fußbällen doch nicht ausweicht und dann wirklich ein Kind zwischen parkenden Autos hervorgelaufen kommt? Sollte ein solcher Code verboten werden? Oder entscheidet sich die Politik für ein System von Wahrscheinlichkeitsrechnungen, das in etwa folgendermaßen funktionieren würde: Automatische Autos passen ihre Fahrweise statistisch vermessenen Situationen an und wählen jenes Verhalten, das sich im Schnitt als besonders hilfreich erwiesen hat. Das klingt zunächst sinnvoll. Doch dann würde trotzdem hin und wieder ein Mensch unter die Räder kommen. Warum? Weil zwar hinter den meisten Fußbällen keine Kinder auf die Straße laufen, es manchmal aber eben doch tun. In einem solchen Ausnahmefall würde das Auto dem Kind nicht ausweichen – weil es im Durchschnitt der Fälle ja nicht nötig war.

»Nein, Kinderleben darf man keiner Wahrscheinlichkeitsrechnung überlassen«, lautet die normale menschliche Reaktion auf einen solchen Vorschlag. Doch legen wir das Leben unserer Kinder nicht schon heute immer wieder in die Hände unkalkulierbarer fremder Autofahrer? In welchem Zustand sitzen die Fahrer auf der Gegenspur hinter dem Lenker? Betrunken, benebelt, müde, telefonierend, am Radio drehend oder SMS-Nachrichten tippend? Wenn wir heute bereit sind, 3475 Verkehrstote im Jahr 2015 zu akzeptieren, warum gestehen wir automatischen Autos dann nicht eine gewisse Zahl an Todesopfern zu, damit sie überflüssige Ausweichmanöver vermeiden? In den USA gibt es rund 40 000 Verkehrstote pro Jahr. Die Zahl ist kürzlich erstmals unter die Zahl der durch Schusswaffen Getöteten gefallen. Bei der *Consumer Electronic Show* in Las Vegas spricht Amnon Shashua, Mitgründer und Cheftechnologe von Mobileeye, dieses Tabu an. Seine Firma produziert Hightech-Kollisionswarnsysteme: »Wir können die Zahl der Unfalltoten im Jahr auf 100 senken. Aber nicht auf null. Wir sollten die automatischen Autos nicht zwingen, zu vorsichtig zu fahren. Die Roboter müssen fahren wie wir.« Sonst würden Menschen sich angewöhnen, die übervorsichtigen Roboter ständig zu schneiden, was zahlreiche neue Risiken mit sich brächte. Nicht Roboter krachten dann in von Menschenhand gesteuerte Autos, sondern Menschen krachten in Roboter.

Angesichts der hohen Zahl der Todesopfer sollten wir eine Debatte über Gut und Böse im automatischen Auto führen. Dabei müsste es vor allem um die Chancen der neuen Technik gehen. Wir können es schaffen, die Zahl der Verkehrstoten auf einen Bruchteil zu verringern. Thomas Gsella, der ehemalige *Titanic*-Chefredakteur, hat in der *FAZ* eine wütende Anklage gegen die Autoindustrie geschrieben, weil sie unkontrollierbare PS-Boliden produziert. Seine Schwester und seine 15-jährige Nichte sind auf der Autobahn bei Usedom gestorben, weil von hinten ein Raser kam, gerade als sie vorsichtig auf die Überholspur wechselten. Der Wagen der Frauen überschlug sich; Schwester und Nichte starben einen brutalen Tod. Gsella kritisiert, dass Menschen Waffen in Form von Autos in die Hand bekommen, auch wenn sie diese nicht beherrschen. Mit der anbrechenden Roboter-Ära kann dieser Albtraum ein Ende finden. Computergesteuerte Autos könnten tödliche Kollisionen wie im Fall von Gsellas Schwester vermeiden und Unschuldige besser vor den Fahrfehlern anderer beschützen. Es wird noch dauern, bis diese Technik ausgereift ist. Bis dahin wird es auch mit Computerautos zu tödlichen Unfällen kommen, wie jüngst bei Tesla. Doch diese Programmier- und Systemfehler werden eines Tages ausgemerzt und überwunden sein. Digitalisierung birgt hinsichtlich der Sicherheit eine Verheißung, keine Bedrohung.

Wie aber reagiert die deutsche Erregungskultur auf diese Chancen? »Autohersteller werden zu Datenkraken«, hat der ADAC jüngst gewarnt. In einer aufwendigen Studie wertete der Verein den Datenstrom aus modernen Fahrzeugtypen aus. »Straffungsvorgänge des Gurts werden gespeichert, und wenn das oft ist, dann lässt das Rückschlüsse zu, dass man sehr sportlich unterwegs ist und auch harsch abbremst«, bemängelte Autor Arnulf Thiemel aus der ADAC-Fahrzeugtechnik. »Auch Autoversicherer sind immer stärker am Fahrstil ihrer Versicherten interessiert, um das Risiko besser einschätzen zu können.« Warum aber sehen wir die neue Technik nur als Quell neuer Datenlecks? Warum erkennen wir in ihr nicht auch die willkommene Chance auf weniger Unfälle und mehr Sicherheit für Leib und Leben?

Guido Bellberg hat in der *Welt* anschaulich beschrieben, wie die Roboterautos in der Praxis funktionieren werden. Sie sind in ihrer Mehrzahl keine Killermaschinen, sondern putzige, schüchterne Verkehrsteilnehmer, die sich von Menschen fortlaufend ins Boxhorn jagen lassen. »Roboterautos werden nicht auf einen Schlag alle wirklichen Autos ersetzen. Wer sollte das auch bezahlen? Nein, es wird für sehr lange Zeit eine Mischung aus Autos geben, bei denen ein Mensch am Steuer sitzt, und solchen, bei denen ein Computer das Sagen hat.« Um teure Klagen zu vermeiden, programmieren ihnen die Hersteller die Gutmütigkeit von Pudeln ein. Sie treten immer als Erste auf die Bremse, während Menschen aggressiv um sie herumkurven. Dem Roboter den Weg abzuschneiden, ihn an der Ampel zu versägen und ihm die Parklücke vor der Kamera wegzuschnappen – das wird ein neuer Volkssport sein. Die friedfertigen Maschinen haben immer das Nachsehen. Mit der Folge, dass Roboter fast nie und Menschen fast immer die Schuld an Unfällen tragen werden.

Viel zu besprechen gibt es auch in Sachen Drohnen. Wann dürfen sie fliegen? Wie viel Rotorenlärm dulden wir in den Städten? Kann jemand die Polizei rufen, weil ein Nachbar in der Mittagspause Zahnpasta oder einen Liter Milch einfliegen lässt? Gibt es ein Fotografierverbot über Gärten? Gilt ein Paket als zugestellt, wenn es auf dem Rasen abgesetzt, dann aber von dort gestohlen wird? Selbst wenn die Debatte darüber heute beginnen würde, bräuchten wir Jahre, um sie zu Ende zu bringen. Deswegen sollte die Politik im altmaierschen Sinne so schnell wie möglich handeln. Hearings könnten eine Methode sein, um Bürger einzubinden. Ziel muss sein, eine Novelle der Luft- und Straßenverkehrsordnung 2017 auf den Weg zu bringen. Sonst ist Deutschland wieder nur Zuschauer, während der Markt anderswo verteilt wird.

Ebenso dringend ist es, das Wettbewerbsrecht den Bedingungen der Digitalökonomie anzupassen. Plattformen wachsen sich zu Marktmonopolen aus. Justus Haucap, Professor für Wettbewerbsökonomie an der Universität Düsseldorf, beschäftigt sich intensiv mit den Mechanismen der Plattformwirtschaft. Er analysiert, was es für das Wettbewerbsrecht bedeutet, wenn Uber den Taximarkt disruptiert und Airbnb die Hotellerie. »Das wirft entscheidende Fragen in der Fusionskontrolle auf«, meint Haucap. »Wie lassen sich Märkte ohne Umsätze abgrenzen? Sind Märkte ohne Umsätze auch Märkte im kartellrechtlichen Sinne? Sollten sich Aufgreifschwellen auch auf das Transaktionsvolumen beziehen?« Erst Ende 2016 soll eine Gesetzesnovelle das Kartellamt ermächtigen, auch kostenlose Dienste ins Visier zu nehmen. Bislang verweigerte es die Intervention bei Firmen wie WhatsApp oder Google mit dem Argument, wo Kunden kein Geld bezahlten, da gebe es auch keinen Markt. Dass die Menschen mit ihren Daten bezahlen, wollte das Amt nicht wahrhaben. Das Bundeskartellamt hat den neuen Monopolen fast alles durchgehen lassen. Ermittlungen gegen Google wegen Missbrauchs seiner marktbeherrschenden Stellung lehnte das Amt ab, obwohl Google Wettbewerber in der Suche systematisch herabstuft, eigene Dienste bevorzugt und Inhalte von Dritten kopiert, ohne zu bezahlen. Erstmals leitete das Bundeskartellamt jüngst ein Verfahren gegen Facebook wegen Verdachts auf Marktmissbrauch durch Datenschutzverstöße ein. Deutschlands Politiker und Kartellwächter haben mehr als ein Jahrzehnt tatenlos zugesehen, wie Digitalmonopole den Konsumenten schadeten, bevor sie zögerlich anfingen, das veraltete Recht und die überholte Spruchpraxis der neuen Wirklichkeit anzupassen. Durchgriffsfreudiger ist die EU-Kommission. Sie betreibt Verfahren gegen Google und hat dem Konzern gravierende Wettbewerbsverstöße angekreidet. Ähnliche Handlungskompetenzen sollte auch Deutschland schaffen. Der Staat muss Rahmenbedingungen für fairen Wettbewerb im Netz festlegen. Marktmacht darf nicht dazu führen, dass Konsumenten Schaden nehmen, Wettbewerb im Keim erstickt wird und Innovation erstirbt.

Doch auch die beste vorausschauende Regulierung löst nicht das eklatante Wagniskapitalproblem. Deutsche Start-ups leiden an finanzieller Auszehrung. 30 Milliarden Euro Eigenkapital pro Jahr benötigen sie. Woher sollen sie diese nehmen? Sie sind gar nicht so schwer zu finden, argumentiert das nächste Kapitel.

Finanzierung: 30 Milliarden pro Jahr für Start-ups organisieren

Deutschlands Gründerszene leidet an finanzieller Auszehrung. Geld für frühe Phasen gibt es inzwischen genug, doch die Kapitalausstattung für Wachstum ist kläglich. Die Politik müsste einen wichtigen Beitrag zur Verbesserung der Lage leisten. Doch trotz vieler Versprechungen kommt sie kaum voran.

Der Mann, der eine der kniffligsten Aufgaben der deutschen Politik lösen soll, heißt Helge Braun, ist promovierter Mediziner, Vorsitzender des CDU-Bezirksverbands Mittelhessen und Staatsminister im Kanzleramt. Er berichtet direkt an Angela Merkel. Sein Büro liegt in der siebten Etage der Machtzentrale; eine Minute von der Kanzlerin entfernt. Brauns Sekretärin holt mich am Haupteingang ab und führt mich nach oben. Wie alle Büros des Kanzleramts ist auch seines mit Holz vertäfelt. Einen Anflug von Gediegenheit erzeugen die Panel, im Gegensatz zu den kahlen Hallen, Fluchten, Atrien und Foren dieses zugigen Gebäudes. Seit Beginn der Legislaturperiode versucht Braun, das riesige Finanzierungsloch der Start-up-Szene zu stopfen. Er gehört zu einer kleinen Gruppe von Leuten, die sich des Problems annehmen. Ich möchte Braun nach dem Stand der Dinge fragen. Mich bedrückt, wie viel Enthusiasmus, Energie und Chancen verloren gehen, einfach nur, weil Deutschland bei der für Gründer wichtigsten Form der Finanzierung schwächelt. Zunehmend kehrt Frustration in der Gründerszene ein, denn die wenigen Fortschritte sind klein und unzureichend. Dabei könnte alles so einfach sein.

Die Schwierigkeiten wirken überwältigend. Knapp 60 Milliarden Dollar Venture Capital haben die US-Amerikaner 2015 weltweit investiert, nur 780 Millionen Euro die Deutschen. Sind es wirklich 780 Millionen? Deutschlands Problem mit Wagniskapital beginnt schon bei der unklaren Datenlage. Jeder hantiert mit anderen Zahlen. Das Bundesfinanzministerium spricht von »mehr als zwei Milliarden Euro pro Jahr«. Ist das plausibel? Eher nicht. Ebenso wenig wie folgende Zahl: Der Branchendienst *DowJones VentureSource* nannte allein für Berlin 1,97 Milliarden im Jahr 2014 – mehr als London. Seit dem Erscheinen dieser Nachricht behaupten Politiker gern, Berlin habe London beim Wagniskapital überholt. Kann das stimmen? Ich schaue mir die Daten genauer an. Wenig hilfreich ist das Statistische Bundesamt, das keine aussagekräftige Statistik führt. Für das Suchwort »Wagniskapital« liefert die Volltextsuche der Datenbehörde die Antwort »keine Treffer«. Schon das ist bezeichnend für Deutschlands digitales Defizit und eigentlich unerhört. Warum misst das Amt die Zahl der Waschmaschinen in privaten Haushalten, nicht aber die Menge des investierten Wagniskapitals? Wie wenig ernst kann die Politik ein Problem eigentlich nehmen, wenn sie für die Waldzustandserhebung (früher den Waldschadensbericht) die Kronen der Bäume amtlich durchzählen lässt, nicht aber die Finanzierung einer neuen Generation von Wirtschaftsunternehmen?

Am hilfreichsten sind die Branchendaten des Bundesverbands Deutscher Kapitalbeteiligungsgesellschaften (BVK). Sie zeigen, dass die Erfolgsmeldungen mancher Politiker auf einem Missverständnis beruhen. Laut BVK wurden in Deutschland 2015 insgesamt 5,34 Milliarden Euro in Kapitalbeteiligungen investiert. Gut die Hälfte des Geldes kam von ausländischen Gesellschaften, die ein Büro in Deutschland betreiben, 17 Prozent von Ausländern ohne Büro und 32 Prozent von Anlegern mit Sitz in Deutschland. Der Löwenanteil (71 Prozent) dieser Summe floss jedoch in sogenannte Buy-outs, also die Komplettübernahmen bestehender Firmen durch Finanzinvestoren. Buy-outs sind etwas anderes als Wagniskapital. Sie richten sich auf bestehende traditionelle Unternehmen aus, nicht auf innovative Start-ups, die von Gründern betrieben werden. Buy-outs verdrängen die bisherigen Eigentümer aus dem Geschäft, Wagniskapital behält Gründer als Manager und Mitgesellschafter an Bord. Buy-outs und Wagniskapital sind grundverschiedene Dinge. Politiker, die von Milliarden für Start-ups sprechen, vermischen diese Fakten miteinander und zählen beides zusammen. Ein gefährlicher Irrtum, denn von Milliarden kann keine Rede sein. Laut BVK-Statistik waren es 2015 nur 780 Millionen Euro Wagniskapital, davon 40 Millionen für Frühphasen-Investitionen, 411 Millionen für mittlere Phasen und 328 Millionen für Spätphasen. Auch hier lauert ein beliebter Irrtum. Vielfach wird geglaubt, Wagniskapital betreffe nur Frühphasen von Start-ups. Dabei kann es in allen Stadien eines Wachstumsprozesses investiert werden. Gegenüber dem Vorjahr (758 Millionen) gab es fast keinen Fortschritt. Die Summe des Wagniskapitals liegt erschreckend stabil auf niedrigem Niveau. Rund ein Viertel des Wagniskapitals fließt nach Berlin, ein Sechstel nach Bayern und ein Achtel nach Nordrhein-Westfalen. Diese drei Bundesländer kommen zusammen auf die Hälfte aller Venture-Investitionen. Bemerkenswert ist die mangelnde Zukunftsoffenheit Bremens: Die Hansestadt meldet als einziges Bundesland eine glatte Null. Das muss man erst einmal fertigbringen. Worauf hofft Bremen denn für seine Zukunft? Auf eine wundersame Auferstehung der Werften und eine Renaissance des Fischfangs? Gerade Bremen müsste sich durch aggressive Gründerhilfen hervortun. Doch davon ist es weit entfernt. Auch der Rest der Bundesländer befindet sich in beklagenswertem Zustand, wenn man sie mit Israel und den USA vergleicht.

Das also ist die Ausgangslage, mit der Helge Braun sich herumschlagen muss. Zwar gibt es Lippenbekenntnisse im Koalitionsvertrag. Dort steht: »Wir werden Deutschland als Investitionsstandort für Wagniskapital international attraktiv machen und dafür ein eigenständiges Regelwerk (Venture-Capital-Gesetz) abhängig von den Finanzierungsmöglichkeiten erlassen, das unter anderem die Tätigkeit von Wagniskapitalgebern verbessert.« Doch mit diesem ehernen Plan ist offiziell Schluss, seit Finanzminister Wolfgang Schäuble das versprochene Venture-Capital-Gesetz im Mai 2016 durch seinen Staatssekretär Jens Spahn absagen ließ. Es sei »nicht genug Stoff da, um ein gebündeltes Wagniskapitalgesetz zu machen«, sagte Spahn dem *Handelsblatt*. Nicht genug Stoff – wie treffend. Nicht genug Stoff gibt es deswegen, weil die Regierung entschieden hat, nichts zu tun. Täte sie etwas, gäbe es auch Stoff für ein Gesetz. Insofern trifft Jens Spahns Aussage den Nagel auf den Kopf. Im SPD-geführten Wirtschaftsministerium hieß es dazu schulterzuckend: »Schäuble will nicht.« Während die Politik Pirouetten dreht, zieht ein Treck begabter Deutscher ins Silicon Valley oder nach Tel Aviv, weil es dort das Geld gibt, das sie brauchen. »Bei Frühphasen-Investitionen stehen wir mittlerweile recht gut da«, argumentiert Jens Spahn. Das stimmt nur zum Teil. Aussichtsreiche Ideen scheitern nicht mehr am ersten Geld – richtig. Doch jeder Gründer weiß: Wenn seine Idee fliegt, ist Deutschland eine Sackgasse. Spahns Argument klingt so, als werbe eine Autofirma mit dem Versprechen: »Unser Wagen fährt die ersten 100 Kilometer absolut zuverlässig.« Einsteigen werden trotzdem nur die Kurzsichtigen. Die anderen denken weiter und wählen ein anderes Modell. Im Fall der Gründer: ein anderes Land.

Die BVK-Statistik spricht eine deutliche Sprache: Nur 328 Millionen Euro stehen für Spätphasen-Investitionen zur Verfügung. Ein lächerlich geringer Betrag. Postmates ist das Logistik-Start-up des Deutschen Bastian Lehmann. Er ist vor allem wegen Geldmangels frustriert ausgewandert in die USA. Dort holte er in sieben Finanzierungsrunden insgesamt 138 Millionen Dollar Kapital von 23 Investoren in seine Firma. Wäre er in Deutschland geblieben, hätte er das niemals geschafft. Mit den USA kann Deutschland ungefähr so gut mithalten wie Eisern Union mit Bayern München. In der Transportplattform Uber stecken mittlerweile 14 Milliarden Dollar Kapital, aufgebracht in 16 Runden. Allein die jüngste Runde im Juni 2016 brachte es auf 3,5 Milliarden Dollar, beigesteuert durch den öffentlichen Kapitalfonds Saudi-Arabiens. Eine einzelne Runde für eine einzelne kalifornische Firma ist also rund zehnmal so groß wie alles Wagniskapital, das in Deutschland während eines ganzen Jahres in Spätphasen-Investitionen fließt. Mich deprimieren diese Fakten. Ich habe die Gründer mit ihren begeisternden Projekten vor Augen, die vom deutschen Establishment am ganz langen Arm ausgehungert werden. Dieses Versagen versetzt mich in eine Art revolutionäre Stimmung.

Wenn diese Kluft so bleibt, sieht es schlecht aus für Deutschlands Chancen, den Rückstand aufzuholen. Die digitale Revolution fällt dann wegen Geldmangels aus. Start-ups verkümmern, weil Liquidität für Wachstum fehlt. Kalifornien und Israel bauen ihren Vorsprung aus; disruptive Geschäftsmodelle kommen gar nicht erst in Gang. Schlüsselindustrien des 21. Jahrhunderts florieren an anderem Ort. Trotzdem wirkt Helge Braun heiter: »Wir sind wild entschlossen, in dieser Legislaturperiode einen großen Schritt weiterzukommen. Daran wird fieberhaft gearbeitet«, sagt er. Seine Kampfeslust wirkt echt. Wie gut, dass wenigstens ein einzelner Politiker Leidenschaft bei dem Thema empfindet. Ansonsten sehe ich auf meiner Dauertour durch das politische Berlin in die Gesichter satter Menschen, die persönlich ausgesorgt haben und gar nicht so richtig begreifen, warum sie denn jetzt etwas unternehmen sollen. Ähnlich wie die vier Finanzmarktförderungsgesetze, die zwischen 1990 und 2002 erlassen wurden, könnte ein Wagniskapital-Fördergesetz alle Maßnahmen bündeln, die Schwung in den deutschen Venture-Markt bringen. »Das klingt zunächst sinnvoll«, begründet Helge Braun die Entscheidung, das Gesetz abzusagen, »doch es hat einen entscheidenden Nachteil. Man muss warten, bis man alles zusammenhat, bevor man das Gesetz auf den Weg bringt. Das kostet Zeit. Wir verfolgen eine andere Strategie: Was wir politisch bekommen können, machen wir sofort. Ohne Warten.« Zwar wäre ein Sammelgesetz politisch besser zu verkaufen gewesen, gibt er zu. »Doch wir sind lieber schnell, als Symbolpolitik zu betreiben.« Nun ja. Symbolpolitik hat niemand gefordert. Wie wäre es mit handfester Sachpolitik im Einklang mit eindrucksvoller Geschwindigkeit? Für eine solche Kombination gäbe es bei diesem Thema reichlich Platz.

Dann erläutert Braun den Hauptgrund, den er für die Venture-Schwäche ausgemacht hat: »Unser Grundproblem ist, dass das deutsche Steuerrecht Eigenkapital gegenüber Fremdkapital benachteiligt. Diese Benachteiligung haben wir frei gewählt.« Europarechtlich dürfte Deutschland Fremd- und Eigenkapital steuerlich gleichstellen. »Doch solange wir es nicht tun, dürfen wir keine Ausnahmen schaffen, die wie unerlaubte Beihilfen aussehen.« Auch wenn der Unterschied in absoluten Zahlen nicht groß ist, entfalte er große psychologische Wirkung, glaubt Braun: »Wir sehen solche Effekte auch an der Förderung von Elektroautos. Wenn Autohersteller 3000 Euro Rabatt geben, zieht der Absatz vielleicht um 2 Prozent an.« Gewähre der Fiskus aber einen Steuervorteil um genau die gleichen 3000 Euro, steige der Verkauf gut und gerne um ein Vielfaches. »Beim Herstellerrabatt glauben die Leute: Da wird nur Geld nachgelassen, das vorher heimlich aufgeschlagen wurde. Bei der Steuer weiß man, dass es eine echte Ersparnis ist. Und man kann sich sicher sein, dass man das Geld wirklich bekommt.« Eine ähnliche Wirkung erhofft sich Braun bei der Reform, die er noch vor der Wahl durchbringen möchte. »Eine kleine Änderung kann viel bewirken«, glaubt er. Der Regierung, sagt er, geht es um drei Ziele: Erstens junge, innovative Firmen zu fördern, zweitens Missbrauch durch den Kauf leerer Firmenhüllen zu verhindern und drittens konform zu gehen mit dem Europarecht. »Leider stellte sich im ersten Anlauf heraus, dass wir die Regelung nicht auf ›junge, innovative Firmen‹ begrenzen dürfen«, berichtet Braun. »Das wäre nach europäischem Recht eine unerlaubte Beihilfe. Deswegen wollen wir die Einschränkung auf ›junge, innovative Firmen‹ fallen lassen. Wir stellen Eigen- und Fremdkapital für alle Firmen gleich. Damit kommen wir dem Ziel am nächsten.«

Bekommt die Regierung das bei ihrem eigenen Finanzminister durch? Ein Verzicht auf die Einschränkung erweitert den Kreis der Begünstigten, könnte teurer werden und erhöht die Streuverluste. Das dürfte dem Minister schwer zu verkaufen sein. Offen ist auch, ob der Plan wirklich wirkt. Zudem muss Helge Braun noch Auseinandersetzungen mit den Bundesländern bestehen, denn die Kapitalertragsteuer steht Bund und Ländern gemeinsam zu. Auch das ist eine Herkulesaufgabe. Doch selbst wenn die Kanzlerin diese Reform durchsetzt, bleibt die Regierung weit hinter einem umfassenden Aktionsplan für mehr Wagniskapital zurück.

Sie hat nach vielen Mühen zwar eine Steuererleichterung bei Anteilsverkäufen erhalten und ringt noch mit einer Regelung für Verlustvorträge. Ein großer Wurf ist das jedoch nicht. »Wagniskapital: Fehlanzeige« – so wird man die Politik der Großen Koalition bei der nächsten Bundestagswahl wohl bezeichnen müssen.

Andere Regionen sehen derweil rasantes Wachstum. Israel zum Beispiel. Während in Deutschland die Venture-Zahlen stagnieren, gab es dort im Jahr 2015 rund 1400 Neugründungen, die 3,6 Milliarden Dollar Kapital einsammelten. Im *Start-up- and Venture Report* von *Zirra und Geektime*, dem diese Zahlen entstammen, wurden nur Kapitalrunden mitgezählt, die mehr als eine halbe Million Dollar einbrachten. Mit seinen nur acht Millionen Einwohnern und seiner kleinen Fläche, etwa so groß wie Hessen, fährt Israel viereinhalbmal so viel Wagniskapital ein wie das nach Bevölkerung zehnmal so große Deutschland. Israels Investoren nahmen 2015 rund 5,4 Milliarden Dollar durch den direkten Verkauf von Start-ups ein, 2014 waren es sogar 9,2 Milliarden. Hinzu kamen 2014 und 2015 Börsengänge im Wert von jeweils rund 15 Milliarden Dollar. Eine für deutsche Verhältnisse sagenhaft hohe Zahl. Börsengänge finden hierzulande so gut wie nicht mehr statt. Zu den großen israelischen Verkaufserfolgen gehörten der Verkehrsmeldedienst Waze, der Voice-over-IP-Dienst Viber und der Kollisionswarner Mobileye. Sogar den USA flößen die Israelis mittlerweile Ehrfurcht ein. Israel besitzt die höchste Start-up-Dichte der Welt. An der amerikanischen Technologie-Börse Nasdaq werden 68 israelische Firmen gehandelt, mehr als Firmen der EU, Japan, Korea und China zusammen. Staat und Privatsektor arbeiten Hand in Hand. Zahlreiche Programme begleiteten die Szene durch die verschiedenen Phasen ihrer Entwicklung.

Das *Public Technology Incubator Program* gliederte Anfang der 1990er-Jahre eine große Zahl von Einwanderern aus der ehemaligen Sowjetunion in den Tech-Sektor ein, der *Yozma Fund* (1993) half jungen Hightech-Gründern, das *Tnufa Program* (2000) unterstützt bei Frühphasen, *Magneton* (2001) begleitet die Zusammenarbeit von Universitäten und Industrie. Laut Weltbank gibt Israel pro Kopf mehr Geld für Forschung und Entwicklung aus als jedes andere Land der Welt. Ein Lehrbeispiel für Technologieförderung und den Umgang mit Einwanderern. Deutschland hat den Start-up-Wettlauf mit Israel einstweilen verloren. Trotzdem findet sich immer jemand, der diese Niederlage schönredet. Bei einer Diskussion in einer politischen Stiftung meinte kürzlich jemand, Israel habe es ja auch leichter, weil das Land viel kleiner sei. Da richteten sich die Start-ups automatisch auf den US-Markt aus. Mit anderen Worten: Wir können gar nichts dafür, dass wir verlieren. Den Ehrgeiz stacheln solche Erklärmuster sicher nicht an.

Weltchampions in der Disziplin Wagniskapital sind immer noch die Amerikaner. Sie mobilisierten 2015 die unglaubliche Summe von 58 Milliarden Dollar. Davon gingen 27 Milliarden Dollar ins Silicon Valley. Fast die Hälfte aller Start-up-Investitionen der Welt vereinen die USA auf sich. 2015 gab es 77 Börsengänge von US-Start-ups mit einem Verkaufswert von 9,4 Milliarden Dollar. Der Analyse-Dienst *Preqin* hat ausgerechnet, dass 2015 global mehr als 135 Milliarden Dollar in 9202 Start-ups geflossen sind. Beim Vergleich der Regionen tritt Europas Schwäche sichtbar zutage. China liegt deutlich vor Europa, Indien pirscht sich mit einer Verdopplung zum Vorjahr rasch an Europa heran. Auch im globalen Vergleich gleicht Deutschland einem Ritter von der traurigen Gestalt. Gerade einmal ein halbes Prozent des globalen Venture Capitals fließt nach Deutschland.

Wirtschaftsminister und SPD-Chef Sigmar Gabriel hat mit seiner *Digitalen Strategie 2025* Ideen vorgelegt, wie Abhilfe zu schaffen wäre. »Eine neue Gründerzeit« schwebt ihm vor. Durch Unterstützungsfonds, Gründerplattformen und Förderungen will er sie erreichen. Eine *Digitalisierungsoffensive Mittelstand* soll zur digitalen Transformation ermutigen. Für Berlin wird ein *Haus der Digitalisierung* erdacht. Im Jahr 2017 soll der Hightech-Gründerfonds ein drittes Investitionspaket für rund 300 Millionen Euro auflegen. Künftig soll Privatleuten ein Zuschuss von 20 Prozent auf doppelt so viel Wagniskapital wie bisher (500 000 statt

250 000 Euro im Jahr) gewährt werden. Außerdem sollen sie ihre Steuer auf Verkaufsgewinne erstattet bekommen. Für Fondsmanager will der Minister günstigere Steuern, unter anderem, damit Verlustvorträge nach einem Verkauf des Start-ups nicht untergehen. Streubesitz von Start-ups soll steuerlich privilegiert bleiben. Außerdem möchte Gabriel die Börse als Finanzierungsquelle für Wachstumsfirmen wiederbeleben. Dies alles sind gute Projekte. Einiges wie der dritte Hightech-Gründerfonds kommt tatsächlich zustande. Auch die Kreditanstalt für Wiederaufbau (KfW) hat neue Fonds aufgelegt. Bis 2019 stehen insgesamt 400 Millionen Euro zur Verfügung. In den vergangenen zehn Jahren investierte die KfW rund 600 Millionen Euro in die Förderung von rund 500 Unternehmen. Von 2005 bis 2019 hat sie dann etwa eine Milliarde Euro ausgegeben, im Schnitt rund 70 Millionen pro Jahr. Hinzu kommen regionale Förderprogramme. Doch staatliche Programme werden es alleine nicht schaffen, die Kapitallücke zu schließen. Dafür ist sie zu groß. Entscheidend wird sein, mehr privates Kapital anzulocken. Vieles von dem, was dafür nötig wäre, bleibt jedoch im Koalitionsgestrüpp hängen.

Experten wie Investor Klaus Hommels, Wagniskapital-Geber und Inhaber von Lakestar in Berlin, erkennt die Mühen der Politik an, sieht aber vor allem die Wirtschaft in der Pflicht: »Wir müssen es schaffen, die Denkmuster der Konzerne zu ändern. Es kann nicht sein, dass General Motors – vor wenigen Jahren noch in der Pleite – heute den Mut hat, 500 Millionen in Lyft zu investieren, gleichzeitig aber Daimler keine 30 Millionen in MyTaxi steckt«, kritisiert er. »Mit diesem Denkmuster ist es egal, wie viel Innovation wir zuwege bringen. Wenn die Industrie keinen Mut zeigt, kann das nichts werden. Nur mit dem Rückenwind der Industrie kann eine Start-up-Szene entstehen, die der Industrie hilft.« In den USA, berichtet Hommels, arbeiten die Hälfte aller Arbeitskräfte in Firmen, die in den vergangenen 30 Jahren mit Venture Capital hochgezogen worden sind; 60 Prozent der Marktkapitalisierung entfallen auf solche Unternehmen. »Deutschland muss es endlich schaffen, einen ähnlichen Erfolg zu produzieren.«

Falls das Unwahrscheinliche geschehen und Venture Capital in Deutschland plötzlich boomen würde, gäbe es dann genug gute Start-ups, um das Geld aufzufangen? Diese Frage wird bei Diskussionen über das Wagniskapitalproblem gern gestellt. »Klar würden wir gern mehr in Deutschland investieren«, sagt der Finanzchef eines Dax-Unternehmens bei einer dieser Diskussionen. »Doch es gibt zu wenig Angebot an guten Start-ups. Wir suchen Qualität. Bis genug Angebot da ist, müssen wir uns zurückhalten.« In der Runde sitzt auch ein Gründer. Er hält dem Finanzchef entgegen: »Wenn Sie kein Geld schicken, wird die kritische Start-up-Masse nie entstehen. Sie sollten einen Vertrauensvorschuss leisten.« Der Finanzchef nickt: »Ja, richtig, das ist ein Henne-Ei-Problem. Die beiden Marktseiten warten aufeinander.« Eine Pattsituation. Legendär ist, wie Flugzeugbauer und Fluglinien sich seinerzeit aus einem solchen Patt befreiten. Pan-Am-Chef Juan Trippe brauchte größere Flugzeuge, namentlich den Jumbo-Jet 747, und sagte dem Boeing-Chef William Allen in den 1960er-Jahren: »If you build it I'll buy it.« Wenn Sie es bauen, kaufe ich es. Worauf dieser trocken antwortete: »If you buy it I'll build it.« Wenn Sie es kaufen, baue ich es. Gemeinsam brachten Pan Am und Boeing den Jumbo in die Luft. So ähnlich müssten etablierte Unternehmen deutschen Gründern Wind unter die Flügel blasen.

In den USA flossen 2015 rund 7,5 Milliarden Dollar in Wagniskapital von etablierten Firmen, also nicht von Venture-Capital-Experten. Das machte ungefähr ein Achtel des Gesamtvolumens aus. Dreimal so viel wie drei Jahre zuvor. Im ersten Quartal 2016 schossen die Zahlen weiter nach oben. Mittlerweile mischen etablierte Firmen bei einem Viertel aller Start-up-Transaktionen mit und stellen ein Fünftel des Kapitals bereit. Bobby Franklin, Präsident des US-Wagniskapitalverbands NVCA, meint: »Mehr und mehr traditionelle Firmen verstehen, wie wichtig es ist, ihre Finger am Puls der Innovation zu halten. Davon profitieren Geldgeber und Start-ups. Sie bekommen Zugang zu know-how und Netzwerken.« Auf ähnliches Verhalten sollten auch die Deutschen setzen. Das gilt in gleicher Weise für die Vermögensverwalter reicher Familien, sogenannte Family Offices. Sie fassen Start-ups bislang nur mit spitzen Fingern an. »Weil wir einfach zu wenig von diesem Sektor verstehen«, gibt der Chef eines großen Family Offices freimütig zu. Wenn sie ihr Herz in die Hand nähmen, qualifizierte Beteiligungsmanager einstellten und Geld in Start-ups steckten, könnten auch sie einen wichtigen Beitrag zur Deckung der Kapitallücke leisten. Sie alle ließen sich besser ermutigen, wenn die Politik Hindernisse beseitigen und geeignete Anreize schaffen würde.

Kritik müssen sich auch Privatleute gefallen lassen. »Ein ganzes Volk parkt sein Erspartes an den falschen Stellen«, sagt mir der Chefökonom einer großen Bank. »Das staatliche Rentensystem schüttet Monat für Monat die Altersvorsorge der arbeitenden Generationen an Väter und Mütter, Großväter und Großmütter aus. Und die konsumieren es nahezu vollständig, ohne etwas in die Erneuerung der wirtschaftlichen Grundlagen zurückzugeben.« Von den Rentenbeiträgen landet fast nichts in der Finanzierung der Zukunft. Der geltende Generationenvertrag erweist sich als folgenreiche Innovationsbremse. Statt Geld von den Arbeitenden ausschließlich zu Rentnern umzuschichten, könnte ein Teil der jungen Gründer-Generation überlassen werden, damit sie neue Firmen aufbauen kann. Der demografische Wandel war früh angekündigt und wird trotzdem verschlafen. »Es wäre klüger gewesen, Rentenbeiträge zu einem gewissen Teil in Kapitalanlagen, auch in Start-ups, zu investieren«, sagt der Chefökonom. »Damit hätten wir die Erneuerung der Volkswirtschaft bezahlt, statt das ganze gesparte Geld nur aufzubrauchen.« Nicht viel besser läuft es bei der Lebensversicherung. Durch Niedrigzinspolitik fällt die Rendite von Kapitallebensversicherungen gen null. Deutschlands Abneigung gegenüber Aktien entpuppt sich als Fehlurteil. Mit Aktien wären die Deutschen in den vergangenen Jahrzehnten weit besser gefahren als mit Lebensversicherungen. Ängstlich darauf bedacht, Kursverluste zu vermeiden, handelten sich die Sparer einen weitaus gefährlicheren Wertverlust ein. Nullzins vernichtet ihre Kapitaleinkünfte. Gerettet werden die Deutschen auch nicht durch Immobilien. Magere 2 oder 3 Prozent Nettorendite bei vermieteten Wohnungen tragen wenig zum Vermögensaufbau bei. Auch das eigene Haus wächst längst nicht so stark im Wert, wie viele hoffen. In nichts investieren Deutsche so ungern ihr Geld wie in unternehmerisches Handeln. Aktien? Zu riskant. Anteile an Start-ups? Viel zu riskant. Die Finanzierungslücke deutscher Start-ups ist Ausdruck von Fehlentscheidungen einer ganzen Gesellschaft.

Dabei wäre die Finanzierungslücke eigentlich ziemlich leicht zu schließen. Damit Deutschland bei einem Drittel der Größe auf eine vergleichbare Investitionsdichte wie die USA kommt, müssten pro Jahr rund 20 Milliarden Euro fließen. Da es einen Investitionsrückstand aufzuholen gibt, könnte man einen Verspätungszuschlag von 10 Milliarden hinzufügen. In der Summe ergäben das 30 Milliarden. Zu den knapp 800 Millionen, die tatsächlich fließen, klafft eine Lücke von mehr als 29 Milliarden Euro. Der Staat kann diese Kluft nicht alleine überbrücken. Der Bundeshaushalt 2016 umfasst knapp 317 Milliarden Euro. Der Schuldendienst allein frisst 25 Milliarden auf, Bildung und Forschung 16 Milliarden, Auswärtiges Amt knapp 5 Milliarden. Unvorstellbar, dass Deutschland das Sechsfache seiner Ausgaben für den Diplomatischen Dienst in risikoreiches Wagniskapital investiert – das würden selbst Venture-Aficionados nicht vorschlagen. Größter Haushaltsposten sind Arbeit und Soziales mit 130 Milliarden. Eine Kürzung von Renten und Hartz IV um ein Viertel ist kaum vorstellbar, schon gar nicht schlagartig. Privates Kapital hingegen ist im Überfluss vorhanden. Nur fließt es an die falschen Stellen.

Im Jahr 2015 bildeten die privaten Haushalte neues Geldvermögen von 178 Milliarden Euro – frisches Geld, das durch Arbeit und Kapitalerträge entstand. Den größten Teil dieses Vermögenszuwachses trugen die Deutschen absurderweise zur Bank: rund 80 Milliarden Euro. Dort gibt es fast keine Zinsen. Etwa die gleiche Summe floss in Lebensversicherungen – ebenfalls weitgehend renditefrei. Aktien sammelten gerade einmal 15 Milliarden Euro ein. Theoretisch ließe sich die 30-Milliarden-Venture-Lücke also allein durch Privatleute schließen. Würden die Deutschen nur ein Sechstel ihres jährlichen Geldvermögenszuwachses in Start-ups investieren, wäre genug Geld da. Um das zu schaffen, müssten sie lediglich ein Drittel weniger Geld zur Bank tragen. Ihnen entstünde dabei noch nicht einmal ein Schaden. Einzelne Start-ups sind riskant; die Floprate ist hoch. Doch würden 30 Milliarden in Gründungen fließen, käme das Gesetz der Großen Zahl zur Geltung. Individuelle Risiken träten in den Hintergrund; Niederlagen würden durch Erfolge aufgefangen und überkompensiert werden.

Natürlich dürfte der Sprung von knapp 800 Millionen Euro hin zu 30 Milliarden Euro Venture-Investitionen nicht schlagartig stattfinden. Das würde Kapital verbrennen, weil die Gründerszene nicht schnell genug qualifizierte Jungunternehmen hervorbringen könnte. Ein angemessenes Tempo wäre wichtig. Beispielsweise eine Verdoppelung der Venture-Summe jedes Jahr. Dann wären 30 Milliarden in etwas mehr als fünf Jahren erreicht. Die Sparer dürften auf eine Rendite von vielleicht 5 Prozent pro Jahr hoffen. So viel schafft die amerikanische Venture-Branche im Schnitt mehrerer Jahrzehnte und aller Qualitätsklassen. Ausreißer nach oben und unten würden mit dabei sein, doch selbst wenn 0 Prozent Rendite herauskäme, hätten die Deutschen einen Vorteil gegenüber der Geldanlage bei Banken. Sie würden zwar ähnlich wie bei Banken keine Zinsen bekommen, dafür aber ihre Volkswirtschaft renovieren. Der Lohn käme ihnen auch in Form von Arbeitsplätzen und Kompetenz-Clustern zu. Davon würde selbst die heute arbeitende Generation noch profitieren. Durch Erfolge einzelner Start-ups würden viele Anleger reich werden. Einige würden ihre Gewinne als *Business Angels* neu investieren. Ein gesunder Kreislauf des Geldes käme in Gang. Gespartes Vermögen käme den Investitionen endlich wieder zugute.

Ein anderer Vergleich illustriert, wie viel Geld zur Verfügung stünde, wenn man es mit der Start-up-Finanzierung wirklich ernst meinte. Die Deutschen geben pro Jahr etwa 7 Milliarden Euro für Lotto aus, obwohl die Rendite ausgesprochen schlecht ist. Der Staat behält rund die Hälfte der Einsätze ein – aus Sicht der Spieler stellt diese Hälfte einen Totalverlust dar. Rund 100 Menschen macht der Lotto-Block pro Jahr zu Millionären. Das klingt viel, ist aber wenig. Der Facebook-Börsengang allein brachte rund 1000 Millionäre hervor. Bei Israels rund 70 Hightech-Börsengängen 2015 wurden jeweils rund ein Dutzend Anleger zu Millionären, insgesamt Hunderte von Menschen. Würden die Deutschen das Lottospielen morgen einstellen und die gesparten 7 Milliarden Euro in Start-ups stecken, käme ein Vielfaches des Gewinns heraus. Israels Investoren bekommen jedes Jahr etwa anderthalb so viel aus Start-ups heraus, wie sie hineinstecken. Aus 7 Milliarden ließen sich in Deutschland bei ähnlicher Erfolgsquote jährlich 10 Milliarden Ertrag ziehen. Stattdessen aber lassen sich die Deutschen vom Staatslotto mit rund 3,5 Milliarden abspeisen.

Sprängen auch die Firmen beim Schließen der 30-Milliarden-Venture-Lücke mit ein, würde die Übung noch leichter fallen. Im Jahr 2015 gaben deutsche GmbHs und Aktiengesellschaften laut volkswirtschaftlicher Gesamtrechnung 315 Milliarden Euro für Investitionen aus. Geld, das größtenteils in die Erhaltung und Verbesserung gegenwärtiger Geschäftsmodelle floss. Ein Zwanzigstel umgeschichtet in Start-ups, dann wären die benötigten 30 Milliarden allein aus diesem Topf zusammen. Anlageinvestitionen sind zwar etwas anderes als Finanzanlagen in Start-ups. Doch der Vergleich ist trotzdem hilfreich. Würden Firmen aufhören, Geld vor allem in die Erneuerung der Ausrüstung bestehender Geschäfte zu stecken, würden Mittel frei für Disruptoren. Firmen aus Industrie und Dienstleistung stecken laut Statistischem Bundesamt jedes Jahr rund 290 Milliarden Euro in Bauten. Brauchen sie wirklich so viele Immobilien? Vielleicht könnten sie ein Zehntel davon in Start-ups investieren – in die Erneuerung der Basis statt in immer neue Fabrikhallen und Büros für die alte Wirtschaft.

Obwohl Privatleute und Firmen alleine mühelos jeweils 30 Milliarden pro Jahr für Start-ups aufbringen könnten, tun sie es nicht. Jeder wartet auf den anderen. Die Lebensversicherer zum Beispiel erhoffen 12 Prozent jährliche Verzinsung von Aktien, 14 Prozent von Private Equity und 20 Prozent von Wagniskapital. Sie müssen diese Werte verlangen, weil das Risiko hoch ist und die Gefahr sich sonst nicht lohnt. Weil so viel Rendite nicht zusammenkommt, fließen Investitionen in Start-ups nur in homöopathischen Dosen. Stattdessen landet das Geld in Immobilien und Staatsanleihen. Dort bringt es sichere Zinsen, trägt aber nicht zur Erneuerung der Volkswirtschaft bei. »Wir können nicht anders«, sagt ein Versicherungsstratege. »Vage Aussichten auf Verkaufserlöse bringen uns nichts. Wir brauchen solide jährliche Verzinsung, um unsere Leistungen erbringen zu können.« Alle paar Jahre Verkaufserlöse zu kassieren, ist nicht planbar genug. »Die Versicherer waren im Kanzleramt«, erzählt Helge Braun. »Wir haben über mögliche Lösungen des Problems diskutiert. Eine Möglichkeit wären Venturefonds, die an der Börse gehandelt werden. Dann könnten auch Versicherungen leicht ein- und aussteigen, und es könnte eine ziemlich sichere Ausschüttung organisiert werden, weil es in einem großen Fonds immer irgendwo einen Verkauf einer Firmenbeteiligung gibt.« Aber auch das ist Zukunftsmusik. Bis sie erklingt, kann in der Start-up-Szene nicht getanzt werden. Einzelne Versicherer experimentieren zwar. Der Axa-Konzern legt einen Fonds von 200 Millionen Euro auf, der in Disruptoren für Versicherungen, Vermögensverwaltung, Gesundheit und Finanzen investiert. Doch das reicht nicht aus. Staatssekretär Jens Spahn überlegt schon, ob man staatliche Sozialkassen, auch die Rentenkasse, nicht gesetzlich verpflichten sollte, einen bestimmten Prozentsatz in Start-ups zu investieren. Einwände gegen diesen Vorschlag kommen sofort. Von »Staatsdirigismus« und »Fehlallokation« ist dann die Rede. Bis sich endlich mehr Versicherer rühren, warten die Start-ups weiter auf Geld. »Man hört immer wieder diese traurigen Geschichten«, sagt mir der Manager eines Dax-30-Akzelerators in Berlin. »Firmen, die einen super Lauf haben, aber von ihren amerikanischen Wettbewerbern abgehängt werden, weil sie kein Geld für die Finanzierung internationalen Wachstums bekommen.«

Immerhin leuchtet ein schmaler Silberstreif am Horizont: Die Start-up-Szene bringt stückweise ihre eigene Finanzierungsstruktur hervor. Bettine Schmitz, Director beim Akzelerator Plug and

Play in Berlin, freut sich darüber, wie viele neue Venture Capitalisten in Deutschland auftauchen: »Creandum aus Skandinavien kommt her, Index schickt eigene Leute nach Deutschland, Claude Ritter von Lieferheld und Delivery Hero legt mit fünf Freunden einen Fonds namens Cavalry auf, BlueYard Capital wächst, Philipp Schindler von Google und sein Bruder starten etwas – da ist jetzt eine Menge Bewegung am Markt.« Filip Dames, Daniel Glasner und Christian Meermann von Cherry Ventures sind Prototypen von Investoren, die mit Start-ups reich geworden sind und das Geld in neue Start-ups investieren. Ein Perpetuum mobile, wie es auch das Silicon Valley am Laufen hält. Cherry Ventures haben gerade einen Fonds über 150 Millionen Euro aufgelegt. Dames und Meermann bauten den Modehändler Zalando mit auf. Nach dem Börsengang steckten sie ihren Verkaufserlös in neue Firmen. Zum Beispiel in Quandoo, ein Reservierungsportal, das Glasner mitgegründet hat. 2015 stieg ein japanisches Unternehmen für 200 Millionen Euro bei Quandoo ein. Glasner nutzte seinen Erlös für den Einstieg bei Cherry. Mit im Fonds dabei ist auch Lea-Sophie Cramer, Gründerin des Erotik-Händlers Amorelie. Sie hat zudem einen eigenen Fonds aufgelegt: Starstrike Ventures. Besonders die Rocket-Gründer Marc, Oliver und Alexander Samwer investieren kräftig in neue Start-ups und haben das Geld dafür. 1,9 Milliarden Euro stehen bei Rocket als Barbestand in der Bilanz. Zu hoffen ist, dass Beispiele wie diese Schwung in den Markt bringen. Privatleute, Firmen und staatliche Kassen sollten sich daran ein Vorbild nehmen und verstehen, welchen Schaden sie mit ihrer Zurückhaltung anrichten und wie viel Geld sie auf der Straße liegen lassen.

Ein weiteres verstörendes Beispiel für den Aufholbedarf der Politik liefern die deutschen Gerichte. Ihre Registerabteilungen und Spruchkammern bleiben weit hinter Vorbildern in den USA und Israel zurück. Damit machen sie Gründern das Leben schwer. Zwei Selbstversuche beschreiben im nächsten Kapitel die real existierenden Schildbürgereien in der Justiz. Sie wären fast schon lustig, wenn sie nicht so traurig wären.

Justiz: Schnell eintragen, kompetent Recht sprechen

Eine Firma in Deutschland zu gründen, ist ein langwieriges und bürokratisches Verfahren. Im Vergleich zu anderen Gebieten wie dem amerikanischen Delaware ist der Rechtsstandort Deutschland ein Nachteil. Zu ändern wäre das mit wenig Aufwand. Vorangehen sollte das Land Berlin.

Für einen Sonntagnachmittag im November 2015 hatte ich mir mit Freunden ein besonderes Vergnügen vorgenommen. Wir wollten vom Küchentisch in Berlin aus eine Firma in den Vereinigten Staaten gründen. Was in Deutschland ein Vierteljahr dauert und viele Nerven kostet, ist in den USA innerhalb weniger Minuten über das Internet möglich. Wir möchten das selbst ausprobieren und können die US-Firma gut als Holding für ein Start-up gebrauchen, das meine Freunde gerade anschieben. Firmengründen in Amerika liefert eine ungewöhnliche, aber unterhaltsame Sonntagsbeschäftigung. Ihr einziger Nachteil besteht in ihrer Geschwindigkeit: Sie funktioniert so schnell, dass der Spaß vorüber ist, bevor der zweite Espresso zur Neige geht. Deutschlands Rückstand bei der Digitalisierung ist nirgendwo so gut zu besichtigen wie in der öffentlichen Verwaltung. Was beim Beantragen eines Passes oder beim Kommunizieren mit dem Finanzamt einfach nur ärgerlich ist, bewirkt bei den Registergerichten zusätzlich handfesten volkswirtschaftlichen Schaden. Unternehmen sind die Wohlstandsgeneratoren der Wirtschaft. Sie erzeugen Arbeit, Einkommen und Kapital. Länder, die diesen Generatoren unnötige Widerstände vorschalten, vermindern ihren eigenen Wohlstand. Unser Selbstversuch zeigt, dass der Rückstand nicht in Jahren, sondern in Jahrzehnten bemessen werden muss.

Die meisten amerikanischen Start-ups sind im Bundesstaat Delaware registriert. Also tippen wir »Delaware Corporation« in die

...che ein. Unter den vielen Anzeigen, die erscheinen, entn wir uns für *Harvard Business Service,* einen der größten rierungsdienstleister. Auf der Webseite des Unternehmens geben wir den Namen der Firma ein, den wir uns wünschen, und wählen aus, welche Rechtsform uns vorschwebt. Zur Wahl stehen einfache, schnell durchschaubare Möglichkeiten. Beliebt sind vor allem die Limited Liability Company (LLC), eine Art Partnerschaft ohne eigene Rechtspersönlichkeit, und die weltberühmte Inc., eine Abkürzung für Incorporated, also »eingetragen«. Die Inc. führt ein eigenständiges Leben als Rechtsperson und Steuersubjekt. Wir entscheiden uns für die Inc. Harvard Business Service prüft die Verfügbarkeit des Namens und setzt eine Sekunde später einen grünen Haken. Der Name ist frei. Für ein paar Minuten bleibt er reserviert, ähnlich wie Kino-Tickets bei einer Online-Buchung. Uns als Deutschen mit einiger Erfahrung bei Firmengründungen kommt das wie Zauberei vor. Der Registrar, eine private Firma, schaut über eine Schnittstelle in Echtzeit im Handelsregister von Delaware nach, ob ein Name frei ist, und erteilt verbindlich Auskunft, ob wir ihn benutzen können – in Deutschland unvorstellbar. Hier dauert die Namensfindung oft Wochen. Verlorene Zeit in Abstimmungszirkeln mit den Notaren, die immer wieder neue Anfragen beim Amtsgericht stellen müssen, wenn Namensvorschläge von dort abgelehnt werden.

Verbindlich mitgeteilt wird hierzulande sowieso gar nichts. Sicherheit über den Namen gibt es erst, wenn der Registerbeamte die Eintragung Monate später vollzogen hat. Delaware ist dieser vordigitalen Urzeit seit Langem entwachsen. Auf der Webseite stehen ein paar einfache Namensregeln. Zum Beispiel darf man das Wort *Bank* nicht verwenden. Hält man sich daran und ist der Name frei, dann besitzt man ihn. So geschieht es auch bei uns. Wir wissen sofort, wie unsere Firma heißt. Ein Gefühl von Stolz erfüllt alle Beteiligten am Küchentisch. Wir stehen der Geburt einer neuen Firma Pate, auch wenn wir gar nichts anderes getan haben, als einen Namen einzutippen und *Submit* zu klicken. Dann werden wir nach den Namen der Gründer, Postanschrift, Telefonnummer und E-Mail-Adresse gefragt. Kurz danach verteilen wir schon die Ämter: *President* und *Treasurer* werden flugs ernannt. Wer alleine gründet, darf alle Ämter auf seine Schultern häufen. Ganz am Ende legen wir die Zahl der Aktien und ihren Nennwert fest. Beides ist frei wählbar, anders als in Deutschland, wo der Nennwert einer GmbH mindestens 1 Euro betragen muss, was keinen erkennbaren Sinn ergibt und nur die Aufteilung von Anteilen auf Investoren und Mitarbeiter erschwert.

Kaum haben wir alles ausgefüllt – in weniger als vier Minuten –, zeigt Harvard Business Service die Preise an. Sie rangierten zwischen 249 Dollar und 529 Dollar. In den teureren Paketen sind vorgedruckte Aktien, Musterverträge für alle erdenklichen Rechtsakte und ein Prägestempel mit Siegel enthalten. Außerdem kommen die Dokumente per Kurier statt mit normaler Post. Wir gönnen uns eine mittlere Preisstufe. Die Webseite bietet Zahlung per Kreditkarte oder PayPal an. Sobald das PayPal-Passwort eingegeben ist, gratuliert uns die Webseite zur Eintragung ins Handelsregister. Auch das ist für deutsche Verhältnisse unglaublich. Im Hintergrund legt das elektronische Handelsregister von Delaware am Sonntag im Morgengrauen der Ortszeit eine neue Firma an. Von dieser Sekunde an sind wir Eigentümer der Inc. und genießen vollen Rechtsschutz. Er setzt sofort ein – durch das Absenden des elektronischen Antrags. Niemand, der etwas von der Inc. möchte, kann auf unser Privatvermögen durchgreifen. Keine fünf Minuten dauert der gesamte Vorgang. Fast etwas enttäuscht blicken wir uns an, leeren den zweiten Espresso und gehen Fußball spielen mit den Kindern. 36 Stunden später klopft ein Kurier an die Tür und bringt Post von Jeffrey W. Bullock, dem *Secretary of State* des Staates Delaware. Mit Brief, Hologramm-Siegel und Apostille beurkundet er die Eintragung der Firma. Sie residiert an einer deutschen Adresse. Eine Anschrift in Delaware ist nicht nötig, solange man einen Registrar – in unserem Fall den Harvard Business Service – ernennt, ihm einmal jährlich eine kleine Gebühr (50 Dollar) überweist und eine jährliche Franchise Tax (175 Dollar) an den Staat entrichtet. Wenige Tage nach Bullock meldet sich auch die amerikanische Steuerbehörde IRS und übersendet mit verbindlichen Grüßen eine *Employer Identification Number*, das amerikanische Äquivalent zur Steuernummer. Von da an ist unsere amerikanische Identität komplett. Für den Prozess haben wir nur halb so viel Zeit benötigt, wie in Deutschland allein das Ausfüllen des komplizierten Fragebogens des Finanzamts für Körperschaften dauert. Tage statt Monate – das bringt Schwung in die Start-up-Szene. Eine Woche nach dem Brief der IRS eröffnet eine amerikanische Großbank ein Konto für die Firma, komplett mit Online-Banking und Geldautomatenkarte. Auch das ist eine Rekordleistung. In Deutschland vergehen dafür vier Wochen.

Stammkapital, das eingezahlt werden muss, gibt es in Delaware nicht. Die Inc. haftet mit ihrem Vermögen, das anders als in Deutschland aber nicht mit Stammkapital unterlegt werden muss. Stammkapital klingt als Wort sinnvoll und solide, ist hierzulande aber schon lange eine Farce. Man kann Kapitalgesellschaften mittlerweile mit einem Stammkapital von 1 Euro gründen. Trotzdem wacht der Staat streng darüber, dass dieser 1 Euro auch wirklich eingezahlt wird. Dafür bürdet er allen Beteiligten einen zeitraubenden bürokratischen Prozess auf. Stammkapital spielt bei der Haftung fast keine Rolle mehr. Millionenschulden lassen sich auf 25 000 Euro Stammkapital auftürmen, wenn die Firma durch ihre Umsätze und Barvermögen solvent ist. Umgekehrt machen auch dicke Stammkapitalpolster einen Kreditantrag nicht aussichtsreicher, wenn das Geschäft darniederliegt. Trotzdem wird munter an Haftungsrelikten aus dem 19. Jahrhundert festgehalten. Delaware hat diesen alten Zopf längst abgeschnitten. Der Nachweis, dass Geld eingezahlt wurde, kostet Zeit, weil er die Eröffnung eines Bankkontos voraussetzt. Dadurch werden Online-Firmengründungen in Echtzeit unmöglich. Also verzichtet Delaware konsequent auf Stammkapital. In Deutschland ist dergleichen unbekannt. Es wird noch nicht einmal darüber diskutiert. Für die ferne Zukunft besprochen wird lediglich die elektronische Firmenanmeldung. Wann wird sie wohl kommen? Das steht auch im Jahr 2016 noch ungeklärt dahin.

Weil meine Freunde, die Gründer, gleich nach der Eintragung in Delaware ihre Niederlassung in Deutschland aus der Taufe heben, erlebe ich den Gründungsprozess nach deutschem Recht ebenfalls aus der Nähe mit. Der Vergleich ist frappierend. Firmengründungen beginnen in Deutschland mit einem Besuch beim Notar. Bislang hat es die Notar-Lobby noch immer geschafft, ihre Schlüsselstellung zu verteidigen, obwohl ihre Mitwirkung – siehe Delaware – eigentlich unnötig ist. Der Notar liest den Gesellschaftsvertrag komplett vor. Ein Ritual, dessen Sinn sich kaum jemandem erschließt und das bei amerikanischen Investoren eine Mischung aus Heiterkeit und Verärgerung auslöst. Der Vertrag enthält einen Firmennamen, der wie beschrieben mangels verbindlicher Auskunft nur vorläufig ist. Man unterschreibt ein Dokument, ohne zu wissen, ob der Firmenname, der darin vorkommt, angenommen werden wird. Wohnen nicht alle Gründer in derselben Stadt, sind Genehmigungen des Vertrags bei örtlichen Notaren fällig. Auch das kostet Zeit und Geld. Erst als alle Genehmigungsurkunden vorliegen, schickt der Hauptnotar den Antrag auf Eintragung ans Handelsregister. Kurz danach kommt ein Brief vom Finanzamt für Körperschaften mit der Aufforderung, einen 10-seitigen »Fragebogen zur steuerlichen Erfassung« auszufüllen. Antworten per Webseite ist nicht möglich. Weil die Firma aber noch nicht im Handelsregister eingetragen ist, fragen die Gründer sicherheitshalber beim Finanzamt nach. Derselbe Beamte, der den Bogen geschickt hat, winkt sofort ab: »Bitte auf keinen Fall ausfüllen. Die Firma muss erst eingetragen sein. Sonst können wir den Antrag nicht bearbeiten.« Warum hat er den Bogen dann geschickt? Das kann er selbst nicht sagen. Dann passiert erst einmal lange gar nichts.

Acht Wochen vergehen, bis das Handelsregister sich rührt. Es schickt dann aber keine Eintragungsurkunde, sondern bemängelt schriftlich bei allen beteiligten Notaren, dass die Postanschrift der Firma nicht erreichbar sei. Warum, das bleibt ein Rätsel, denn der Secretary of State aus dem fernen Delaware kommt mit allen seinen Schreiben problemlos durch. Als dieses Missverständnis nach einigem Hin und Her aufgeklärt ist – inzwischen ist fast ein Vierteljahr seit dem ersten Besuch beim Notar verstrichen –, schickt das Handelsregister eine Rechnung über einen Kostenvorschuss von 160 Euro. Kreditkarte oder PayPal werden nicht angenommen. Dafür darf man den Betrag in bar beim Amtsgericht Charlottenburg einzahlen. Weil die Gründer keine Zeit für eine Fahrt zum Amtsgericht haben, überweisen sie die 160 Euro auf das angegebene Konto. Daraufhin dauert es zwei Wochen, bis die Zahlung dem richtigen Vorgang zugeordnet wird. Dann endlich trägt das Handelsregister die Firma ein. Viele Monate später als das Handelsregister von Delaware.

Erst mit der Eintragung endet das Vorgründungsrisiko. Bis dahin tragen die Eigentümer zahlreiche Risiken selbst. Vor der Eintragung muss die Firma ihrem ohnehin unsicheren Namen den Zusatz »i.Gr.« für »in Gründung« beigeben. Eingehende Geldüberweisungen, bei denen das »i.Gr.« hinter dem Firmennamen fehlt, weist die Bank ab. Als die Firma meiner Freunde schließlich eingetragen ist und das »i.Gr.« streichen darf, müssen alle Kontoantragsunterlagen neu ausgefüllt und unterschrieben werden – schließlich hat sich ja der Name der Firma geändert, weil das ».i.Gr.« entfällt. Ist das nicht eine herrliche Schildbürgerei? Besondere Freude bereitet meinen Freunden das Einschicken des Bankauszugs über das Stammkapital: 100 Euro sind tatsächlich hinterlegt worden. Der schriftliche Beweis geht an den Notar und von dort ans Handelsregister. Wäre es tatsächlich nur 1 Euro gewesen, hätte der gleiche Weg eingehalten werden müssen. In früher Vergangenheit mögen diese Vorgänge vielleicht einmal ihren Sinn gehabt haben. Heute sind sie nur noch absurd.

Der Löwenanteil des Wagniskapitals der USA fließt in Firmen, die in Delaware registriert sind. Gelegen an der Atlantikküste östlich von Washington D. C., ist Delaware der zweitkleinste Bundesstaat und verzeichnet weniger als eine Million Einwohner. Im Laufe der Jahre hat sich Delaware seine Stellung als Hauptstadt der Firmensitze erarbeitet. Möglich war das durch konsequente Wirtschaftspolitik. Über die Hälfte der börsennotierten US-Aktiengesellschaften hat ihren rechtlichen Sitz in Delaware, über

60 Prozent der *Fortune 500*. Der Anteil bei Start-ups ist noch höher; er liegt nahe 80 Prozent. Rund eine Million aktive Firmen sind in Delaware registriert. Das sind 5 Prozent aller US-Firmen, doch es sind die wichtigsten 5 Prozent: die großen, innovativen, internationalen Unternehmen. Zahlreiche Investoren verweigern den Einstieg, wenn die Firma nicht in Delaware registriert ist.

Auf den ersten Blick mag Delaware an die *Panama Papers* erinnern. Der Verdacht liegt auf der Hand. Steueroasen leben davon, Anleger bequem, schnell und anonym aus dem Licht in den Schatten zu führen. Doch Delaware bietet einen anderen Typ von Briefkastenfirmen an als Panama City. In der sumpfigen Gegend vor Washington geht es nicht darum, den Fiskus zu betrügen, sondern darum, moderne Firmen modern zu verwalten und in Windeseile faires Recht zu sprechen. Wenn Panama City bildlich gesprochen eine staubige Zeltstadt voller halbseidener Gestalten ist, dann ist Delawares wichtigste Stadt Wilmington ein funkelnder Hightech-Park voller hochbezahlter Top-Anwälte. Ja, es gibt dort Steuerhinterziehung. Das möchte ich nicht bestreiten. Aber nein: Effiziente Verwaltung ist nicht zwangsläufig verknüpft mit Straftaten. Man kann auch schnell sein, ohne der Geldwäsche Vorschub zu leisten. Delaware setzt konsequent auf elektronische Verfahren und optimierte Geschäftsvorgänge. Größter Standortvorteil ist das ausgeklügelte Gesellschaftsrecht im Verbund mit einem mustergültigen System der Rechtsprechung. Nach dem Börsencrash der Jahrtausendwende hat Delaware die Transparenz seiner Märkte durch eine Reihe von Reformen erhöht. Seitdem sind die Namen der wichtigsten Funktionsträger von Firmen im Handelsregister eingetragen und öffentlich zugänglich. Die Inhaber von Aktien dürfen allerdings weiter anonym bleiben. Das ist mit Blick auf Steuerhinterziehung und Geldwäsche in der Tat kritikwürdig. Doch Delaware macht einen einleuchtenden Grund für den Identitätsschutz geltend. Renommierte Investoren möchten bei beliebigen Web-Suchen nicht mit allen ihren Beteiligungen auftauchen. Sie haben ein legitimes Interesse am Schutz ihrer Persönlichkeitsrechte, behauptet Delaware. Solange sie Gewinne beim Fiskus deklarieren und ordnungsgemäß versteuern, sei dagegen nichts einzuwenden.

Diese Auffassung mag man teilen oder nicht. Tatsache aber bleibt: Aktien-Anonymität ist nur *ein* Grund für Delawares Erfolg, doch bei Weitem nicht der einzige und auch nicht der wichtigste. Viel schwerer wiegen andere Vorteile wie beispielsweise dieser: Alle noch nicht verkauften Aktien einer Firma haben nach dem Gesellschaftsrecht von Delaware weder eine Stimme, noch beziehen sie einen Anteil am Gewinn. Diese *Treasury Shares* liegen beim Schatzmeister in Reserve. Mitstimmen und am Gewinn teilhaben dürfen nur die Inhaber der ausgestellten Aktien, der *outstandig shares.* Dieses Modell erleichtert Kapitalerhöhungen. Wenn die Firma Geld benötigt, verkauft der Schatzmeister einfach weitere Aktien. Solange sein Vorrat noch reicht, muss er beim Register keine Änderungen beantragen. Die bisherigen Aktionäre werden verwässert, außer wenn sie ihr Bezugsrecht nutzen und ebenfalls neues Kapital einlegen. In Deutschland werden alle Änderungen der Anteile und Anteilseigner an einer GmbH im Handelsregister eingetragen – ein teures und langwieriges Verfahren. Einträglich vor allem für Notare. In Delaware (wie in anderen US-Bundesstaaten auch) händigt der Schatzmeister den neuen Investoren einfach neue Inhaberaktien aus. An den Papieren der Altaktionäre muss er nichts ändern. Ihr prozentualer Anteil an der Firma sinkt automatisch dadurch, dass die Gesamtzahl der umlaufenden Aktien durch die neuen Verkäufe steigt. »Immer wenn ich beim Notar sitze und die Verträge zur Anteilsverschiebung vorgelesen bekomme«, sagt ein deutscher Gründer, »dann schließe ich die Augen und träume von Delaware. Was könnte ich in dieser Zeit alles erledigen, die ich da stumm sitze und zuhöre. In Delaware ist das so einfach. Vertrag verhandeln, unterschreiben, Aktien ausstellen – fertig. Sofort wirksam. Kein wochenlanges Warten auf den Eintrag im Handelsregister.« Das Silicon Valley wäre nicht das Silicon Valley, wenn es den Mechanismus der Kapitalerhöhungen nach dem Delaware-Modell nicht gäbe. Finanzierung in Runden durch die Ausgabe neuer Aktien ist einer der Haupttreiber für Innovationen.

Wer seine Nerven in Deutschland noch nicht bei der Gründung verloren hat, verliert sie spätestens, wenn er vor Gericht gezogen wird. Dann landet er in einem widerspenstigen, renovierungsbedürftigen Rechtssystem, das erst recht überfordert ist, sobald es an das schnelle Finden kompetenter Urteile in komplizierten Sachgebieten wie Patentrecht oder Softwarerecht geht. Nach Einreichen einer Klage dauert es viele Monate bis zur mündlichen Verhandlung. Bis zum Urteil verstreichen oft weitere Wochen, bis zur schriftlichen Begründung weitere Monate. Während dieser Zeit herrscht Unsicherheit auf beiden Seiten. Kläger und Beklagte wissen beide nicht, woran sie sind. Wenn der Fall wichtig ist, kann das zur Lähmung führen. Viele Richter verstehen wenig von der Materie, um die es geht. Teure Gutachter verbrauchen wertvolle Zeit. Gegengutachter antworten auf Erstgutachter. Richter oder Richterinnen, meist keine Experten auf dem strittigen Gebiet, müssen sich auf die Gutachter verlassen. Auf dem Weg durch die Instanzen vergehen Jahre. Muss das sein? Nein, muss es nicht.

Wieder geht Delaware mit gutem Beispiel voran. Der Staat unterhält den *Court of Chancery,* ein auf Unternehmensrecht spezialisiertes Gericht. Die Richter behandeln täglich komplizierte Fälle von Rechtsauseinandersetzungen in und zwischen Unternehmen. Alle Unterlagen und Anträge werden elektronisch eingereicht, alle Urteile in digitaler Form begründet. Die lange Spruchpraxis ist dadurch leicht online einzusehen, wodurch sich jeder schnell ein Bild von seinen Chancen machen kann. Verfahren beginnen und enden zügig. Selbst die Berufungsinstanz, der *Delaware Supreme Court,* beschließt über Eingaben meist innerhalb eines halben Jahres. Bei wichtigen und eiligen Fällen greift er die Sache sogar innerhalb weniger Tage auf. Neben dem Gericht gibt es ein staatlich organisiertes Mediationsverfahren. Hier werden komplizierte Fälle im Einvernehmen beider Seiten innerhalb von 120 Tagen entschieden. Die Frist ist einmal verlängerbar um 60 Tage. Viele Investoren bestehen darauf, dass Firmen, in die sie investieren, in Delaware registriert sind, damit sie in den Vorteil dieser schnellen, kompetenten Urteile kommen. Ihnen geht es nicht um das Wegtauchen vor der Steuer, sondern um etwas weitaus Wertvolleres: Rechtssicherheit und Kompetenz.

Kein deutsches Bundesland hat sich bislang mit einem ähnlichen Modell hervorgetan. Dabei könnten Patentgerichte ein Vorbild sein. Sie haben sich unter dem internationalen Wettbewerbsdruck bereits reformiert. Nicht einmal die Stadtstaaten Hamburg, Berlin und Bremen nutzen ihre Chance. Sie könnten Hauptstadt der Firmensitze werden, einfach indem sie ihre Register und Gerichte renovieren und spezialisieren. Jede Kommune und jedes Land findet andere Ausreden, warum das Modell Delaware für sie angeblich nicht taugt. Die Städte sagen, dass Register und Gerichte nicht in ihre Zuständigkeit fallen. Die Länder meinen, der Bund lasse ihnen keinen Raum zum Handeln. Der Bund verweist auf die Hoheit der Länder. Aus dem Kanzleramt ist zu hören, Brüssel würde eine weitere Liberalisierung der deutschen Rechtsformen nicht mittragen. In Brüssel aber entgegnet Parlamentspräsident Martin Schulz, die EU würde eine solche Initiative unterstützen, doch Deutschland habe keinen Antrag gestellt. Geschafft hat es noch niemand, die Justiz so zu gestalten, wie Unternehmen es brauchen. Unternehmensrecht muss streng sein, um Missbrauch zu vermeiden. Aber es sollte effizient und kompetent angewendet werden. Die versteckten Kosten steigen der Gesellschaft sonst über den Kopf. Jeder Tag, den Firmen unnötig im Justizsystem festhängen, wird teuer bezahlt mit verpassten Chancen und der Demotivation von Machern.

Deutschland braucht ein vollelektronisches Registergericht, bei dem man sich online anmelden und online bezahlen kann. Ziel muss die sofortige Registrierung auf Knopfdruck sein. Innerhalb von zwei Tagen müssen alle Dokumente auf den Tischen der Gründer liegen. Die Kosten dürfen 300 Euro nicht überschreiten. Es muss möglich werden, sehr leicht mit Aktien zu handeln. Eine Rechtsform muss entstehen, die nicht auf Gläubigerschutz ausgerichtet ist, sondern auf die Finanzierung der Firma durch Eigenkapital von Investoren. Ein eigener Zweig von Gerichten sollte entstehen, die nichts weiter zu tun haben, als Dispute zwischen

Firmen in wenigen Monaten kompetent zu befrieden. Ohne solche Infrastruktur wird Deutschland den Rückstand zu den USA bis auf Weiteres nicht aufholen können.

Es gibt leichten Grund zur Zuversicht. Das *Gesetz zur Modernisierung des GmbH-Rechts und zur Bekämpfung von Missbräuchen,* verabschiedet am 23. Oktober 2008, blies neuen Wind in den Muff der deutschen Rechtsformen. Dahinter steckte der Versuch der Großen Koalition unter Angela Merkel, der unpopulären Rechtsform *GmbH* neues Leben einzuhauchen, gerade noch rechtzeitig knapp ein Jahr vor der nächsten Wahl. Eine Reform brauchte die GmbH dringend, kehrten ihr doch mehr und mehr deutsche Gründer den Rücken zu und trugen ihre Firmen lieber gleich in Großbritannien als *Limited* ein. Zu teuer, zu kompliziert, zu langsam – die *Gesellschaft mit beschränkter Haftung* war ein Relikt der Vergangenheit. Ein Bürokratiemonstrum. Mit der *Limited* konnte man auf deutschem Boden viel besser hantieren. Die Europäische Union mit ihrer gegenseitigen Anerkennung von Rechtsformen machte es möglich. Wichtigste Neuerung der Reform war die Einführung der *Unternehmergesellschaft,* kurz UG. Sie wurde zum Erfolgsmodell und gaben den Reformern recht. Im Jahr 2015 meldeten rund 16 000 Unternehmergesellschaften ein Gewerbe an, verglichen mit etwa 75 000 Voll-GmbHs. Die *Limited* brachte es nur noch auf 1000. Einen ähnlich eindrucksvollen Erfolg könnte Deutschland heute mit einer weiteren Reform seines Justizwesens erzielen. Welches Land vorangehen sollte, liegt auf der Hand: Berlin. Die Gründerhauptstadt könnte bis Mitte 2018 ein Handelsregister mit Echtzeit-Schnittstelle und Sofort-Anmeldung unter Verzicht auf Stammkapital ihr Eigen nennen. Eine Illusion? Absolut. In naher Zukunft wird nichts geschehen, schon gar nicht bis 2018. Aber wäre es machbar? Ohne Frage. Man muss es nur wollen.

Im nächsten Kapitel werfen wir einen Blick auf das Bildungssystem. Was müssen Schulen und Universitäten tun, um bei der Digitalisierung einen Sprung nach vorn zu machen?

Bildung: Wissenschaft stärken, Universitäten reformieren

Deutschlands Rückstand bei der Digitalisierung liegt auch am Reformstau in Schulen und Universitäten. Sie sind nicht darauf eingerichtet, Wandel und Innovation voranzutreiben. Hochschulen sollten in die Freiheit entlassen werden. Und Naturwissenschaften verdienen eine Renaissance.

Der Campus des Weizmann-Instituts für Wissenschaften in der Kleinstadt Rechovot nahe Tel Aviv erstreckt sich über einen Quadratkilometer von blühenden mediterranen Parks. Palmen säumen die Alleen, Blumen wiegen sich in der warmen Brise, Institutsgebäude sind gesäumt von duftenden Sträuchern und Hecken. Wir trinken Kaffee mit den Forschern vor ihren Labors. Ein Besuch der deutschen Freunde des Weizmann-Instituts hat mich hergeführt. Ich gehöre dem Freundeskreis an. Elektrische Golfwagen fahren Gäste über die verzweigten Wege des Geländes. Die historische Bauhaus-Residenz Chaim Weizmanns leuchtet in strahlendem Weiß. Gegründet 1934 vom Chemiker Weizmann, dem späteren Präsidenten Israels, ist das Institut heute eine der weltweit führenden Einrichtungen für Grundlagenforschung. 2600 Forscher, Techniker und Studenten widmen sich Mathematik, Informatik, Physik, Chemie, Biologie und Biochemie. Rechovot bietet eine ungewöhnliche Mischung aus Max-Planck-Institut und Universität. Lehrverpflichtungen für Professoren gibt es nicht, auch keine Stellenpläne oder ein Grundstudium. Forscher wechseln die Fakultät, wenn ihr altes Fachgebiet sie langweilt. Nichts lenkt hier von der reinen Wissenschaft ab. Sobald ein Thema der praktischen Anwendung auch nur entfernt nahe kommt, wird es ausgelagert. »Ihre größten Fortschritte hat die Wissenschaft immer dort gemacht, wo sie nichts suchte«, sagt mir Daniel Zajfman, Präsident des Instituts, bei der Führung über das Gelände. Praktische

Anwendungen sind willkommen, aber nicht bei Weizmann selbst, sondern in den vielen Spin-offs, die rund um den Campus entstanden sind und Weizmanns Erfindungen kommerziell nutzen.

Bei all der fortgeschrittenen Wissenschaft und dem hochvermögenden Forschungspersonal würde ich eine Gruppe von Menschen auf dem Campus sicher nicht erwarten: Kinder. Teure Apparate, vollbeschäftigte Wissenschaftler, aufwendige Testreihen und harter Konkurrenzdruck aus der ganzen Welt – dabei können Kinder eigentlich nur stören. Und doch wimmelt es auf dem Campus von Kindern. Überall gehen sie ein und aus. Ich sehe, wie sie freimütig über das Gelände laufen, als gehöre es ihnen. Weizmann demonstriert, wie sich ein Land für seine Zukunft rüsten kann. MINT – Mathematik, Information, Naturwissenschaften, Technik – gelten in Israel als zentrale Kulturtechniken. Selbst die angesehensten Einrichtungen stehen im Dienst der Frühbildung. Wissenschaftliche Durchbrüche zerstören alte Branchen und begründen neue. In diesem Wettlauf gewinnt, wer Naturwissenschaften am eindringlichsten vermittelt. MINT-Kompetenzen werden zu einem Standortfaktor von gesteigertem Wert.

Kinder jeden Alters laufen durch Rechovot: Kindergartenkinder, Erstklässler, Mittelschüler, Abiturienten. Ganze Klassen kommen zum regelmäßigen Unterricht. Labors veranstalten Übungen, Professoren experimentieren mit Einwandererkindern, die kein Wort Hebräisch oder Englisch sprechen. Im *Clore Garden of Science* probieren Kinder physikalische Experimente unter freiem Himmel aus. Drei Jungen versuchen mit aller Kraft, ein rotierendes Schwungrad um seine Achse zu kippen, schaffen es nicht und verstehen dabei ganz beiläufig, warum Fahrräder beim Fahren nicht umkippen, beim Stehen an der Ampel aber schon. Jugendliche absolvieren Praktika an Hightech-Geräten, sequenzieren die DNA von Darmbakterien, bauen Nano-Teilchen, messen die kosmische Hintergrundstrahlung und helfen bei der Steuerung von Weltraumsonden. Einmal im Jahr kommen deutsche Schüler zum Forschungsaustausch vorbei. Das Weizmann-Institut wirkt wie eine Kreuzung aus Top-Labor und Grundschule, Max-Planck-Institut und Exploratorium. Präsident Zajfman weiß: »Die Forscher von morgen müssen heute begeistert werden. Ein Entdeckungserlebnis, das eine Zehnjährige mitmacht, vergisst sie ihren Lebtag nicht. Ein einziges Aha-Erlebnis kann ihr Leben verändern.« Zajfman hält Naturwissenschaften für einen unverzichtbaren Teil der Bildung: »Wir leben in einer Wissensgesellschaft. Man kann gar nicht zu jung sein für praktisches Forschen«, sagt er. »Je früher wir Kindern den Zugang zu Wissenschaft ermöglichen, desto besser bereiten wir sie auf ihre Zukunft vor. Und desto besser entschlüsseln wir die Geheimnisse der Natur.« Gesellschaften, die konsequent auf MINT setzen, liegen auf den Märkten der Zukunft vorn.

Auch anderswo in Israel wird ähnlich gedacht, ob am Technion in Haifa, an der Hebrew University oder der Universität von Tel Aviv. Die Hochschulen verstehen ihren Bildungsauftrag als Einladung, die Gesellschaft möglichst nah an die exakten Wissenschaften heranzuführen, besonders die Kinder. Die Weltbank stellt in ihrem Digitalisierungsbericht fest: »Israel zeichnet sich durch konsequent hohe Investitionen in seinen Bildungssektor aus. Das trägt entscheidend zur starken Stellung in der Digitalisierung bei.« Zum Start-up-Wunder Israel haben viele Faktoren beigetragen: Die Hightech-Schulung im Militär, verpflichtend für Männer und Frauen. Die militärische Kryptologie – ohne sie lägen Israels Start-ups bei Sicherheitstechnik nicht so weit vorn. Oder der Zwang zum Denken in Weltmaßstäben. Israel ist als Markt zu klein, dadurch rücken Europa, Asien und die USA ins Visier. Besonders wichtig aber sind die Förderung von MINT und die Öffnung der Hochschulen für alle Schichten der Bevölkerung. Auch das hat Israel mit dem Silicon Valley gemeinsam. In Palo Alto verschmelzen Highschool und Stanford University gefühlt zu einer gemeinsamen Einrichtung. Sie sind Nachbarn, getrennt nur vom *El Camino Real.* Über die Hauptstraße hinweg wird Wissensdurst geweckt und gestillt. Wer den Baseball vom Feld der Palo Alto High School hart genug schlägt, trifft die Haine der Universität, und umgekehrt. Natürlich darf in Stanford nur akademische Scheine machen, wer immatrikuliert ist. Und doch hat die Universität ihre Grenzen durchlässig wie eine Membran gestaltet. Schwellenangst wie viele deutsche Universitäten weckt sie nicht. Familien aus der Stadt vergnügen sich auf den Spiel- und Sportplätzen der Uni und baden auf ihren Liegewiesen in der Sonne. Kinder und Laien belegen Open-University-Kurse. Universitätsgebäude laden freundlich zum Betreten ein. Kinder lernen die Universität als das Haus mit den coolen Satelliten, den heißen Computern und den supernetten Forschern kennen, mit denen sie Flugzeuge bauen und meterhohe Stichflammen entfachen. Und als den Park, in dem es am Wochenende Picknick und die besten Basketballkörbe der ganzen Gegend gibt. Palo Alto und Tel Aviv legen es darauf an, Kinder aus eigenem Antrieb zur Uni zu holen. Für den Spaß, den die Universität verspricht, strengen sie sich bei Mathe und Physik doppelt an. Das weckt mehr Ehrgeiz als Lernen für das Unbekannte. Furcht und Ehrfurcht sind als Antrieb nicht genug. Uni steht bei ihnen für Neugierde, Wissensdurst, Spieltrieb und Abenteuer.

In Deutschland versperren solchen Projekten Bürokratie und Unterfinanzierung den Weg. »Universitäten sind Behörden«, sagt mir Justus Haucap, Professor für Wettbewerbsökonomie an der Universität Düsseldorf. »Wie sollen Spin-offs aus Behörden kommen? Ich erlebe das ja selber. Man kann sich in der Universität gar nicht anders verhalten denn als Behördenmitarbeiter.« Klaus Siebenhaar, Professor an der FU Berlin, berichtet von Sparzwängen, die den akademischen Austausch mit anderen Forschern erheblich erschweren. »Jeder Professor hat das Recht, pro Jahr eine Inlandsdienstreise und eine Auslandsdienstreise bezahlt zu bekommen. Wer mehr reist, muss sich permanent einladen lassen oder es selbst bezahlen.« Bei den Inlandsdienstreisen werden pauschal nur 120 Euro erstattet – Hotel und Anreise mit jeweils 60 Euro. Für Auslandsreisen sind es rund 400 Euro. »Wenn ich mit meinen Studierenden eine Exkursion ins Silicon Valley mache, muss ich selbst bei niedrigsten Reisekosten mit Economy-Flug und billigem Hotel 1500 Euro privat dazuschießen aus einem monatlichen Bruttogehalt von 6000 Euro. Jegliche Tagegelder sind gestrichen.«

Aus den schmalen Budgets der Institute kommt wenig Unterstützung. »Drittmittel sind unsere einzige Chance. Deswegen sind wir gezwungen, ständig Drittmittel zu akquirieren. Von den rund 400 Millionen Euro Budget der Universität sind inzwischen fast 100 Millionen Drittmittel beziehungsweise ergänzende staatliche Förderprogramme.« Selbst große deutsche Universitäten verfügen nur über ein Zehntel des Budgets von Stanford.

Ministerien gängeln die Hochschulen. Jedes Detail wird von ihnen geregelt. Misstrauen beherrscht die Zusammenarbeit. Alles wird nach oben gezogen, fast nichts darf vor Ort entschieden werden. Eine Hochschulpräsidentin beklagt: »Gestaltungsspielräume gibt es überhaupt nicht. Uns sind die Hände gebunden. Für jede Kleinigkeit müssen wir Rechenschaft ablegen.« Bremsend wirkt sich auch die akademische Selbstverwaltung aus. Ein Professor aus München beklagt: »Viele Initiativen werden in Gremien erstickt. Für alles und jedes muss ich mich rechtfertigen. Vertreter von Studenten und Angestellten wollen mir vorschreiben, welche Projekte ich angehe und welche nicht. Das ist nervtötend. Wenn ich diese verlorene Zeit in Arbeit an der Sache stecken könnte, wäre das viel besser für die Studierenden.« Politiker geben den Universitäten ambitionslose Ziele vor. An die Weltspitze vorzustoßen, steht fast nirgendwo im Programm. Forderungen nach Exzellenz kommen in Sonntagsreden vor, bleiben im Alltag aber Lippenbekenntnisse. Zuweilen mischt sich handfestes antiakademisches Ressentiment in die Anspruchslosigkeit der Bildungspolitik. Ein Rektor aus Brandenburg bemängelt: »In Gesprächen mit Politikern muss ich mich viel zu oft dafür rechtfertigen, dass wir etwas Anspruchsvolles erreichen wollen. Manchen einflussreichen Gesprächspartnern würden Fachhochschulen eigentlich reichen, habe ich den Eindruck. Sie stellen sich solide Berufsausbildung vor, halten das Streben nach internationalen Spitzenergebnissen in der Forschung aber für Geldverschwendung.« Politiker, die so denken, erweisen sich als Bremser, wenn es darum geht, Parlamentsmehrheiten für ehrgeizige Hochschulfinanzierung zu finden. Deutschland würde ein einziges Stanford, Harvard oder MIT benötigen, um in der Digitalisierung weiterzukommen. Doch davon ist das Land so weit entfernt wie eh und je. Vor allem, weil es niemand wirklich will.

Jenes Denken in Sparten und Silos, das deutsche Firmen plagt, bestimmt auch Universitäten. Zwar gibt es gute Integrationsprojekte, die Grenzen durchlässiger machen. Trotzdem präsentieren sich viele Unis hermetisch und exklusiv. »Bei uns steht unsichtbar über das Portal gemeißelt: *Hier darf nur hinein, wer qualifiziert ist*«, bemängelt ein Physiker an der Universität Heidelberg. Selbst für Studenten sind viele Hochschulgelände nicht attraktiv. Was *Campus* genannt wird, sind oft nur leblose Steppen. »Von guter Stadtplanung haben Universitäten meist wenig abbekommen«, meint ein Professor an der Uni Mainz. »Alles, was junge Menschen interessiert, wird konsequent verbannt. Cafés, Clubs, Restaurants, Wohnungen, Märkte und Kinos. Studentenwohnheime sind genau das, was sie versprechen: Heime nämlich. Wer kann, der ergreift schnell die Flucht.«

Deutschlands Gründerschwäche rührt auch daher, dass es in Universitäten wenig Gelegenheit zu zufälliger, zwangloser Kommunikation zwischen Fachrichtungen gibt. Schon baulich sind die Fakultäten oft streng getrennt. Bereits Erstsemester werden in die Silos gesperrt, denen sie ein Leben lang nicht entweichen. Einmal Maschinenbauer, immer Maschinenbauer. In Stanford wählt man sein Fach erst im Hauptstudium. Alles davor ist Studium generale. So treffen Techies die Kaufleute, Philosophen und Künstler, mit denen sie bahnbrechende Ideen aushecken. Viele deutsche Mensen sind Ausgeburten an Hässlichkeit und Banalität. Ihre Raumgestaltung stiftet nicht zur Kreativität an. Wie gründlich Architektur und Städteplanung Kommunikation beflügeln können, sieht man beispielsweise in Cambridge: Colleges sorgen für familiäres Leben, Wohnen und Studieren auf engem Raum. Die Wiesen und Gärten dazwischen für Entspannung, Denken und Spiel. Die historische Architektur dient als Quelle der Inspiration. Cambridge ist immer gerammelt voll. Sommers wie winters. Dicht, lebendig, aufregend und anregend. Ein Neubau wie die Wirtschaftsuniversität

Wien stellt unter Beweis, dass Unis nicht alt sein müssen, um als Stadt in der Stadt zu funktionieren. Architektonisch gewagt und gekonnt, voller lebendiger Plätze, Cafés und Gründungszentren, bietet die Wirtschaftsuniversität ihren Studentinnen und Studenten reichlich Plätze, an denen sie sich gern aufhalten. Auch ich lasse mich bei einem Besuch gleich nieder und schaue dem bunten Treiben zu. Mitten auf dem Campus steht ein Gründungszentrum, das beim Aufbau der eigenen Firma hilft. Sichtbar für alle findet der Übergang von der Theorie zur Praxis statt. Menschenleer dagegen zeigt sich die Freie Universität Berlin in Dahlem. Stadtplaner haben es geschafft, 36 000 Studierende vom Erdboden verschwinden zu lassen. Sie pendeln morgens von der Stadt in die Uni und abends von der Uni in die Stadt. Es gibt fast keine Wohnungen für Studenten und nur so wenige Restaurants, Cafés und Kinos, dass freiwillig niemand bleibt. Selbst in den Betonburgen der Unis Bochum, Dortmund, Essen und Duisburg ist mehr los. Dabei war Dahlem als deutsches Gegenstück zu Oxford und Cambridge gebaut worden. An der Leblosigkeit der FU stört sich niemand. Verwaltung, Lehrpersonal und Studierende nehmen sie einfach so hin. Wie schade. Als Nachbarn der Freien Universität nähmen wir gern mehr am gesellschaftlichen Leben der Hochschule teil. Da sie ein solches aber kaum hat, kann sie es auch nicht mit uns teilen.

In der digitalen Revolution sind Universitäten Brutstätten von Revolutionären. Sie haben eine Verantwortung, die über Wissenschaft hinausgeht. Eine Reform der Universitäten ist überfällig. Es ist an der Zeit, Hochschulen Freiheit zu gewähren. Die lähmende Wissenschaftsverwaltung trägt eine Mitverantwortung am digitalen Defizit. Was könnte man tun? Folgendes zum Beispiel: Kinos, Restaurants, Cafés ansiedeln. Die Mensen dem Studentenwerk aus der Hand nehmen. Die Gastronomie ausschreiben. Health Food, Slow Food und Third Wave Coffeeshops anlanden. Gründlich auswählen, wer auf dem Campus einen Laden aufmachen darf. Die Flächen kostenlos zur Verfügung stellen. Studenten auf den Campus holen. Ihren Lebensmittelpunkt dorthin verlagern. Angenehmen Wohnraum schaffen. Co-Working-Spaces einrichten. Akzeleratoren und Inkubatoren ansiedeln. Tore weit öffnen für die Gesellschaft. Kinder zulassen, Programme für Laien anbieten. Die Grenzen zwischen Schule, Volkshochschule, Forschung und Hochschullehre aufheben. Den Universitäten erlauben, Anteile an Start-ups zu kaufen, die auf ihrem Campus entstehen. Start-ups, die technische Anlagen der Universitäten nutzen, dafür in Aktien bezahlen lassen. Demo-Days für Investoren organisieren. Geld, das Universitäten einnehmen, frei zu ihrer eigenen Verfügung belassen. Hochschulen gestatten, Vermögen aufzubauen und nach Belieben zu verwenden. Fast alle Gremien abschaffen. Rektor oder Kanzler zum Geschäftsführer erheben. Professionelle Manager von außen dazuholen. Teams aus wissenschaftlichen und kaufmännischen Geschäftsführern bilden. Sie alles entscheiden lassen. Wenn sie scheitern, werden sie abgelöst.

An Theatern und in Opern gibt es Intendanten. Ähnliche Modelle könnte man an Universitäten einführen. Uni-Intendanten könnten die Freiheit der Wissenschaft genau so schützen wie die Theater-Intendanten die Freiheit der Kunst. Die Politik kontrolliert die Universität über einen Aufsichtsrat. In den Fakultäten und Instituten steuern Dekane und Direktoren die Geschäfte als Bereichs- und Abteilungsleiter. Auch sie sind frei innerhalb ihrer Budgets. Bildungsministerien bereiten Aufsichtsräte auf ihre Sitzungen vor. Ansonsten geben sie alle Aufgaben an die Universitäten ab. Welche Professoren berufen werden, was sie verdienen, welche Laborausstattung sie bekommen, wie viele Mitarbeiter sie einstellen, entscheidet allein das Management der Universitäten. Der Staat besitzt und finanziert die öffentlichen Hochschulen, verabschiedet sich aber aus ihrem operativen Betrieb.

Schon heute leisten einige Universitäten Pionierarbeit. Lässt man ihnen freie Hand, transformieren sie das Bildungswesen. An diese Erfolge kann man anknüpfen. Die Technische Universität Berlin zum Beispiel betreibt ein erfolgreiches *Centre for Entrepreneurship* und einen *StarTUp Incubator*. 2015 stand die TU nicht weniger als 15 Ausgründungen Pate. Darunter Firmen wie FDX Fluid Dynamix, die smarte Düsen für Maschinen herstellen, oder Teraki, ein Start-up für das Internet der Dinge. Am meisten Aufmerksamkeit bekam Panono, Hersteller einer 360-Grad-Kamera. Kanzlerin Merkel testete die Kamera beim IT-Gipfel am Stand der Technischen Universität. Sarah Schulze Darup und Björn Bollensdorff präsentieren ihre Entwicklung. »Man hält die Kamera in die Luft und bekommt sofort eine perfekte Rundum-Aufnahme des Raums. Perfekt für Immobilienmakler, aber auch für Reporter.« Ohne die Hilfe der Technischen Universität gäbe es dieses Start-up nicht.

Erfolge wie diese gehen auf das Engagement einzelner Professoren zurück. Sie müssen jahrelang kämpfen, bis sie der Bildungsbürokratie genug Freiraum abgetrotzt haben. »Es war zermürbend, bis hierhin zu kommen«, berichtet ein Professor aus Berlin. »Der Rektor hat uns unterstützt. Wir hatten einen klaren Auftrag von ihm. Trotzdem ging es unendlich zäh voran. Aus einer Behörde heraus ein Start-up-Zentrum zu gründen, das ist richtig schwer. Es stehen so viele Regeln im Weg, dass man sich kaum bewegen kann.« Würde stattdessen eine Kultur der Ermunterung und Selbstständigkeit herrschen, könnten Universitäten zu Reaktoren des Wandels werden. Eine Kultur der Freiheit, des Vertrauens, des Experimentierens und dazugehörend auch des Scheiterns könnte viel bewegen. »Die sollen uns einfach mal machen lassen«, sagt der Berliner Professor. »Wir klauen das Geld ja nicht. Es richtet ja niemand Unheil an.« Besonders frustrierend wird von allen Beteiligten empfunden, wenn innerhalb der Universität Aufbruchsstimmung herrscht, dann aber die Ministerialbürokratie dazwischengeht. »Das Bildungsministerium glaubt, dass es die eigentliche Leitung der Universität innehält und wir hier nur unverbindliche Vorschläge unterbreiten«, klagt ein BWL-Professor aus Frankfurt. »Das kann nicht gut gehen. Die sitzen viel zu weit weg vom Geschehen. Wir brauchen mehr Unabhängigkeit vom Ministerium und mehr Entscheidungsspielraum.«

Gesteigerter Handlungsbedarf besteht auch an Schulen. Digitalisierung ist dort allenfalls ein Randthema. Im jüngst erschienenen sechsten Bildungsbericht der Bundesregierung, einem 366 Seiten starken Werk, kommt das Wort »Internet« nur in Fußnoten und Randbemerkungen vor. Das Wort »Digitalisierung« erscheint kein einziges Mal. Wie konnte das passieren? Es bedarf einiger Anstrengung, das Thema, das Kinder heute am meisten interessiert, komplett aus dem Bericht verschwinden zu lassen. Nur auf jeden vierten Schüler kommt in Deutschland ein Computer – damit rangiert Deutschland auf Platz 26 der 34 OECD-Länder. »Bei der technischen Ausstattung, insbesondere bei WLAN, fehlt es an allen Ecken und Enden«, bemängelt Bildungsexpertin Julia Behrens von der Bertelsmann-Stiftung in der *Bild-Zeitung.* »Das Thema Digitalisierung ist in der Lehrerausbildung bis heute nicht fest verankert.« In den meisten Schulen gibt es keine Computerräume. Und wenn es sie gibt, dann sind sie mit alter Technik bestückt und bieten nur kursorisch Programme an.

Bei einem Tag der offenen Tür an einem Berliner Gymnasium standen im Computerraum alte Personal Computer mit Röhrenbildschirmen. »Wie oft habt ihr hier Unterricht?«, fragte ich die Jugendlichen. – »Einmal die Woche.« – »Von der siebten bis zur zwölften Klasse?« – »Nein, nur ein bis zwei Jahre. Dann hört es wieder auf.« – »Welche Programmiersprache lernt ihr denn?« – »Keine. Wir programmieren hier nicht.« – »Was lernt ihr denn stattdessen?« – »Unser Lehrer hat eine PowerPoint- und eine Word-Schulung mit uns gemacht«, berichten die Schüler. »Wir üben präsentieren und schreiben.« In ihrer Gymnasialzeit kommen sie nicht ein einziges Mal mit Computercodes in Berührung. Das ist zwar nicht an allen Schulen so extrem, doch Aufbruchsstimmung in Sachen Digitalisierung herrscht fast nirgendwo. Ein Abiturient von einem der besten Gymnasien Berlins erzählt mir von seinem Programmierunterricht im Leistungskurs: »Da haben wir zwar die Sprachen Python und Java durchgenommen. Aber dann ging es um Künstliche Intelligenz, und der Lehrer hat mit uns nur über die Gefahren gesprochen. Roboter übernehmen die Welt, Computer werden intelligenter als Menschen – nur Horrorszenarien. Dazu gab es dann die passenden Spielfilme im Unterricht.« Digitale Schmalspurbildung wie diese wird in Zukunft nicht mehr reichen. Im Silicon Valley und in China lernen Kinder schon im Vorschulalter Programmieren. Spielerisch erschließen sie sich eine wichtige Kulturtechnik, damit sie später nicht ein Leben lang nur als Konsument durch die digitalisierte Welt gehen. Unter deutschen Pädagogen gelten solche Lerninhalte oft gar nicht als erstrebenswert. »Die ganze Technik ist heute so benutzerfreundlich, dass nicht jeder ein IT-Ass sein muss, um seinem Beruf nachzukommen«, sagt Josef Kraus, Präsident des Deutschen Lehrerverbands im Interview mit *Bild*. »Es wird auch andere gute Jobs in Zukunft geben, die nichts mit Programmieren zu tun haben.« Das ist zweifelsfrei richtig, doch es werden immer weniger Jobs, die ohne IT-Kenntnisse auskommen. Und wie soll Deutschland genug Programmierer finden, wenn dieses Basiswissen an Schulen und Hochschulen nicht gelehrt wird? »Ich wehre mich gegen die Ökonomisierung von Schule«, fügt Kraus hinzu. »Sie muss nicht nur für Nachschub für die Wirtschaft sorgen, sondern auch Dinge wie Musik, Kunst und Kultur lehren.« Da wird ihm niemand widersprechen. Doch warum schließt Programmierunterricht die Bildung in humanistischen Fächern aus? Sie könnten sich doch gut ergänzen. Das digitalisierungsferne Bildungssystem zieht eine neue Generation nach eigenem Vorbild auf.

Musik und Sprache werden gefördert – warum aber so selten Mathematik, Informatik, Naturwissenschaften und Technik? Das haben sich die Initiatoren des *Hauses der kleinen Forscher* gefragt. Vor zehn Jahren gründeten sie eine Stiftung. Heute zählen Bundesbildungsminsterium, Helmholtz Gemeinschaft und die Stiftungen von Siemens, Telekom und SAP-Gründer Dietmar Hopp zu den Unterstützern. Das Haus der kleinen Forscher bringt Kinder in Kontakt mit Forschung. Durch Freude am Spiel und Spaß am Ausprobieren. Einfache Experimente, systematisch hineingebracht in Schulen und Kindergärten, verleiten zum Forschen. Kindergartenkinder werfen Steine in den Teich und diskutieren mit ihren Erziehern, die durch die Stiftung geschult wurden, warum das Wasser Wellen wirft. Sie pusten Seifenblasen und fragen, warum sie fliegen und bunt schimmern. Wattebäuschchen fliegen vor ihren Strohhalmen her: Warum tun sie das? Physiker Jürgen Mlynek, Professor an der Humboldt Universität und lange Präsident der Helmholtz Gemeinschaft, ist Vorsitzender des Stiftungsrats: »Deutschland ist ein Exportland, ein Hochtechnologieland, trotzdem haben wir Schwierigkeiten, junge Menschen für Naturwissenschaften und Technik zu begeistern«, sagt er. Diesen Worten ist nichts hinzuzufügen, doch sie verhallen weitgehend ungehört. Wir übertragen unsere Neophobie auf unsere Kinder und enthalten ihnen die Fähigkeiten vor, die sie für ihr Berufsleben in der Digitalisierung benötigen. Das ist kurzsichtig und verantwortungslos zugleich.

Im nächsten Kapitel stellen wir die Frage nach den Werten, die uns in der Digitalisierung leiten sollten. Wonach richtet sich unsere Gesellschaft aus? Und wie setzen wir unsere Vorstellung von Werten in der digitalen Wirklichkeit durch?

Werte: Eine Charta der digitalen Rechte und Chancen schreiben

Analoge und digitale Welt driften zunehmend auseinander. Regeln, Gesetze und Normen entfalten keine allgemeine Wirkung mehr. Damit das nicht so bleibt, ist eine Besinnung auf Werte wichtig. Eine Charta sollte sie festschreiben. Zugleich gilt es, das Gute in der Digitalisierung zu fördern.

»Die Digitalisierung hat es geschafft, ein altes Glaubenssystem zu erschüttern. Es ist ihr aber noch nicht gelungen, ein neues zu erschaffen.«

Lukas Kircher,
Unternehmer aus Berlin

Zeit-Chefredakteur Giovanni di Lorenzo treibt eine Sorge um: Das Internet ist auf dem besten Weg zum rechtsfreien Raum zu werden. Ein Raum, in dem das Recht des Stärkeren gilt, allgemein akzeptierte Werte keine Gültigkeit besitzen und Nationalstaaten ihre demokratisch legitimierte Macht nicht ausüben können. Ein Sonntag im April 2016. Di Lorenzo hat eine ungewöhnliche Gruppe von Gästen in das Regent-Hotel am Berliner Gendarmenmarkt eingeladen, darunter auch mich. Netzaktivisten, Hacker, Wissenschaftler, ehemalige Verfassungsrichter, Schriftsteller, Intendanten, Manager und Politiker, Frauen und Männer, Jung und Alt. Höchst unterschiedliche Berufe und Charaktere. Unter normalen Umständen würden sie einander kaum über den Weg laufen. Barocker Prunk rahmt das Gespräch ein. Livrierte Pagen öffnen den Wagenschlag. Rötlicher Marmor ziert das Foyer. Brusthohe Blumensträuße in chinesischen Bodenvasen verströmen schweren Blütenduft. Es ist die zweite Zusammenkunft nach der konstituierenden Sitzung ein halbes Jahr zuvor. Martin Schulz, Sozialdemokrat und Präsident des Europaparlaments, ergreift gleich zu Beginn der Tagung das Wort: »Wie wir im 21. Jahrhundert leben, muss Entscheidung freier Menschen sein, nicht das Ergebnis von Technik«, sagt er. »Wenn die Monopole nicht aufgebrochen werden, entscheiden die Konzerne am Ende über alles. Die Bürger werden um ihre Daten und deren wirtschaftlichen Wert gebracht.« Die digitale Infrastruktur sei weitgehend öffentlich finanziert, werde aber ausschließlich privat genutzt, kritisiert Schulz. »Daraus erwächst das Recht des Staates zu fragen, was mit der Infrastruktur geschieht.« Er zieht einen Vergleich zur Energiewirtschaft: »Die EU-Kommission hat ein Gasunternehmen gezwungen, ein Viertel seiner Kapazität für potenzielle Wettbewerber frei zu halten. Im Internet müssen wir über ähnliche Maßnahmen nachdenken.« Schulz nimmt Anstoß daran, dass Facebook, WhatsApp, Google, Uber, Expedia, Booking.com oder Airbnb folgenlos Daten ihrer Nutzer abschöpfen und marktbeherrschende Stellungen ausbeuten dürfen, während traditionelle Unternehmen wie Deutsche Telekom, Vodafone, Telefónica, E.on, RWE oder Vattenfall engmaschig kontrolliert werden und vom Regulator jede Preisliste vorher absegnen lassen müssen. Schulz fordert: »Es muss eine digitale Grundrechtecharta in Europa geben. Dazu sollte ein Konvent die Charta ausarbeiten und beschließen.« Ein Dokument, das Schulz für kaum weniger wichtig hält als die UN-Charta der Menschenrechte oder die Verfassungen souveräner Staaten. Mein Interesse ist geweckt. Eine solche Digital-Charta wäre wohl tatsächlich eine Bereicherung.

Die meisten Teilnehmerinnen und Teilnehmer sehen die Lage ähnlich. Gefahr ist im Verzug, weil Gesetzgeber und Gerichte der Digitalisierung hinterherlaufen. Noch weiter als die Unternehmen. Ein moralisch-rechtliches Vakuum ist entstanden. Eigentlich müsste der Souverän es füllen. Doch dessen Passivität und Ahnungslosigkeit lassen dem Silicon Valley freie Hand. Die Digitalwirtschaft schreibt ihre Regeln weitgehend selbst. Mit teilweise absurden Ergebnissen: Drei stürmische Jahrzehnte der Digitalisierung haben etliche Widersprüche entfacht. Vom World Wide Web erwarten die meisten Menschen intuitiv eine Ausrichtung an ihrem Gerechtigkeitsgefühl: »Werte, die offline gelten, sollten auch online gelten« – dieser Aussage stimmt in Umfragen eine Zweidrittelmehrheit zu. Wahr geworden ist dieser Anspruch bislang jedoch kaum. Eher gilt das Gegenteil. Die analoge Welt unterliegt anderen Regeln als die digitale; die beiden Sphären sind voneinander gespalten. Traditionelle Branchen und Unternehmen sehen sich anderen Erwartungen ausgesetzt als digitale.

Yvonne Hofstetter, Managerin und Bestseller-Autorin (*Sie wissen alles – Wie intelligente Maschinen in unser Leben eindringen und warum wir für unsere Freiheit kämpfen müssen*), berichtet von der verblüffenden Sorglosigkeit junger Internet-Nutzer: »Kürzlich hielt ich einen Vortrag an einer Berliner Schule. Die Besucher waren etwa 17-jährige *Digital Natives*«, erzählt sie. »In der anschließenden Diskussion stellte ein Schüler lapidar fest, seine Generation sei sehr glücklich mit den digitalen Angeboten und Geräten. Die Überwachung und ihre Folgen seien ihm gleichgültig.« Kritiker der Entwicklung, so der Schüler, solle man aus der digitalen Gesellschaft ausschließen und »in eine andere Region verschicken können, etwa nach Afrika«. Ebenso gut hätte er »Gefängnis« oder »Verbannungsinsel« sagen können. Derselbe Schüler wäre vermutlich empört, wenn sein Vermieter Webcams in seiner Wohnung aufhängen, Edeka seine Einkaufsliste veröffentlichen oder Vattenfall seine Anwesenheit daheim einem großen Publikum mitteilen würde. Er selbst aber gibt vergleichbare Informationen freiherzig der Weböffentlichkeit und damit den Digitalunternehmen preis.

Die Verhaltensnormen im Cyberspace weichen stark von der analogen Welt ab. Seit vielen Jahren wird vor Gericht gestritten, welche Regeln denn gelten sollen. Die Gerichte helfen sich mit immer neuen Auslegungen und Interpretationen der Gesetze. Doch ohne Klarstellung durch Gesellschaft und Gesetzgeber werden sie nicht weiterkommen. Nach Jahrzehnten Exegese betagter Paragrafen stoßen sie an ihre Grenzen. Noch mehr können sie den alten Vorschriften nicht abverlangen, um sie aufs Digitale zu überragen. Jetzt müssen Gesellschaft und Politik klar sagen, welche Normen sie wünschen. Tun sie es nicht, verlieren sie Gestaltungsspielraum. Dann bleiben es weiter die Gerichte, die Rechtsfortbildung betreiben. Das bringt Analog und Digital nicht näher zusammen, sondern treibt sie immer weiter auseinander.

Vier Fragen aus der Praxis illustrieren im Folgenden das Problem. Frage 1: Müssen US-Unternehmen dieselben Datenschutzregeln einhalten wie europäischen Firmen? Das Rechtsempfinden sagt: Natürlich müssen sie das. Es sollte keinen Unterschied zwischen amerikanischen und europäischen Firmen geben, wenn es um die Rechte von Europäern geht. Gelebt aber wird das Gegenteil. Nur europäische Firmen müssen den europäischen Datenschutz einhalten. Für amerikanische Firmen gilt eine Ausnahmeregelung (früher *Safe Harbor*, jetzt *Privacy Shield*), wenn sie die Daten in Europa erheben, bei sich daheim auswerten und nur die Ergebnisse nach Europa zurückschicken. Den Konsumenten ist das entweder unbekannt oder egal. So wird ganz legal mit zweierlei Maßstäben gemessen. Das zeitigt erhebliche Verzerrungen. EU-Firmen werden gegenüber ihren amerikanischen Kollegen benachteiligt, und Konsumenten bekommen die Standards, die ihre gewählten Volksvertreter beschlossen haben, von US-Firmen in Europa nicht geboten.

Frage Nummer 2: Muss YouTube die gleichen Regeln für Jugendschutz und Werbung einhalten wie ARD, ZDF, RTL oder Sat1, wenn beide Angebote – also YouTube und die TV-Sender – auf demselben Gerät angeschaut werden, zum Beispiel einem iPad oder einem vernetzten Fernseher? Die meisten Menschen sagen: Natürlich. Praktiziert wird das Gegenteil. Fernsehsender werden detailgenau von den Landesmedienanstalten kontrolliert, Web-Kanäle nicht. Auf vielen Tablets liegen die Apps von Zattoo und YouTube nebeneinander. Wer auf Zattoo drückt, bekommt Fernsehsender zu Gesicht. Zattoo überträgt deren Signale ins Netz. Vieles, was dort zu sehen ist, unterliegt strenger staatlicher Kontrolle, vor allem beim Jugendschutz und bei der Werbung. So ist beispielsweise vorgeschrieben, wie viele Werbeminuten pro Stunde es geben darf und dass Werbung das gesamte Bild zu füllen hat. Eine App weiter bei YouTube gibt es keine derartige Kontrolle der Inhalte und so gut wie keine gesetzlichen Regeln für Werbung.

Frage Nummer 3: Sollte eine SMS bei Vodafone den gleichen Regeln unterliegen wie eine Textnachricht bei WhatsApp? Selbstverständlich, sagt das Rechtsempfinden. Sprachlich besteht fast kein Unterschied zwischen diesen beiden Formen der Kommunikation per Kurznachricht. In der Realität aber verbieten gesetzliche Regeln den traditionellen Telefonfirmen, SMS mitzulesen oder nur an einen bestimmten Personenkreis auszuliefern, zum Beispiel an die eigenen Kunden. Sie müssen jede SMS weiterleiten, und sei es an die Kunden ihrer ärgsten Konkurrenten. WhatsApp, Facebook Messenger, Slack und alle anderen Web-Kommunikationsdienste hingegen dürfen nach Belieben mitlesen, Daten speichern und ihre Kunden im eigenen Dienst einsperren. WhatsApp-Nachrichten können nur mit WhatsApp gelesen werden. Wer mitmachen möchte, wird in das System gezwungen. So hält der Dienst seine Konkurrenz auf Abstand. Die Marktanteile der populären Kurznachrichten-Dienste (900 Millionen Kunden bei WhatsApp, 800 Millionen beim Facebook Messenger) wären nicht so groß, wenn sie die Regeln einhalten müssten, die für Telefonfirmen gelten. Überdies nutzen sie die Netze der Telefonnetzbetreiber, ohne einen Cent dafür zu zahlen.

Frage Nummer 4: Sollte eine freie Grafikerin, die Aufträge über das Internet bekommt, in gleicher Weise sozialversichert sein wie jemand, der Aufträge per Telefon oder per Mail entgegennimmt? Auf jeden Fall, sagt das Rechtsempfinden. Doch die Praxis sieht oft anders aus. Arbeitnehmerrechte existieren auf Internetplattformen nicht so ausgeprägt wie in der analogen Welt. Sie sind schwerer durchsetzbar. Viele Plattformen zahlen keine Beiträge in Kranken-, Pflege- oder Rentenversicherungen ein. In Deutschland gibt es in dieser Hinsicht zwar spürbare Fortschritte, wie mir einige Plattformbetreiber versichern. Doch auf anderen Märkten müssen die freien Mitarbeiter allein für ihre Altersvorsorge aufkommen. Prekär wird die Lage besonders, wenn Plattform und Arbeitgeber beide außerhalb der Europäischen Union sitzen. Viel fairer geht es auf traditionellen Märkten zu. Vergibt ein Verlag einen Auftrag an eine freie Mitarbeiterin, schaltet sich im Hintergrund die Künstlersozialkasse ein. Sie wird paritätisch von Künstlern und ihren Auftraggebern finanziert. So kann sie ein Mindestmaß an sozialer Sicherheit auch für künstlerische Berufe gewährleisten. Über die Frage der Sozialversicherung im Netz ist ein erbitterter Streit entbrannt. Auch ein Teil der Auseinandersetzung um die Transportplattform Uber handelt davon. Was sind Grafiker und Fahrer, lautet die Gretchenfrage: freie Unternehmer, die für alle Fährnisse des Lebens selbst vorsorgen müssen, oder halbfreie Mitarbeiter, die genau auf der Mitte zwischen Unternehmern und Angestellten stehen? Halten wir Letzteres für wahr, dann müssen wir dieser Wertvorstellung auch im Netz Geltung verschaffen. Dann müssen Arbeitsvermittler, von denen die Fahrer wirtschaftlich abhängig sind, zur Co-Finanzierung von Sozialleistungen beitragen. Sehen wir Grafiker und Fahrer jedoch als ganz freie Unternehmer an, dann sollte die paritätische Finanzierung der Sozialkassen auch offline abgeschafft werden. 2,3 Millionen Solo-Selbstständige gibt es in Deutschland. Hier besteht dringender Klärungsbedarf in Sachen Sozialversicherung.

Bei keiner dieser Fragen muss man sich auf eine der beiden Seiten schlagen. Entscheidend ist, das Regulierungsgefälle anzuerkennen. Damit ist schon viel gewonnen. Dass mit zweierlei Maß gemessen wird, ist ein unhaltbarer Zustand. Werte sind unteilbar. Entweder gelten sie ganz oder gar nicht. Bei Reformen geht es nicht darum, es der einen oder anderen Seite recht zu machen. Sondern Regeln zu finden, mit denen beide Sphären leben können. Online und Offline gehören miteinander versöhnt. »Früher waren Grundrechte vor allem Abwehrrechte der Bürger gegen den Staat«, sagt *Zeit*-Redakteur Heinrich Wefing bei der Konferenz im Regent-Hotel. »Heute braucht der Bürger auch Abwehrrechte gegen die Übermacht der Digitalkonzerne.« Dennoch werde die Machtfrage nicht gestellt, beobachtet Wefing. Es herrsche ein naiver Konsens, dass Technik gut sei und sich alles von alleine einrenken werde. »Es gibt weder Verbindlichkeit noch Rechtsschutz«, sagt er. »Von alleine wird gar nichts geschehen.« Auch Wolfgang Hoffmann-Riem, der ehemalige Verfassungsrichter, sieht Handlungsbedarf: »Durch individuellen Rechtsschutz mit territorial gebundenem Recht kommt man an die großen Konzerne nicht heran«, stellt er fest. »Die Bürger haben keine Chance, durch Marktimpulse auf die Unternehmen einzuwirken. Das ist eine unmittelbare Folge des Gratis-Geschäftsmodells. Die Wirkung des Marktes ist außer Kraft gesetzt.«

Hoffmann-Riem plädiert für Regeln, die »nicht nur dem Wortlaut nach, sondern dem Geiste nach befolgt werden müssen«. Zum Beispiel beim Datenschutz sieht er Handlungsbedarf. Fast alles können Netzunternehmen tun und lassen, wenn sie einmal eine Einwilligung von Nutzern eingeholt haben. »Die Einwilligung ist das Waterloo des Datenschutzes«, bemängelt Hoffmann-Riem. »Jeder von uns braucht Computer und damit vielfach auch die sozialen Dienste der Oligopol-Unternehmen wie Google und Facebook. Fast niemand kann sich dem entziehen. Deswegen ist die Einwilligung nicht wirklich freiwillig, faktisch ist sie eine Fiktion.« Gefahren sieht Hoffmann-Riem auch im Aufstieg der Künstlichen Intelligenz und in Verhaltensvorhersagen durch Algorithmen. Wenn der Handel voraussagende Analysen einsetzt, wird früher oder später auch die Polizei das tun. »Predictive Policing birgt große Risiken«, sagt er. Selbst technisch anspruchsvolle Vorhersagen seien ungenau. »Man kann der Polizei nicht erlauben, gegen einzelne Menschen vorzugehen, nur weil ein Computer die Wahrscheinlichkeit hochgerechnet hat, dass sie straffällig werden könnten.« Hoffmann-Riem hat gerade ein Buch (*Innovation und Recht – Recht und Innovation*) veröffentlich, in dem er untersucht, wie der Rechtsstaat vermeiden kann, von der vorausgaloppierenden technischen Innovation vollends abgehängt zu werden. Frank Rieger, Hacker, Autor, Aktivist und einer der Sprecher des Chaos Computer Club, pflichtet ihm bei: »Alle Geschäftsmodelle, die gerade entwickelt werden, haben mit Lebensassistenz zu tun«, sagt er. »Es geht nicht mehr nur um das Verkaufen von Werbung oder

Adressen. Es geht darum, unser Leben zu beeinflussen. Die Weitergabe von Daten im Sinne des bisherigen Datenschutzes reicht nicht mehr aus.« Schriftstellerin Juli Zeh ergänzt: »Wir lassen in Schulen nicht zu, dass Kinder wegen ihrer Religion ausgeschlossen werden. Wie aber halten wir es mit einem Algorithmus, der Verhalten und Stammdaten für Versicherungen, Jobvergabe und Zugang zur Bildung auswertet? Was sagen wir dort zu Diskriminierung?«

Wolfgang Kleinwächter ist Kommunikationswissenschaftler und sitzt in den obersten Internet-Gremien *Internet Corporation for Assigned Names and Numbers* (ICANN) und *Internet Governance Forum* (IGF). Diese Organisationen wachen über die Verfassung des Netzes. Auch Kleinwächter sieht die Menschenwürde in Gefahr: »Der Markt besteht aus Anbietern und Nutzern«, sagt er. »Doch der Nutzer wird als passives Objekt behandelt. Wie können wir aus ihm wieder ein selbstverantwortliches Subjekt machen?« Giovanni di Lorenzos Gruppe arbeitet an einer Charta der Digitalrechte, um Antworten auf diese Fragen zu geben. Justiz- und Verbraucherschutzminister Heiko Maas (SPD) steuerte Anfang Dezember 2015 einen Vorschlag in einem Gastbeitrag der *Zeit* bei. »Die Digitalisierung ist zu einem Totalphänomen geworden«, schrieb er. »Kein Lebensbereich, der nicht von ihr erfasst wird. Das Internet ist einst mit hehren Zielen gestartet: freie Informationen für alle, dezentral, ohne Kommerz und Hierarchien. Inzwischen steht die Digitalisierung für die Herrschaft der Kennzahlen, die Ökonomisierung aller Lebensbereiche.« Konkret schlug Minister Maas 13 Artikel vor:

- Jeder Mensch hat das Recht auf Zugang zum Internet.
- Jeder Mensch hat das Recht, über seine persönlichen Daten selbst zu bestimmen.
- Jeder Mensch hat das Recht, über seine digitale Identität selbst zu bestimmen. Jeder Mensch hat ein Recht auf Vergessenwerden.
- Der Mensch ist mehr als sein Datenprofil. Kein Mensch darf zum Objekt eines Algorithmus werden.

- Jeder Mensch hat das Recht, seine Meinung im Internet frei zu äußern und zu verbreiten und sich aus allgemein zugänglichen Quellen ungehindert zu unterrichten. Eine Zensur findet nicht statt.
- Das Recht, seine Meinung im Internet zu äußern, befreit niemanden davon, die allgemeinen Gesetze und das Persönlichkeitsrecht seiner Mitmenschen zu beachten.
- Jeder Mensch hat ein Recht darauf, dass seine Arbeit angemessen bezahlt wird, wenn er Dienstleistungen im Internet erbringt oder sie über das Internet vermittelt.
- Alle Urheber und ausübenden Künstler haben das Recht auf einen fairen Anteil an den Erträgen der digitalen Nutzung ihrer Werke.
- Der Staat gewährleistet die Netzneutralität.
- Niemand darf seine wirtschaftliche Macht missbrauchen. Der Staat verhindert Monopole und Kartelle; er fördert Vielfalt und Wettbewerb.
- Jeder Mensch hat ein Recht auf Datensicherheit.
- Die Staaten schaffen ein Völkerrecht des Netzes, um die Freiheit des Internets weltweit zu sichern.
- Jeder Mensch hat das Recht auf eine analoge Welt. Niemand darf ungerechtfertigt benachteiligt werden, weil er digitale Dienstleistungen nicht nutzt.

Dieser Katalog zeigt, wie dringend die Debatte ist. Der Maas-Entwurf enthält neben guten Ideen auch manches, was anderswo schon geregelt ist (Meinungsfreiheit), Rechte, die der Staat kaum durchsetzen kann (Recht auf Zugang zum Netz), und Vorschläge, die kontraproduktiv wären (Netzneutralität), weil sie kommerzielle Digitalfirmen dauerhaft davor bewahren, einen Beitrag zu den Kosten der Infrastruktur zu leisten. So, wie Maas sie vorschlägt, kann die Charta nicht aussehen. Doch das spricht nicht *gegen* seinen Vorschlag, sondern *für* eine öffentliche Debatte. »Unmündigkeit ist das Unvermögen, sich seines Verstandes ohne Leitung eines anderen zu bedienen«, schrieb Immanuel Kant in *Beantwortung der Frage: Was ist Aufklärung?*. Er fuhr fort: »Selbstverschuldet ist diese Unmündigkeit, wenn die Ursache derselben nicht am Mangel des Verstandes, sondern der Entschließung und des Mutes liegt, sich seiner ohne Leitung eines anderen zu bedienen.« Diese Diagnose kann mit einigem Recht auch für den gegenwärtigen Umgang mit der Digitalisierung gelten. Für Kant waren »Faulheit und Feigheit« die Ursachen, warum ein so großer Teil der Menschen zeitlebens unmündig bleibt und warum es anderen so leichtfällt, sich zu deren Vormündern aufzuwerfen. »Es ist so bequem, unmündig zu sein«, schrieb er. Disruption zielt darauf ab, Ineffizienzen zu beseitigen. Wenn Ineffizienzen verschwinden, wird das Leben bequemer. Je bequemer das Leben wird, desto leichter fällt es, sich den Segnungen der modernen Technik »faul und feige« zu ergeben, statt nach ihren Ursachen und Wirkungen zu fragen. Eine Charta aufzustellen, ist ein Akt der Aufklärung – ein Ausweg aus der Unmündigkeit.

Europa kann Werte setzen und sogar exportieren. Regeln, die für die mehr als 500 Millionen Einwohner der EU gelten, zwingen internationale Unternehmen zur Beachtung. Die meisten können es sich nicht leisten, Europa als Markt zu ignorieren. In unterschiedlichen Regelwelten zu leben, kann teuer für sie werden. So schaffen es wichtige Märkte, ihre lokalen Regeln zum weltweiten Standard zu erheben. Kalifornien zum Beispiel gelingt es seit Jahrzehnten, seine strengen Abgasgesetze zum globalen Schrittmacher zu küren. Niemand möchte darauf verzichten, Autos in Kalifornien zu verkaufen. Wenn man das tut, spart es Kosten, weltweit nah an Kaliforniens Standard heranzukommen. Mit diesem Mechanismus kann es auch Europa gelingen, globalen Einfluss auf den Gang der Digitalisierung zu nehmen. Europas Macht ist größer, als die meisten Menschen glauben.

Die Digitalisierung wirft bekanntlich nicht nur Schatten. Vor allem verbreitet sie strahlend helles Licht. Neben einer Charta der Grundrechte brauchen wir einen Plan zur Urbarmachung ihrer Vorteile. Eine Charta der Chancen ist ebenso wichtig wie eine Charta der Rechte. Erik Spiekermann, ein international renommierter Designer und Schriftgestalter, betreibt seine Firma im ehemaligen Gebäude des Berliner *Tagesspiegel* an der Potsdamer Straße. »Dort saß früher die Bleisetzerei«, sagt er und zeigt über den Hof. »Bleisatz war eine unglaubliche Sauerei für die Umwelt und eine grässliche Plackerei für die Menschen. Es stank und qualmte. Jeden Abend wurden die Bleibuchstaben eingeschmolzen. Dämpfe verpesteten die Luft. Zwei Mann konnten die gesetzten Seiten kaum heben, so schwer waren sie.« Dann schwärmt er: »Was für ein unglaublicher Segen ist doch der Computersatz. Sauber, schnell, einfach und noch dazu gestalterisch besser. Mit dem Computer produzieren wir Schriften, schöner und präziser als alles, was wir damals mit Blei veranstalten konnten.« In den Augen vieler Zeitgenossen überschatten die Gefahren von Digitalisierung die Chancen. Rückblickend aber überwiegen die Segnungen die Flüche. Gut gelaunt, wie Spieker-Mann werden wir die Digitalisierung erst voranbringen, wenn wir nicht nur von der Gegenwart in die Zukunft blicken, wie ich es im Kapitel »Szenarien« getan habe, sondern auch versuchen, aus der Zukunft in die Vergangenheit zu schauen. Was sehen wir dann?

Wir sehen eine sauberere, gesündere und gerechtere Welt. Bei den Demonstrationen in Brokdorf und Wackersdorf, auf dem Höhepunkt der Anti-Atomkraft-Bewegung, träumte meine Generation von gesundheitsfreundlichen Energiequellen und der Zerschlagung der Energie-Multis. Mit der Digitalisierung wird diese Vision nun wahr. Regenerative Energien, verbunden durch smarte Netze, produziert von Familien, Straßenzügen und Dorfgemeinschaften – in den 1980er-Jahren waren das verlachte Fantasien von Öko-Freaks, jetzt werden sie Wirklichkeit. Als Kind in den 1960er-Jahren sah ich die dicken gelben Smog-Glocken über Wuppertal, Dortmund und Köln hängen. Meine Großmutter, traumatisiert durch die Massenarbeitslosigkeit der Weimarer Republik, sog den Dunst genussvoll ein und seufzte glücklich: »Hier riecht es nach Arbeit.« Heute in der Digitalisierung riecht Arbeit nach Blumen, Wind, Sonne und Regen. Der Smog wird so vollständig verschwinden, dass ich ihn meinen Enkeln in Deutschland wohl nicht mehr zeigen kann, selbst wenn ich es wollte. In der Umweltbibliothek der Berliner Zionskirchgemeinde gingen besorgte Menschen noch im Sommer 1989 ein wie Diebe. Sie wurden unterwandert und umzingelt von der Stasi. Umweltdaten waren Staatsgeheimnis. Heute wachen Millionen, bald Milliarden Sensoren über den Zustand des blauen Planeten und melden Daten über seine Vitalfunktionen auf jedes Smartphone in der Hosentasche.

Mein Studium in Marburg Anfang 1983 begann mit aufrüttelnden Seminaren des Kommunistischen Bunds Westdeutschland, der es geschafft hatte, alle Erstsemester begrüßen zu dürfen. Die Agitatoren warnten vor der Herrschaft des Kapitals und ermutigten die werktätigen Massen zum Zersprengen ihrer Ketten. Mit der Digitalisierung macht die Befreiung der Arbeiter und Angestellten aus der Abhängigkeit von ihren Lohnherren große Fortschritte. Der Faktor Arbeit entwindet sich der Umklammerung seiner Arbeitgeber. Plattformen vermitteln Beschäftigung zum höchstmöglichen Preis und erlauben dem Mitarbeiter, dem Chef die Stirn zu zeigen, wenn es darauf ankommt. In Proseminaren an der Uni Frankfurt haben wir 1984 beraten, wie Großbanken entmachtet werden könnten und einfache Menschen besseren Zugang zu Kapital, höheren Zinsen und Investivlohn bekommen. Die Digitalisierung setzt dieses basisdemokratische Projekt gerade um. Und dann gab es da an der Uni die Querdenker, die gar nicht arbeiten wollten und für ihre einfache Staatsbürgerschaft ein bedingungsloses Grundeinkommen verlangten. Noch ist dieser Zustand nicht erreicht. Doch wenn Robotik und Künstliche Intelligenz weiter wie bisher in Siebenmeilenstiefeln unterwegs sind, werden wir das wohl noch erleben. Allerdings nicht in der armseligen Eremitenvariante der Frankfurter Studenten-WG von damals, sondern in einer auskömmlichen, wohlhabenden und intelligenten Spielart. Auch für anspruchsvolle Beschäftigung wird gesorgt sein. Menschen wollen arbeiten – das übersahen die Spontis seinerzeit. »Arbeit ist mehr als Lohnarbeit«, sagte Ulrich Suppus, der Leiter meiner evangelischen Jugendgruppe in Essen-Heisingen, schon damals. »Arbeit muss nicht bezahlt werden, um sinnvoll zu sein.« Die Digitalisierung gibt ihm nun recht. Pro-Bono-Plattformen boomen und verschaffen der ehrenamtlichen Tätigkeit endlich jenes Ansehen, das ihr gebührt.

Auch die Entwicklungshelfer der 1980er-Jahre können der Digitalisierung große Unterstützung beim Fördern der Dritten Welt attestieren. Ein-Dollar-Armut wird schon heute wirksam durch Plattformen bekämpft, die Arbeitsmärkte in armen Ländern mit denen im reichen Westen verbinden. Wirksamer und nachhaltiger vielleicht als manches Entwicklungshilfeprogramm. Damals in Marburg haben wir Western Union kritisiert, weil sie Immigranten beim Heimschicken von Geld an ihre Familien durch Wuchergebühren abschöpften. Noch heute lockt Western Union Flüchtlinge und Auswanderer an seine Schalter und nimmt ihnen unmoralisch hohe Sätze ab. Die Leute können nicht anders, als diese Zeche zu zahlen, weil sie oft kein Konto haben. Das ist vorbei. Die Digitalisierung mit ihren inzwischen Dutzenden von digitalen Micropayment- und Moneywire-Diensten hat dem Wucher eine Alternative zur Seite gestellt. In Frankfurt saßen wir damals frustriert im Café vor der *Frankfurter Rundschau* und ärgerten uns, dass die Redaktion unsere Artikel nicht drucken wollte. Wir ersannen Pläne für eine genossenschaftliche Zeitung, für eine Serie von Flugblättern und für eine Unterwanderung der *Rundschau* per Marsch durch die Institutionen. Keines dieser Projekte wurde wahr. Sie alle scheiterten an Finanzierung, Engagement und Logistik. An Blogs, Twitter, Facebook, Snapchat und Pinterest hätten wir damals im Traum nicht gedacht. Das war genau das, was wir brauchten. Damals sind wir getrampt, weil wir das Klima und unsere Kasse schonen wollten. Dafür drängelten wir uns in schäbigen Mitfahrzentralen wie jener auf dem U-Bahnsteig am Bahnhof Zoo. Uber und Lyft verkörpern heute im Kern genau das, was wir damals für richtig hielten. Mitwohnzentralen ließen uns stundenlang in Warteschleifen und auf Fluren warten. Wir landeten in WGs, in denen wir niemanden kannten und sich alle Mitbewohner als unerträglich erwiesen. Was hätten wir damals für Airbnb gegeben. »Radikalisiert euch!«, stand in den Uni-Städten damals an jedem Laternenpfahl. Lyft und Airbnb sind radikalere Wiedergänger unserer damaligen Ideen, als wir es je für möglich gehalten hätten. Auch wer mit der Digitalisierung fremdelt, muss doch anerkennen: Sie macht jetzt wahr, was lange Zeit nur Theorien, Forderungen und abstrakte Konzepte waren.

Die Digitalisierung setzt Emanzipations- und Demokratisierungsprojekte ganzer Generationen in die Tat um. Sie ist, wenn richtig betrieben, das wichtigste sozial- und gesellschaftspolitische Instrument der Gegenwart und Zukunft. Die Digitalisierung ist ein Reformationsvorhaben, das wir uns wirkungsmächtiger gar nicht wünschen könnten. Eine Charta der Digitalisierungschancen sollte daher einen zentralen Leitsatz enthalten: »Wir schöpfen die Chancen der Digitalisierung entschlossen aus, weil wir die Welt damit fairer, gewaltfreier, gesünder und verantwortungsbewusster gestalten können als bisher und weil wir auf diesem Wege Menschen Teilhabe ermöglichen, die bislang davon ausgeschlossen waren.« Diesem Ziel sind wir heute schon näher, als wir glauben. Wir werden ihm noch näher kommen, wenn wir die Charta der Grundrechte mit einer Charta der Chancen kombinieren.

Wie sieht Deutschland aus, wenn es uns tatsächlich gelingt, spürbare Fortschritte bei der Digitalisierung zu erzielen? Davon handelt nun das abschließende Kapitel.

DIE ZUKUNFT

Technikmuseum oder Silicon Germany?

Meine Kinder sind zwölf, neun und sechs Jahre alt. Sie besuchen deutsche Schulen, in denen es kaum Computer gibt. Sie bekommen keinen Unterricht in Programmiersprachen. Anders als Kinder in den USA oder China haben sie noch nie von *Processing* gehört, einer Sprache, mit der dort selbst Grundschüler Grafiken, Animationen und Simulationen schreiben. Sie haben in der Schule noch keinen 3D-Drucker gesehen. 3D kennen sie nur aus dem Kino. Was 4D-Druck ist, erfahren sie allenfalls an der Universität, falls sie Ingenieurwissenschaften studieren, ganz sicher aber nicht in der Schule. Sie sehen kein Biotech-Labor von innen. Ihre Schulzeit endet, ohne dass sie ihren Speichel in einen Gen-Sequenzierer schieben dürfen. Ihre Lehrer sind engagiert, doch sie müssen zu viel Energie auf die Verwaltung des Ressourcenmangels verwenden. Im Silicon Valley ist das anders. An der Palo Alto High School findet ein lebhafter Austausch mit der Universität Stanford auf der anderen Straßenseite statt. Professoren kommen in den Unterricht, Doktoranden helfen beim Chemie-Praktikum, Programmierer schreiben mit den Kindern in der Projektwoche einen Algorithmus, der Gesichter auf Fotos erkennt. Weil das so ist, fragte ich mich im Sommer 2013, als wir aus Palo Alto nach Deutschland zurückflogen: Ist das wirklich die richtige Entscheidung? Ich führte die Kinder fort von einem Ort der Chancen und der unendlichen Möglichkeiten. Inzwischen hadere ich mit der Entscheidung noch mehr als vor zwei Jahren. In Deutschland lernen meine Kinder das 21. Jahrhundert nur aus der Konsumenten-Perspektive kennen. Die Produkte, die ihnen besonders wichtig sind, kommen nicht von hier. Importe prägen ihre Welt. Umgeben sind sie von einem Technikmuseum des 20. Jahrhunderts. Fast alles, was um sie herum produziert wird, haben ihre Urgroßväter und Großväter erfunden: Autos, Flugzeuge, Klebstoffe, Farben und Antibiotika. Viele Erfindungen ihrer Urgroßväter und Großväter werden hier aber gar nicht mehr gebaut: Telefone,

Fernseher, Computer und MP3-Spieler zum Beispiel. Dennoch sehen die Kinder Kunden an der Kasse im MediaMarkt, denen es egal ist, woher die Ware kommt. Hauptsache, die Regale sind voll. Sie erleben Politiker im Fernsehen und Lehrer in der Schule, die sich in ihrer Haut wohlfühlen. Von Unruhe sehen sie keine Spur. In ihren Fußball- und Tennisvereinen geht alles seinen geregelten Gang. Kaum jemand ist arbeitslos. Fast niemand kennt jemanden, der arbeitslos ist. Es herrschen Friede und Zufriedenheit.

Die Kinder leben in einer mechanischen Welt. Ganz Deutschland tickt und tackt wie die wunderbaren alten Maschinen im Technikmuseum am Berliner Landwehrkanal. Es schnippt und schnappt, zippelt und zappelt, klickert und klackt. Mechanik fasziniert. Ich weiß noch, wie aufgeregt ich als Kind dem Druckventil meiner Spielzeug-Dampfmaschine zusah: Diese beiden winzigen Kugelgewichte, die an einer Stange im Kreis surrten und immer höher stiegen, je schneller die Maschine lief, bis sie ganz oben anschlugen und Dampf abließen, weil der Druck im Kessel zu hoch geworden war. Unser ganzes Land unterliegt dieser Faszination für die Mechanik. Haben Sie im Kölner Schokoladenmuseum schon einmal beobachtet, wie elegant die Osterhasen-Maschine die durchsichtige Form schwenkt, in der langsam die flüssige Schokolade zur Hohlform erstarrt? Oder wie sanft die riesige Verpackungsmaschine kleine Schokoladenplättchen aus ihren Formen kippt und in Stanniolpapier einwickelt? Wie rasend schnell in der Getränkeabfüllanlage Coca-Cola in die Flaschen schießt? Wie Siebdruck in leicht rollender Bewegung auf die Trinkflasche kommt? Wie gelassen eine Zeitungsdruckmaschine tonnenschwere Papierrollen selbst einspannt? Wie präzise der Kuckuck aus seinem Häuschen schnellt, die Uhrzeit kräht und – zack! – wieder verschwindet? Wie elegant Roboter im Wolfsburger VW-Werk um die Karosserien herumtanzen und alles feinfühlig an seinen Platz bringen? Mechanische Wunder schlagen uns in ihren Bann. Wir lieben diese mechanische Welt. Wir möchten sie nicht verlassen. Wir mögen virtuelle Welten nicht. Wie alle Handwerker und Mechaniker sind wir sinnliche Menschen. Unsere Augen sehen gern Dinge, die sich bewegen, und unsere Hände fassen sie gern an. Deswegen fühlen wir uns wohl im Museum des 20. Jahrhunderts. Meine Kinder spüren das. Sie merken, dass die Menschen nicht nur ihre Technik konserviert haben. Auch ihr Lebensgefühl haben sie in Aspik eingelegt. Die Menschen erfreuen sich ihres Erfolgs. Grund zur Sorge sehen sie nicht. Das allgemeine Niveau der Furcht ist niedrig. Zwar haben meine Kinder Angst vor Terrorismus. Sie hören von jedem Terroranschlag, auch wenn wir das Radio oder die *Tagesschau* rechtzeitig vor brutalen Nachrichten abschalten. Sie fürchten sich vor Brüssel und haben Angst vor Paris. Aber das sind auch schon ihre einzigen Ängste aus der realen Welt. Ansonsten leben sie in glücklichen Zeiten. Ich weiß noch, wovor ich mich in ihrem Alter alles fürchtete: Überfall durch die RAF, Waldsterben, Explosion von Kernkraftwerken, Einmarsch der Roten Armee, Atombomben und Weltkrieg. So viel Furcht ist heute unnötig. Anschläge finden nun leider auch bei uns statt. Doch alles in allem spüren Kinder trotzdem die Gewissheit: Daheim ist alles in Ordnung.

Deutschland ist ein stolzes Land. Vielleicht ist »hochmütig« das passendere Wort. Ein Land, in dem Autokonzerne reklamieren, dass vier Fünftel des Weltmarkts für Oberklassenfahrzeuge ihnen gehören. In dem Industriekapitäne verkünden, dass Uber, Tesla und Facebook Blasen sind, die bald platzen werden. In dem Mittelständler sagen, dass die Digitalisierung an ihnen vorbeigeht wie ein Schnupfen. In dem *Hidden Champions* darauf verweisen, dass sie Weltmarktführer in winzigen Nischen sind. In dem Gewerkschaften Verteilungsspielräume ausnutzen und die 35-Stunden-Woche hochhalten. In dem alles Gewicht hat, was schwer ist und sich anfassen lässt. Meine Kinder lernen Geschäftsleute in Anzügen und mit Krawatte kennen. Sie wissen, dass jeder Mensch einen Chef und jeder Chef einen Chef-Chef hat. Sie hören, dass Chefs meist einen Titel führen und mit »Herr Doktor« angesprochen werden. Sie sehen, dass ältere Menschen über jüngere bestimmen. Wenn sie schon den *Tatort* schauen dürften, wüssten sie, dass Manager meist Schlimmes im Schilde führen und innerlich erkaltet in großen, leeren Villen leben. Ich frage mich, was aus unseren Kindern werden soll. In was für einer Welt sie leben, wenn sie erwachsen sind und in Deutschland bleiben? Welche Chancen werden ihnen hier geboten?

Auf meinen Recherchen für dieses Buch schwankte meine Stimmung ständig zwischen Zuversicht und Niedergeschlagenheit. Zuversicht kam immer dann auf, wenn ich Menschen traf, die den Aufbruch wagen und modern denken. Die begeistert sind von den Möglichkeiten der neuen Technik und Pioniergeist versprühen. Mitgerissen werde ich wieder und wieder von den Start-ups in Berlin, die brillante Ideen blitzschnell umsetzen. Ideen, die einem nach dem ersten Satz einleuchten. Die diesen Schauer bei ihren Zuhörern auslösen: »Oh mein Gott, richtig! Das ist ja logisch. Warum bin ich nicht selbst darauf gekommen?« Solche Momente sind magisch. Palo Alto hält drei oder vier solcher Momente an jedem Tag bereit. Die Inspirationsbilanz ist positiv. Dieses Gefühl stellt sich heute manchmal auch in Deutschland ein. In solchen Momenten verspüre ich Zuversicht. Doch bei Lichte betrachtet kommt so etwas recht selten vor. Ich habe inspirierende Orte und Menschen gezielt aufgesucht. Das hat meine Wahrnehmung verzerrt. Ich habe Ausflüge in die kleinen Nebenwelten der Innovation unternommen, in denen nicht dieses genügsam-selbstgefällige »Wird schon nicht so schlimm kommen«- oder »Wir sind doch Weltmarktführer«-Denken herrscht. Doch abseits dieser Ausflüge überwog die Niedergeschlagenheit.

Wie oft habe ich mich gewundert über das geringe Wissen von Firmen über ihre eigene Branche. Der Einkäufer der Kunden redet nur mit dem Verkäufer des Lieferanten. Beide haben so oft keine Ahnung von den neuen Techniken und Geschäftsmodellen, die ihre Jobs bedrohen. Sie leben in Zirkeln der Selbstbestätigung. Lesen sie nicht, was um sie herum geschieht? Reisen sie nicht dorthin, wo die Angreifer sitzen? Bei der Mehrheit der Unternehmen ist vom disruptiven Denken nichts angekommen. Warum erzählen sie sich auf ihren Kongressen und Tagungen gegenseitig, dass

Bankkunden ewig zur Beratung in die Filialen kommen werden? Dass Autos niemals gedruckt werden können und Menschen immer selbst lenken wollen? Statt offenen Geistes zu den Revolutionären ins Labor zu fahren und ihre Fantasie schweifen zu lassen, was aus den holprigen Versuchen dort einmal werden könnte, wenn der Massenmarkt Gefallen an den Neuerungen findet. Woher kommt sie, diese Selbstgefälligkeit? Wahrscheinlich aus dem Bedürfnis, nach all den Anstrengungen und Unruhen der vergangenen Jahrzehnte einmal ganz in Ruhe den Erfolg zu genießen. Aus der Unlust, sich unsicher fühlen zu müssen. Aus der nachlassenden Neugier alternder Gesellschaften. Aus dem Bedürfnis, seinen Lebensabend in der Abendsonne zu verbringen. Aus der Zufriedenheit von Maschinenbauern, dass der Apparat surrt. Aus den satten Gewinnen, die man aus der Museumstechnik heute noch schlagen kann. Aus der intellektuellen Überheblichkeit etablierter Wissenschaften. Aus der Abneigung gegen neue Weltbilder. Vermutlich aus allem zusammen.

Ich kann das sehr gut verstehen. Mir geht es zuweilen ähnlich. Gewissheit fühlt sich gut an. Das fängt in jungen Jahren an. Ich weiß noch, wie ich mich gegen den Physiklehrer, einen Freund meiner Eltern, wehrte, der mit uns in den Skiurlaub gefahren war und mir auf einer Alpenvereinshütte erzählte, dass Zeit durch Masse verändert wird, Zwillinge in Raumschiffen und auf der Erde unterschiedlich schnell altern und der Schneeball zu Boden fällt, weil der Raum gekrümmt ist. Ich war wütend auf ihn. Was er sagte, verstieß gegen alles, was ich in Sachkunde gerade gelernt hatte. »Der Schneeball fällt wegen der Erdanziehungskraft zu Boden«, hielt ich ihm entgegen. Er schüttelte den Kopf: »Nein, weil die Masse der Erde den Raum krümmt.« Das nahm ich ihm übel. Dieses Gefühl von Wut begleitet mich noch immer, wenn mir jemand etwas wegnimmt, was ich verstanden glaubte. Als das Internet aufkam, sagte mir ein Netzpionier: »Die Leser wollen selber Kommentare und Artikel schreiben. Erlaubt es ihnen. Bindet sie auf euren Zeitungs-Webseiten ein.« Das versetzte mir einen Stich. Es kränkte mich in meiner Ehre als Journalist: »Diese Plackerei hier in der Redaktion, die 12-Stunden-Schichten, der Wochenenddienst – wozu schinden wir uns denn eigentlich? Um Fakten herauszufinden und sachgerechte Kommentare zu schreiben. Das ist Dienst am Leser. Der hat andere Dinge zu tun. Wir sind sein Nachrichtendienst. Sein Informationslieferant. Er kann sich auf seinen eigenen Beruf konzentrieren. Arbeitsteilung. Ich weiß doch, wie schwer Recherche fällt. Wie hart es ist, der Wahrheit ein Stück näher zu kommen. Die Leser wollen das selbst machen? Total unrealistisch. Dafür haben die doch gar nicht die Zeit.« Ich gebe zu, ich habe Jahre gebraucht, um mich von dieser Haltung zu befreien. Und ich finde immer noch, dass sie einen Kern Wahrheit enthält. Das Internet hat den Meinungsmarkt sicher demokratisiert. Aber mehr Wahrheit hat es nicht unbedingt in die Welt gebracht. Mehr Toleranz und mehr Aufgeschlossenheit auch nicht. Nach wie vor betreibt niemand so gut Wahrheitssuche wie professionelle Journalisten. Trotzdem war es wichtig, dem Neuen ins Gesicht zu sehen. Es ist mir schwergefallen. Ich musste mir eingestehen, dass ich vorher eindimensional und unterkomplex gedacht hatte. Das Gefühl von Flow und Kompetenz verschwand – ein Glücksgefühl. Dieses Glück erlangt man erst zurück, wenn man die neue komplexe Lage ebenso gut beherrscht wie die alte übersichtliche. Das kostet Anstrengung und löst Beklemmung aus. Ich kann jeden gut verstehen, dem es ähnlich geht.

Andererseits frage ich mich, welchen Preis wir für die Abneigung gegen Neues bezahlen. Er ist ziemlich hoch. Vielleicht haben meine Kinder eine Zukunft als Ticketverkäufer im Technikmuseum Deutschland, denke ich manchmal sarkastisch. Touristen aus Japan, China, Korea und Kalifornien kommen dann hierher, um noch einmal die Reliquien des mechanischen Zeitalters zu besichtigen. So, wie Touristen heute auf Trabi-Safaris durch Berlin zuckeln und Ostalgie-Gefühle in DDR-Ausstellungen ausleben. Ein Themenpark des 20. Jahrhunderts könnte Deutschland werden. DisneyLand, LegoLand und DeutschLand. Weniger sarkastisch und weitaus realistischer ausgedrückt: Vielleicht besteht die Zukunft meiner Kinder darin, iPhones und Samsung-Handys in Telefonshops zu verkaufen. Mitglieder einer boomenden Import-Branche zu werden, die herbeigeschiffte Segnung der Hochtechnologie an die deutsche Bevölkerung verkauft. Vielleicht betreiben sie einen 3D-Copyshop für den Ausdruck der neuesten Tesla-Modelle. Oder sie liefern Gourmet-Mahlzeiten in die rollenden Lounges, die das menschengelenkte Auto ablösen. Vielleicht designen sie Werbung für Netflix oder sprechen Synchronstimmen auf Snapchat-Videos. Ehrenvolle Berufe sind das sicherlich. Man kann nichts gegen sie sagen, außer dieses vielleicht: Wenn wir so weitermachen wie bisher, manövrieren wir die nächsten Generationen in Vertriebs- und Serviceberufe für importierte Produkte. Wir schneiden sie von der Kreation und Herstellung neuer Waren und Dienstleistungen ab. Wir liefern sie Kräften aus, die sie nicht zähmen und nicht beeinflussen können. Mir wäre es lieber, wenn meine Kinder die Wahl hätten, ob sie in Deutschland in der Kreation oder im Vertrieb arbeiten wollen. Doch so, wie es jetzt läuft, schränken wir diese Wahl einzig auf den Vertrieb ein. Wir treffen weitreichende Entscheidungen, die unsere Kinder nicht mehr umkehren können, wenn es erst einmal zu spät ist.

Täusche ich mich, oder ist das Klima in Sachen Technik heute ein anderes geworden, als es früher war? Ich war fünf, als Neil Armstrong auf dem Mond landete. Aber ich erinnere mich genau, dass die Erwachsenen über nichts anderes sprachen und im Fernsehen nichts anderes lief. Technikstolz und Pioniergeist waren allgegenwärtig. Mein Vater und meine Mutter waren bei der Mondlandung noch jung. Er 32, sie 33. Sie holten mich vor den Fernseher und kuschelten mich in eine Decke ein. Ich durfte bis zum Ende zuschauen. Wissenschaft war aufregend. Es gab nichts Aufregenderes. Experimentierkästen von Kosmos wünschten wir Kinder uns so sehnlich herbei, dass ich mich nicht traute, diesen Wunsch auf den Zettel zu schreiben, aus Angst, ausgerechnet er könnte nicht in Erfüllung gehen. Meine Mutter erzählte mir Geschichten, wie mein Vater nachts aufgeschreckt und zum Schreibtisch gelaufen war, weil ihn die Lösung zu seiner Doktorarbeit in Metallurgie im Schlaf überfallen hatte. Wissenschaft war ein wichtiges Thema bei Tisch. Bei Familienausflügen erklärte mein Vater, warum Vögel nicht tot von der Hochspannungsleitung fallen. Zu Weihnachten bekam ich immer *Das Neue Universum* geschenkt – einen jährlicher Almanach der Wissenschaften für die Jugend, dicker als die Bibel, spannender als Karl May, verlegt seit 1880. Im *Neuen Universum* standen die spannendsten Dinge der Welt: Computer, die menschliche Sprache verstehen, Roboter, die auf dem Mars landen, Tiefseesonden, die Mangan-Knollen vom Meeresboden pflücken. *Das Neue Universum* spielte an der Grenze zwischen Science-Fiction und exakten Wissenschaften. Alles schien unfassbar weit weg und unerreichbar. Heute, nur ein halbes Menschenalter später, trage ich einen Sprachcomputer von Apple am Handgelenk, sind Marsrover Realität geworden und Flotten von Bergbaurobotern auf dem Weg zu erdnahen Asteroiden, um Gold, Platin und seltene Erden abzubauen. Kaum zu fassen.

Mit den drei Nachbarskindern bastelten wir Radios aus Transistoren, schlossen die Nachbarschaft mit funktionstüchtigen Kindertelefonen zusammen und sprengten mit Schwarzpulver Löcher in den Esstisch, um seine Widerstandskraft zu testen. Die meisten meiner Freunde brannten für Wissenschaft. Modelle des Space Shuttles hingen neben *Bravo*-Postern von Uriah Heep und Franz Beckenbauer. Mein Bruder tauchte leuchtende Glühbirnen in Plastiktüten voll Wasser ein, um die Implosion zu beobachten. Später baute er einen Laser. Was er nicht ganz schaffte und weshalb er seitdem tiefe Ehrfurcht vor Lasertechnik empfindet. Nach dem Abitur flog ich neugierig nach Cape Canaveral. Die Apollo-Rakete war noch größer, als ich sie mir ausgemalt hatte. In Cape Canaveral war mehr los als in Disney World. Tausende von Kindern drängten sich in den Tourbussen, bestaunten das Kontrollzentrum und fühlten sich wie Zwerge unter den Abschussrampen des Space Shuttles. Überdeutlich greifbar der Stolz der Eltern, zu den *New Frontiers* aufzubrechen, von denen Kennedy gesprochen hatte. *New Frontiers* – was für ein eigentümliches Wort. Wie lange ist es her, dass wir in Deutschland diesen Geist verspürten? Ich glaube, das letzte Mal war es, als meine Mutter 1972 ein Plakat von Willy Brandt in der Küche aufhängte. »Mehr Demokratie wagen«. Seit diesen Zeiten wird hierzulande nicht mehr allzu viel Neues gewagt.

Eine bequeme Technikvergessenheit ist eingekehrt, die sich nur leisten kann, wer schon alles hat oder zu haben glaubt. Bei uns um die Ecke in Dahlem lebte Albert Einstein, als er gerade an der Allgemeinen Relativitätstheorie arbeitete. Bis auf eine kleine Gedenktafel ist an seinem Haus davon nichts mehr zu sehen. Schulklassen verirren sich nicht hierhin. Einsteins fünfminütiger Fußweg zur Arbeit ist nicht markiert. Das Haus, in dem sein Schreibtisch stand, gehört zur Max-Planck-Gesellschaft und ist nicht nach Einstein benannt, sondern nach Fritz Haber, dem Chemiker, Massenmörder und Nobelpreisträger, der im Ersten Weltkrieg das Giftgas erfand und den Gaskrieg persönlich leitete. Gravitationswellen, Nanoroboter und Quantencomputer schaffen es immer noch in die Schlagzeilen, aber wie weit sind wir doch entfernt vom Bann früherer Zeiten. *Science-Fiction* ist an die Stelle von *Science* getreten. Mein Sohn Nathan baut kein UKW-Radio, sondern virtuelle Burgen mit *Minecraft*. Simulationen beherrschen den Cyber-Space: Facebook simuliert Freundschaft, Google Wissen, Skype Nähe, Tinder Erotik und World of Warcraft Leistung. Selbst Spielwarenläden haben sich verwandelt. Früher waren Basteln, Werken, Bauen und Experimentieren ihr Thema. Heute geht es um Sagen, Fabeln, Legenden und Rollenspiele. Mein Vater nahm seine drei Söhne 1970 mit in Spielwarenläden, um Balsaholz, Leim und Seidenpapier zu kaufen, aus denen wir Modellflugzeuge bauten. Sie flogen tatsächlich, auch ohne Fernsteuerung. Eine Lunte brannte am Heck, die nach dem Steigflug am langen Faden einen Schnappmechanismus auslöste, der das Höhenruder hochstellte, Strömungsabriss bewirkte und den Segler zum Landen brachte. Heute baut man Flugzeuge nicht mehr selbst. Man schenkt Kindern Drohnen, die auf Knopfdruck starten und von alleine stabil in der Luft schweben. Bei SpielVogel, unserem Lieblings-Spielwarengeschäft am Hohenzollerndamm, füllt Lego eine ganze Wand.

Star Wars hat die Macht. Kosmos-Experimentierkästen verstauben oben rechts im Regal. Ohne Leiter kommt man nicht an sie heran. *Star-Wars-Kästen* bewerben nicht mehr den Aufbau des Modells, sondern das Thema der Szene. Auf Kindergeburtstagen kommt hin und wieder »Kristalle züchten« von Kosmos zum Vorschein, doch zwischen all den Darth-Vader- und Han-Solo-Sets haben die Kristalle keine Chance. Sie verschwinden schnell in der Ecke. Die Fantasie der Kinder ist im Space Western gefangen. Für die dunkle Seite der Macht interessieren sie sich. Nicht, ob Raumschiffe im echten Leben wirklich mit Lichtgeschwindigkeit fliegen könnten oder ob Laser tatsächlich für Schwerter taugt. Irgendwie ist das anders als bei uns damals.

Meine Generation hat *Raumschiff Enterprise* im Laufe der Zeit Stück für Stück nachgebaut. Bis auf das Holodeck haben wir so ziemlich jedes Gadget in die Wirklichkeit transponiert. Ohne *Enterprise* hätte es das Aufklapphandy nicht gegeben, vielleicht noch nicht einmal das Handy selbst. Heute hingegen geht es weniger um Technik als um ihre sozialen Auswirkungen. Das soziale Verhältnis zwischen Anakin Skywalker und Joda interessiert meine Kinder mehr als die Physik hinter den Schutzschildern und Laserschwertern. Dies ist kein Zufall. Wenn alles funktioniert, verschwindet Technik hinter der Tapete. Generationen, die in technisch perfekten Welten aufwachsen, verlieren den Drang, sich selbst mit Technik auseinanderzusetzen. Sie steigen in die abstrakten Mythen ab, die mit Technik möglich werden. Nein, früher war nicht alles besser. Die Erinnerung an damals soll nicht wie Wehmut klingen. Sie soll nur zeigen, dass Begeisterung für Technik mit einem Schuss gesunder Naivität fest zu den kulturellen Traditionen unseres Landes gehört.

Wir alle stehen auf den Schultern von Riesen. Doch je höher wir steigen, desto weniger nehmen wir den Riesen wahr, der unsere Höhe erst ermöglicht. In den schwindelerregenden Höhen des Erreichten wird auch die Kritik abstrakt. *Digitale Demenz* lautet der Titel des Bestsellers von Manfred Spitzer. Das Internet macht uns dumm, behauptet er. Die NSA horcht uns aus. Firmen stehlen unsere Daten. Unsere Privatsphäre ist bedroht. Roboter zerstören unsere Arbeitsplätze. Bald gibt es keine Jobs mehr und wir Menschen fristen unser Dasein in ewiger Freizeit. Wir verlieren die Kontrolle. Warum flüchten wir uns in diesen Aberglauben? Arbeit gibt es ohne Ende. Nur liegt sie nicht mehr im Mechanik-Themenpark des 20. Jahrhunderts, sondern an den *New Frontiers*. Kontrolle verlieren wir nur, wenn wir nicht mehr selbst herstellen, was wir konsumieren. Natürlich birgt Technik Gefahren. 220 Volt darf man nicht durch Klingeldrähte leiten – das hat mein Vater mir eingepaukt. Das ist eine echte Gefahr. Doch wenn man die richtigen Spannungen verwendet, bringt Technik Segen. Nicht Technik an sich ist gefährlich, sondern nur ihre falsche Anwendung. Unser Land im Übergang von mechanischer Produktion zu digitaler Konsumption bringt das immer öfter durcheinander.

Die Psychologie von Ländern ergibt sich aus der Summe ihrer traumatischen Erfahrungen. Wir sollten nicht damit hadern, dass wir immer etwas länger brauchen als andere, um in Gang zu kommen. Das letzte Vierteljahrhundert hielt viele Traumata bereit; das letzte Jahrhundert sowieso. In nur 25 Jahren eine Wiedervereinigung, ein europäischer Binnenmarkt, eine Währungsunion, ein Niedergang der Autoindustrie, eine chronische Massenarbeitslosigkeit, eine Finanzkrise, eine Euro-Krise, eine Flüchtlingswelle, ein 9/11, Krieg in Jugoslawien, Afghanistan und Irak, eine Serie islamistischer Anschläge, eine Existenzkrise der Europäischen Union. Im Vergleich dazu verliefen die ersten 25 Jahre im Leben meines Jahrgangs 1964 beschaulich, trotz Ölkrise, Studentenrevolte, RAF und Kaltem Krieg. Nur zu verständlich, dass wir uns zusätzlich zu all diesen Problemen nicht auch noch die Digitalisierung als Herausforderung ausgesucht haben, sondern lieber die Früchte der Industrialisierung ernten wollen. Wir sind eben erst der Massenarbeitslosigkeit entronnen. Ich weiß noch, wie meine Großmutter in den 1990er-Jahren ahnungsvoll den Zeigefinger gehoben hatte: »Fünf Millionen Arbeitslose! Wir bringen es noch auf fünf Millionen!« Sie meinte damit: Weimar kommt zurück.

Das haben wir verhindert. Gut so. Genauso können wir auch bei der Digitalisierung gewinnen. Als vor gut einem Jahrzehnt der deutsche Fußball mit seinen Rumpelfüßlern den Anschluss an die Weltspitze verloren hatte, ging ein Ruck durch den DFB und die Bundesligavereine. Ausscheiden in der Vorrunde einer Europameisterschaft – das war zu viel. Das wollte niemand mehr hinnehmen. Man trimmte das ganze System von den Jugendmannschaften bis zur Nationalmannschaft auf Innovation. Das Silicon Valley des Weltfußballs lag in Katalonien. Der FC Barcelona und seine Fußballschule wurden zum Vergleichsmaßstab. Man schulte um: technisch, individualtaktisch, mannschaftstaktisch, trainingsmethodisch, mental, führungsmäßig. Man riskierte viel und holte den kalifornisch-schwäbischen Bäckerssohn Jürgen Klinsmann an die Spitze der Nationalmannschaft, der alles andere war als ein gestandener Trainer, und erntete dafür das Sommermärchen. Dann machte man seinen Assistenten Joachim Löw zum Chef und schlug auf dem Weg zum vierten Weltmeistertitel Gastgeber Brasilien mit 7:1. Auch die Vereine suchten sich neue Trainertypen. Ob van Gaal, Favre oder Klopp, Guardiola oder Tuchel, immer ging es auch um Innovation. Man profitierte voneinander. Warum, so frage ich mich, ist selbst ein Schlafmützenverein wie der DFB zu einer solchen Entscheidung fähig und kann das Ruder herumreißen, aber keine kleine oder große Koalition? Warum ist kaum ein Unternehmen so gut geführt wie Mainz 05 oder der FC Bayern oder die beiden Borussias? Muss unsere Wirtschaft erst so tief fallen wie der Fußball bei der Europameisterschaft 2004? Müssen wir immer erst ganz unten ankommen, bevor wir vom Adrenalin des Aufschlags wieder auf die Füße geschickt werden? In der Vorrunde der Digitalisierung sind wir schon ausgeschieden. Drittligist sind wir längst. Was soll denn noch geschehen? Vielleicht ist Fußball wirklich die Schule der Nation. Wir mögen die simplen Regeln auf dem Platz. Vielleicht versuchen wir es mal damit: »Das Runde muss ins Eckige.« Übersetzt heißt das: Der Digitalumsatz muss steil nach oben. »Elf Freunde sollt ihr sein.« Übersetzt: Arbeitet miteinander statt gegeneinander und hängt euch voll rein. »Man darf den Sand nicht in den Kopf stecken.« Übersetzt: Schluss mit der Verdrängung und Relativierung. Die Lage ist dramatisch. Es ist Zeit für eine Revolution. Wir haben kaum noch eine Chance. Doch diese Chance ergreifen wir. Kapieren, nicht kopieren lautet das Gebot der Stunde. Verstehen, wie das Silicon Valley funktioniert, und das Beste mit unseren eigenen Stärken verbinden.

Bilden wir eine neue *Maker Generation* aus, die voller Freude alles baut, was mit neuen Technologien möglich wird. Erziehen wir Kinder zur horizontalen Vernetzung. Bringen wir ihnen bei, technisch kreativ zu forschen. Seien wir das erste Industrieland, das ohne Kohle und Kernkraft auskommt. Das Land, in dem die schnellsten, bequemsten und sichersten automatischen Autos fahren und die besten Drohnen fliegen. Treiben wir den Umweltschutz durch neue Technologie auf unbekannte Höhen. Vernetzen wir nachhaltiges Wohnen, Arbeiten und Erholen so intelligent wie nirgendwo sonst. Knüpfen wir ein dichtes Netz lebendiger Metropolen, das in seiner Vielfalt mehr leistet als die Monokulturen von Palo Alto und Tel Aviv. Kombinieren wir Aufbruch mit Sicherheit, Wagemut mit Gerechtigkeit, Leistung mit Gelassenheit. Laden wir jeden ein und nehmen jeden mit. Lassen wir eine Kultur der Fehler und des Scheiterns zu. Investieren wir zehn Prozent unseres Ersparten in Gründer. Bauen wir ein Wagniskapital-System auf, das effektiver ist als das amerikanische. Bringen wir Firmen an die Börse, die so verlässlich und visionär sind wie die Produkte, die sie bauen. Beteiligen wir die Bürger am Kapital von Firmen, damit sie nicht nur von Arbeit leben müssen. Lehren wir die Nutzer, ihre Daten als das neue Geld auch wirklich einzusetzen und entsprechend Gewinn daraus zu schlagen. Schaffen wir die politischen Voraussetzungen dafür, dass wir an den Gewinnen beteiligt werden, die Digitalkonzerne aus unseren Daten schöpfen. Sichern wir die Rechte des Menschen im Netz. Übertragen wir unsere Wertvorstellungen auf die neue Wirtschaftsordnung. Dann können wir es schaffen. Deutschland ist in Sachen Digitalisierung heute das, was man an der Börse als *undervalued asset* bezeichnet: eine Aktie, die unter ihrem wahren Wert gehandelt wird. Wir haben unser Potenzial noch längst nicht ausgeschöpft. Wenn wir die Kraft und Kreativität einsetzen, mit der wir andere Krisen bewältigt haben, holen wir die Wettbewerber ein und hängen sie ab. Besinnen wir uns auf unsere Begeisterung für Technik. Lassen wir unserem Unternehmergeist wieder freien Lauf. Zäumen wir unsere Ängste ein. Begrenzen wir den Datenschutz auf das wirklich Notwendige. Lassen wir den Aufbau eines Datensektors zu. Verbinden wir Fortschritt mit Teilhabe. Werden wir Weltmeister der individualisierten Massenproduktion. Schaffen wir Cluster für die wichtigsten Wachstumsbranchen der Zukunft. Übergeben wir das Land an unsere Kinder in einem besseren Zustand, als wir es selbst vorgefunden haben. Was für ein Land können wir in Zukunft sein? Das modernste, sauberste und fairste Land der Welt. In diesem Land lohnt es sich zu bleiben.

Wie geht es weiter? Eine Einladung

Liebe Leserinnen und Leser,

seit dem Erscheinen von »Silicon Germany« im September 2016 ist viel geschehen. Zum Start der Taschenbuchausgabe möchte ich Ihnen kurz davon berichten und Sie einladen, mit Anregungen und Ideen an meinem nächsten Buch mitzuwirken, an dem ich derzeit arbeite.

»Silicon Germany« wurde auf der Frankfurter Buchmesse mit dem Wirtschaftsbuchpreis 2016 ausgezeichnet, und das Interesse am Thema hätte kaum größer ausfallen können. Deutschlands Wirtschaft hat – endlich und mit reichlich Verspätung – die Reise in die digitale Zukunft angetreten. Kein Kongress, keine Tagung, keine Führungskräftekonferenz, ohne dass »Digitalisierung« weit oben auf der Agenda steht. Das sprunghaft gestiegene Interesse hat mich Anfang 2017 dazu bewogen, die Unterstützung bei der Digitalisierung über meine Bücher hinaus zum Hauptberuf zu machen. Ich habe, gemeinsam mit meinem Arbeitgeber Axel Springer und weiteren Digitalisierungsexperten, sozusagen »die Firma zum Buch« gegründet. Mein Kollege Lars Zimmermann und ich sind Geschäftsführer der Axel Springer hy GmbH mit Sitz in Berlin geworden. »Hy« (ausgesprochen »Hi«) ist der Markenname, unter dem wir auftreten. Mein eigener Wunsch, die Ärmel hochzukrempeln, trifft zusammen mit dem Bedürfnis von Kunden, uns als Fachleute an ihrer Seite zu wissen. Es ist überaus spannend, die Thesen von »Silicon Germany« in der Praxis zu erproben: Plattformen zu bauen, Geschäftsmodelle zu disruptieren, Unternehmenskulturen zu verwandeln und neuen Technologien zum Durchbruch zu verhelfen. Nebenbei lernen wir viel Neues über Branchen wie Auto, Chemie, Handel, Logistik oder Energie.

Mein nächstes Buch wird vom Abenteuer und der Zumutung handeln, sich in Zeiten der Digitalisierung neu erfinden zu müssen. »Disrupt Yourself« lautet der Arbeitstitel. Als ich »Silicon Valley« und »Silicon Germany« recherchierte und schrieb, ging es vor allem um die Disruption von Unternehmen und Geschäftsmodellen. Heute wissen wir, dass der Umsturz viel tiefer und viel weiter greift. Er fasst mitten in unser persönliches Leben hinein. Überall begreifen Menschen: Wenn sie ihr Denken und Verhalten nicht radikal verändern, gehen sie in der Digitalisierung unter. Doch wie verändert man sich radikal? Wie kann man sich selbst neu erfinden? Und wollen wir das überhaupt? Sehnen wir uns in Wahrheit nicht nach Ruhe und Verlässlichkeit? Wäre es uns nicht viel lieber, alles beim Alten zu belassen? Digitalisierung zerstört Sicherheiten. Wir sollen, heißt es, alles anders machen als bisher. Vielen Menschen flößt das Furcht ein. Wir schaudern, wenn wir daran denken, was von unserer Bereitschaft, uns selbst anzugreifen, alles abhängt. Die Zukunft ganzer Firmen, Branchen und Länder steht und fällt mit der Fähigkeit ihrer Angestellten und Bürger, disruptiv zu denken. Nur wenn sie konstruktiv auf Disruption reagieren, ist das Überleben einigermaßen wahrscheinlich. Gewinnt die Furcht? Lähmt uns der Gedanke, dass rund die Hälfte aller Berufe aussterben wird, wie ernst zu nehmende Studien glauben, und dass unser eigener Beruf dazu gehören könnte? Oder elektrisiert uns die Aussicht auf eine glanzvolle digitale Zukunft? Was könnte es dort zu gewinnen geben, was wir heute noch nicht haben?

Auf diese Fragen will ich in »Disrupt Yourself« antworten. Mein drittes Buch über Digitalisierung handelt also nicht mehr von Ländern wie Kalifornien oder Deutschland, sondern von den Menschen, die in ihnen leben. Von ihren Gefühlen und Strategien, von ihren Panikattacken und Hoffnungsschüben. Nach »Silicon Valley« und »Silicon Germany« nun »Silicon You« sozusagen. »Disrupt Yourself« tritt dem Pessimismus entgegen, der in jedem von uns keimt. Das Buch zeigt, was wir konkret tun können, um mit der Digitalisierung besser zu leben als je zuvor. Ich besuche Leute, die hin- und hergerissen sind zwischen Zuversicht und Verzagtheit. Die mithalten wollen, aber nicht wissen, wie sie das anstellen sollen. Ich diskutiere mit ihnen über die bestmögliche Reaktion. Wir entwerfen Strategien, wie die Sache gut für sie ausgehen kann. Ich spreche mit der Kassiererin in meinem Supermarkt, mit meinem Lieblingstaxifahrer – mit Menschen, deren Berufe totgesagt werden und die trotzdem große Chancen haben. Ich will beschreiben, wo die Chancen liegen und was jeder tun muss, um sie zu erschließen. Ich besuche die Pioniere der neuen Technologien, die Programmierer und Informatiker: Was haben sie vor? Wie können wir ihre Technologien für uns nutzen? Ich interviewe Vorstandsvorsitzende, die sich fragen: Wie nehme ich meine Belegschaft mit auf eine Reise ins Ungewisse, und habe ich überhaupt genug Zeit, auf ihre Einsicht und Mitwirkung zu warten? Es gibt schon viele ermutigende Beispiele, wie Unternehmen bei ihren Mitarbeitern ungeahnte Kräfte wecken und eine anfängliche Schwäche bei der Digitalstrategie in nachhaltige Stärke verwandeln können. Ich befrage Psychologen: Wie bleibt man optimistisch, wenn der Boden zittert, auf dem man steht? Sie haben Antworten darauf, wie man Ungewissheit in eine Quelle des Antriebs verwandelt.

Wir stehen vor einem neuen Schub der digitalen Disruption. Das ist jedoch kein Grund zur Sorge. Wir alle haben viel Gutes zu erhoffen. Was auf Sie wartet, können Sie schnell erfahren. Schließen Sie Ihre Augen und überlegen Sie sich, was Sie eigentlich schon immer einmal tun wollten, wenn es nur nach Ihnen ginge. Was Sie am liebsten unternehmen würden, wenn die Lasten des Alltags von Ihnen abfielen. Wenn Sie Herr über Ihre eigene Zeit wären. Wenn Fremdbestimmung der Selbstbestimmung wiche. Die digitale Revolution wird die Wünsche, die Sie vor Ihrem inneren Auge sehen, in den kommenden Jahren und Jahrzehnten wahr werden lassen. Sie gewinnen Zeit für vieles, was Ihnen wichtig ist. »Disrupt Yourself« ist ein anderes Wort für »Erfinde dich selbst«, aber auch »Finde dich selbst«. Sie werden überrascht sein, wie gut Sie davon leben können und wie stark Ihr Wohlstand steigt. »Disrupt Yourself« ist eine Verheißung. Wir können lernen, uns neu zu erfinden, und dabei als Menschen glücklicher und als Organisationen erfolgreicher werden als bisher. Mein neues Buch berichtet davon, wie das konkret geht.

Noch ist das Buch nicht geschrieben. Haben Sie Lust, daran

mitzuwirken? Haben Sie eine persönliche Geschichte zu erzählen oder Gedanken beizusteuern? Dann schreiben Sie mir bitte einfach eine Mail an: autor@christoph-keese.de. Ich freue mich, von Ihnen zu hören.

Berlin, im Dezember 2017

ANHANG

Dank und Kontakt

Dank an Caspar, Nathan und Camilla für ihre Begeisterung und Heiterkeit. Dank an Jasmin für ihre Geduld, Unterstützung und die vielen Anregungen. Dank an Annemarie für alles, was sie mir geschenkt und mitgegeben hat. Dieses Buch wäre nicht möglich gewesen ohne die vielen Menschen, die ihr Wissen mit mir geteilt haben. Dank an sie alle. Britta Egetemeier und Wolfgang Ferchl bei Knaus danke ich für ihre Unterstützung bei Konzeption und Lektorat. Kreativer und angenehmer könnte die Zusammenarbeit nicht sein. Dank auch dem ganzen Team bei Knaus, vor allem an Susanne Klein. Dank an Stefanie Heidler für die Hilfe bei der Organisation. Dank an Sebastian Turner für die Ideen bei der Konzeption. Dank an Nelly, Lukas und Sven für ihre Freundschaft. Dank an meine Kolleginnen und Kollegen bei Axel Springer für die Hinweise auf interessante Firmen, Menschen und Entwicklungen. Dank an Mathias Döpfner, Andreas Wiele, Jan Bayer und Julian Deutz für ihre Unterstützung. Dank an alle Leserinnen und Leser des *Silicon Valley*-Buchs, die mir wertvolle Hinweise geschickt haben. Max, Mara, Christoph, Philipp, Jakob und Marie: Schön, dass es Euch gibt.

Bei der Fülle der Fakten, die dieses Buch enthält, lässt es sich auch bei größter Sorgfalt nicht ganz vermeiden, dass sich Fehler einschleichen. Für Hinweise sind das Lektorat und ich dankbar.

Falls Sie mir schreiben möchten, erreichen Sie mich unter: christoph.keese@live.de.

Literatur und Quellen

Um den Lesefluss des Textes zu erleichtern, ist in diesem Buch auf Fußnoten verzichtet worden. Alle verwendeten externen Quellen sind im Folgenden aufgelistet. Zitate, die mit keiner Drittquelle belegt sind, entstammen eigenen Gesprächen und Interviews. Den Quellen vorangestellt sind Bücher, die ich zur weiteren Beschäftigung mit der Materie besonders empfehlen kann. Originalausgaben sind angeführt, wo keine deutsche Übersetzung erhältlich ist.

Die wichtigsten Bücher
Diese Bücher sind für eine weitere Beschäftigung mit dem Thema besonders empfehlenswert.
Brynjolfsson, Erik und McAfee, Andrew: *The Second Machine Age: Wie die nächste digitale Revolution unser aller Leben verändern wird.* Plassen Verlag, Kulmbach, 2014.
Catmull, Ed und Wallace, Amy: *Die Kreativitäts-AG: Wie man die unsichtbaren Kräfte überwindet, die echter Inspiration im Wege stehen.* Carl Hanser Verlag, München, 2014.
Christensen, Clayton M,: *The Innovator's Dilemma: Warum etablierte Unternehmen den Wettbewerb um bahnbrechende Innovationen verlieren.* Vahlen, München, 2011. (*The Innovator's Dilemma: When New Technologies Cause Great Firms to Fail*)
Dark Horse Innovation: *Thank God it's Monday!: Design Thinking – Wie wir die Arbeitswelt revolutionieren.* Econ, Berlin, 2014.
Ecomento: *Audi-Elektroauto-Chef: Tesla hat bisher strategisch leider alles richtig gemacht.* Ecomento, Stuttgart, 2016
Ford, Martin: *Aufstieg der Roboter: Wie unsere Arbeitswelt gerade auf den Kopf gestellt wird – und wie wir darauf reagieren müssen.* Plassen Verlag, Kulmbach, 2016.
Gassmann, Oliver und Frankenberger, Karolin: *Geschäftsmodelle entwickeln: 55 innovative Konzepte mit dem St. Galler Business Model Navigator.* Carl Hanser Verlag, München, 2013.
Gladwell, Malcom: *David und Goliath: Die Kunst, Übermächtige zu bezwingen.* Campus, Frankfurt am Main, 2013.
Gladwell, Malcom: *Der Tipping Point: Wie kleine Dinge Großes bewirken.* Berlin Verlag, Berlin, 2000.
Handelsblatt: Börsenstatistik: *Amerikas Konzerne dominieren die Welt.* Handelsblatt. Düsseldorf, 2016.
Hoffmann-Riem, Wolfgang: *Innovation und Recht – Recht und Innovation: Recht im Ensemble seiner Kontexte.* Mohr Siebeck, Tübingen, 2016.

Kahneman, Daniel: *Schnelles Denken, langsames Denken.* Pantheon, München, 2014.

Kaku, Michio: *Die Physik der Zukunft – Unser Leben in 100 Jahren.* Rowohlt, Reinbek bei Hamburg, 2012.

Mele, Nicco: *The End of Big: How the Internet makes David the new Goliath.* St. Martin's Press, New York, 2013.

Osterwalder, Alexander: *Business Model Generation: Ein Handbuch für Visionäre, Spielveränderer und Herausforderer.* Campus, Frankfurt am Main, 2011.

Ries, Eric: *Lean Startup: Schnell, risikolos und erfolgreich Unternehmen gründen.* Redline, München, 2012. (*The Lean Startup: How Constant Innovation Creates Radically Successful Businesses*)

Sonstige Quellen

Autorengruppe Bildungsberichterstattung: *Bildung in Deutschland 2016.* Kultusministerkonferenz und Bundesministerium für Bildung und Forschung, Berlin, 2016.

Bain & Company: *Digital Disruption Macro Trends.* Bain & Company Boston, 2016.

Bellberg, Guido: *Wie Menschen Roboterautos austricksen werden.* Die Welt. Berlin, 2015.

Berger, Thor und Frey, Carl Benedikt: *Industrial Renewal in the 21st Century: Evidence from US Cities.* Routledge Taylor & Francis Group. London, 2015.

Buchenau, Martin-Werner et al: *Neue Satelliten.* Handelsblatt. Düsseldorf, 2016.

Buchhorn, Eva und Müller, Eva: *You can't buy cool.* Manager Magazin. Hamburg, 2016.

Bundesministerium für Wirtschaft und Energie: *Digitalisierung und du.* BMWI, Berlin, 2016.

Bundesministerium für Wirtschaft und Energie: *Digitale Strategie 2025.* BMWI, Berlin, 2016.

Bundesministerium für Wirtschaft und Energie: *Grünbuch Digitale Plattformen.* BMWI, Berlin, 2016.

Bundesregierung: *Digitale Agenda 2014-2017.* Bundesministerium für Wirtschaft und Energie, Berlin, 2014.

Bundesverband Deutscher Kapitalbeteiligungsgesellschaften: *BVK Statistik – Das Jahr 2015 in Zahlen.* BVK, Berlin, 2016.

Bundesverband Deutsche Startups: *Deutsche Startup Agenda* und *Deutscher Startup Monitor* und *European Startup Monitor.* Berlin, 2016.

Carter, Sandy: *Digital Disruption Has Already Happened.* Vortrag. IBM, Armonk, 2015.

Christlich Demokratische Union Deutschlands: *CDU 2017: Sechs Thesen zur Zukunft der Bildung.* Berlin, 2016.

Deming, David J.: *The Growing Importance of Social Skills in the Labor Market.* Harvard, 2015.

Dengler, Katharina und Matthes, Britta: *Folgen der Digitalisierung für die Arbeitswelt.* IAB-Forschungsbericht. Institut für Arbeitsmarkt und Berufsforschung. Nürnberg, 2015.

The Economist: *Does Deutschland do digital?* London, 2015.

Etventure: *Deutschlandstudie – Deutschen Chefetage fehlt der Mut zu radikalen Entscheidungen bei der Digitalisierung.* Etventure, Berlin, 2016.

Frey, Carl Benedikt und Osborne, Michael A.: *The Future of Employment: How Susceptible are Jobs to Computerisation?* Oxford, 2013.

Gsella, Thomas: *Auf der Autobahn herrscht Krieg.* Frankfurter Allgemeine Zeitung. Frankfurt, 2015.

Hastings, Reed: *Netflix Culture: Freedom and Responsibilty.* Netflix. Los Gatos, 2015.

Heide, Dana: *Staatliches Wagniskapital kann privates nicht ersetzen.* Handelsblatt. Düsseldorf, 2016.

Hofmann, Alex: *»Ich habe immer das Gefühl, in Deutschland geht gar nichts«.* Interview mit Bastian Lehmann. Gründerszene. Berlin, 2016.

Institut für Handelsforschung: *Stand, Land, Handel 2020.* Studie zu den Auswirkungen der Digitalisierung. Köln, 2015.

Jung, Alexander: *Spargelstechen 4.0.* Der Spiegel. Hamburg, 2016.

Kapuscinski, Ryszard und Tuma, Thomas: *Die Aufholjagd. Konkurrenz setzt Energie frei.* Interview mit Michael Otto. Handelsblatt. Düsseldorf, 2016.

Koch, Olaf: *Wir werden richtig Gas geben.* Interview. Berlin Valley. Berlin, 2016.

Köcher, Renate: *Arbeit heute und morgen – Vorstellungen von der Arbeit der Zukunft.* Institut für Demoskopie, Allensbach, 2016.

Korbert, Rinal und Feldmann, Raniv: *Startups and Venture Capital in Israel.* Zirra und Geektime, Tel Aviv, 2016.

Killinger, Sonja: *Kartellbehörde hat Bedenken gegen Hotel-Bestpreisgarantie.* Wiener Zeitung. Wien, 2015.

Mandel, Michael: *App Economy Jobs In Europe.* Progressive Policy Institute, Washington D.C., 2016.

McKinsey Global Institute: *Disruptive technologies: Advances that will transform life, business, and the global economy.* New York, 2013.

Meeker, Mary: *State of the Internet Report 2015.* Kleiner Perkins Caufield Byers, Menlo Park, 2015.

Meeker, Mary: *State of the Internet Report 2016*. Kleiner Perkins Caufield Byers, Menlo Park, 2016.

Mesosphere Inc: *Mesosphere Raises $73.5 Million in Series C Funding*. Mesosphere Press Release, San Francisco, 2016.

Metz, Cade: *Self-Driving Cars Will Teach Themselves to Save Lives – But Also Take Them*. Wired. New York, 2016.

Mingels, Guido: *Früher war alles schlechter – Zahl der Verkehrstoten in Deutschland*. Der Spiegel. Hamburg, 2016.

National Venture Capital Association: Daten und Grafiken zum Volumen des Wagniskapitals in den USA. Washington, D.C., 2016.

Nusca, Andrew: *The Current State of Artificial Intelligence, According to Nvidia's CEO*. Fortune. New York, 2016.

Page, Larry: *G is for Google*. Alphabet. Mountain View, 2016.

Postinett, Axel: *Wie Banken sich selbst überflüssig machen*. Handelsblatt. Düsseldorf, 2016.

Pretzlaff, Harry und Guhlich, Anne: *»Wir wollen bei der Digitalisierung ganz vorne mitspielen.«* Interview mit Oliver Blume, Vorstandsvorsitzender der Porsche AG. Stuttgarter Zeitung. Stuttgart, 2016.

Roland Berger Strategy Consultants: *Die digitale Transformation der Industrie*. Bundesverband der Deutschen Industrie, Berlin, 2016.

Sachsinger, Christian: *Autohersteller werden zu Datenkranken*. Bayerischer Rundfunk, München, 2016.

Schröder, Miriam: *Die neuen Geldgeber*. Handelsblatt. Düsseldorf, 2016.

Schulz, Martin: *Freiheit Gleichheit Datenschutz. Warum wir eine Charta der Digitalen Grundrechte brauchen*. Die Zeit. Hamburg, 2016.

Schumpter Column: *Disrupting the Disruptor*. The Economist. London, 2015.

Statistisches Bundesamt: *Volkswirtschaftliche Gesamtrechnungen 2015*. Statistisches Bundesamt, Wiesbaden, 2016.

Index

A

AbeBooks 162
Accenture Plc 68
ADAC 272
Adobe Systems 112
AEG 196
Airbnb 25, 88, 93–96, 100, 104 f., 118, 223, 273, 315, 326 f.
Airbus S.A.S. 75
Akamai 256
Alando 202, 208
Alcoa Inc. 22
Alfred-Herrhausen-Gesellschaft 257
Alibaba.com 75, 88 ff., 95
Allen, William 284
Alphabet Inc. 26, 180
AlphaGo 163
Altmaier, Peter 264–268
Amazon 91 f., 95, 98, 100, 102–105, 117 f., 132, 162, 189 f., 210
 - Web Services (AWS) 91 f.
American Airlines 59 f.
American Recovery and Reinvestment Act 257
Amorelie 290
Android 180
AngelList (Datenbank) 206
AOL 87
App 43 f., 129, 133, 146
 EyeEM 203
 Number26 203 f., 208
 -Ökonomie 35
 -Ökosystem 43
 -Store(s) 43
Apple 16 ff., 41, 54, 57, 65, 88, 90 ff., 99, 102 f., 163, 223, 242, 252, 338
 - Music 132
 - Pay 24
 AppStore 99, 118
 CarPlay 31
 iPad 92, 102
 iPhone 12, 24, 31, 64 ff., 87, 336
 iTunes 92, 99, 118
 Macintosh 16
 Tablets 29 f.
Arago GmbH 79
Arthur D. Little 256
Artificial Intelligence Lab IDSIA 82
Audi 28 f., 57, 76, 89 f., 92, 101, 114, 197, 231 f.
Aufbau Verlag 199
Augmented Reality 132
Auto(s) 43 f., 75 f., 89, 126–133, 140, 165
 autonom 127, 129–132, 191, 265 f., 270 ff., 343
 Elektro- 28, 127, 140 f., 185, 196, 280
 -industrie 28, 45
 selbstfahrend 19, 25, 74, 82 f., 90, 114, 126 f., 163 f., 185 f., 191 f., 231, 256, 266 f., 268 f.
Autobranche 125 f.
AuxMoney 23
Axa Gruppe 289
Axel-Springer-Haus, Mountain View 216

B

Bain & Company 104
Banco Santander 20, 104
Bank(en) 133–136
 Investmentbanking 136

BASF 153, 188
  New Business GmbH 188
Bastei Lübbe Verlag 97
Bavaj, Paolo 193
Bayer AG 17
BDI 19, 52
Behrens, Julia 311
Bellberg, Guido 272 f.
Berger, Roland 19
Bergmann, Bastian 193 f.
Berke, Andrew 257 f.
Berlin 199–212, 214 f., 221, 242, 255, 276 f., 300 f., 334
Bertelsmann 67, 159
  Club – 103
  -Stiftung 311
Betahaus, Berlin
  s. Co-Working-Space(s)
Betapitch 200
Better Call Saul (TV-Serie) 171
Big Data 67, 135 f., 146
Bilderkennung 83–86
  automatische – 84, 163
  selbstlernende – 84
Birnbaum, Leonhard 244
Blockchain-Technologie 134
Bloomberg Beta 163
BlueYard Capital 290
Blume, Oliver 187 f.
BMW 17, 28 f., 57, 90, 101, 114
Boeing Company 284
Bollensdorff, Björn 310
Booking.com 99 f., 315
Boos, Hans-Christian 79–82
Bootcamps 59
Borchers, Peter 152
Bosch 15 f., 36 f., 39–42, 112, 153, 164 f., 204, 243
  Automotive Electronics 112 f.
  eBike 241 ff.
  Indego Connect (Rasenmäher) 15 f., 35–41, 241

  Sensortec, Reutlingen 53 f.
Bostrom, Nick 79
Bosworth, Bill 114
Botín, Ana Patricia 20, 104
Brandt, Willy 339
Braun, Helge 275, 277, 279 f., 289
Bremmer, Ian 22
Brin, Sergey 179 ff., 185
Building Radar GmbH 83 f.
Bullock, Jeffrey W. 293
Bundesverband der Musikindustrie 158
Bundesverband Deutscher Kapitalbeteiligungsgesellschaften s. BVK
Bundesverband der deutschen Industrie s. BDI
Bürgler, Andreas 192 f.
Busch, Michael 102 ff.
Büsche & Müller 195 f.
Business Model Canvas 120
Buy-out(s) 276
BVK 276 ff.

C
C3 (Berlin) 219
Café St. Oberholz, Berlin-Mitte 200
Capex 92 f.
Carsharing s. Sharing Economy
Carter, Sandy 88
Cavalry Ventures 290
Chaos Computer Club 320
Cherry Ventures 290
Christensen, Clayton 105–109
Claas GmbH 115
Claas-Mühlhäuser, Cathrina 115
Clickworker-job 96
Cloud 42, 51, 74, 87, 91 f., 94
  -industrie 20
Co-Working-Space(s) 59, 199 ff., 308

Ahoy 208 f.
Betahaus (Berlin) 199 ff., 209
Central Working, London 201
Factory (Berlin) 201, 207 ff.
Mindspace 208 f.
Rainmaking Loft Berlin 208 f.
Columbia Business School, New York 220
Compass (Datenanalyse) 204
Computerindustrie 20
Computersysteme 47
Connected World Congress, Berlin 164
Consumer Electronic Show, Las Vegas 76, 165, 271
Coupland, Douglas 125
Cramer, Lea-Sophie 290
Creandum (Stockholm) 290
Cross-over-Qualifikation(en) 54
Csik, Michaela 110
Cyberspace 316, 339

D

Daimler AG 91, 94, 114, 187, 196, 283
   Boost by Benz 186 f.
   Mercedes 17, 28 f., 57, 65, 90, 101, 186 f.
   Mercedes Benz Research a. Development North America-Labor 187
   MercedesMe 186
   Peninsula (Projekt) 186 f., 201
Dames, Filip 290
Data Collective 163
DataStax 114
Datenschutz 23, 25, 213, 268 f., 274, 317, 320 f., 344
Deep Learning 82, 84 ff.
Delaware 291–299
   Modell – 300
Delivery Hero 290
Demuth, Olaf 58 ff., 245 ff.
Denner, Volkmar 164 f., 241
Depiereux, Philipp 226
Design Thinking 142
Deutsche Bahn 190 ff.
   DB Ideenwerkstatt 191
   DB Netz 191
   D-Lab 191
   Flinkster 191
   Skydeck 191
   Mindbox 191
Deutsche Bank 91, 196
Deutsche Gesellschaft für Personalführung (DGFP) 178
Deutsche Post 220
Deutsche Telekom 60, 103, 152 f., 223, 228, 259 f., 315
Deutscher Lehrerverband 312
Deutscher Start-up Monitor 2015 161
Deutschland 17–20, 24 f., 32, 38, 45, 51, 59, 62, 67, 73, 110, 112, 114, 152, 160, 164, 174 f., 185, 189, 201, 204, 210 ff., 251–265, 267, 273 ff., 283, 291 f., 299, 301, 305, 311 f., 318, 331–334, 336, 343
DHL Paketdienst 60, 119
Diamantis, Peter 75
Diekmann, Kai 209, 217
Dietz, Ulrich 231
Digitalisierung 10 f., 15, 18–26, 31 f., 35, 37 f., 42, 52, 57, 59, 62 f., 67, 69, 82, 87, 89 f., 97, 106, 109, 115, 148, 153, 155 f., 158 ff., 162, 164–167, 178, 187, 192, 194, 205, 212 f., 215, 218, 224, 236, 238, 251, 254, 256, 261, 265, 272, 291, 304,

307, 311, 315, 321, 323–327, 341 ff.
Digitalbildung 253
digitale Infrastruktur 161, 254, 261, 315
digitale Transformation 10 f., 17, 19, 110, 113, 154 f., 164, 178, 184, 186, 216, 218 ff., 222, 226, 247, 253, 262, 282
Digitalindustrie 18
Digitalkompetenz 25
-sstrategien 158
Digitalrecht(e) 321
Digitalwirtschaft 11 f., 17, 90, 252, 263, 273, 315
Zeitalter 10, 168, 205
Disruption 20, 22, 28, 69, 91, 101–110, 114, 117 f., 121, 136, 151 ff., 157, 160, 164, 169, 176 f., 183 f., 188, 191, 198, 264, 323
technologische – 105, 107
Zeitalter der – 243
DNN Research 163
Dobrindt, Alexander 261
Dohrenwend, Robert 238
Dommermuth, Ralph 256, 262
Döpfner, Mathias 155 f.
Dow Jones VentureSource 276
Drohne(n) 25, 77, 133, 140, 144, 165, 267, 273, 339, 343
Dropbox 112, 117
Drücke, Florian 158
Duell, Charles H. 125
Dyck, Christian 189

E
E-Commerce 43
The Economist (Zeitschrift) 90 f.
E.on 101, 197, 223, 244, 315
EasyJet 59 f.
eBay 87, 95 f., 117 f., 202

eCommerce 161, 163
EdenSpiekermann 324
Einstein, Albert 251, 339
eMio 119
emotionale Intelligenz 80
Energiespeicher 74
Erhardt, Christof 220
Ernst & Young (Netzwerk) 206
Esprit Lt. 223
Etsy 95 ff.
Etventure (Berlin) 19, 226
eVenture 153, 159
Evernote 112, 120 f.
Expedia Inc. 99, 315

F
Facebook 18, 32, 80 ff., 85, 88, 91, 94, 100 f., 117, 158, 163, 217 f., 223, 233, 274, 288, 315, 318, 320, 326, 333, 339
Messenger (App) 318
Fahrenschon, Georg 252
FAZ 154, 272
FDX Fluid Dynamix GmbH 309 f.
Fellowship-Programme 215–219, 22
Fiber to the Home (FttH) 257
Finkbeiner, Stefan 53 ff.
Flagship-Stores 142
Fleischer, Claus 241 f.
Flinkster s. Deutsche Bahn
Fortune (Zeitschrift) 17, 85
Foxconn 12
Frankenberg, Alexander von 165 f.
Frankenberger, Karolin 110
Frankfurter Rundschau 326
Franklin, Bobby 284
Fraunhofer-Institut, Dortmund 191
Freemium 117
Frey, Carl Benedikt 21 f.

FttH s. Fiber to the Home
FU Berlin 220, 308

G

Gabriel, Sigmar 19f., 94, 258f., 261ff., 282f.
Gassmann, Oliver 110, 116
Gates, Bill 102, 203
General Electric 231
General Motors 56, 283
Generation X (D. Coupland) 125
Gesellschaft für Konsumforschung (GfK) 104, 226
Gesetz zur Modernisierung des GmbH-Rechts und zur Bekämpfung von Missbräuchen 301
Gestensteuerung 86
GfK s. Gesellschaft für Konsumforschung
GFT Deutschland 231
GitHub 118
Gladwell, Malcom 214, 237f.
Glasner, Daniel 290
Global Entrepreneurs 88
Global Start-up Ecosystem Ranking 206
Google 16, 18, 26, 28, 78, 80ff., 88, 90f., 111, 114, 117, 158, 163, 179ff., 185, 216, 218, 223, 229, 233, 274, 290, 315, 320, 339
AdSense 117f.
-Autos 15, 39
-Car 31
Chrome 180
DeepMind 78f., 163
-Maps 180
Navigationssystem 28ff., 114
-Play 118
Gratzer, Markus 99
Grube, Rüdiger 190ff., 223
Gründerszene (Webseite) 203, 210
Gsella, Thomas 272

Gummer von Mohl, Madeleine 200f., 209

H

Haber, Fritz 339
Handelsblatt 22, 94, 152, 169, 278
Harvard Business School 105
Harvard Business Service, Inc. 292f.
Hastings, Reed 167f., 170–174
Haucap, Justus 17, 99f., 273f., 305
Haus der kleinen Forscher (Stiftung) 312f.
Hebrew University, Jerusalem 304
Heinemann, Florian 57f., 161f., 178, 235
HelloFresh AG 202
Helmholtz Gemeinschaft 312f.
Henkel (Konzern) 193, 223
Here (Navigation) 90, 114
Herger, Mario 223
Herles, Benedikt 152f., 159f., 162
Herles, Wolfgang 159
Heuzeroth, Thomas 260
Hightech Gründerfonds (HTGF) 165
Hoffmann-Riem, Wolfgang 320
Hofstetter, Yvonne 316
Holzhausen, Franz von 56
Home24 202
Hommels, Klaus 31f., 206f., 283
Honnold, Alex 68
Hopp, Dietmar 312
Hotmail 117
Höttges, Tim 223
House of Cards (TV-Serie) 167, 171
HRS (Unternehmen) 99
Huang, Jen-Hsun 85
Huawei 16

Hubs 59
Hugendubel 98
Hugendubel, Maximilian 103
Hugendubel, Nina 104
Humboldt Universität, Berlin 270, 313
The Hundert (Zeitschrift) 203
HypoVereinsbank, München 22

I
IBM 88, 108, 125
   Watson (KI-Programm) 83
Idealo.de 156f., 234
IMD Competitiveness Center 18f.
Immoscout 118
ImmoWeb 157
ImmoWelt 157
Index (Venture) 290
Indinger, Paul 83f.
Industrialisierung 45, 175
Industrie 4.0 244
Industriezeitalter 238, 243
Infineon 231
Informationszeitalter 243
Initiative CDU2017 264
Instagram 87, 117
Institut für Demoskopie 20
Intel 76, 78, 86
   Curie-Chip 76f.
   -Inside 243
Internet Governance Forum (IGF) 321
Internationale Automesse IAA 186
Internet 10, 18f., 21, 35, 44, 60, 74, 87, 138, 253f., 291, 311, 314f., 321, 335f.
   mobiles – 73f., 78, 256
   of Things (der Dinge) 74, 78, 159f., 204, 310
   -verbindung 43

Internet Corporation for Assigned Names and Numbers (ICANN) 321
Internet Economy Foundation 262
IRS (US-Steuerbehörde) 294
Israel 206, 281f., 288, 302ff.

J
Jamba GmbH 162, 202
JCDecaux 117
Jetpac 163
Jobs, Steve 112
Jobspotting 209
Juncker, Jean-Claude 269
JustBooks 162

K
Ka-shing, Li 204
Kaeser, Joe 181f., 185
Kaizen 46
Kaku, Michio 86, 125f.
Kant, Immanuel 322f.
KaufDa 157
Khosla Ventures 163
KI s. Künstliche Intelligenz
Kindle 98, 100, 102ff., 118
Kircher, Lukas 219f.
Kleiner Perkins (US-Fonds) 204
Kleinfeld, Klaus 22
Kleinwächter, Wolfgang 321
Klinsmann, Jürgen 342
Klöckner & Co 188ff.
   Kloeckner.i 188ff.
Kluge, Klaus 97
Knaup, Tobias 211
Knirsch, Stefan 76, 90, 119
Knudstorp, Jørgen Vig 221
Koch, Olaf 165
Köcher, Renate 20
Kohlberg Kravis Roberts (KKR) 79f.
Kopetz, Georg 231f.

Kopf, Wolfgang 259 f.
Koslowski, Thilo 187
KPMG Start-up-Monitor 2015 205 f.
Kraus, Josef 312
Kreditanstalt für Wiederaufbau (KfW) 283
Kretschmann, Winfried 11 f.
Kroker, Michael 91 f.
Krzanich, Brian 76 f.
Kugel, Janina 58, 169, 181 f.
Kuka AG 204
Künstliche Intelligenz 17, 67, 74, 78–82, 84 ff., 147 f., 162 ff., 182, 311, 320, 325
  KI-Firmen 86
  KI-Forschung 163
  KI-Systeme 82

L

LadenZeile.de 232
Lakestar 32, 206, 283
Lean Production 46
Learning Journeys, Digital 214 ff., 219, 222
Lego A/S 221, 339
Lehmann, Bastian 210 f., 278
Leibert, Florian 211
Lending Club 23, 112, 118
Lidar (Sensortechnik) 87
Lieferheld.de 290
Lighthammer 228 f.
LinkedIn 117, 229
Liske, Stefan 74 f.
Ljung, Alexander 206
Lorenzo, Giovanni di 314, 321
Löw, Joachim 342
Ludwig-Maximilians-Universität, München 159
Lufthansa AG 59 f., 255
Lumenaza GmbH 160
Lyft Inc. 93, 283, 326 f.

M

Maas-Entwurf 321 f.
Maas, Heiko 262, 321 f.
Magneton Program (Israel) 281 f.
Maier, Robert 232
Maire, Christophe 177
Maizière, Thomas de 261
Maker Generation 97, 343
Manager Magazin 152, 165, 227
MarketsAndMarkets 85
Martínez, José Manuel 223
Mazda 56
McGrath, Rita Gunther 220
McKinsey & Company 22, 73 f., 78, 125
  -Liste 73 f., 78, 91, 256
Medium.com 97
Meermann, Christian 290
Merkel, Angela 19, 197, 275, 301, 310
Mesosphere Enterprise 211
MetaMind 163
Micro-Trenching 259
Microsoft 26, 207, 229
Milde, Tim 189
Mindspace s. Co-Working-Space(s)
Minimal Viable Product 189
Mlynek, Jürgen 313
Mobileeye 271, 281
Moore, Gordon 86
Mooresches Gesetz 86
Morozov, Evgeny 22
Müffelmann, Jens 155 ff., 232 f.
Müller, Adolph 195–198
Müller, Matthias 185
Mullins, Ryan David 97
Musk, Elon 56, 196 ff., 203
MyTaxi 25, 283

N

Napoleon Bonaparte 175, 177
Narcos (Dramaserie) 171

Nest Labs Inc. 26f., 63f.
Netatmo S.A. 27, 63
Netflix 88, 100, 104, 118, 132, 141, 167f., 170–174, 337
Netzneutralität 322
Netzwerk(e) 45, 99, 139, 143, 146, 176, 200, 203, 232f., 245
  -effekte 94, 99
New Frontiers 338, 341,
The New York Times 125
Niemand, Stefan 197
Nixdorf, Heinz 108f.
NOAH Conference (Berlin) 207
Nokia 17, 90
NVCA (Venture Capital Assoc.) 284
Nvidia Corporation 85

O
Obama, Barack 18
Oettinger, Günther 18, 20, 94, 251f., 263
Oolipo 97
Open Source 75, 118
Orange Is the New Black (Dramaserie) 171
Osborne, Michael A. 21f.
Osterwalder, Alexander 120
Otis Elevator Company 112
Otto Group 153
  Collins 153
Otto, Michael 169

P
Page, Larry 179ff., 185
Palo Alto 9, 26, 36, 50, 60, 167, 170, 187, 198, 205, 215, 221, 223, 304f., 334, 343
Palo Alto High School 304, 331
Pan Am 284
Panama Papers 297
Pandora (Internetradio) 95, 105, 112

Panono 310
Paris im 20. Jahrhundert (J. Verne) 126
PayPal 17, 24f., 223, 252
PCH Innovations 74
Pichai, Sundar 180
Pinterest (soz. Netzwerk) 326
Pivoting 170
Planetary Resources 75
Platooning 106
Plattformen (digital) 18, 52, 67, 87–101, 105, 112, 118, 121, 129, 135f., 140f., 143ff., 147, 158, 164, 170, 186, 192f., 273, 318, 325f.
Plume Labs 74f.
Porsche 28f., 45–51, 101, 187f.
  -Digital GmbH 187
Post Merger Integration 226
Postmates (Unternehmen) 210
Powell, Grant 201
PredictionIO 163
Preqin (Analyse-Dienst) 282
Project A Ventures 57, 153, 161f., 178, 235
ProSiebenSat1 153, 156
Public Technology Incubator Program (Israel) 281
Pulse (News-Aggregator) 229

Q
Quandoo 290

R
Rabe, Henning 115f.
Rapid Prototyping 189
Re:publica Konferenz (Berlin) 207, 209
Relayr 204
Revolution 21, 81, 108f., 343
  digitale – 22f., 270, 279, 308
  industrielle – 17, 23

soziale – 21
technische – 21, 73
Rheinboldt, Jörg 120, 208 f.
Rickmann, Hagen 228
Rieger, Frank 320 f.
Riess, Eric 189
Ritter, Claude 290
Robotertechnik 74
Rocket Internet SE 57, 162, 202, 290
Rohrwacher, Niclas 201, 208
Rolls-Royce 112
»power by the hour« 112
Ronafoldi, Alex 35–42
Rørsted, Kasper 223
Rozsenich, Christian 96
Rühl, Gisbert 188 ff., 210
Russwurm, Siegfried 181–185
RWE 101, 197, 223, 315
RWTH Aachen 162

S
Saas 112
Salesforce.com 118, 163, 223
Samsung 16, 41, 336
  Tablets 29
  -Venture Investments 163
Samwer-Brüder 162, 202, 208, 290
SAP 153, 208, 223, 229
Sattelberger, Thomas 60
Schäfer, Christian 68 f.
Schäuble, Wolfgang 277 f.
Schindler, Philipp 290
Schirrmacher, Frank 253
Schloemer, Udo 207
Schmidhuber, Jürgen 83–87
Schmidt, Helmut 262
Schmidt, Markus 112 ff.
Schmiechen, Frank 203, 222
Schmitz, Bettine 289
Schmitz, Ulrich 166, 227 f.
Schulz, Martin 300, 314 f.

Schulze-Darup, Sarah 310
Schumpeter, Joseph 184
Schwintowski, Norbert 270
6Wunderkinder (App-Entwickler) 207
Sedol, Lee 163
Seehofer, Horst 253 f.
Seither, Valerian 119
SeLoger.com 157
Sensys Networks 229
Sharing Economy 93, 141
  Carsharing 93, 118 f., 129 f., 191
  Risiko-Sharing 135
Shashua, Amnon 271
Shenzhen 12
Siebenhaar, Klaus 220, 305 f.
Siemens 17 f., 58, 91, 153, 169, 181–185, 229
  next47 181–184, 190
  – & Halske 196
Silicon Valley (Chr. Keese) 229
Silicon Valley 9 f., 12, 16, 26, 36, 38 f., 41 f., 48, 50 f., 53 f., 56, 63 f., 67, 93, 104 f., 110, 151 f., 164, 166 f., 170, 187 ff., 203, 205 f., 210 f., 223, 229, 238, 242 ff., 268, 282, 290, 298, 304, 312, 315, 331, 343
  – Inspiration Tours 223
Silo(s) 57 f., 60 f., 307
  -denken 194, 246, 307
Sinner, Martin 234
Skype 32, 88, 117, 339
Slack (App) 318
SlideShare 117
Snapchat 222, 326, 337
SocietyOne 88
Software as a Service
  s. Saas
SoundCloud 67, 194 f., 203, 206 f.
Spahn, Jens 264, 277 f., 289

Sparkassen 252
  PayDirekt 252
Spiekermann, Erik 323 f.
Spitzer, Manfred 340
Spotify 32, 94 f., 105, 117, 132
Spracherkennung 163
  automatische – 86
Springer, Axel 11, 153–158, 166, 188, 202, 207, 216, 227, 232, 234
  – Axel Springer Plug and Play 120, 203, 208 f., 289 f.
  Bild-Zeitung 154, 209, 311 f.
  Die Welt 154, 203, 222 f., 260, 272
Stadler, Rupert 89 f., 209
Stalf, Valentin 203 f.
Stanford University 304, 306 f., 331
Starstrike Ventures 290
Start-up-and Venture Report (Zirra/Geektime) 281
Start-up(s) 17, 24 f., 32, 38 f., 41, 57, 60, 63 f., 67, 91, 109, 112, 151 ff., 155 f., 159–166, 185, 188, 194, 206, 211, 225–228, 230, 232–236, 274, 276 f., 281 f., 284–289, 291, 304
  FinTech- 17, 228
  -Szene 63, 160 f., 189, 200, 215, 218, 225, 229, 242, 275, 283, 289, 294
  Unicorns 201 f., 210, 230
State of the Internet Report (Akamai) 256
Statistisches Bundesamt 160, 276, 288
StepStone GmbH 118, 154
Strigel, Marc 67 f., 194 f., 202 f.
Stumpp, Wolfgang 45–48
Stuttgarter Zeitung 187
Süddeutsche Zeitung 154

Superintelligenz 79
Suppus, Ulrich 325
Swaminathan, Sushmitha 216 ff., 222

T
Tado 27 f., 63
Tandemploy GmbH 96
Tayenthal, Maximilian 203 f.
Tech Open Air (Berlin) 207 ff.
TechCrunch-Disrupt-Konferenzen 164
Technion, Haifa 304
Technische Universität Berlin 309 f.
  Centre for Entrepreneurship 309
  StarTUp Incubator 309
Telefónica 315
Teraki (Start-up) 310
Terium, Peter 223
Tesla 17, 28, 56, 127, 163, 196 ff., 272, 333, 337
  Modell 3 197
  Model S 17, 28, 56
  Powerwall 160, 197 f.
Teyssen, Johannes 223
Thalia 98, 102 f.
Thiel, Peter 203 f.
Thiemel, Arnulf 272
ThyssenKrupp 91
Tinder (App) 339
Titanic (Magazin) 272
Tnufa Program (Israel) 281
Tolino 100, 103 f.
Toyota 46, 163
TransferWise 24
Trippe, Juan 284
Trumpf (Unternehmen) 190
TTTech 231
Tudor, Henri Owen 196 f.
Twitter 117, 207, 223, 326

U

Uber 25, 81, 88, 93 ff., 98, 104, 189, 193, 223, 273, 278, 315, 319, 326, 333
United Internet AG 256, 262
Universität Düsseldorf 17, 99, 273
Universität Oxford 21 f., 79
Universität St. Gallen 110, 116
Universität Tel Aviv 304
University of Cambridge 307
Unu Motors GmbH 118 f.
Updates 44, 64 f., 90
   Live – 29, 41
UpWork 96

V

Varta AG 196
Vattenfall 101, 197, 315
Vectoring 260
Venture Capital 25, 57, 86, 153, 159, 230, 258, 274–283, 288, 296, 343
VentureScanner 86
Verband der Automobilindustrie (VDA) 197
Verne, Jules 126
Vernetzung
   horizontal 50–53, 60 f., 246 f., 343
   vertikal 50 f., 60 f., 246 f.
Viacom 104
Viber 281
Viessmann Werke 26 ff., 60, 62, 66, 152, 159, 193
   WATTx 193, 201
Viessmann, Martin 28, 62–65
Viessmann, Maximilian 28, 63 f., 66, 209
Virtual Reality 132, 139
Vito Ventures GmbH 152, 159
VocalIQ 163
Vodafone 315, 318
Voggenreiter, Dietmar 89
Volkswagen 44, 55 f., 65, 91, 101, 185, 257
Volvo 163

W

Wagniskapital s. Venture Capital
Wahlforss, Eric 206
Walther, Bernhard 79
Watson, Thomas 125
Wavii (News-Aggregator) 229
Waze 114, 281
WeChat 88
Wefing, Heinrich 319 f.
Weiner, Theodor 22 f.
Weizmann-Institut für Wissenschaften, Rechovot 302 f.
Weizmann, Chaim 302 f.
Die Welt s. Springer, Axel
Weltbank 20 f., 87, 282, 304
Weltbild (Unternehmen) 103
Western Union 326
Westwing 202
WhatsApp 117, 274, 315, 318
WHU, Vallendar 159, 162
Wiedeking, Wendelin 45 ff.
Wiele, Andreas 154, 157
Williams, Evan 97
Winterkorn, Martin 185
Wirtschaftsuniversität Wien 307 f.
Wirtschaftswoche 92
WitAI 163
Woischnik, Nikolas 207 f.
WordPress 118

X

Xing 32, 100

Y

YouTube 94f., 100, 104, 117, 180, 317f.
Yozma Fund 281

Z

Zajfman, Daniel 302, 304
Zalando 57f., 201f., 290
Zanox AG 68
Zattoo 117, 317
Zeh, Juli 321
Zehnder, Egon 216
Die Zeit 314, 319, 321
Zetsche, Dieter 94, 185f., 209
Zipcar 104
Zopa.com 112
Züblin AG 58, 245f.
Zuboff, Shoshana 99
Zuckerberg, Mark 117, 203, 233
Zuse, Konrad 18
Z3 18